사회과학연구 총서 9

난임여성의 체험과 출산기술의 정치

이 저서는 2012년 정부(교육부)의 재원으로 한국연구재단의 지원을 받아 수행된 연구임 (NRF-2012-S1A3A2033855).

This work was supported
by the National Research Foundation of Korea Grant funded
by the Korean Government (NRF-2012-S1A3A2033855)

사회과학연구 총서 9

난임여성의 체험과
출산기술의 정치

인 쇄 2014년 6월 20일
발 행 2014년 6월 25일

지은이 김경례
발행인 지병문
발행처 전남대학교출판부
등 록 1981년 5월 21일 제53호
주 소 500-757 광주광역시 북구 용봉로 77
전 화 062-530-0571~2
마케팅 062-530-0573
팩 스 062-530-0579
홈페이지 http://www.cnup.co.kr
e-mail cnup0571@hanmail.net

IS B N 978-89-6849-114-6 (93330)

가 격 16,000 원

이 도서의 국립중앙도서관 출판예정도서목록(CIP)은 e-CIP홈페이지(http://www.nl.go.kr/ecip)와 국가자료공동목록시스템(http://www.nl.go.kr/kolisnet)에서 이용하실 수 있습니다.
(CIP제어번호: CIP2014025275)

사회과학연구 총서 9

난임여성의 체험과 출산기술의 정치

김경례 지음

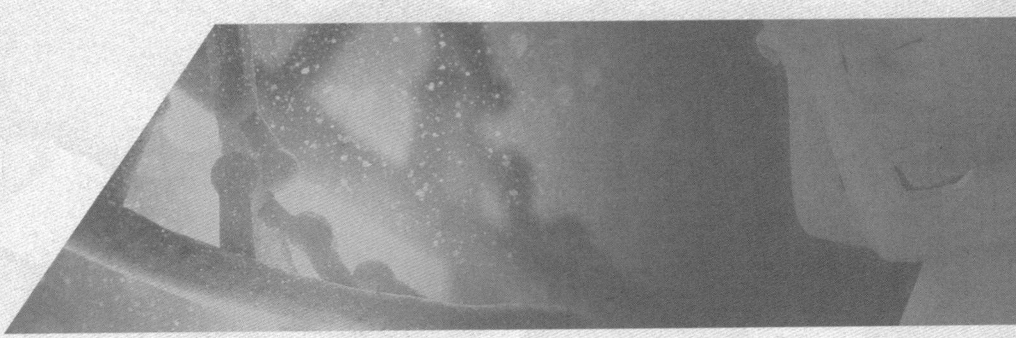

전남대학교출판부

■ 책을 펴내면서

출산기술이 발전하고 출산이 의료화 되면서 인간 생명 생산 과정은 의과학적 개입의 주요 영역이 되었으며 출산과정의 통제권은 여성에게서 점점 더 의료전문가들의 수중으로 옮아가고 있다. 특히 생식세포의 수정과 배아의 배양이 몸 밖의 실험실에서 과학자들에 의해 수행되면서 출산과 몸의 전통적인 의미와 경계를 변화시키고 있다. 또한 난자를 제공/판매한 엄마, 열 달 동안 자궁을 임대해 낳아준 엄마, 양육해 준 엄마 등 모성의 분화도 가속화되고 있다.

이 단행본은 출산기술을 포함한 생명기술과학이 출산과 여성의 몸들을 자본화하고 연구의 자원으로 적극적으로 활용하고 있는 시대에 우리는 출산 수행과정과 몸들에 대해 어떤 시각으로 접근하고 어떻게 정치적으로 개입할 것인가를 모색해 보기 위한 것이다. 이 책의 문제의식과 주요 내용은 필자의 박사학위논문을 수정·보완한 것임을 밝힌다.

이 책은 난임여성들의 기술화된 출산 수행 과정을 다차원적이고 복합적인 모성적 욕망이 구성되는 과정으로 난임여성들이 수행하는 활동은 의과학적 지식의 생산과 생명 생산에 참여하고 기여하는 (재)생산 노동으로 접근하고자 하였다. 이는 가사 및 양육 노동, 출산 등 주로 여성이 수행하는 일에 대해 자연스러운 일이거나 생산적이지 않은 무가치한 일로 바라보는 지배적인 시각에 대한 비판이기도 하다.

이 책에서는 난임여성들의 출산에 영향을 미치는 의과학적 지식의 구성 및 적용과정과 난임부부지원사업을 중심으로 한 국가의 인구통제정책, 불임클리닉 및 출산관련 산업의 특성과 동향을 분석하였고 매체나 인터넷, 관련서적을 통해 생산되는 난임, 난임여성들, 신생식기술에 대한 지배적인 이미지와 그 정치적 효과를 탐색하였다.

또한 이 책은 난임여성들이 정부 지원정책의 대상이거나 기술과학의 연구자원 및 그 결과의 수혜자로만 머무는 것이 아님을 주장함으로써 모성의 생산성과 사회적 책임을 강조하고 난임여성들을 기술과학 구성과정의 적극적 주체로서 자리매김하고자 하였다.

이 책이 출간되기까지 많은 분들이 도움을 주셨다. 한국연구재단 SSK〈출산의 재발견〉팀의 구성원과 구성원은 아니지만 세미나에 참여한 대학원생들은 필자의 박사학위논문을 함께 읽어가며 토론해 주었다. 연구책임자이신 윤수종 교수님을 비롯해 공동연구원 공병혜 교수님, 유연실 박사, 이선 박사에게 감사드리며 지금은 연구팀을 떠났지만 연구팀 성원이었던 대학원생 강내영님, 노가은님, 류한나님, 주은진님, 박종옥님에게도 감사드린다. 또한 현재 연구팀의 연구보조원으로 참여하면서 이 책의 정리와 교정에 큰 도움을 준 오창민님, 남명현님에게도 감사드린다. 그리고 이 책의 퇴고 과정에서 꼼꼼하게 읽어주신 백청일님에게도 감사드린다.

전남대 사회과학연구소 홍현진 소장님은 이 책이 사회과학연구소 총서로 출판될 수 있도록 지지, 지원해 주셨다. 이 지면을 빌어 감사의 말씀을 전하고 싶다. 마지막으로 필자의 게으름에도 불구하고 격려하며 이 책의 출판을 맡아주신 전남대학교출판부에도 감사드린다.

2014년 6월

김 경 례

■ 차 례

■ 표 차례

■ 그림 차례

제1장

생명기술과학과 여성의 몸

- 황우석 사태와 여성의 몸
- 출산과 신생식기술
- 이 책의 구성과 범위
- 신생식기술에 대한 국내 연구 현황과 한계

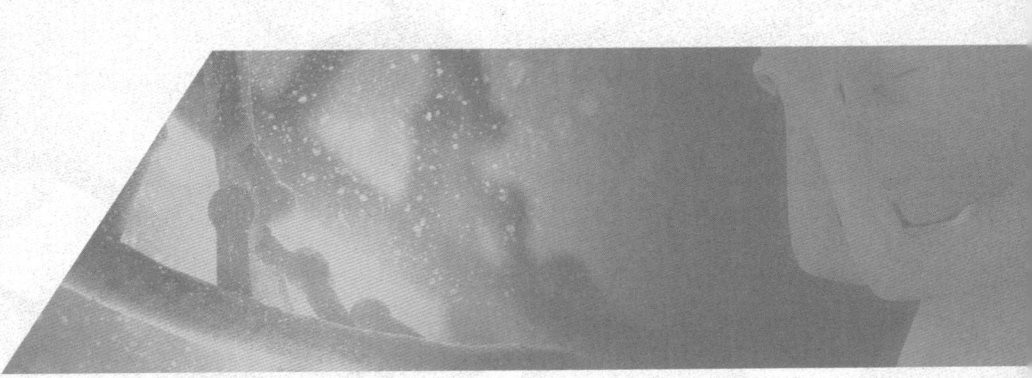

제1장
생명기술과학과 여성의 몸

1. 황우석 사태와 여성의 몸

■ 황우석 사태에서 문제화된 몸과 문제화되지 않은 몸

지난 2005년 말 황우석 사태 이후로 한국사회에서는 인간의 몸을 대상으로 하는 의과학적 연구와 기술에 대한 관심과 연구가 폭발적으로 증가하였다. 아마도 황우석 사태[1]는 한국사회의 공적 담론의 장에서 기술과학[2]과 인간 및 사회의 관계에 대해 관련 전문가들만이 아니라 일반인들까지 가세한 몇 안 되는 뜨거운 과학논쟁 중 하나로 기록될 것이다. 황우석 사태를 통해 우리는 기술과학이 사회와 독립적인 영역이 아닌 사회와의 관계 속에서 구성되는 정치적 장임을 확인하였고, 기술과학에 대해 일명 '기술과학의 민주화'로 표상되는 일반인들의 참여를 통한 정치적 개입 전략을 구상해 보는 하나의 계기를 마련하였다.

황우석 사태가 진행되면서 연구에 이용된 몸들[3]이 문제가 되었는데, 이러한 문제제기는 주로 생명윤리와 연구윤리 위반을 준거로 한 것이었다. 인간과 생명의 존엄성 그리고 국제적인 과학적 연구 규범의 준수 여부를 근거로 한 정치적 개입에서 문제가 된 몸들은 난자와 배아였다. 구체적으로는 국제적 과학연구규범을 준수하지 않은 여성 연구원의 난자와 거래된 난자, '인지된 동의(informed consent)'를 거치지 않은 난자의 사용이 문제가 되었다. 여성연구원의 난자는 실험실의 권력구조 속에서 연구책임자의 제안을 거부하기 어려운 관계를 고려한 실질적인 동의 여부가 문제가 되었고, 거래된 난자의 사용은 의과학적 연구를 위해 인체 또는 인체의 일부를 상품화하거나 도구화할 수 있는지가 논쟁의 핵심이었다. '인지된 동의'는 인체유래물질을 제공한 당사자가 연구의 목적과 절차에 대해 충분히 인지하고 있었는지의 문제이며, 이것이 그 당시 연구윤리의 위반으로서 문제시되자, 황우석 사태 이후로 난자 및 배아이용 동의서를 받게 하는 형식적인 절차가 마련되었다(김경례, 2009).

그런데 복제배아줄기세포 연구에 이용된 난자들 중 이 연구의 대표적인 공급원임에도 불구하고 상대적으로 비가시화 되고 문제화 되지 않은 몸들이 있다. 그것은 불임클리닉을 통해 제공된 난임여성들의 난자와 몸 부분들(난소)이었다.[4] '난임'이라는 용어는 의학적으로 '불임'으로 진단(피임을 하지 않고 1년이 경과하도록 임신이 되지 않은 상태)된 여성들이 스스로를 지칭하는 용어이다. 여성들 사이에서 '난임'이라는 호명은 스스로를 임신이 불가능한 상태가 아니라 단지 남들보다 임신하기 어려운 상태로 의미화 함으로써 '임신할 수 없음'이라는 불가능성과 비정상적 낙인에 대항하여 자신들을 위치지우기 위해 사용하는 용어이다. 처음에 '난임'이라는 용어는 여성들이 주도적으로 사용하였고, 의학적·제도적 용어로는 '불임'이라는 용어가 사용되었다. 하지만 최근에는 '난임'이라는 용어로 통용되고 있다. 의료진에게 '난임'이라는 호명은 '임신할 수 있음'이라는 희망을 유포해 더 많은 여성들을 난임 의료시장으로 끌어들이기 위한 측면도 있으며 여전히 의료 현장에서는 '불임'이라는 용어를 사용하기도 한다.[5)]

생명윤리 및 연구윤리 위반을 프레임으로 한 황우석 사태의 논쟁 과정에서 난임 여성들의 난자와 몸 부분들은 왜 상대적으로 문제시되지 않았을까?

기실 황우석 박사팀의 체세포 핵이식술을 근본적으로 가능하게 했던 체외수정[6)] 및 배양기술이 한국에서 1985년 시작된 이래로 수많은 불임클리닉들이 양산됐고 생식세포가 거래되었으며 동의절차를 거치지 않은 불임시술들이 이루어져 왔음에도 불구하고, 왜 그것들이 사회적 공론장에 제대로 등장하지 않았을까?

이러한 질문을 탐색하기 위해서는 기술과 몸, 출산에 대한 지배적인 이미지와 문제설정 방식을 검토해 볼 필요가 있다.

■ 생명기술과학과 몸에 대한 문제설정

체외수정 및 배양기술이 난임여성들 사이에서 출산보조기술로써 오랫동안 이용되어 왔음에도 불구하고 출산보조기술로써보다는 생명공학기술로 사회적 담론장에 등장하였다. 이는 첫째, 기술과학에 대한 지배적인 시각에 영향을 받은 것이다.[7)] 체외수정 및 배양기술에 대한 지배적인 문제화 방식은 엄청난 부가가치를 발생시킬 수 있는 생명공학기술의 기술적 자원이라는 것이었고 이에 대한 대항담론의 주요 문제화 방식은 자연적인 생명을 인위적으로 조작하며 생명복제를 가능케 하는 프랑켄슈타인적인 기술이라는 것이었다. 전자의 경우, 이 기술은 적극적인 지원과 육성을 통하여 발전시켜야 할 것이며, 후자의 경우에는 전면적으로 거부되어야 할 비윤리적인 기술인 것이다. 기술과학에 대한 이러한 낙관론과 비관론은 모두 기술과학에 대한 편향적 시각이며 기술과학이 구성되는 역사적, 사회적 맥락을 삭제하고 그것을 이분법적으로 사유하고 있으며 무엇보다도 기술과학을 이용하고 그것의 구성과정에 참여하는 인간 주체들을 비가시화 한다. 즉 출산보조기술과 생명공학기술의 연속성(하정옥, 2006)과 출산과정에서 이 기술을 이용하고 이 기술의 구성과정에 참여하는 난임여성들의 구체적인 상황과 맥락을 비가시화 한다. 이는 기술과학에 대한 지배적인 시각의 몰성성(gender blind)을 보여주는 것이기도 하다. 이러한 오류를 범하지 않기 위해서는 체외수정 및 배양기술에 대해 의과학적 지식 및 기술의 구성과정, 출산 행위에 영향을 미치는 사회문화적 조건, 출산 및 기술문화를 형성하는 역사적 맥락, 출산하는 여성의 몸 체험 등과 연동해 분석해야 한다.

둘째, 인간의 몸을 대상으로 하는 기술과학에 대해 인간의 존엄성과 유기체로서의 몸을 준거로 하는 정치적 개입이 갖는 한계는 무엇인가? 근대 권력의 작동방식을 분석한 푸코(Foucault)는 몸에 대한 관리와 감시 및 치료법이 근대권력의 작동방식을 구성하는 주요 요소임을 밝혔다. 그는 이를 '생명권력(biopower)'으로 규정하고 생명권력은 개인의 몸을 대상으로 하는 규율권력과 종으로서의 인간 생명 전체를 대상으로 하는 통제권력을 통해 작동한다고 설명한다(Foucault, 1998: 277-303).[8] 그러나 아감벤(Agamben)이 그리스 시대의 생명 개념인 생명체로서의 조에(zoe)와 정치적 주권체로서의 비오스(bios)를 대비시켜 푸코의 생명권력의 문제설정을 생명정치(biopolitics)로 확장하려 했듯이 생명의료기술의 발달은 삶의 형태나 방식뿐만 아니라 살아 있는 생명 자체에 생명권력이 작동하게 한다.[9] 즉, 생명권력과 기술과학의 결합은 생명체 자체에, 더 나아가 유기체로서의 몸을 넘어서 분자적 수준의 몸들에 작동함으로써 몸의 기호적, 물질적 의미를 변화시키고 새로운 기술적 주체를 만들어낸다. 해러웨이는 이러한 생명권력과 기술과학의 결합을 '기술생명권력(technobiopower)'이라는 개념으로 설명하며(Haraway, 2006: 39) 유기체로서의 몸을 넘어선 인간(유기체)/기계의 잡종적 혼성체인 '사이보그'(Haraway, 2002)를 기술과학에 개입하는 정치적 주체로 상정한다. 즉 권력은 몸에 각인되기 보다는 새로운 몸들(주체)을 생산하며, 삶의 방식들 뿐만 아니라 삶 그 자체, 몸들 그 자체를 생산한다. 또한 새롭게 생산되는 주체들은 그 구성과정에서 권력에 종속되기만 하는 것이 아니라 권력에 저항하기도 하고 권력의 배치를 흐트러뜨려 그것에 균열을 가하기도 한다.

실제로 생명기술과학의 발전과 자본주의적 축적방식의 변화로 인간의 몸들은 더 이상 자연적이고 고정된 실체가 아니라 변형가능한 일종의 '프로젝트'가 되었으며(Shilling, 1999; Turner, 2002: 31) 자본주의 체제 속에서 빠른 속도로 자본화되고 있다. 즉, 몸들은 생명기술과학적 연구의 자원으로서 또는 그 자체로 잉여가치를 발생시키는 거래의 대상이 되었다. 또한 많은 경우, 특히 생식과 관련된 기술들은 가부장체제에 기대어 난자거래 및 대리모 시장과 같은 몸과 출산관련 산업 영역들을 확장해 왔다.[10]

출산의 의료화를 비판한 많은 페미니스트들이 제기했던 것처럼 출산은 더 이상 여성의 생물학적 몸에서 일어나는 자연적인 사건이 아니라 의과학적 관리와 개입을 필요로 하는 의과학적 사건이 되었다(조영미, 2004b). 또한 불임클리닉을 비롯한 의료산업과 몸들의 거래 및 보관산업, 생식건강보조식품 산업, 관련 제약업체의 성장 등은 부계 혈통주의에 기반한 오이디푸스적 가족구조를 정상화하는 가부장체제와 연결되어 있다.

때문에 일군의 페미니스트들에게 생명기술과학은 본질적으로 자본주의적이거나 가부장적인 것으로 상정되었으며 생명기술과학을 비판하는 현실적인 주요 쟁점은 몸의 상품화와 대상화였다. 물론 몸의 상품화와 대상화 현상에 대한 비판의 준거는 통합적인 유기체로서의 몸관과 인간의 존엄성에 위배된다는 것이다. 그러나 이는 가부장적 자본주의 체제 하에서 기술생명권력의 작동방식 중의 하나를 적절히 설명해주는 것임에도 불구하고 기술과학과 몸에 대한 제한적인 시각을 제공한다.

먼저, 기술과학의 내용과 방향성은 구성주의적 시각으로 기술과학에 접근하는 많은 학자들이 분석하였듯이 기술적 요소와 사회적 요소 그리고 인간의 개입을 통해 구성되는 것이다.[11] 생명기술과학의 자본화와 가부장성은 이러한 구성과정을 통해 역사적으로 성취된 결과이다. 이것이 함의하는 바는 기술과학에 대한 정치적 개입을 통해 그것의 내용과 방향성을 바꿀 수 있다는 것이다. 따라서 기술과학과 몸이 자본화되고 가부장성을 획득하는 과정에 대한 비판적 분석의 수행과 정치적 개입지점의 모색은 동시에 수행되어야 한다.

다음으로 유기체적 몸관은 기계, 기술의 보조(각종 의료보조기구들)를 받거나 기술적인 장치를 몸안에 장착(인공심장 박동기, 인공장기, 인공관절 등) 하는 등 인간과 기계의 경계가 모호해지는 첨단기술 사회에서의 구체적인 인간 주체를 상정할 수 없다. 따라서 인간/기계의 이분법과 유기체적이고 통합적인 근대적 몸관을 넘어서는 몸관과 정치적 주체설정이 필요하다. 해러웨이의 '사이보그'는 이러한 인간과 기계의 관계설정 속에서 유기체적이고 통합적인 근대적 몸관을 넘어서는 포스트휴먼(post-human)의 몸 이미지로서, 그리고 기술과학에 대한 정치적 개입 주체로서 유용하다. 또한 그간 생명기술과학이 인간과 사회에 미치는 부정적인 영향으로서 인간의 존엄성을 준거로 하여 몸의 상품화와 대상화를 쟁점으로 한 비판은 생명과 인간을 선험적이고 보편적인 실체로 상정할 뿐만 아니라 무엇보다도 몸들을 기술생명권력의 피해자(체)로서만 바라보게 한다. 즉, 생명기술과학이 구성되는 과정에서의 몸들의 역동적인 참여, 특히 몸들의 가치와 생산성을 비가시화 한다(김경례, 2009).

따라서 몸은 단지 생물학적 실체이거나 사회문화적 구성물이 아니라 내부와 외부가 연결된 과정으로서의 물질성을 갖는 것으로 논의되어야 한다(Grosz, 2001). 또한 생명기술과학에 대한 정치적 개입은 기술생명권력의 몸들에 대한 지배와 통제방식 뿐만 아니라 몸들이 생명기술과학과 권력의 구성과정에 미치는 영향에 대해서도 탐색되어야 한다.

셋째, 그렇다면 기술생명권력의 구성과정과 작동방식을 탐색하기 위해 어떤 몸들에서 출발해야 하는가? 주지하다시피 근대사회의 운영원리는 부르주아 백인 정상 남성을 중심으로 조직되었고 의과학적 지식체계 역시 이들의 몸을 표준적인 몸으로 하여 확립되었다. 따라서 프롤레타리아, 흑인, 유색인, 장애인, 환자, 여성의 주권은 보장받지 못했고 이들의 몸 체험성 역시 의과학적 지식체계에 충분히 반영되지 못했을 뿐만 아니라 이들의 체험을 통해 생산된 지식은 '과학적' 지식으로 인정받지 못했다.

그런데 정작 의과학적 지식체계의 축적은 사회적 소수자들의 몸에 대한 기술과학적 개입과 참여를 통해 이루어진다. 이들은 부르주아 백인 정상 남성에 비해 열악한 생활조건과 부족한 정치적 자원, 불리한 몸적·사회적 상황으로 인해 상대적으로 유병률과 사망률이 높고 의과학적 관리와 통제의 대상이 될 가능성이 높기 때문이다.

사회적 소수자들의 몸 체험성을 통해 생명기술과학에 개입하는 것은 기술생명권력구성체가 몸들을 어떻게 통제하는가 뿐만 아니라 몸들의 담론적, 물질적 참여과정, 의과학적 지식의 구성과정을 살펴볼 수 있는 출발점이다. 또한 이들의 몸 체험성은 생명기술과학이 유포하는 가능성의 한계와 기술과학에 대한 전문가 중심의 통제권을 비판하고 몸들의 정치적 개입지점을 구상해 볼 수 있는 출발점이기도 하다.

2. 출산과 신생식기술

■ 신생식기술에 대한 문제설정

이 책은 기술과학과 몸이 역사적, 사회적으로 구성중인 과정 중에 놓여있다는 문제설정을 바탕으로 기술생명권력구성체의 형성과 작동방식을 탐색하고 기술과학에 대한 정치적 개입지점을 구상해 보기 위한 것이다. 이를 위해 신생식기술[12)]을 이용한 난임여성들의 체험을 바탕으로, 그들의 입장에서 출산과 출산기술을 정치화해 보고자 한다.

신생식기술(new reproductive technologies)은 인공수정[13)]이나 소위 '시험관 아기'로 불리는 체외수정 및 배양·이식기술, 배아의 냉동저장기술 등과 같은 의학적인 불임상태를 처치하기 위한 다양한 수태기술을 말한다(Stanworth ed, 1987).[14)] 대표적인 신생식기술인 체외수정 및 배양기술이 한국에서 생명공학[15]기술이나 생명복제기술로 문제화 된 것에 비해 상대적으로 출산보조기술로 문제화되지 않았던 것은, 한편으로는 출산을 개별 가족의 문제, 특히 여성의 일로 의미화하는 출산의 '여성화, 개인화'(하정옥, 2006)의 결과이기도 하지만, 다른 한편으로는 출산이 여성의 몸에서 일어나는 '자연'적인 일로서 가치를 생산하지 않는 비생산적인 일로 의미화 되기 때문이기도 하다. 즉, 몸의 '자연화'와 출산을 '생산적인 일로 여기지 않는 것', 생식기술과학의 구성과 적용 과정에서 난임여성들의 노동 참여를 비가시화하고 몸 체험성에 근거한 난임 여성의 지식을 배제하거나 무가치화 하는 것, 그리고 난임여성들을 생식기술과학의 대상이거나 수혜자·소비자로서만 위치지우는 것은 서로 연동되어 있다.[16]

따라서 출산과정과 신생식기술의 구성과정에서 난임여성들의 몸들과 그들이 수행하는 일을 현재의 정치경제학적 맥락에서 재평가해볼 필요가 있다. 이는 노동의 재개념화와 가치투쟁을 필요로 한다. 맑스주의를 포함한 전통 정치경제학에서는 공적 영역에서 임금을 받고 수행하는 일만을 생산적 노동으로 개념화 하였지만 수많은 사회주의 페미니스트들은 이를 비판하면서 여성이 주로 수행하는 가사 및 양육, 출산이 '생산적' 가치를 갖는 '노동'임을 주장해 왔다(레오뽈디나 포르뚜나티, 1997: Silvia Federici, 2013).[17] 또한 에코페미니스트 마리아 미즈(Maria Mies)는 "출산을 포함한 생명 생산과 관련한 모든 노동이 인간과 자연과의 상호작용 활동이라기보다는 자연의 활동"으로 규정됨으로써 "여성의 출산과 육아, 가사노동이 노동으로 보이지 않게" 되었다고 여성의 생명 생산 및 재생산 활동의 자연화, '출산의 자연화'를 비판한다(Maria Mies, 2014:121). 같은 맥락에서 난임여성들의 출산은 '생명을 생산하는 노동'이며 출산을 수행하는 과정에서 신생식기술을 이용하는 것은 단지 지식 및 기술의 소비행위인 것이 아니라 그것의 생산과정에 참여하는 '생산적 노동'을 수행하고 있는 것이다. 다만 공적영역에서 임금을 받고 수행하는 의과학자들의 노동과 달리 부불노동으로 수행되고 있으며 난임여성들이 생산한 지식과 정보는 '과학적' 지식으로 인정되지 않을 뿐이다.

또한 난임여성들의 출산은 기술과학을 이용해 이루어진다는 점에서 기술화된 출산이며, 그들의 몸은 기계와 유기체의 경계가 모호하다는 점에서 해러웨이가 기술과학시대의 주체 이미지로 설정한 사이보그이다. 엄밀히 말하면 해러웨이의 사이보그는 기술과학의 가부장적이고 자본주의적 기원에 역행하고 그것에 균열을 가하는 주체 이미지이다. 생식기술과학과 관련해서는 이성애적 부계 혈통 가족주의를 위반하는 싱글맘이나 동성애 커플의 몸, 새로운 가족관계를 구성하는 제3자의 생식세포의 기증에 의해 임신한 몸이나 대리모의 몸이 해러웨이가 말하는 사이보그에 더 가까울 것이다. 하지만 난임여성들의 기술화된 출산 수행과정을 통해 기술과학, 몸, 출산에 대한 지배적인 시각에 대한 탐색과 더불어 그것들에 어떻게 협상, 저항하는지를 드러냄으로써 균열의 지점을 모색해 볼 수 있다는 점에서 또 하나의 사이보그 주체라고 할 수 있을 것이다.

■ 출산에 대한 문제설정

출산을 '재생산' '노동'으로 개념화하는 것은 많은 논쟁을 불러일으킨다. 개념사적 맥락에서 '재생산'은 '생산'과 대비되는 개념으로서, 공적영역에서 수행되는 남성의 임금노동과 대비되는 사적영역에서 여성이 주로 수행하는 부불노동을 가리키는 용어로 사용되어 왔으며 근대적인 성별분업구조를 통해 여성에게 부여된 이 부불노동이 가부장체제에 기대어 자본의 축적과 착취를 용이하게 하는 메카니즘이라는 비판 속에 위치하고 있다. 이러한 비판을 토대로, 페미니스트들은 가사노동임금투쟁이라는 역사적 경험을 통해 가사나 양육이 노동력을 재생산하는 노동으로서 생산노동과 연계되며 재생산 노동도 '생산적'인 노동임을 주장해 왔다. 일군의 페미니스트들은 가사 및 양육 노동과 마찬가지로 출산도 재생산 노동으로서 생산적임을 주장해왔지만 현실의 많은 여성들은 출산이 생명(인간)을 생산하고 재생산하는 일임에는 동의하지만 '노동'이라는 개념을 사용하는데 대해서는 선뜻 동의하지 않는다. 그 이유는 '노동'이라는 개념과 연동되어 있는 '대가', 즉 임금을 받고 수행하는 일만을 노동이라 여기는 사고 때문이다. 또한 출산을 노동이라 여기지 않는 것은 그것을 여성의 일로, 자연적인 생명생산과정으로 젠더화, 자연화해 온 역사적 맥락과도 무관하지 않다.

하지만 분명한 것은 출산의 젠더화, 자연화는 근대적 가부장체제, 자본주의적 축적과정과 맞물리면서 여성이 수행하는 출산과정의 노고와 가치를 비가시화 하고 평가절하 하는데 일조해 왔다는 것이다. 이 책에서 출산을 '(재)생산 노동'으로 개념화하는 이유는 신생식기술의 발달과 함께 생식세포, 대리모 등이 몸과 출산의 산업화를 통해 자본주의적 방식으로 교환되고 있음에도 불구하고 기혼여성의 모성을 '신성화', '의무화' 하고 몸과 출산을 '자연화' 하면서 가치를 발생시키지 않는 것으로 의미화 하는, 더 정확히 말하면 대가가 지불되는 일만 생산적인 노동으로 여기게 하는 자본과 권력의 이중적인 작동방식을 가장 잘 보여줄 수 있는 개념이기 때문이다. 따라서 출산은 재생산 노동으로도, 생산 노동으로도 환원할 수 없는 (재)생산 노동이다.

난임여성들은 분명 이성애적, 혈연주의적 가족구조 안에서 기혼여성의 의무로서의 출산을 수행하기 위해 신생식기술을 수단으로 이용하는 경우가 대부분이지만, 그들이 신생식기술과 맺는 관계와 그것을 통한 체험은 자연적인 몸을 통해 출산을 수행하는 일반여성들과는 다를 수밖에 없다. 또한 난임여성들 안에서도 난임의 원인이 본인에게 또는 남편에게 있는지에 따라, 신생식기술을 이용할 만한 충분한 경제적 여건이 되는지 아닌지에 따라, 난임에 대한 태도와 신생식기술을 바라보는 시각에 따라, 가족 구조 안에서의 자신의 위치에 따라, 신생식기술에 대한 정보의 습득 정도에 따라, 자조 모임의 참여유무 등등에 따라, 각기 다른 몸 체험성과 상황적 위치성을 갖고 있다. 또한 이러한 몸 체험성은 그들의 출산수행을 둘러싼 기술-사회적 조건의 구성과 기술-문화적 재현과정에 영향을 받으면서 동시에 그것들에 영향을 미친다.

따라서 난임여성들의 체험적 객관성과 신생식기술이 구성되는 과정에서의 위치성을 정치하게 드러내기 위해서는 난임여성들의 출산과정에 어떻게 기술생명권력이 작동하는가를 분석해야 하고 난임여성들의 복합적이고 중층적인 몸 체험성을 최대한 구체적으로 가시화하여 그들의 기술화된 출산노동 수행과정과 주체화 과정을 분석해야 한다. 그렇게 함으로써 신생식기술에 대한 정치적 개입지점을 구상해 볼 수 있을 것이다.

3. 이 책의 구성과 범위

■ 구성 및 주요 연구내용

이 책에서는 현대 사회의 특성 중의 하나로 몸의 관리, 감시, 치료법이 권력의 중요한 작동영역임을 지적하면서 이러한 권력이 작동하는 데에 기술과학이 중요한 요소임을 인식한 푸코와 해러웨이의 용어를 빌어 현대 사회를 '기술생명권력' 사회로 규정해 보았다. 기술생명권력 사회에서 생명체의 발생기작과 원리 자체가 권력의 관리 영역이면서 동시에 자본화되고 있고 이를 밝히는 의과학적 지식이나 기술적 적용이 중요한 생산력이 되고 있다. 따라서 생명체의 발생기작과 원리를 담지하고 있는 여성의 몸들은 기술생명권력의 통제와 착취의 일차적 대상이 된다.

이 책에서는 이러한 문제의식을 바탕으로 신생식기술의 발전, 국가권력, 자본의 절합(articulation)과 기술결정론적이고 과학주의적인 문화가 여성의 몸들과 출산에 미치는 작동방식과 효과를 분석한다. 또한 난임여성들이 이러한 권력의 효과와 지배문화를 무조건적으로 내면화하는 것만은 아니기에 그들의 다차원적인 몸체험을 통한 주체화 과정과 기술화된 출산노동 수행과정을 드러낸다. 이를 통해 신생식기술을 매개로 한 권력의 구성과정에서 난임여성의 몸들의 위치성과 생산성을 드러냄으로써 난임여성들의 입장에서 출산과 신생식기술에 대한 정치적 개입지점을 구상해 볼 것이다.

2장에서는 출산과 신생식기술에 대한 사회과학적, 페미니즘적 선행연구들을 비판적으로 검토하고 이론적 흐름들을 정리하였다. 먼저 출산이나 모성적 몸들을 자연이나 문화, 사적인 일이나 공적인 문제, 억압적이거나 해방적인 것으로 환원하지 않고 구체적인 역사적 맥락 속에서의 수행과정과 관계로 위치시켰을 때, 출산은 생산적인 과정으로서 사회적 (재)생산 노동이며 마찬가지로 모성적 몸들은 생산성을 지니고 있음을 이론적 자원을 통해 정리하였다.

또한 몸과 주체성 생산에 관한 논의들과 재생산과 생산의 관계 및 노동의 개념 설정에 관한 논의들을 검토하면서 보편적인 권리의 개념을 넘어선 난임여성들의 몸들의 위치에서 (재)생산의 정치를 구상해 보았다. 이는 난임여성들의 변화하는 출산환경을 구성하고 있는 신생식기술의 정치와 연동되는데, 신생식기술과 여성 간의 관계를 낙관론적이거나 비관론적으로 접근하는 것, 또는 기술 이용의 문제로만 바라보는 것을 넘어서 신생식기술을 사회 및 문화와의 관계 속에서 정치적으로 구성되는 과정으로 바라보는 구성주의적 과학기술학과 페미니즘 과학기술학의 인식론과 방법론을 정리하였다. 이를 통해 신생식기술의 구성과정에서 난임여성들의 물질적·기호적 몸들의 위치성을 드러내고자 하였다.

3장과 4장에서는 난임여성들의 출산수행에 영향을 미치고 있는 변화하는 출산환경과 출산문화를 검토하였다. 3장에서는 한국사회 신생식기술의 역사적 전개과정과 사회적 구성과정을 분석하였다. 신생식기술이 사회와의 관계 속에서 역사적으로 어떻게 구성되어 왔는지를 분석하는 것은 난임여성들의 출산과정에 영향을 미치는 기술-사회적 조건을 탐색하는 것이기도 하다. 신생식기술의 구성과정, 국가의 인구통제 및 의료 정책, 불임클리닉 및 제약업체를 비롯한 각종 출산관련 의료산업은 서로 맞물리면서 난임여성들의 출산과 관련한 기술-사회적 조건 및 변화하는 출산환경을 형성하고 있다. 신생식기술의 도입과 확산은 기술 내적인 단선적 발전경로를 갖는 것이 아니라 국가의 의료 정책, 의료 시장과의 관계 속에서 이루어지는 것이다. 그러나 기술과 국가와 자본이 반드시 동일한 이해관계와 목적을 공유하는 것은 아니며 시기별로 기술적 설계와 내용, 정책의 방향, 주도적인 행위자, 난임여성들에게 미치는 영향 등은 다르게 나타나며 때로는 의도하지 않은 결과를 낳기도 한다. 무엇보다도 이러한 변화와 결과는 권력의 통제와 착취 의도에서 비롯된 것이기도 하지만 여성들의 요구와 참여에 의해 이루어진 측면도 있으며 권력의 의도와 다른 방향으로 나타나기도 한다는 것에 주목하였다.

4장에서는 난임과 신생식기술에 대한 지배적인 이미지와 의미화가 문화적인 재현과정을 통해 어떻게 생산되는지를 분석하였다. 신생식기술에 관여하는 각각의 주체들(국가, 자본, 의료진, 난임여성 등)은 자신들의 정치적·경제적 입장 속에서 난임과 모성의 몸, 신생식기술을 의미화하고 실천한다. 많은 경우, 이러한 의미화 과정은 자본주의적이고 가부장적이고 과학주의적이고 기술결정론적인 지배문화를 반영하면서 구성된다. 난임, 난임여성들, 신생식기술에 대한 지배적인 재현방식은 난임을 비정상화하고 난임여성들을 객체화하며 신생식기술을 불임극복의 '희망'의 기술로 환원하는 것이었다. 이 장에서는 기술의 이용을 합리화하는 기술만능주의적이고 과학주의적인 문화가 매체를 통한 과학적 수사를 통해 지속적으로 어떻게 생산되고 있는지, 이러한 이미지와 의미화가 누구를 위해 어떻게 이용되는지를 탐색하고자 했다. 이는 담론을 생산하는 주체들과 그들의 정치적 입장을 드러내는 것과 연결된다. 무엇보다도 난임과 신생식기술에 대한 지배적인 이미지와 의미화를 난임여성들은 어떻게 해석하는지, 어떻게 내면화하거나 거부하는지에 주목하였다.

5장에서는 난임여성들의 출산노동 수행과정을 따라가면서 주체화 과정을 분석하였다. 난임여성들은 한편으로는 지배적인 기술과학문화와 의료 권력에 종속되어 있기도 하지만 다른 한편으로는 의료적 도움을 통한 출산을 결정하는 순간부터 의료적 처치가 이루어지는 매 단계마다 공식적인 의료정보와 다른 다양한 체험을 하며 복합적인 활동을 수행하면서 그것과 경합한다. 이는 난임여성들의 모성성을 실현시키기 위한 활동이 기술과학적 지식을 생산하는 데 어떤 영향을 미치는가 뿐만 아니라 그들의 몸체험성의 다차원성과 복수성을 드러내는 것이기도 하다.

또한 난임여성들은 반복되는 시술을 체험하면서 난임과 신생식기술, 정부의 지원, 의료적 주체들과의 관계 등에 대해 자신들의 입장에서 해석하고 정치화한다. 이는 아이 없는 삶이나 입양을 통한 가족구성을 계획하는 등의 개별적인 차원에서 뿐만 아니라 신생식기술의 이용과 정부의 지원 요구 등의 집단적인 차원 모두에서 발생한다.

난임여성들의 출산수행과정은 상당히 복합적인 성격을 띠기 때문에 단계적 국면으로 나눌 수는 없지만 분석의 편의상 의과학적으로 불임이라고 판정된 경우, 일반적으로 난임여성들이 받게 되는 시술절차의 순서대로 서술하였다. 시술을 결정하고 정보를 수집하는 단계에서부터 병원에 방문하여 각종 검진이 이루어지는 단계, 배란주기에 맞춘 임신시도 단계, 자연인공수정이나 과배란[18] 인공수정단계, 체외수정 시술 단계(체외수정 및 배양, 이식), 착상 후 임신확인 단계, 임신 후 태아 양육단계, 시술이용 중단 및 입양계획 단계 등의 과정에서 난임여성들의 몸들은 수많은 물질적, 비물질적 노동을 수행한다. 이 장에서는 신생식기술을 이용한 출산과정에서 난임여성들이 수행하는 활동의 내용과 성격을 분석할 것이며 특히 이 과정에서 몸들이 지닌 생산성과 능동성에 주목하였다.

난임여성들의 출산수행과정은 시술 과정에 참여함으로써 자신들의 주체성을 생산하는 과정이므로 그들의 기술화된 주체화 과정도 함께 분석하였다. 먼저 난임여성들의 모성적 욕망이 외적 강제에 의한 이데올로기로만 환원될 수 없다는 측면에서 결핍이나 필요, 생성 등 다차원적으로 드러나는 모성적 욕망의 구성과정을 최대한 구체적으로 드러내기 위해 노력하였다. 또한 난임여성들의 주체성 생산이 기술과학주의 문화에 영향을 받지만 완전히 종속되지는 않는다는 측면에서 난임여성들이 기술화된 출산과정에서 몸으로 체험하고 해석한 지식과 지배적인 의과학적 지식이 어떻게 경합하고 있는지를 주목하였다. 그리고 마찬가지 맥락에서 난임여성들과 전문가집단과의 관계를 지배, 종속관계로만 환원할 수 없다는 측면에서 난임여성들이 전문가집단에 어떻게 저항, 협상하는지를 분석하였다. 이러한 분석을 통해 난임여성들은 의과학적 지식과 기술 적용의 불확실성과 불완전성에 대해 무지하거나 이를 무시하지 않으며 전문가집단과의 관계에서도 반드시 종속적인 위치에 놓여 있는 것만은 아니라는 사실에 주목하였다.

기술과학권력에 대해서 뿐만 아니라 국가권력과 제약업체를 비롯한 자본과의 관계에서도 난임여성들은 집단적인 정치적 실천을 수행하고 있는데, 주로 국가의 지원이나 기업의 후원에 대한 요구로 나타나고 있다. 그러나 이러한 요구를 국가의 인구통제정책, 자본의 이윤추구에 종속되는 것으로만 설명할 수는 없다. 이러한 요구는 일종의 협상과 개입으로써, 실제 정부의 불임부부지원사업은 저출산이라는 사회적 문제의 해결에 대한 압박과 난임여성들의 적극적인 요구가 결합되면서 제한적으로나마 시행되었다. 난임여성들은 국가의 불임(난임)부부지원정책의 한계와 형식성을 비판하고 있는데, 의약품 가격 책정의 불합리성, 병원과 제약업체 간의 리베이트(rebate) 관행으로 인한 소비자 부담증가, 불임클리닉의 의료비 책정의 부당성 등을 기술화된 출산수행과정을 통해 몸으로 체험하고 있기 때문이다. 따라서 국가의 정책과 의료시장과의 관계에서 무엇을 요구하고 있고 어떤 것들이 요구되지 않고 있는지를 분석하면서 난임여성들의 입장에서 (재)생산권이 어떻게 구성되고 있는지, 신생식기술에 대해 정치적으로 어떻게 개입해야 할 것인지를 모색해 보았다.

3장과 4장이 난임여성들의 몸과 출산수행 과정에 작동하는 기술생명권력구성체의 구성과 작동방식을 분석하는 것이라면, 5장은 난임여성들의 모성성이 어떻게 지배문화와 경합하고 있는지, 기술화된 주체가 모성성의 실현을 위해 기술생명권력의 구성과정에 어떻게 참여 또는 배제되고 있는지, 그리고 기술생명권력의 영향을 받으면서도 어떻게 그것에 협상 또는 저항하고 있는지를 살펴보는 것이다.

▪ 연구 범위 및 방법

한국사회에 본격적으로 체외수정을 이용한 보조생식술[19], 소위 '시험관아기시술'이 도입·이용되었던 것은 1985년 서울대 장윤석 교수팀에 의해 시험관 아기의 탄생이 성공한 이후부터이다.[20]

이 책은 1985년 이후로 보조생식술을 이용해 수많은 아기들이 탄생해 왔음에도 불구하고 상대적으로 비가시화된 난임여성들의 다차원적인 모성적 주체성을 드러내고 출산노동 과정을 정치화함으로써, 기술화된 출산수행 과정에서 난임여성들의 물질적·기호적 몸들이 어떤 위치에 놓여 있고 어떤 역할을 하고 있는지를 분석하기 위한 것이다.

먼저 난임여성들의 임신·출산이 변화하는 출산환경의 영향을 받아 수행된다는 측면에서 변화하는 출산환경을 구성하고 있는 사회문화적 장(field)을 분석하였다. 이를 위해 신생식기술과 관련한 기술-사회적 조건과 기술-문화적 재현 방식을 분석하고 이것이 난임여성들의 출산노동 수행과정과 모성적 주체 생산에 어떻게 영향을 미치고 있는지를 분석하였다.[21]

출산이 변화하는 출산환경에 영향을 받아 이루어지는 것처럼 출산환경의 변화를 만들어 내는 주요한 요소인 신생식기술의 의과학적 내용과 전개, 방향 역시 사회와 독립적으로 이루어지는 것이 아니기에 신생식기술의 내용과 전개, 방향을 담고 있는 『대한불임학회지』(현 『대한생식의학회지』)[22], 『대한산부인과학회지』와 정부의 관련 정책 및 법, 제도, 그리고 불임클리닉을 비롯한 몸들 및 출산관련 산업에 대한 문헌분석을 수행하였다.

먼저 생식력 개선 및 향상을 목적으로 하고 있는 『대한불임학회지』(현 『대한생식의학회지』)를 주요자료로, 임상의 증례와 예후를 보고하고 있는 「대한산부인과학회지」를 보조 자료로 하여 주로 인간의 몸 부분들을 대상으로 한 보조생식술과 관련한 논문들에 대한 텍스트 분석을 수행하였다.

정부의 정책과 관련해서는 난임여성들의 몸들과 출산수행에 직접적으로 관련이 있는 인구통제 및 의료 정책, 특히 2006년부터 실시되어 온 불임(난임)부부지원사업과 생식세포를 비롯한 몸 관리 관련 법, 제도들에 대한 비판적 분석을 수행하였다.

또한 난임과 관련한 의료시장을 형성하고 있는 산업과 관련해서는 불임클리닉, 관련 제약업체, 몸들의 보관 및 거래산업을 인터넷 자료와 신문자료를 통해 분석하였다. 이는 기술사 연구의 방법론 중 맥락적 방법론(contextualist approach)을 취하는 것이다. 맥락적 방법론은 기술의 설계 및 변화 뿐만 아니라 이를 둘러싼 제도나 경제적·사회적·정치적 요인들을 동시에 논의하는 방법론이다(Staudenmaier, 1985).[23]

다음으로 난임과 신생식기술에 대한 지배적인 문화적 재현과정을 분석하기 위해 1차적으로 신문기사의 내용을 통한 담론분석을 수행하였다. '불임'을 검색어로 조선일보, 동아일보, 중앙일보, 한겨레신문의 기사내용을 분석하여 난임과 신생식기술을 의미화하는 지배적인 담론을 밝히고 이것이 실제 난임여성들에게 어떻게 받아들여지거나 거부되는지를 드러내고자 했다. 이를 위해 2000년대 들어서면서 의과학적 지식의 대중화를 위해 불임 전문의들의 불임 예방 및 극복 관련 안내서와 주로 기술의 이용을 통해 불임을 극복한 난임여성들의 체험수기를 담은 대중서적들이 많이 발간되었는데, 이러한 서적들의 내용과 의료전문가들을 대상으로 한 인터뷰 자료를 참조하였으며, 이 자료들을 이 연구의 주요 연구대상이면서 참여자인 난임여성들의 목소리와 비교·분석하였다.

마지막으로 난임여성들의 기술화된 출산노동 수행과정과 주체성의 다차원적인 생성과정을 드러내기 위해 참여관찰과 심층면접을 병행하였다. 난임여성들의 기술화된 출산이 수행되는 주요공간은 불임클리닉이다. 2008년 현재(심층면접시점) 광주지역에서 불임클리닉을 운영하고 있는 병원은 종합병원과 개인병원을 포함해 총 9곳이다. 이 중 한 곳은 지역 내 같은 병원의 분원으로 다른 개인불임클리닉들이 광주 고속버스터미널 근처에 밀집되어 있는 관계로 지리적 근접성을 확보하기 위해 당시에 막 문을 열었으며, 서울의 유명 불임클리닉의 지원이었던 한 병원은 이 병원에 근무했던 의사가 독립해 개인병원을 개원함으로써 거의 운영이 잘되지 않고 있었다.[24] 그래서 종합병원 3곳 중 2곳, 개인불임클리닉 6곳 중 서울 유명 불임클리닉의 지원과 지역 내 같은 병원의 본원을 제외[25]한 4곳에 인터뷰 요청 메일을 발송하고 방문하여 전문가 집단에 대한 심층면접을 진행하였다.[26]

불임클리닉에서 불임을 처치하는 시술과정과 그것에 대한 난임여성들의 해석, 그리고 전문가들과의 관계를 분석하기 위해 참여관찰을 수행하였다. 난임여성들은 병원에서 불임 진단을 위한 문진 및 각종 검사를 받게 되는데 이를 위해 의료진은 처음 내원한 여성들에게 기본적으로 출산과 관련한 호르몬(유즙분비 호르몬, 갑상선 호르몬, 황체형성 호르몬 등)의 이상 유무를 파악하기 위한 혈액검사와 난관의 상태를 확인하기 위한 자궁난관조영술, 자궁의 상태를 체크하기 위한 질초음파를 실시한다. 필자는 문진, 혈액검사, 질초음파, 자궁난관조영술은 직접 체험함으로써 직접참여관찰을 하였고 그 이후의 시술과정은 연구에 참여한 난임여성들과 동행함으로써 간접참여관찰을 하였다.

또한 난임여성들에 대한 심층면접을 수행하기 위해 2007년 6월, 대표적인 난임여성들의 인터넷 모임들 중의 하나인 '아기모' 사이트에 가입하였으며, '아기모' 사이트의 지역 사랑방 게시판을 통해 형성된 광주전남지역 오프라인 모임에 참여하였다. 이 모임은 '아기모' 사이트에 접속해 오프라인에서 만나자는 의사와 연락처를 밝힌 여성들의 모임이었지만 '아기모' 사이트의 직접적인 관리를 받는 모임은 아니며, 순수하게 같은 처지에 있는 여성들끼리 고통을 공유하기 위한 친목모임의 성격이 강했다. 그래서 이 모임에 참여한 여성들과 내부 성원들이 병원을 다니면서 개인적으로 알게 된 여성들이 본 연구의 심층면접에 참여하였다.[27)]

필자는 이 모임에 참여함으로써 라포를 형성하였고, 모임 초기부터 이 연구의 목적과 연구자임을 밝혔다. 처음에 일부 여성들은 연구자로서의 필자를 일면 경계하였지만 라포가 형성되면서 자신들의 목소리를 드러낼 수 있는 매개체로서 필자를 대해 주었다. 심층면접은 2008년 1월부터 8월까지 진행되었다.[28)] 주로 불임시술 정보나 시술과정에서의 고통을 공유하기 위한 일종의 친목모임이었던 이 모임은 1년이 지난 2008년 8월부터는 생활공동체의 모습을 띠면서 정치적 조직화가 이루어지기 시작했다. 즉, 불임시술과 관련한 것뿐만 아니라 불임시술과 관련 없는 일상사와 개인적인 향후 계획을 공유·조언하기 시작했으며, 난임과 관련해서도 정부의 관련 제도 및 정책이나 불임시술의 내용, 그리고 불임클리닉 현장의 관행에 대해 수동적으로 받아들이기 보다는 적극적인 의견을 공유하고 행동을 취하고자 했다. 이 과정에서 대표와 총무를 선정하고 '아기모'나 '아가야' 사이트의 공식적인 서명운동이나 캠페인 운동에 적극적으로 참여하기도 하였다.

사실 모임의 조직화가 이루어진 계기는 정부 정책의 일환으로 난임여성들의 모임을 지원하기 위해 인구보건복지협회(구 대한가족계획협회)가 연락을 해오면서부터이다.[29] 난임여성들은 인구보건복지협회와의 관계 속에서 병원 및 의료진과 국가정책, 의료비 등에 대한 자신들의 의문사항과 요구사항을 수합하고 조직적으로 전달할 필요성을 느꼈던 것이다. 그러나 2008년 9월부터 같은 해 12월까지 이어진 인구보건복지협회 관계자들과의 접촉 및 공동모임은 자신들의 요구사항의 전달창구로서보다는 난임여성들에 대한 정부지원 정책인 부부관계 개선, 웃음치료, 심리 치료 등의 프로그램 참여에 동원하려는 양상을 보이면서 2009년부터는 내부 논의를 거쳐 관계를 단절하기로 결정하였다.[30]

2009년 이후로는 주로 내부성원들의 일상사나 요구에 맞춰 모임의 내용이 채워졌다. 천연재료 비누나 자연화장품 만들기, 등산· 걷기 등의 운동을 함께 계획하는 것에서부터 불임시술을 중단하고 새로운 일자리나 창업을 계획하는 성원들에 대한 지원, 또한 출산에 성공한 성원들에 대한 축하방문[31]이나 입양을 결정한 성원을 위한 정보공유 등 다양한 내용들을 담게 되었다.

4. 신생식기술에 대한 국내 연구 현황과 한계

■ 신생식기술에 대한 사회과학적 연구

근대적인 분업화, 전문화 양상은 지식체계에도 영향을 미쳐 자연과학, 기술, 공학과 인문사회과학분야는 서로 독립적인 전문영역으로 분화[32] 되었고, 이로 인해 전통적으로 사회학에서는 자연과학과 기술을 주요 연구대상으로 삼지 않았다. 또한 데카르트의 심신이원론으로 표상되는 근대적 몸관 속에서 인간의 생물학적 몸은 주로 생물학과 의학의 연구 분야로 여겨졌고 사회학은 주로 사회적 행위자로서의 인간에 초점을 맞추는 경향이 있었다.[33]

신생식기술의 주요한 기술적 요소인 체외수정 및 배양기술에 대해서도 임상적 적용 및 기술적 혁신과 발전에 초점을 맞춘 의과학적 연구와 생명공학적 연구가 주류를 이루고 있는 가운데, 사회과학에서는 앞서 살펴본 것처럼 생식보조기술로써보다는 주로 생명체의 조작 및 생명복제기술로써 문제화 되었다. 구체적으로는 1980년대 이후 중합효소 연쇄반응법(PCR)과 역전사기법(PR)의 개발로 유전자를 대량 복사, 유전정보를 변형시킬 수 있게 되고, 1997년 복제양 돌리의 탄생으로 인간복제의 기술적 가능성이 예상되면서 유전공학과 생명복제기술이 야기할 수 있는 법적·사회적·윤리적 문제들에 대한 연구들이 폭발적으로 증가하였다(박은정, 2000; 박병상, 2000; 유네스코한국위원회 편, 2001a; 유네스코한국위원회 편, 2001b; 구영모 외, 2004 등).[34] 이러한 연구들은 유전공학과 생명공학이 인간의 존엄성과 인권을 침해할 수 있는 위험성을 지적하면서 의과학자 사회의 책임과 연구윤리를 강조하고 위험성을 최소화할 수 있는 법적·제도적 장치를 마련하고자 하는 방향으로 논의를 진행한다. 또한 자본주의 사회에서 생명공학의 상업화(Ho, 2005)현상과 이로 인한 몸의 도구화와 상품화(Andrews and Nelkin, 2006), 유전자를 매개로 한 우생학적인 사회적 차별(Rifkin, 1999: 215-316) 등이 생명공학이 야기하는 사회경제적 문제점으로 제기되기도 했다.[35] 이러한 연구들은 생명공학이 인간과 사회에 미칠 수 있는 여러 가지 위험을 잘 보여주고 있음에도 불구하고 몇 가지 점에서 한계를 갖는다.

먼저, 생명윤리를 강조하는 연구들은 존엄성과 인권을 보장받아야 할 인간을 보편적이고 선험적인 인간으로 상정함으로써 구체적이고 관계적이고 맥락적인 인간을 의도치 않게 삭제한다. 즉 여성, 환자, 장애인 등이 생명공학기술과 맺고 있는 구체적 관계를 비가시화 한다.

또한 연구윤리를 강조하는 연구들은 과학과 과학자 사회를 합리적인 규범이 지배하는 영역으로 보는 근대적인 표준적 과학관에 의지하고 있다. 그러나 과학과 과학자 사회는 당대의 지배적인 세계관을 반영한 문제틀, 즉 '패러다임(paradigm)'안에서 과학적 연구를 수행한다(Kuhn, 1962)는 점에서 보편적이고 가치중립적인 과학과 과학자란 있을 수 없다. 따라서 의과학자들의 도덕적·사회적 책임을 강조하는 것은 제한적일 수밖에 없다.

그리고 법적·제도적 관리방안 마련에 초점을 맞춘 연구들은 그것이 마련되는 과정에서 작동하는 권력관계와 지배문화를 간과하는 경향이 있다. 법과 제도의 확립은 많은 경우 지배문화를 반영하면서 이루어지며, 생명공학적 연구를 규제하기보다는 연구를 위한 안전장치로 기능할 소지가 있고 무엇보다도 법·제도의 확립은 지배문화를 반영한 국가의 관리 기준에 맞춰 몸들을 통제함으로써 또 다른 몸들을 차별하고 배제할 가능성이 있다(김경례, 2009).

따라서 생명공학에 대해 윤리성의 제고나 법·제도의 확립 문제로 접근하기보다는 정치적인 장(field)으로서 접근할 필요가 있다. 이런 점에서 한국의 생명윤리법 제정과정에서 생명공학계, 의학계, 인문사회학계, 시민단체, 종교계, 정부 부처 등의 다양한 행위자들의 정치적 입장과 활동내용을 분석한 연구(김훈기, 2005)는 생명공학자들의 정치성과 그것의 반영으로서의 입법과정을 보여주었다는 측면에서 의의가 있다.[36] 하지만 이 연구는 기술을 둘러싼 관련 주체와 그들의 입장에서의 담론의 전개과정만 보여줄 뿐 기술과학의 내용 자체를 문제화하지는 않았다.

이에 비해 체외수정 및 배양기술을 생식보조기술로써 문제화하고 기술과학의 내용뿐만 아니라 기술과 사회의 관계를 역사적·구조적으로 분석한 사회학적 연구로는 두 편의 논문이 있다. 하나는 기술, 제도, 담론으로 구성된 기술-사회체계 안에서 생명의료기술의 전개과정과 이를 주도하는 행위자의 변화과정을 분석함으로써 재생산기술로서의 체외수정 및 배양기술이 줄기세포연구를 비롯한 생명공학기술과 기술적 연속성을 가지고 있음을 밝혔다(하정옥, 2006). 다른 하나는 한국 생식의료의 역사적 변화 양상을 국가정책, 의료시장, 의료기술적 측면을 구성요소로 선정하여 추적함으로써 한국사회에서 생식의료의 사회적 역할이 정책보조자에서 산업개척자로 변모되어 왔음을 밝혔다(박종헌, 2008).

이 두 논문은 그간의 생명기술과학에 대한 사회과학적 논의가 기술이 사회에 미치는 영향, 특히 그 결과로 예상되는 위험성에 초점을 두고 사회가 기술에 어떤 영향을 미치는지를 간과해 온 점을 비판하고 기술이 사회와 관계 맺으면서 함께 구성되어 가는 과정을 보여주었다는 데에 그 의의가 있다. 즉, 기술과학을 단지 물리적인 대상이거나 사회와 독립적인 영역으로서가 아니라 행위자, 제도 및 담론과 연결된 구성과정으로 파악한다.

또한 이 연구들은 기술생명권력구성체의 구성요소를 선정하고 그 작동방식을 분석할 수 있는 효과적인 방법론을 제시한다. 신생식기술과 관련해서는 신생식기술의 전개, 출산 및 의료 관련 국가의 제도나 정책의 내용과 방향, 출산 및 몸 관리 그리고 의료영역의 자본화 등을 기술생명권력구성체의 구성요소로 선정해 볼 수 있고 이러한 기술생명권력구성체가 어떻게 출산의 물질적, 사회문화적 조건들을 생산하는지, 그리고 어떻게 개별 여성과 전체 여성의 출산과정 및 행위, 나아가 삶의 방식에 영향을 미치는지를 분석해 볼 수 있게 한다.

그러나 이 연구들은 사회와 기술의 관계 설정, 기술과학의 내용에 대한 문제화, 그리고 방법론적 측면에서 의의를 가짐에도 불구하고, 기술과학의 사회적 구성과정에서 실제 이 기술을 이용하는 주체들의 체험과 지식이 어떻게 배제되거나 참여하고 있는지, 기술이용 주체들이 기술생명권력구성체에 어떤 영향을 미치는지를 설명할 수 없다. 이는 기술과학의 사회적 구성과정을 사회구조와 권력을 중심으로 분석했기 때문이다. 즉, 신생식기술의 전개과정에서 주요 행위주체가 국가와 자본, 의사 및 과학자를 비롯한 전문가 집단으로 상정될 뿐, 이 기술을 이용하고 있는 여성의 몸과 체험성은 드러나지 않거나(박종헌, 2008), 임상의 대상이거나 연구의 재료로서 객체화, 피해자화 되고 있다(하정옥, 2006).

여성의 몸과 체험성의 부재는 사회학적 연구의 탈젠더성과 젠더관계의 부차화와도 맥을 같이 한다. 기술과학은 여타의 사회적 요소 및 관계 뿐만 아니라 젠더관계에도 영향을 미치고 영향을 받는다(Wajcman, 2000). 또한 여성의 몸과 체험성의 피해자화는 여성에게 미치는 신생식기술의 위험성과 기술생명권력의 작동방식을 잘 보여줌에도 불구하고 그것들의 구성과정에 참여하고 있는 여성들의 활동과 행위주체성을 충분히 정치화하지 못하게 한다. 따라서 실제 이 기술을 이용하며 기술과학의 구성과정 뿐만 아니라 기술생명권력의 작동방식에 영향을 미치고 있는 난임여성들의 입장에서 그들의 기술화된 출산노동 수행과정과 몸 체험성이 분석될 필요가 있다. 따라서 이 연구에서는 기술생명권력구성체의 역사적 전개과정과 작동방식을 자본과 권력, 전문가 중심의 위로부터의 접근방식이 아니라 생식기술과학의 대상, 객체, 수혜자로만 여겨지고 있는 여성, 특히 난임여성들을 중심으로 한 아래로부터의 접근방식을 취하고자 한다.

■ 신생식기술에 대한 페미니즘 연구

신생식기술에 대한 페미니즘 연구는 이 기술이 생식보조기술로써 여성과 여성의 몸, 임신·출산 경험에 어떤 영향을 미치는지를 탐색한다. 또한 페미니즘 연구는 이 기술을 생명공학기술로서 문제화할 때에도 생식보조기술, 여성의 몸, 출산과 연결된 문제로 다룬다(조주현, 2005).[37] 이는 사회과학적 연구의 탈젠더성 및 출산 문제에 대한 상대적인 무관심과 대비된다. 그러나 신생식기술에 대한 페미니즘 연구는 이 기술이 여성의 몸과 출산과정을 어떻게 억압하며 의료권력을 강화하고 있는지에 초점을 맞추는 경향이 있다. 즉, 신생식기술이 여성에게 미치는 영향에 관심을 둔다.

예를 들면, 여성들의 체외수정시술 이용 경험을 통해 의료 권력이 여성의 임신과 출산과정을 어떻게 통제하는지를 보여주는 연구에서는 불임여성의 체외수정시술 선택이 가족주의와 모성이데올로기를 통한 사회적 강제이며 의료 권력의 통제 하에서 여성의 몸은 출산을 위한 도구나 물질로 의미화 된다고 분석한다(조영미, 1994). 이 연구에서 신생식기술은 여성의 임신·출산의 부담을 덜어주지도, 여성해방을 가져오지도 못하며, 여성들이 생명 창조자로서 가졌던 제한된 권한마저도 축소시키게 될 매개가 된다. 이 연구는 체외수정 시술과정에서 발생하는 의료권력의 통제와 개입, 이를 가능케 하는 사회문화적 조건을 잘 드러내 주고 있음에도 불구하고, 출산과 모성성을 부계혈통 중심의 가족주의와 모성이데올로기의 내면화에 의해 강요된 것으로만 규정함으로써 불임여성들의 모성적 욕망을 일반화하고 있으며 그것의 구성과정과 다차원성을 드러내지 못한다. 또한 불임여성들의 체외수정시술 과정을 전문가 권력의 통제 아래에 있는 것으로만 상정함으로써 불임여성들이 전문가 권력에 어떻게 저항하고 협상하는지를 설명하지 못한다. 이는 한편으로는 기술과학 및 의료권력과 여성 간의 관계를 지배종속관계로 일반화하는 것이며, 다른 한편으로는 여성들을 동질화된 집단으로 다루는 것이다.

이러한 문제설정은 출산의 의료화와 함께 출산과정에서 자주 이용되는 시각화기술인 초음파기술에 대한 분석에서도 유사하게 나타난다. 여성들의 임신경험 속에서 초음파기술의 개입은 의사들의 권위를 강화하고, 시각화된 태아이미지는 태아를 여성의 몸과 분리된 존재로 인식하게 하면서 여성의 몸은 분절되고 비가시화되며 수동적이고 무력한 존재가 된다는 것이다(서정애, 1997).[38] 이는 기술과학이 여성의 몸에 미치는 영향은 설명할 수 있으나 여성의 몸이 기술과학의 구성과정에 어떻게 참여하고 있으며 자신의 위치에서 여성이 기술과학을 어떻게 해석하고 있는지를 설명할 수는 없다. 또한 기술과학이 모든 여성들에게 동일한 영향을 미치는 것은 아니라는 점을 보지 못한다. 즉, 기술과학이 모든 여성들에게 항상 억압적이거나 항상 해방적인 것은 아니라는 것이다. 따라서 신생식기술을 이용한 여성들의 서로 다른 위치와 입장에서 신생식기술을 어떻게 해석하는지, 그것의 구성과정에 어떻게 참여하는지, 의료진과의 관계에서 어떻게 저항하고 협상하는지를 분석할 필요가 있다.

이러한 문제의식을 바탕으로 불임여성들의 입장에서 그들의 행위성(agency)을 드러내고 이들이 의료권력과의 관계에서 어떻게 저항, 협상하는지를 분석하고자 한 연구가 있다(박용운, 2002). 이 연구에서는 불임시술과 여성 간의 관계를 억압적이거나 해방적인 것으로 환원하기보다는 끊임없는 구성성과 상황성을 갖는 것으로 보고자 하였다. 이 연구는 앞의 두 논문이 기술과학을 여성억압적인 것으로, 여성을 의료권력의 수동적인 피해자로만 환원하는 것에 비해, 기술과학을 구성되는 과정으로, 여성을 출산과정의 행위자로 자리매김하고자 했다는 데에 의의가 있다.

그러나 신생식기술이 구성되는 과정에서 불임여성들의 행위성은 드러나지 않으며 출산과정과 전문가 집단과의 관계에서의 행위성은 제한적인 것으로 설명된다.[39] 이는 의과학적 지식의 구성과 기술의 임상적 적용과정이 분석되지 않고 그 결과가 푸코가 말하는 지식권력으로서 불임여성의 몸에 미치는 효과에만 주목하기 때문이다. 즉, 의료권력이 행사되는 주요한 매개로서 지식권력의 문제를 제기했음에도 불구하고 의과학적 지식의 내용과 구성과정에서 여성의 체험을 통한 지식이 어떻게 개입하거나 배제되는지가 분석되지 않고 있다. 그래서 불임여성의 행위성을 드러내고자 했음에도 불구하고 여전히 불임여성의 몸은 비정상적이며 결핍된 것으로, 의과학적 지식과 불임시술은 전문가 집단의 영역으로 의미화 되며, 체외수정 시술시 불임여성들은 의료인 집단과 의과학적 지식에 자신의 몸을 전적으로 위임함으로써 타자화 된다고 분석한다. 또한 체외수정 시술의 체험을 통해 발생하는 여성들의 지식은 비공식적인 지식으로서 '자그마한 시도'에 지나지 않는 것으로 평가된다. 이러한 분석결과는 기술생명권력구성체의 규율권력과 지식권력 작동의 효과로서 일면 사실이지만 불임여성의 행위성을 통해 드러내야 할 것은 정상성/비정상성, 기술과학의 주체/객체, 전문가/일반대중, 과학/비과학, 공식적인 지식/비공식적인 지식의 이분법적이고 위계적인 경계를 문제화하고 이러한 경계에서 어떻게 경합이 이루어지는지를 분석하는 것이다.

한편 자본주의 사회에서 여성의 몸과 출산이 하나의 산업영역이 되고 있다고 제기하면서 신생식기술을 매개로 한 '불임치료산업'의 성장이 여성의 몸과 출산에 미치는 영향을 분석한 연구가 있다(김선혜, 2008).[40] 이 연구는 그간의 신생식기술, 의료권력, 출산에 관한 페미니즘 연구가 주로 가부장적 권력과의 연계라는 측면에서 다루어졌던 데 비해 정치경제학적 분석을 시도했다는 점에서 그 의의가 있다. 또한 불임치료산업의 성장은 불임여성들의 적극적인 '의료적 재생산노동'의 수행과 연결된다는 점을 제기함으로써 불임여성들을 불임치료 산업의 단순한 대상이 아니라 노동참여자로 자리매김했다는 데에도 의의가 있다.

그러나 모든 것을 통해 이윤을 창출하고자 하는 자본의 욕망이 여성의 몸을 잉여의 원천으로, 출산을 자본화하고 있음을 적절히 비판했음에도 불구하고 의료적 재생산 노동을 통한 모성수행이 기술과학주의가 유포하는 기술적 진보와 유토피아적 약속에 근거한 것이라고 단정지음으로써 불임여성을 자본과 결합된 기술과학주의에 종속된 것으로만 위치지운다.[41]

과연 난임여성들은 기술과학주의가 유포하는 약속과는 다르게 기술과학이 불확실하고 불완전하다는 것에 무지하거나 이를 무시하고 있을까? 또한 난임여성들의 모성적 욕망은 기술과학, 국가, 자본이 결합된 권력의 내면화로만 환원할 수 있을까? 거꾸로 난임여성들의 모성적 욕망과 시술의 참여가 의과학적 지식생산을 추동하는 측면은 없을까? 난임여성들이 의과학적 지식생산에 참여하고 그것을 추동한다면 현재 정립된 의과학적 지식은 의과학자들과 난임여성들의 협업의 결과로서 공통의 자산이 아닌가? 이러한 공통의 자산에 대해 전문가 집단만이 통제권을 행사 하거나 자본의 이윤창출 영역이 되는 것, 국가가 전문가 집단 및 의료자본의 이해를 보증하는 것은 의과학적 지식구성에 참여하는 난임여성들의 노고와 생산성을 수취하는 것이 아닌가?

이러한 질문들에 대해 의과학적 연구 및 임상적 적용과 여성 몸의 관계에 있어서 여성 몸의 도구화와 상품화에 대한 비판을 넘어서 모성적 욕망의 다차원성과 생산성에 주목하여 난임여성들의 기술화된 출산의 수행과정을 생산적 노동과정으로 접근한다면 좀 더 다양한 대답을 얻을 수 있을 것이다.

■ 소결

신생식기술의 기술적 요소인 체외수정 및 배양기술에 대해 사회과학적 연구들은 이 기술을 주로 생식보조기술로써보다는 유전자조작 및 생명복제기술로 문제화하면서 그것이 인간과 사회에 미치는 위험을 강조하는 방향으로 논의가 진행되었다. 이 기술의 위험성으로는 생명공학의 상업화, 이로 인한 몸의 도구화와 상품화, 유전자를 매개로 한 우생학적인 사회적 차별 등이 제기되었으며, 이러한 위험성을 최소화하기 위해 윤리적 접근과 법·제도적 관리의 필요성을 주장하는 연구들이 수행되었다.

그러나 이러한 연구들은 기술과학이 사회에 미치는 영향에만 주목할 뿐 사회가 기술과학에 어떤 영향을 미치며 함께 구성되는지를 설명하지 못한다. 따라서 최근의 사회학적 연구들은 기술과학을 사회와 독립된 실체가 아니라 역사성, 가변성, 맥락성을 갖는 정치적 장으로 접근한다. 기술과학에 대한 이러한 문제의식은 페미니즘 연구에서도 공유되고 있다.

신생식기술에 대한 사회학적 연구들은 사회와 기술의 관계 설정, 기술과학의 내용에 대한 문제화를 통해 기술생명권력의 구성과 작동방식을 분석할 수 있는 효과적인 방법론을 제시한다는 측면에서 의의가 있다. 그럼에도 불구하고 기술과학의 사회적 구성과정을 사회구조와 권력을 중심으로 한 위로부터의 역사적 전개과정에 주목함으로써, 실제 이 기술을 이용하는 여성주체들의 체험과 지식을 드러내지 못하며 기술생명권력의 구성과 작동과정에 어떤 영향을 미치는지를 설명할 수 없다. 이는 사회학적 연구의 탈젠더적 경향과 행위보다는 구조를 중시하는 학문적 특성이 반영된 것이다.

이에 반해 신생식기술에 대한 페미니즘 연구들은 젠더적 접근을 통해 이 기술이 재생산기술로써 여성의 몸과 출산경험, 재생산권에 미치는 영향을 탐색한다. 페미니즘 연구들은 출산의 의료화와 함께 의료전문가 집단이 신생식기술을 매개로 출산과정을 주도하고 여성의 몸을 병리화하며 여성의 재생산권을 침해한다고 분석한다. 이러한 분석에서 불임여성들의 신생식기술 이용은 가부장적 가족주의와 모성이데올로기를 내면화한 결과로 이해된다. 그러나 신생식기술이 여성의 몸과 재생산에 끼칠 수 있는 위험성만을 강조하는 연구는 기술화된 모성수행의 경험을 일반화하고 여성을 피해자화한다. 마찬가지로 신생식기술 및 의료전문가집단과 여성의 관계를 지배종속관계로만 위치지움으로써 여성을 객체화한다.

하지만 신생식기술은 모든 여성들에게 동일한 영향을 미치는 것은 아니며 여성들이 항상 억압적인 것으로만 경험하는 것도 아니다. 이러한 문제의식을 바탕으로 신생식기술과 여성의 관계를 억압적이거나 해방적인 것으로 환원하지 않고 불임여성들이 의료권력에 어떻게 저항·협상하는지를 분석하기 위해 불임여성들의 행위성 연구가 수행되었지만, 신생식기술이 구성되는 과정에서 불임여성들이 어떻게 참여하는지는 설명되지 않고 의료전문가 집단에 대한 저항·협상은 제한적으로만 설명되었다. 이는 의료 권력을 정당화하는 주요한 기제로 지식권력의 문제를 제기했지만 의과학적 지식이 구성되고 기술이 적용되는 과정, 즉 난임여성들의 기술화된 출산과정과 그 과정에서의 지식생산에의 참여 및 의과학적 지식과의 경합이 분석되지 않았기 때문이다. 또한 '불임치료산업'의 성장을 불임여성들의 적극적인 노동참여의 결과로 분석한 연구는 불임여성들의 적극적인 출산노동의 수행을 소비자본주의와 결합된 신생식기술이 유포하는 유토피아적 약속을 내면화 한 결과로만 해석함으로써 결국은 불임여성들을 소비자본주의와 과학주의 문화에 종속되어 있는 것으로만 위치 지운다. 난임여성들은 기술과학주의가 유포하는 신생식기술의 이용을 통한 불임극복의 희망과 약속을 내면화하기도 하지만 반복되는 시술과정의 체험을 통해 그 희망과 약속의 허구성을, 그리고 신생식기술의 한계와 불완전성을 인식하기도 한다.

요약하자면 신생식기술에 대한 페미니즘 연구들은 이 기술이 의료권력, 국가권력, 자본과 결합하면서 어떻게 여성의 몸과 출산과정을 통제하고 가부장적 문화와 과학주의 문화 그리고 불평등한 젠더관계를 공고히 하는가를 밝히는 데 주력하였다. 이는 신생식기술, 국가의 출산 관련 정책, 몸 관리 및 출산 관련 산업이 난임여성들의 몸과 출산과정에 미치는 통제와 위험성을 잘 보여주지만, 난임여성들이 그것들의 구성과정에 어떻게 개입하고 참여하는지는 드러내지 못한다. 신생식기술은 출산의 의료화, 생명의 발생 및 분화에 대한 인공적 개입, 생식세포의 공여 및 거래, 분자적 몸들(생식세포, 제대혈, 난소, 자궁 등) 및 생명의 자본화, 모성의 분화, 대리모, 맞춤아기 등의 새로운 삶의 방식과 출산환경의 변화를 만들어내고 있다. 신생식기술을 무조건적으로 거부하거나 받아들일 수 없다면 신생식기술에 대한 정치적 개입의 출발점은 기술화된 임신·출산을 수행하고자 하는 난임여성들의 다차원적이고 복수적인 몸 체험들을 드러내고 정치화하는 것이 될 것이다.

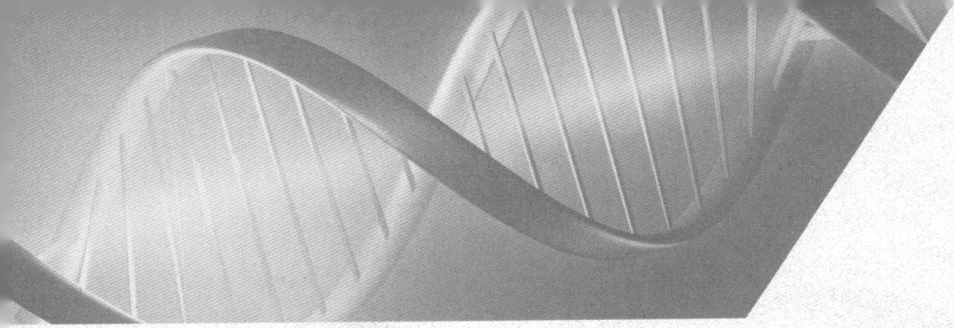

제2장

출산과 신생식기술에 대한 이론적 논의

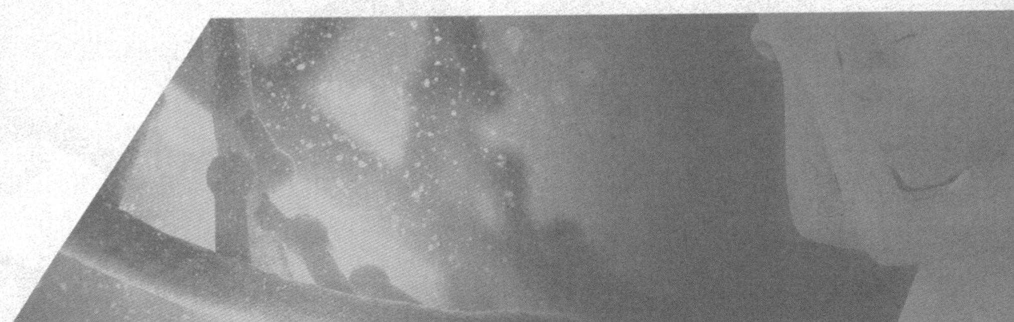

제2장
출산과 신생식기술에 대한 이론적 논의

1. 출산과 모성의 몸에 관한 이론적 논의

▪ 성(sex)/젠더와 공/사의 이분법적 접근을 넘어서

출산과 모성의 역할에 대한 본격적인 이론화는 몸과 섹슈얼리티 문제에 주목했던 급진적 페미니스트들에 의해 주로 수행되었다. 이들에게 출산과 모성성은 여성의 생물학적 특성으로서 여성억압의 원인이거나 여성해방의 원천으로 다루어졌다(Tong, 1995: 110-138). 파이어스톤(Firestone)에게서 생물학적 특성은 여성억압의 원인이었으며 따라서 여성해방을 위해 생물학적 몸을 통한 출산과 모성의 역할은 거부되어야 할 것이었다(Firestone, 1970). 이에 반해 다른 페미니스트들은 파이어스톤의 생물학적 환원론을 비판하면서 여성억압의 원인을 생물학적 특성에서가 아니라 그것에 대한 남성의 통제에서 찾는다(O'Brien, 1983; Rich, 1976). 남성들의 출산과정에서의 소외와 여성의 출산능력에 대한 두려움이 여성의 생물학적 몸과 출산능력을 통제하고자 한다는 것이다. 따라서 제거해야 할 것은 가부장적 남성권력이며 여성의 생물학적 몸을 통한 출산과 모성의 역할은 유지해야 할 여성해방의 원천이라고 본다.

출산과 모성의 역할에 대한 이러한 관점들은 모성성과 신생식기술에 대한 논의에도 반영된다. 즉 모성성은 가부장체제에 의해 외적으로 강요된 이데올로기이거나 여성권력을 담보할 수 있게 해주는 해방적 잠재력으로 각각 의미화 된다.[1] 또한 신생식기술은 생물학적 본능으로서의 모성성과 생식 중심의 섹슈얼리티 통제를 극복할 수 있게 해 주는 생물학적 혁명의 수단이거나 여성의 출산과정의 통제권을 기술과학을 매개로 남성들이 빼앗아감으로써 가부장체제를 지속시키고 공고화하는 수단으로 각각 의미화 된다.[2]

출산과 모성성, 신생식기술에 대한 급진적 페미니스트들 내부의 이러한 논쟁은 서로 대립되는 지점이 있으나 두 가지 점에서 공통의 가정을 전제로 한다. 첫째, 임신·출산을 여성의 몸에서 발생하는 자연스런 사건으로 본다. 둘째, 임신·출산이라는 여성의 생물학적 특성은 여성의 사회적 차별과 성별분업을 정당화하고 섹슈얼리티를 통제하는 주요기제이며, 이러한 억압과 차별을 발생시키는 주요 원인은 가부장적 남성권력이다. 따라서 가부장적 지배와 통제로부터 벗어날 수 있는 방법을 모색해야 한다. 이 지점에서 파이어스톤이 생물학적 몸을 통한 출산을 거부하고 신생식기술의 발전과 그것의 이용을 주장했다면, 오브라이언과 리치 등의 다른 페미니스트들은 모성을 둘러싼 제도나 문화를 바꾸고 출산과정의 통제권을 여성들이 유지·확보해야 한다고 주장한 것이다.

이러한 논쟁 속에서 급진적 페미니스트들은 전형화된 모성의 역할과 모성성은 생물학적으로 고정된 본능이 아니라 사회문화적으로 만들어진 것임을 밝혔고, 생식중심의 섹슈얼리티 통제를 비판하였으며, 출산이 여성이나 개별 가족의 사적인 문제라는 통념에 저항하였다. 이러한 문제의식은 출산이나 양육의 문제를 공적인 문제로, 모성을 의무가 아닌 선택할 수 있는 권리의 문제로 자리매김했고 1970년대 서구사회의 재생산권리 운동을 촉발시켰다.

급진적 페미니스트들이 "여성은 태어나는 것이 아니라 만들어진 것이다"[3)], "개인적인 것은 정치적인 것이다"를 기치로 내걸로 성(sex)/젠더와 공/사의 이분법적 구분 속에서 출산과 모성을 젠더의 문제, 공적인 문제로 접근하는 것은, 모성보호 및 양육에 관한 법·제도를 만들고 출산조절(birth control)[4)]의 권리를 제기하는 등의 정치적 의의를 지녔다. 그럼에도 불구하고 이러한 접근은 몇 가지 점에서 한계를 갖는다. 이는 기본적으로 급진적 페미니스트들의 초역사적이고 초계급적인 문제설정과 근대적 인식체계의 이분법적 문제설정에서 비롯된 것이다. 첫째, 여성의 몸과 모성성을 억압의 토대로 제시하든 여성권력의 토대로 제시하든 출산은 생물학적 몸에서 일어나는 '자연'적인 일로 간주한다. 그럼으로써 모성적 몸을 힘의 원천인 자연이거나 가부장적 문화에 종속된 실체로 위치지우는 자연/문화의 이분법적 논쟁을 불러 일으켰다. 둘째, 임신·출산을 모든 여성의 공통의 문제로 제시함으로써 이를 수행하거나 거부하는 여성 주체들을 단일한 집단으로 상정한다. 그럼으로써 여성 주체들의 다차원성과 복수성을 보지 못하게 한다. 즉, 몸과 젠더를 고정된 존재적 실체나 개념으로, 여성들을 동질화된 집단으로 바라본다는 것이다.

그러나 출산을 자연적인 사건으로 규정하면 출산과정에서의 여성의 노고가 비가시화될 뿐만 아니라 자연적인 과정을 통해 출산을 수행할 수 없거나 그렇게 하지 않고자 하는 여성은 배제될 것이고, 출산을 문화적인 사건으로 규정하면 의도치 않게 출산을 수행하는 여성들을 가부장적 문화에 종속된 존재로만 위치지우게 된다. 그럼으로써 구체적인 역사적 맥락에서, 변화하는 출산환경 속에서의 모성적 몸들의 '물질성'의 변화와 차이들, 그리고 생성과정이 삭제된다. 몸들의 '물질성'이란 육체 페미니스트로 유명한 그로츠나 해러웨이가 사용하는 개념으로서, 생물학적 몸을 의미하는 것이 아니라 생물학적 몸 자체가 이미 사회적이고 문화적인 것이며 우리가 몸에 대해 알고 있는 이해방식이나 규범은 사회적이고 문화적인 의미화의 효과라는 것이다. 이는 푸코가 이야기한 권력의 효과로서 권력이 각인된 몸이라는 발상과 유사하다. 그러나 그로츠나 해러웨이는 푸코의 논의에서 더 나아가 물질적·기호적 몸들이 끊임없이 구성·재구성되는 과정에 주목할 것을 주장함으로써, 몸을 권력이 각인되는 공간만으로서가 아니라 생산적이고 구성적인 공간으로서 위치지운다. 따라서 '몸의 물질성'은 생물학적 몸을 포함해 몸들이 의미화 되고 구성되는 관계와 과정을 나타내는 개념이다.

이런 의미에서 몸과 젠더에 대한 이분법적이고 결정론적인 문제설정을 비판하고 몸과 젠더를 관계 및 끊임없이 구성·재구성되는 과정으로 바라보면서 여성 주체들의 복수성을 드러내고자 한 페미니스트들의 논의를 살펴볼 필요가 있다. 이러한 페미니스트들은 성차, 젠더, 몸을 문제시하며 이성 중심의 근대적 주체설정을 비판하면서 몸을 복권하고 주체들의 힘과 생성과정을 탐색하고자 한 탈근대적 논의들과 맥을 같이 한다.[5)]

먼저 이리가라이는 보편적 여성 정체성을 거부하고 여성 몸들의 복수성에 주목하면서 성차를 남성과의 차이 뿐만 아니라 여성들 간의 차이들로 확장시킨다(Irigaray, 2000).[6)] 브라이도티는 이리가라이의 성차에 대한 문제의식과 들뢰즈·가타리의 욕망의 정치학을 수용하여 "욕망하는 주체들을 분자적이고 유목적이고 복수적인 것으로 구성"하면서 "복수적인 여성의 체현된 목소리들을 위한 이동하는 입장들을 제공하는 유목적인 정치적 기획으로서의 성차를 주장한다(Braidotti, 2004: 268-269).[7] 이들에게 몸들은 근대 서구 지성사의 동일자의 철학을 비판하고 다층적으로 성차화된 복수적인 여성 주체들을 드러내는 전략적인 지점이다.

육체 페미니스트로 유명한 그로츠(Grosz)는 몸이 "안과 바깥, 사적인 것과 공적인 것, 자아와 타자, 마음/몸의 이항대립이 연상시키는 이분법적 쌍들 사이의 대립을 재고할 수 있는 지점"을 제공한다고 설명한다(Grosz, 2001: 82).[8] 그래서 몸은 이분법적으로 환원되는 것이 아니라 "이분법적인 쌍의 중추적인 지점에서 비결정적으로, 그리고 위태롭게 배회하는 문지방이자 경계선 개념"이 된다. 마찬가지로 몸을 생물학적이거나 본질적인 것으로 설명하는 것은 오류이며 "몸은 사회적·정치적·문화적·지리학적 각인의 공간이자 생산과 구성의 공간으로 간주되어야 한다"고 주장한다(Grosz, 2001: 86-87). 따라서 몸은 자연이나 문화로 환원할 수 있는 고정된 실체가 아니다.

젠더 또한 고정된 존재적 개념이 아니라 관계와 맥락으로서 사유할 필요가 있다. "젠더는 언제나 관계이지, 이미 형성되어 있는 존재들의 범주이거나 사람이 소유할 수 있는 소유물이 아니다(Haraway, 2002: 28)." 또한 "젠더는 변화하거나 맥락화된 현상으로서, 본질적인 존재를 의미하는 것이 아니라, 문화적이고 역사적인 특수한 일련의 관계를 둘러싼 상호 수렴의 지점이다"(Butler, 2008: 103). 즉, 전형화된 모성적 규범과 역할은 본질적으로 여성적이거나 가부장적이라기 보다는 버틀러의 용어를 빌자면 반복적 수행성(performativity)을 통해 획득된 결과이다. 따라서 출산을 수행하는 주체들의 행위주체성(agency)[9]을 드러내는 것이 중요하며, 이는 출산을 수행하는 행위를 통해 주체성의 구성과정을 탐색하고 형상화하는 것이다.

몸과 젠더에 대한 이러한 논의를 따라가다 보면 몸과 젠더는 경계적 개념(Balsamo, 1996)이며 끊임없이 구성·재구성되는 관계와 과정들이라는 것을 알 수 있다. 따라서 단일하지 않은 복수적 여성주체들의 차이와 행위주체성을 드러내야 한다. 이런 점에서 모성적 몸이 자연이나 문화로 환원될 수 없듯이 모성성이나 모성적 욕망 또한 외적 강요나 자유주의적 선택으로 환원될 수 없다. 그것은 상황과 맥락 속에서 다차원적으로 드러나기 때문이다.

마찬가지로 출산의 의료화가 거의 완성되었고 기술과학의 개입 없는 임신·출산의 수행을 상상하기 어려운 현재의 상황에서 기술과학의 가부장적 권력에 대항하기 위해 일부 에코페미니스트들처럼 여성과 자연을 동일시하여 기술과학을 거부하는 전략을 사용할 필요는 없다. 오히려 권력이 출산과 여성의 몸을 자연화 하는 과정이 분석되어야 하며 자연화된 몸을 넘어서 "자연을 재발명"해야 할 필요가 있다(Haraway, 2002). 기술화된 출산 노동을 수행하고 있는 여성의 몸들은 기계나 유기체로 환원할 수 없는 기계와 유기체의 잡종인 사이보그 주체이며, 자연도 문화도 아닌 몸들의 물질성의 변화(Haraway, 2003: 8-9)에 주목함으로써 가부장적 자본주의 체제에 균열을 가하는 모성의 정치를 구상해 볼 수 있다.

따라서 출산을 자연화 하지 않고 모성성을 가부장적 지배이데올로기로 환원하지 않으며 모성을 수행하는 여성들을 피해자화하지 않으면서도 젠더권력관계의 배치를 바꾸고 가부장적 자본주의 체제에 균열을 가하기 위해서는, 모성적 몸의 물질성의 변화와 모성적 욕망의 생성 과정에 주목하면서 출산을 수행하는 몸들의 위치와 가치에 대한 재형상화가 필요하다.

또한 몸의 물질성의 변화과정에 주목하고 몸을 상황과 맥락 속에 위치지우고자 할 때 출산과 모성성을 가부장체제의 문제로만 환원할 수는 없다. 가부장체제 만큼 자본주의 체제도 몸의 물질성의 변화에 관여하기 때문이다. 자본주의 체제에서 출산과 여성의 몸은 잉여가치를 창출할 수 있는 산업적 자원으로, 소비 영역으로 자본화되고 있다. 불임클리닉을 비롯한 의료산업 및 제약산업의 성장, 정자 및 난자 은행, 제대혈 은행 등 각종 몸 보관 산업, 생식세포의 거래, 대리모를 통한 자궁의 거래 등은 출산시장의 형성과 몸의 자본화를 잘 보여준다. 이제 출산 및 입양을 포함해 아기를 얻는다는 것은 경제적 문제가 되었으며 그런 점에서 '베이비 비즈니스'라 불릴 만하다(Spar, 2007).[10)]

또한 생명체의 발생기작과 원리를 발견하고 개입하는 의과학적 지식이 중요한 생산력이 되면서 그것을 담지하고 있는 여성의 몸들은 출산과 상관없이도 과학적 연구의 자원이거나 기술적 개입의 대상이 되고 있다. 이는 생명공학의 발전과 신자유주의적 의료산업화 정책으로 인해 가속화되고 있다.

따라서 자본주의 체제 아래에서 출산과 여성의 몸이 다루어지는 방식을 문제화해야 하며 젠더뿐만 아니라 계급, 인종, 지역 등의 다차원적 접근이 필요하다. 왜냐하면 몸들이 기술과학의 연구 및 산업적 자원으로 활용될 때 위계적으로 더 낮은 계급, 인종, 지역에 속하는 사람들이 이용될 가능성이 높기 때문이다. 그런데 권력과 자본은 한편으로는 출산과 몸을 자연화하면서 가치를 생산하지 않는 비생산적인 일과 존재로 규정하고, 다른 한편으로는 몸들을 통해 개발된 의과학자들의 지식과 정보를 자본화하고 부가가치를 발생시키는 생산적인 노동으로 규정·보증하면서 자본주의 체제를 안정적으로 재생산한다. 다시 말하면 몸을 '자연화', 자연적 속성으로 간주하면서 의과학적 연구에 무상으로 공급받는 것을 정당화하며 임신·출산을 생산적인 일로 여기지 않으면서 그것과 관련한 소비시장을 확장시킨다.

마찬가지로 신생식기술의 구성과 적용 과정에서 몸들의 노동참여를 비가시화하고 의과학자들에 의해 생산된 지식을 과학으로, 몸 체험성에 근거한 여성의 지식을 비과학으로 위계화한다. 그럼으로써 여성들을 신생식기술의 대상이거나 수혜자, 소비자로서만 위치 지운다. 따라서 기술과학과 권력 및 자본이 결합된 현재의 상황에서 몸들의 생산성과 가치에 대한 재평가가 필요하며 노동의 재개념화를 통한 가치투쟁이 필요하다. "과학적 몸은 이데올로기적으로 구성되는 것이 아니라 언제나 급진적으로, 역사적으로 다른 종류의 특성과 효율성을 갖고 있으며, 그래서 몸은 다른 종류의 참여와 개입을 요구(Haraway, 2002: 376)"하기 때문이다.

■ (재)생산 노동과정으로서의 출산

성/젠더, 공/사, 자연/문화의 이분법과 마찬가지로 생산/재생산의 이분법과 노동/비노동의 이분법도 수정될 필요가 있다. '재생산' 개념과 '노동' 개념은 둘 다 논쟁적인 개념이다. 이는 재생산 영역의 범주 설정과 재생산 개념의 다의성, 재생산과 생산 사이의 관계 설정 때문이다.

페미니스트들이 출산을 재생산 개념으로, 특히 인간 재생산의 범주로 설정한 것은 전통적 맑스주의를 비판, 확장하기 위한 것이었다. 맑스와 엥겔스는 역사의 결정적 계기로서 생산과 재생산을 두 축으로 제시하였다.[11] 이러한 문제의식에도 불구하고 그들은 재생산보다는 생산의 영역에 주목했으며, 이러한 재생산에 대한 생산의 우위성 테제에 대한 비판은 전통적 맑스주의를 비판, 확장하고자 했던 맑스주의자들과 페미니스트들 모두에 의해 수행되었다.

오브라이언(O'Brian)은 생산노동에 대한 맑스의 이론적 패러다임에 입각해 여성의 일들, 특히 임신과 출산을 생산과 대비되는 재생산 노동으로 규정하고 이러한 노동과 노동과정이 어떠한 구조로 여성억압을 형성하는가를 밝혔다(O'Brian, 1983). 오브라이언이 임신과 출산을 재생산 노동으로 개념화한 것은 여성의 억압을 자본과의 관계성 안에서가 아니라 가부장제 아래에서의 독립적인 성별억압체계로 설명하기 위해서이다(이상화, 1988: 3). 이를 통해 페미니스트들은 전통적 맑스주의 패러다임이 가부장체제와 젠더의 문제를 간과하고 있음을 비판했다. 따라서 페미니스트들은 여성이 주로 수행하는 일인 임신·출산, 가사, 양육 등을 생산에 대비되는 재생산노동으로 의제화하면서 노동력 재생산노동이나 인간 또는 생물학적 재생산의 문제에 천착하였다.[12]

이에 반해 전통적 맑스주의를 비판·재구성하고자 했던 맑스주의자들은 자본주의적 생산조건과 생산관계의 사회적 재생산 문제에 주목하였다. 프랑크푸르트 학파로 대변되는 비판이론가들이나 맑스주의의 세례를 받은 문화이론가들이 주목한 것은 자본주의 체제가 어떻게 이토록 강고하게 유지, 재생산되는가 하는 것이었고 이는 사회주의권의 몰락이라는 현실적인 정치와 맞물려 있는 것이었다. 알튀세르 역시 가족과 학교 등의 이데올로기적 국가 장치를 통해 자본주의적 이데올로기와 생산조건이 재생산됨으로써 자본주의 구조를 공고화한다고 본다(Althusser, 2007). 알튀세르가 자본주의 생산관계를 재생산하는 '구조'를 강조함으로써 주체를 사라지게 했다면, 현대의 대표적인 프랑스 사회학자 부르디외는 구조와 행위 간의 간극을 아비투스(habitus)라는 개념으로 좁혀보려 했지만 재생산과 관련해서는 주로 교육체계를 통한 계급재생산의 문제를 분석한다(Bourdieu, 2000).

이들이 자본주의 체제와 계급 재생산 문제에만 주목했듯이 오브라이언도 임신·출산을 사적 영역에서 여성들이 주로 수행하는 일로, 그리고 가부장체제와 연결된 억압적인 젠더 재생산 문제로만 바라보았다. 즉, 생산과 재생산의 이분법을 그대로 둔 채 생산과 재생산이 어떠한 연관성이 있는지를 설명하지 못했다. 그러나 생산과 재생산, 개인적인 것과 정치적인 것, 공적인 것과 사적인 것을 구별하는 것은 인위적이며 남성중심적인 이원론적 사고체계이다(Jagger, 1999). 이런 점에서 생산/재생산의 이분법은 남성/여성의 이분법과 연관되어 재생산을 그저 생산에 봉사하기 위해 있는 사후 영역으로 치부하기 위한 "남성중심적 자본주의 패러다임"이라고 주장할 수 있다(태혜숙, 2007: 42). 또한 이러한 이분법을 넘어서 여성이 수행하는 "모성노동, 가사노동, 섹스노동을 비생산적이고 생산에 부차적이라는 의미의 재생산 노동이 아니라 인간을 생산하고 쾌락을 생산하는 생산노동"이라고 주장하는 것은 이러한 노동들을 가치 있고 생산적인 일로 의미화하기 위한 것이다(고정갑희, 2007: 26). 맑스주의 페미니스트인 포르뚜나띠는 이미 오래 전에 가사노동, 출산노동과 같은 재생산 노동을 가치를 발생시키는 '생산적인' 노동이라고 주장한 바 있다(Fortunati, 1997).

임신·출산을 재생산 영역으로만 규정하고 생산적이고 가치 있는 일로 의미화 하지 않는 남성중심적 자본주의 패러다임은 전통적인 정치경제학에서의 노동 개념의 규정에서도 나타난다. "정치경제학에서 여성이 주로 수행하는 가정 안의 일이 창조적인 노동과정으로 표현된 적은 한 번도 없었다. 그것은 자연과 본능의 비경제학적인 세계로 분류되었다"(Ferber and Nelson ed. 1993: 140). 전통적인 정치경제학에서 노동은 가정 밖에서 자본에 고용되어 물질적인 상품을 생산하고 임금을 받는 일을 의미한다. 이러한 정의에 따르면 가정 안에서 수행되는 임신·출산은 비생산, 무임금의 영역으로 치부될 수밖에 없다. 자본에 고용되어 있는 것도 아니고 물질적인 상품이 아니라 인간 그 자체를 생산하는 일이며 임금을 받는 것은 고사하고 많은 비용을 지불해야 하는 일이기 때문이다.[13)]

임신·출산이 비생산적이고 비가치적인 부불노동으로 규정되는 것은 신생식기술이 구성되는 과정에서 기술화된 출산을 수행하는 여성주체들의 노동참여가 사회적으로 인정되지 않고 그 몸들을 의과학적 연구의 자원으로서 무상으로 공급받는 것을 정당화하는 것과 연동된다. 또한 모성이나 양육의 사회적 보장 및 보상체계를 마련하기 보다는 출산과 교육시장의 개별적인 소비자로만 위치 지워지는 것과 동일한 맥락을 형성하고 있다.

그렇다면 기술화된 임신·출산의 수행은 사회적 생산노동과 어떤 관계를 맺고 있는가? 이는 기술화된 출산을 수행하는 모성적 몸들이 단지 가족구성원을 늘리는 문제에 머무는 것이 아니라 사회적 생산력에 어떻게 참여하는가의 문제가 될 것이다. 이러한 문제에 접근하기 위해 소비자본주의 사회에서 소비는 개인의 소비적 노력과 사회적 책임을 요한다는 점에서 소비도 "사회적 노동"이라고 주장하는 논의(Baudrillard, 1991: 111)와 생산이 물질적 상품을 만들어 내는 공장을 넘어 사회화 되었으며 생산적 노동의 형태와 성격이 점점 협업화되고 비물질적으로 된다는 논의(Negri and Hardt, 2001)를 끌어들이려 한다.[14] 특히 네그리가 말하는 과학적 지식 노동의 협업적 특성은 의과학적 지식과 기술이 중요한 생산력이 되어가고 있는 현대 자본주의 사회에서 기술화된 출산을 수행하는 몸들의 지식노동참여와 생산성에 주목할 수 있게 해 줄뿐만 아니라, 의과학자 집단이나 관련 산업이 그러한 "사회적 협업의 과정이나 형태 및 산물을 어떻게 장악하고 수취하는지"를 드러낼 수 있게 해 준다(윤수종, 2002: 63).[15] 즉 출산을 수행하는 몸들은 적극적인 소비를 통해, 의과학적 지식구성에의 노동참여를 통해 사회적 생산력에 연결된다. 또한 기술화된 출산과정은 의료진과의 소통적, 상호작용적 노동뿐만 아니라 네그리가 말하는 정서적 노동과 비슷한 맥락에서 수많은 감정노동이나 돌봄노동을 수행하는 과정이다.[16]

따라서 기술화된 출산을 수행하는 여성주체와 몸들은 생식과 관련한 의과학적 지식이나 정보의 구성과정에서 아무런 역할도 하지 않거나 그것에 수동적으로 순응하는 것이 아니라 적극적으로 참여하면서 자신의 체험과 해석, 그리고 몸의 물질성의 구성과정을 통해 의과학적 지식생산에 기여하고 개입한다. 모성적 몸 체험성을 통해 생산된 지식은 기술생명권력의 작동에 의해 비과학, 비공식적인 지식으로 배제, 폄하된다. 하지만 기본적으로 생식과 관련한 의과학적 지식은 의료진과 모성적 몸들의 소통과 협업을 통해 생산된 결과이다. 신생식기술을 이용한 생명의 생산 역시 의료진과 모성적 몸들의 협업 결과이다. 또한 신생식기술과 의과학적 지식은 완전하다기보다는 모성적 몸들을 통해 불완전성이 드러나며 불완전성은 의과학적 연구를 추동하는 힘이 된다.

이 연구에서는 재생산/생산의 이분법을 비판하며 생산에 대비해 재생산에 부여된 부차성과 비생산성을 극복하고 그 가치와 생산성을 강조하기 위해 기술화된 출산을 수행하고 있는 난임여성들의 활동을 괄호를 붙여 (재)생산 노동으로 개념화하고자 한다. 난임여성들의 임신·출산의 생산성이란 자본주의적 방식으로 시장에서 교환가치화 되는 생산을 의미하지 않는다. 오히려 기술화된 출산의 수행을 통해 생산하는 관계와 소통, 지식, 삶의 형태와 방식을 의미하는 것이다. 또한 난임여성들의 생산성을 강조하는 것은 의과학적 지식생산에 참여함에도 불구하고 그 생산성과 가치를 수취당함으로써 신생식기술의 통제권을 박탈당하고 객체, 수혜자로서만 위치지워지는 것에 대한 문제제기이다. 따라서 난임여성들의 기술화된 출산수행은 전통적인 정치경제학적 노동이라는 개념에 부착되어 있는 경제적 의미의 생산성을 넘어선다는 측면에서 사회적 (재)생산 노동으로 볼 수 있다. 하지만 대리모나 생식세포 판매 여성의 계약에 의한 기술화된 출산노동은 몸들과 출산이 자본화 되고 위탁부부나 구매자에게 받는 금전적 대가가 일종의 임금의 형태가 된다는 측면에서 경제적 의미의 생명생산 노동이다. 생명생산을 수행하기 위해 대리모나 생식세포를 구매한 여성들은 소비자의 위치에 놓이게 된다. 따라서 자신의 생식세포와 자궁을 이용해 기술화된 출산을 수행하는 난임여성들과 생식세포 공여 및 판매 여성, 그리고 대리모 여성은 모성노동을 수행하는데 있어서 서로 다른 위치에 놓여 있다.[17)]

하지만 모든 출산은 생명생산과 연결되고 기술화된 출산과정에 참여하는 모든 여성들의 몸들은 의과학적 지식생산에 참여한다는 점에서 사회적 생산성과 가치를 지니고 있다. 노동을 관계나 소통, 삶의 방식의 생산을 포함하는 사회적 노동 개념으로 확장시키면 생산과 재생산, 노동과 활동(activity)의 경계는 명확하게 구분되지 않는다. 또한 이 연구에서 난임여성들의 임신·출산을 그 수행과정에서의 생산성과 가치를 강조하기 위해 (재)생산 노동으로 개념화하는 것은 그들의 행위주체성을 드러내는 것과 연동된다. 난임여성들의 생산성과 행위주체성은 그들의 기술화된 출산수행과정을 통해 분석되어야할 문제이다.

또한 난임여성들이 임신·출산과정에서 수행하는 다양한 활동의 내용과 성격을 드러내는 것은 기술과학의 개입이라는 변화하는 출산환경 속에서, 한편으로는 자본과 권력이 몸들을 통제하고 착취하는 방식을 드러내는 것이기도 하지만 다른 한편으로는 몸들의 생산적 노동참여가 통제와 착취의 방향을 어떻게 바꾸어 나갈 수 있는지를 모색해 보는 것이기도 하다. 이는 해러웨이가 말했던 몸들의 물질성의 변화에 주목해 역사적으로 다른 종류의 몸들의 특성을 분석하는 일이고 다른 방식의 모성과 신생식기술의 정치를 구상해 보고자 하는 시도이다.

■ (재)생산 정치의 문제설정

신생식기술과 모성성을 난임여성들의 입장에서 정치화할 때 재생산권(reproductive rights)[18] 확보를 쟁점으로 제기해 온 (재)생산의 정치는 몇 가지 점에서 재고되어야 할 필요가 있다. (재)생산권의 내용과 강조점은 변화하는 출산환경과 여성들의 상이한 몸적, 사회적 위치에 따라 달라질 수 있기 때문이다. 이런 점에서 (재)생산권은 보편적 권리이거나 자유주의적 선택의 문제가 아니라 맥락에 따라 비판적으로 구성, 재구성되어야 한다고 볼 수 있다(Ehrenreich ed, 2008).

첫째, 몸의 통합성(bodily integrity)에 입각해 몸에 대한 자기결정권(bodily self-determination)과 출산과정의 통제권을 주장하는 (재)생산권의 문제설정에 관한 것이다(Petchesky and Judd, 1998). 페미니스트들은 생명체의 발생과 성장이 여성의 몸에서 일어나는 사건이기 때문에 임신·출산, 피임, 낙태 등 생식과 관련한 문제를 여성이 결정할 권리가 있다고 주장해 왔으며, 생식기술, 특히 신생식기술과 유전공학을 비롯한 생명공학은 여성 몸의 통합성과 자기결정권을 침해한다고 비판해 왔다. 여성 몸의 통합성은 주로 기술과학적 개입으로 인한 몸의 분절화와 비정상화에 대한 비판(Handwerker, 1995; 조주현, 2006)으로 이어졌고, 몸의 자기결정권을 주장하기 위해 출산과정의 통제권이 여성에게서 의료전문가로 이전됨에 따라 발생하는 의료 권력을 문제화하였다.

문제는 몸의 통합성인데, 그것이 더 이상 자기결정권과 통제권 확보를 위한 논거가 되기에 충분치 않다는 것이다. 즉 몸의 위치와 물질성이 변화되었다는 것인데, 기술과학적 개입을 통한 임신·출산의 가장 큰 특징은 생명체의 수정 및 배양이 여성의 유기체적 몸이 아니라 실험실로 이전되었으며 생식세포의 수정력과 수정란의 착상력이 중요해졌다는 사실이다. 따라서 몸에 대한 자기결정권과 출산과정의 통제권에 대한 주장은 여성의 유기체적 몸을 넘어서 분자적 몸들로부터 출발해야 한다. 또한 분자적 몸들로부터 출발한다 하더라도 그것에 대한 의과학자들의 노동력만을 다루는 것도 제한적이다. 수정 및 배양이 실험실로 이전되었다는 것과 자연적으로 이루어져야 할 생명생산의 과정이 의과학자들의 기술적 처치에 의해 이루어지고 있다는 것을 강조하는 것이 자칫 생명생산의 생산적 힘이 의과학자들의 지식과 기술로부터 나온다고 의미화 됨으로써 기술과학주의를 더욱 조장하고 모성적 몸들의 노동참여와 생산성을 간과할 수 있기 때문이다. 예컨대 여성의 몸에서 난자를 빼내고 수정, 배양하는 것은 의과학자들의 노동이지만 그것이 임신의 성공으로 이어지기 위해서는 난자의 질이 관건이 된다.

난임여성들은 소위 '건강한' 난자를 생산하기 위해 다양한 몸 관리를 수행한다. 이런 의미에서 생명체의 생산은 난임여성들과 의과학자들의 협업을 통해 이루어지며 그 생산력의 궁극적인 출처는 난임여성들의 몸들이다. 따라서 신생식기술과 그것의 개입을 통한 출산과정의 통제권은 출산이 여성의 몸에서 이루어지는 사건이기 때문에, 신생식기술이 여성의 몸에 미칠 수 있는 건강상의 위험이나 모성보호의 필요성 때문에 요구되어야 할 사항이 아니라 여성의 몸들이 의과학적 지식과 생명생산 노동에 참여하고 그것을 추동하는 궁극적인 힘이기 때문에 누려야 하는 당연한 권리이다.

둘째, 모성적 욕망에 대한 문제설정이다. 페미니스트들은 모성성을 본능으로 규정해 여성을 억압하는 생물학적 결정론에 저항하기 위해 가부장체제에 의해 강요되는 모성이데올로기를 비판하는 데에 주력해 왔다. 이는 의도치 않게 모성적 욕망을 외적 강요로만 환원함으로써 모성적 주체를 객체화하며 무엇보다도 아이를 갖고자 하는 여성들의 욕망을 구체화하지 못하게 한다. 그러나 아이를 갖고자 하는 모성적 욕망은 결핍이나 아이에 대한 필요나 확신, 요구와는 분명히 구별되며 그것들로 환원할 수 없다(Moro, 2009: 157). 따라서 모성적 욕망을 생득적인 본능이나 외적 강요의 내면화로 환원하기 보다는 여성들의 몸적, 사회적 위치에서 모성적 욕망이 생성되는 다차원적인 과정을 분석할 필요가 있다. 이런 점에서 욕망을 생성적 과정이며 생산하는 힘으로 설명한 들뢰즈·가타리의 욕망론과 되기(becoming)이론은 난임여성들의 모성적 욕망과 주체화 과정을 설명하는 데 유용하다(Deleuze and Guattari, 2000; Guattari, 1998).[19] 이는 권력과 자본이 표준적인 모성상과 수행방식을 만들어내는 과정뿐만 아니라 난임여성들이 그것들로부터 탈주하는 과정을 탐색할 수 있게 해 주기 때문이다.

셋째, 건강하고 안전하게 출산할 권리인 건강권의 모순에 관한 것인데, 이는 의료적 접근권으로 해석될 수도 있고 의료적 개입으로 인한 건강침해로부터 보호받을 권리로 해석될 수도 있다. 페미니스트들은 주로 불임시술의 위험성과 불완전성, 관련 정보의 고지 부재, 그로 인한 여성 건강권의 침해 등을 비판해 왔다. 즉 의료적 개입으로 인한 여성건강침해에 주목해 온 것이다.

그러나 (재)생산권의 내용이 확장되어 온 역사를 보면 이러한 모순은 여성들의 몸적, 사회적 조건이 다르다는 것에서 발생한다는 것을 알 수 있다. 서구사회에서 피임권과 낙태권을 중심으로 한 중산층 여성들의 출산거부운동이 한창일 때 가난한 흑인여성들과 유색인종여성들은 의료적 서비스를 이용해 건강한 아이를 낳을 권리를 주장했고 (재)생산권은 아이를 낳지 않을 권리 뿐만 아니라 아이를 낳을 권리까지 포함하는 것으로 확장되었다(Nelson, 2003).

난임여성들의 경우에도, 특히 가난한 난임여성들은 의료적 개입으로 인한 건강침해와 의료적 접근권과의 관계에서 의료적 접근권에 우위를 두는 경향이 있다. 그렇다고 해서 난임여성들이 불임시술과정이 위험하지 않다고 여기거나 자신의 몸에서 발견되는 위험징후들에 대해 무지하거나 이를 무시하는 것은 아니다. 난임여성들은 의사들의 권유와 상관없이 불임시술을 중단하거나 시술간격을 넓히는 등의 방법으로 전략적으로 대처한다.

따라서 (재)생산권의 내용은 모든 여성들에게 동일하게 구성되지 않으며 여성들의 몸적, 사회적 위치와 조건들에 따라 그 강조점과 지향성이 다르게 나타난다. (재)생산권을 난임여성들의 입장에서 정치화 하는 것은 그들의 몸적, 사회적 조건들과 상황성에 따라 (재)생산권의 내용이 어떻게 구성되는지를 드러내는 것이며, 그런 의미에서 (재)생산권은 끊임없이 구성·재구성되어야 할 정치적 장이 된다.

2. 신생식기술에 대한 이론적 논의

▪ 낙관론과 비관론 그리고 중립론을 넘어서

신생식기술에 대한 페미니즘 논의는 세 가지 관점으로 나누어 볼 수 있다. 그것은 신생식기술을 여성해방의 열쇠로 보거나 가부장적 지배음모로 보는 것, 또는 중립적인 것으로서 선용/악용의 문제로 바라보는 시각이다(Wajcman, 2001: 109-121). 임신·출산이라는 여성의 생물학적 특성이 여성을 억압하고 사회적 차별을 야기하기에 출산을 거부하고 생물학적 가족을 해체하는 것을 실천 전략으로 삼았던 파이어스톤과 보부아르에게, 신생식기술의 발전과 이용은 이러한 실천 전략을 실행할 수 있게 해주는 효과적인 수단으로 여겨졌다. 그러나 신생식기술이 가부장적 가족구조의 해체와 여성해방을 가져올 것이라는 이러한 견해는 기술을 낙관적으로 이상화하는 기술결정론적이고 환원론적인 혐의가 있다. 여성에 대한 가부장적 억압과 가부장적 가족구조의 해체는 기술이 아니라 여성의 실천적 힘을 통해 이루어지며 신생식기술은 많은 경우 가부장적 체제를 유지·재생산하는 데 기여하는 측면이 있기 때문이다. 이는 산과학에서 남성의료전문가들이 겸자[20]기술의 독점적 사용권을 매개로 정치적 힘을 동원하여 여성 산파들을 분만현장에서 몰아냈던 역사를 보면 알 수 있다(Thompson, 2001). 또한 유전자 검사, 태아의 성감별 검사 후 여아 낙태, 남성 가계 혈통을 유지하기 위한 목적의 보조생식술의 이용 등은 기술과학이 가부장적 지배체제를 강고히 하는 수단으로 이용되어 왔음을 보여주는 것이기도 하다. 그러나 파이어스톤이 여성이 출산수단을 장악해야 한다고 했을 때, 이것이 출산수단인 신생식기술을 단순히 이용하는 문제가 아닌 그것의 전개와 방향성에 대한 여성의 정치적 개입을 의미하는 것이라면, 의과학적 개입을 통한 출산이 보편화된 현재적 맥락 속에서 재고해 볼 여지가 있다.

반면에 대부분의 급진적 페미니스트들과 에코페미니스트들에게 신생식기술은 여성의 몸과 출산과정에 대한 통제권을 남성들이 강탈하기 위한 장치로 의미화 된다(O'Brien, 1983; Rich, 1976; Rowland, 1992 등). 이 경우에 신생식기술의 개발은 여성권력의 원천인 생명창조능력을 박탈하고자 하는 남성의지의 소산이며 그 결과 여성의 출산과정은 남성들의 통제와 착취의 대상이 된다. 특히 신생식기술의 남성중심성에 대한 비판뿐만 아니라 신생식기술과 생명공학의 연관성을 설명하고 여성의 몸에 대한 가부장적 통제와 기술과학의 기계론적인 몸관의 결합이, 문제가 있는 생식을 넘어서 전체 여성의 '자궁'을 통제한다고 주장하기도 한다(Corea, 1985a; 1985b).[21] 같은 맥락에서 에코페미니스트들은 "생명공학자에게 있어서 인간은 단지 유기물질, DNA, 원료의 덩어리일 뿐이며 마음대로 분해하고 새로운 바이오기계로 조립할 수 있는 것"일 뿐이라고 주장한다(Mise and Shiva, 2000: 231).

신생식기술과 생명공학을 이용한 출산의 기술과학화는 여성의 몸을 기계화하고 비정상화하며 의료전문가들은 출산과 관련한 여성들의 지식을 "터무니 없는 히스테리"로 치부하고 자신들의 의과학적 지식을 강요함으로써 여성의 몸을 착취한다는 것이다(Shiva, 2000: 113-115). 신생식기술과 생명공학을 여성의 몸을 출산을 위한 기계나 도구로 만들고 출산과정을 통제하고 대상화하는 가부장적 기술과학으로 정립한 이런 논의들은 정치적인 실천운동으로 이어지는 이론적 자원이 되었다.

1985년 결성된 FINRRAGE는 생식· 유전자공학에 반대하는 페미니스트 국제 네트워크(Feminist International Network of Resistance to Reproductive and Genetic Engineering)의 약어로 생식기술과 유전공학의 상호 연관성을 주장하고 그것들의 개발에 반대할 것을 결의하였으며 이에 기반한 국제적인 실천 활동을 펼쳐 나갔다. 이들에게 신생식기술과 유전공학은 여성의 자연적인 생명 창조 능력을 인공적인 인간 생산을 위한 원료로써 이용하는 가부장적 지배음모인 것이다.[22] 이들은 여성의 몸이 의과학적 연구의 대상이 되거나 산업적 착취의 수단으로 이용되는 것을 거부하며 의과학적 개입이 없거나 그것을 최소화하는 자연출산이나 자조적인 몸 관리 및 출산운동을 벌여나갔다.[23]

이러한 운동을 통해 페미니스트들은 기술적 처치의 비효율성 및 위험성, 의료의 산업화와 의료 기관의 권력 및 시술의 남용, 여성 몸의 병리화 등을 문제화하면서 이러한 것들이 가부장적 자본주의 구조와 연결되어 있음을 밝혔다. 의료기관이 생식기술, 산아제한, 낙태, 안전한 출산 수단의 감독, 감시를 담당함으로써 여성 억압의 중심이 되고 있다는 것이다(Ehrenreich and English, 2008: 24-31). 시바는 제왕절개수술의 확산과 남용을 비판하였으며, 달라코스타는 자궁적출술이 의료산업의 이윤추구와 여성을 생식과 동일시하는 가부장적 문화를 통해 출산을 완료하였거나 더 이상 출산을 할 수 없는 여성들에게 어떻게 무분별하게 시행되고 있는지를 밝혔다(Dalla Costa ed, 2007). 또한 병원에서의 출산이나 기술적 처치가 반드시 유용하지는 않으며 오히려 건강에 유해할 수도 있다는 점을 밝혀 출산의 의료화를 비판하고 가정출산을 권장하기도 하였다(Oakley, 1984).[24)]

이러한 비관론적 논의들은 가부장적 자본주의 아래에서 생식 및 의료기술과학이 여성의 몸과 출산과정에 미치는 위험성이나 의료 권력의 작동방식을 잘 보여주고 있다. 그러나 "여성을 의료기관의 순진무구한 희생자로, 여성 몸을 가부장적 통제의 무의식적 공모자로 그리고 있으며 여성의 의식은 허위의식으로 환원된다(Sawicki, 1995: 196)". 즉, 의과학적 지식이 구성되고 신생식기술이 적용되는 과정에서 그리고 의료전문가들과의 관계에서, 여성들은 단지 통제나 착취의 대상이기만 한 것이 아니라 그것에 적극적으로 참여하고 개입하여 협상하기도 한다.

또한 기술과학의 위험성을 비판하기 위해 여성과 자연의 연관성을 강조하는 전략은 의도치 않게 모성을 생득적 본능으로 설명하고 출산과정을 수고스럽지 않은 일로 의미화하려는 남성적 지배전략에 이용될 수 있다.[25)] 마찬가지 맥락에서 신생식기술을 가부장적 지배음모로써 여성에게 억압적인 것으로만 환원해 버리면 이 기술은 폐기되어야 할 것으로서 현실적인 몸적, 사회적 조건 속에서 이 기술을 이용하고 있는 여성들의 구체적인 행위성을 드러내지 못하게 할 뿐만 아니라 이 기술의 내용 및 방향성에 대한 정치적 개입 가능성을 차단해 버린다.

한편 중립론은 신생식기술 자체가 가부장성을 지니고 있으며 여성을 종속시킨다는 FINRRAGE의 주장을 비판하면서 이 기술이 특정 여성들에게는 중요한 자원이 될 수 있다고 주장한다. 따라서 기술과학을 중립적인 것으로, 이러한 기술을 이용하는 여성들을 피해자가 아닌 능동적인 행위자로 위치지우고 기술자체보다는 이 기술의 오용을 비판하고 여성들이 이 기술을 어떻게 이용할 것인가를 문제화한다(Petchesky, 1987; Stanworth ed, 1987). 여성들이 신생식기술에 대한 더 많은 지식과 자원을 확보하고 스스로의 판단에 따라 결정권을 행사해야 한다는 것이다.

이러한 논의는 여성을 피해자화하지 않고 출산과정의 주체로 위치지우며 몸적, 사회적 조건의 차이에 따라 여성들이 신생식기술을 다양하게 의미화 하는 방식을 드러낼 수 있게 한다. 그러나 신생식기술을 중립적인 것으로 상정함으로써 기술과학의 정치성과 역사적 맥락성을 보지 못하게 한다. 신생식기술이 도입되고 확산되는 과정은 급진적 페미니스트들과 에코페미니스트들이 논의하였듯이 분명 불평등한 젠더관계를 반영하고 있고 가부장적 권력을 강화하는 도구로 이용되어 왔으며 여성의 선택은 이러한 권력관계로부터 완전히 자유로울 수는 없기 때문이다. 해러웨이가 기술과학은 사회적 불평등을 구조화하는 과정이라고 말할 때, 그것은 기술과학의 정치성에 주목해야 한다는 점을 지적하는 것이다. 하지만 기술과학의 정치성에 주목하고 가부장성을 밝히기 위해 여성을 반드시 피해자화 할 필요는 없다.

결론적으로, 신생식기술은 무조건적으로 낙관적(해방적)이거나 비관적(억압적)인 것 혹은 선용/악용의 문제로 환원될 수 있는 것이 아니라, 특정한 역사적 맥락에서 사회문화적으로 어떻게 구성되는지를 드러내고 어떻게 구성할 것인지에 관한 전략을 끊임없이 구상해 나가야 할 정치적 장이다. 이는 기술과학을 본질화 하지 않고, 즉 신생식기술이 여성에게 미칠 영향을 미리 예단하지 말고 기술과학이 전개되는 과정에 개입하는 비판적 태도가 필요하다는 것이다(Haraway, 2003: 326). 이런 점에서 기술과학이 사회와 분리되어 있는 것이 아니라 서로 영향을 미치며 구성되어 가는 것으로 보는 구성주의적 과학기술학은 페미니즘 과학기술학과 연결되며 신생식기술에 대한 페미니즘 정치를 구상하는 데 유용하다.

■ 구성주의적 과학기술학26)

난임여성들의 입장에서 신생식기술의 정치를 구상해 보기 위해 기술과학과 여성 간의 관계를 다룬 페미니스트들의 논의를 중심으로 기술과학이 인간과 사회의 영향을 받아 구성된다는 점을 전제로 하는 구성주의적 과학기술학을 인식론적, 방법론적 자원으로서 비판적으로 끌어들일 것이다.

하딩은 과학기술에 대한 페미니즘 접근은 "과학의 여성문제로부터 페미니즘의 과학문제"로 나아가야 한다고 주장한다(Harding, 2002: 21). 이는 과학기술분야에 더 많은 여성이 진출해야 한다고 주장하는 것을 넘어서 과학적 지식의 내용 자체를 여성의 입장에서 문제화해야 한다는 것이다.27) 하딩은 전자를 "경험론"으로, 후자를 "입장론"으로 분류한다(Harding, 2002: 176-210). 하딩의 입장론적 접근은 과학적 권위가 확보되고 정당화되는 논리로 작용하는 과학적 지식의 합리성과 보편성, 무엇보다도 객관성에 대한 문제를 제기한다.

과학적 지식이 객관성에 근거한 보편적 지식이라는 표준적인 근대적 과학관에 대한 비판은 페미니스트들과 과학지식사회학자들의 공통의 관심사였다. 과학지식사회학자들은 과학을 둘러싼 사회적 제도에만 주목할 뿐 과학적 지식 자체를 문제화하지 않는 기능주의적 과학사회학을 비판하면서 과학적 지식 또한 특정 역사적 맥락에서 지배적인 세계관을 반영하고 있으며 우리가 보편적인 진리라고 알고 있는 과학적 지식이 많은 경우 과학자 집단 및 사회의 협상 결과임을 밝혔다.28) 따라서 정치적 이해관계로부터 자유로운 과학이나 과학자는 있을 수 없다. 이러한 논의를 통해 과학적 지식을 "사회적 맥락과 무관한 초역사적이고 보편타당한 지식이 아니라, 다른 문화적 지식이나 산물과 마찬가지로 맥락 의존적이고 역사성·가변성을 갖는 특수한 지식체계"로 이해하게 되었다(김환석, 2006: 29).

같은 맥락에서 18세기 말부터 서구의 공식적 의료를 지배해 온 생의학적 모형[29] 역시 의학적 지식이 경험적인 관찰과 추리를 통한 객관적 과학에 근거하고 있다는 전제가 비판의 대상이 되었다(Nettleton, 1997: 28). 이러한 문제의식과 이에 기반한 연구들은 의과학적 지식이 객관적이거나 보편적인 것이 아니라 사회적 권력관계를 반영하여 구성되는 것임을 밝혔다.

하지만 이러한 연구들은 여타의 사회적 관계에 비해 젠더관계를 고려하지는 않았다. 이런 측면에서 켈러(Keller)는 과학적 지식에 대한 사회구성주의적 연구들은 "과학의 중립성을 부인하면서도 공적인 것/사적인 것, 비개인적인 것/개인적인 것, 남성성/여성성 사이의 구분을 지지하는 견지에서 과학을 비판해 왔다"(Keller, 1996: 16)고 비판한다. 즉, 의과학적 지식이 어떻게 객관성·이성·정신을 남성적인 것으로, 주관성·감정·자연을 여성적인 것으로 신화화 하면서 여성을 배제해 왔는지에 주목하지는 않았다는 것이다.

이러한 문제의식을 가지고 켈러는 과학의 남성편향을 비판하였지만 그 실천전략으로서 남성, 여성과학자 모두에게 더 철저한 과학을 추구할 것을 주문함으로써 젠더를 구조적이거나 문화적인 차원에서가 아니라 개인의 성별 정체성의 문제로 축소시켜 버렸다. 더욱이 과학을 사회와의 관계 속에서가 아니라 과학 안에 가둬버림으로써 과학이 사회와 분리된 영역이라고 주장하는 과학주의 문화에 동조하는 격이 되어 버렸으며 켈러에게서 과학적 지식의 객관성 확보는 더 철저한 과학적 탐구를 통해 극복될 수 있는 문제였다.

하딩은 과학과 과학의 객관성에 대한 켈러의 이러한 시각에 대해 남성과학자와 별반 다를 바 없는 "약한 객관성"을 추구하고 있다고 비판한다. 하딩은 과학적 지식이 "강한 객관성" 즉, 진정한 객관성을 확보하려면 맑스의 인식론을 끌어들여와 타자이며 피억압자로서의 여성의 입장이 반영되고 여성의 입장에서 해석된 지식이어야 한다고 주장한다. 따라서 하딩의 입장론적(feminist standpoint theory) 시각에서 볼 때 모든 과학적 지식은 중립적인 것이 아니라 정치적 입장, 즉 젠더권력관계를 반영하고 있으며 그런 의미에서 과학은 "위치지워진 지식"이다(Harding, 2009: 211). 따라서 페미니스트들은 과학에 대해 "누구의 과학이며 누구의 지식인가"를 물어야 한다. 여성주의적인 정치적 입장을 가지고 과학기술을 지배하는 사람들의 정치적 권력과 서구 과학의 권위, 그리고 과학이 부정의의 확산에 기여해 온 방식에 도전해야 한다는 것이다.

하딩의 페미니스트 입장론은 여성의 과학, 여성의 지식을 드러낼 수 있게 해 줄 뿐만 아니라 젠더권력관계를 분석범주로서 과학기술에 접근할 수 있게 하는 인식론적, 실천적 자원을 제공한다는 점에서 의의가 있다.[30] 즉, 과학기술이 젠더관계를 어떻게 반영하고 있으며 어떻게 불평등한 젠더관계를 지속시키는지를 탐색할 수 있게 해준다. 그러나 피억압자로서의 여성의 지식이 진정한 과학이라고 상정[31]함으로써 여전히 '객관성'이라는 과학적 규범을 유지하고 있으며 여성을 기술과학과의 관계에서 억압받는 위치에 놓여 있는 것으로만 설명하는 한계를 보인다.

해러웨이는 하딩의 이러한 지점들을 비판, 확장한다. 해러웨이 또한 하딩처럼 기술과학에 대해 보편적 시각이 아닌 특정시각과 입장에서 접근해야 하며 단일한 여성을 상정해서는 안된다고 주장하지만 피억압자로서의 여성의 입장을 특권화하지는 않는다. 해러웨이에게서 "입장은 강력한 객관성의 비본질주의적이고 역사적으로 우발적이며 상황적인 표준들로 판단하는, 보다 정확한 지식들을 얻기 위한 인식적·심리적·정치적 도구"를 말한다(Haraway, 1997: 198)." 해러웨이는 여성의 입장을 피억압자로서의 위치에 고정시키기보다는 그 여성이 어떤 여성이고 어떠한 상황에 놓여 있는지에 주목함으로써 여성을 여성들로, 입장을 입장들로 복수화 한다. 더 나아가 입장론을 여성들 안에서도 서로 다른 입장들뿐만 아니라 '배제된 집단'의 입장들로 확장한다. 하지만 이들의 지식과 입장을 객관적이거나 진리라고 주장하지 않는다. 오히려 객관성을 불평등한 구조화에 관한 것으로, 과학의 진리주장을 수사학적인 설득 과정으로 설명한다.[32]

따라서 해러웨이에게서 기술과학은 보편적이거나 객관적인 것도, 억압적이거나 해방적인 것도 아니다. 페미니즘 객관성은 '상황적 지식(situated knowledge)'이며 낙인찍힌 기호적-물질적 몸들의 체현적 객관성이다. 즉, 해러웨이는 위치지워진 복수적 주체들의 체현적인 객관성을 드러내는 부분적 시각의 정치를 제시함으로써 전체론과 상대주의를 동시에 공격한다. 해러웨이는 이를 '부분적 시각의 특권'이라고 말한다(Haraway, 2002: 327-360). 따라서 해러웨이에게서 기술과학은 거부하거나 받아들여야 할 문제가 아니라 급진적인 역사적 특수성 안에서 서로 다른 여성들의 위치와 상황, 해석을 드러내고 정치화해서 개입해야 할 정치적 장인 것이다.

해러웨이는 상황적 지식에 대한 페미니즘 이론에 유용한 최종적 범주로 몸의 생산 장치를 제안한다(Haraway, 2002: 358). 몸과 삶에 생명공학을 비롯한 기술과학의 영향력이 점점 커지고 있는 현재의 맥락에서 과학주의적이고 기술만능주의적인 지배적 과학문화는 몸을 자원이거나 대상으로만 위치 지우려 한다.

해러웨이에게서 몸은 자원이나 대상이 아니라 능동적 행위자로서 의미를 발생시키고 생산하는 축이다. 또한 생물학적 유기체를 넘어선 '물질적-기호적 행동가'이다(Haraway, 2002: 359). 해러웨이의 능동적 행위자로서의 몸에 대한 발상은 구성주의적 과학기술학의 행위자-연결망 이론(actor-network theory: ANT)과도 연결된다. 행위자-연결망 이론을 체계화한 라투르는 해러웨이처럼 모든 근대적 이원론적 체계들을 비판하며 기술과학이 구성되는 과정에서 인간뿐만 아니라 자연자원, 기계, 실험실 장비 등의 비인간적 요소들도 대상이 아니라 행위성을 갖는 것으로 설명하기 위해 '행위소(actant)'라는 기호학적 개념을 끌어들인다(Latour 외, 2010).[33] 따라서 기술과학이 구성되는 과정에서 몸이나 자연은 단지 자원이거나 대상에 머무르는 것이 아니라 능동적이고 생산적인 행위자가 된다.

기술과학에 대한 해러웨이의 비평과 구성주의적 시각은 신생식기술의 정치를 구상하는 데에 인식론적, 실천적으로 유용하다. 신생식기술을 받아들일 것인가, 거부할 것인가를 넘어서 신생식기술을 체험한 여성들의 체현적 객관성과 복수적인 상황들 및 입장들을 드러낼 수 있도록 하기 때문이다. 또한 신생식기술이 난임여성들에게 해방적인가, 억압적인가를 넘어서 난임여성들이 생산하는 지식과 의미가 지배적 과학문화와 어떻게 경합하는지를 탐색할 수 있도록 하기 때문이다. 무엇보다도 신생식기술에 대한 페미니즘 정치의 출발점으로서 변화된 몸들의 위치와 생산성에 주목할 수 있도록 해주기 때문이다.

해러웨이가 자신의 저작들에서 기술화된 시대의 새로운 주체 이미지로 제시한 사이보그, 여성인간, 온코마우스, 괴물 등은 인간과 동물

(자연)과 기계의 위계 및 경계를 허물고 지배적인 과학문화에 균열을 내면서 재의미화를 생산하는 출발점이자 재의미화를 생산해 낼 수 있는 장치들이다. 결국 신생식기술의 장 안에서 "해러웨이의 몸 정치학은 가부장적이고 지배적인 과학 문화에 충실한 사이보그가 되는 것을 비판하면서 이에 저항하는 기술의 체현과 그러한 몸의 재의미화를 도모하려는 것으로 압축할 수 있다"(현남숙, 2008: 289).

▪ 신생식기술정치의 문제설정

이상의 논의를 종합해 보면 신생식기술의 정치는 몸의 정치, (재)생산의 정치와 연동해서 구상되어야 하며 그 출발점은 신생식기술을 체현하고 있는 난임여성들의 몸들이라는 점이 명백해 진다. 몸을 자연이나 문화로 환원하거나 모성성을 생득적 본능이거나 가부장적 이데올로기의 내면화로 환원하지 않으며 난임여성들의 출산을 생산에 부차적이라는 의미의 재생산노동이나 경제적인 노동만으로 환원하지 않는다면, 난임여성들의 몸들과 출산수행 과정은 몸과 모성, 노동에 관한 규범들을 거스르는 주체성 생산과 직결되며 "다중적 코드들이 횡단하는, 그래서 운동성을 가질 수 있는 물질적 '장'이자 생성적 '장'이 된다"(태혜숙, 2007: 37-38).

또한 젠더를 고정되고 단일한 존재적 범주가 아니라 관계나 과정으로서 바라보고 기술과학이 사회와 함께 구성되며 여성에게 억압적인 것이거나 해방적인 것, 혹은 선용/악용의 문제가 아니라 여성들의 능동적 행위를 통해 구성되는 것이라면, "기술변화가 성에 미치는 영향뿐만 아니라 젠더 권력관계가 기술의 설계와 혁신에 미치는 효과가 탐구되어야 하며 기술과학에 대한 비판과 동시에 기술과학에 어떻게 개입할 것인가를 고민해야 한다"(Wajcman, 2009: 166-167).

이는 신생식기술이 체현되는 바로 그곳에서 난임여성들의 상황성과 서로 다른 위치를 드러내는 것으로 출발하여, 신생식기술이 난임여성들의 몸과 출산수행과정에 미치는 영향뿐만 아니라 난임여성들의 출산수행과정을 통해 드러난 물질적-기호적 몸들의 변화된 위치와 그들이 생산한 지식의 해석을 토대로 하여 신생식기술의 설계와 내용, 방향성에 대한 정치적 개입 지점을 모색해 보는 것이다.

또한 기술과학과 사회가 서로 영향을 미치며 구성된다고 할 때, 마찬가지로 신생식기술도 사회와의 관계 속에서 구성·재구성된다. 이러한 기술-사회적 조건은 난임여성들의 변화하는 출산환경을 구성하며 출산수행을 위한 (재)생산 노동과정에 영향을 미친다. 또한 지배적인 가부장적 과학문화가 유포하는 신생식기술과 관련한 재현과 이미지도 난임여성들의 출산노동 과정에 영향을 미친다.

기술화된 임신·출산을 수행하는 난임여성들의 몸들은 이러한 기술-사회적 조건과 기술-문화적 재현 속에서 대상이나 자원이 되고 신생식기술을 매개로 자본과 국가권력이 만들어 낸 출산시장과 정책들 속에서 착취되고 소비되며 관리·통제되기도 하지만 기술생명권력은 난임여성들의 몸들을 완전히 대상화하거나 착취, 통제할 수 없다. 왜냐하면 난임여성들의 몸들은 기술생명권력이 부과하는 규범체계들을 위반하기도 하며 전략적으로 개입하기 때문이다. 이는 모성적 욕망의 집단적이고 사회적인 분출이며 난임여성들의 몸들이 생산하는 지식과 의과학적 지식의 경합을 통해 과학/비과학의 위계를 재설정하는 가치투쟁이고 신생식기술의 불확실성과 한계를 드러내는 일이기도 하다. 또한 의료전문가 집단과 난임여성들 사이의 권력관계의 배치를 바꾸는 일이기도 하다.

3. 소결

이 연구는 난임여성들의 입장에서 신생식기술의 정치를 구상하기 위해 기술화된 임신·출산을 수행하는 난임여성들의 물질적, 기호적 몸들의 체험성에서부터 출발한다. 난임여성들은 변화하는 출산환경에 영향을 받으면서 출산활동을 수행하는데, 변화하는 출산환경의 가장 큰 특징은 불임에 관한 과학적 연구와 기술적 적용이 활발해졌다는 것이다. 난임여성들에게 적용되는 신생식기술의 발전은 불임 및 몸 관리·보관 산업과 연결되며, 난임여성들의 출산은 2000년 이후 본격화된 저출산 위기 담론의 부상과 난임여성들의 출산 지원요구가 맞물리면서 정부의 정책적 개입의 장이 되었다. 따라서 신생식기술의 전개, 정부의 불임(난임)부부지원정책, 불임관련 시장은 난임여성들의 출산수행에 영향을 미치는 기술-사회적 조건의 구성요소들이 된다.

그리고 신생식기술의 전개과정을 주도하고 있는 의과학자 집단과 국가, 자본은 기술적 적용 범위 및 불임 시장의 확장과 인구의 관리 및 통제를 용이하게 하기 위해 난임과 신생식기술에 관한 지배적인 가부장적 기술-문화를 유포한다. 하지만 난임여성들은 이러한 기술-사회적 조건 속에서 지배적인 기술-문화를 내면화하기도 하지만 이를 거스르며 위반하기도 한다. 이는 기술화된 출산을 수행하는 난임여성들의 다차원적이고 복수적인 몸 체험성을 통해 드러나며 동시에 난임여성들의 주체성이 생산되는 과정이기도 하다.

난임여성들의 출산수행과 주체성은 기술-사회적 조건과 지배적인 기술-문화에 영향을 받기도 하지만 그것들에 완전히 종속되지는 않는다. 따라서 난임여성들의 기술화된 임신·출산 체험은 기술-사회체계와 기술-문화의 교집합이면서도 그것의 외부에 존재한다.

그림 2-1. 행위주체별 담론의 지형

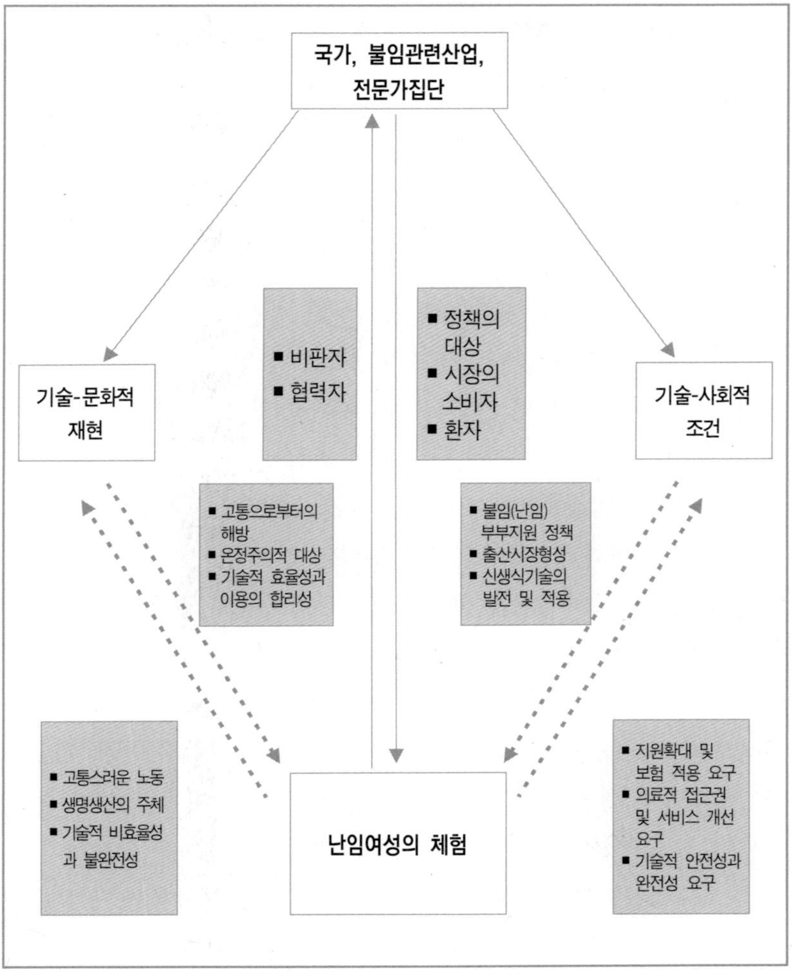

* 국가, 불임관련산업, 전문가 집단은 기술-사회적 조건과 지배적인 기술-문화를 주도적으로 생산하기 때문에 실선으로, 난임여성들은 기술-사회적 조건을 수용하고 지배적인 기술-문화를 내면화하기도 하지만 자신들의 체험을 통해 기술-사회적 조건과 기술-문화에 개입하고 전략적으로 협상·저항하기도 함으로 점선으로 표기하였음.

〈그림 2-1〉은 난임 및 신생식기술과 관련한 행위주체들이 서로 어떠한 관계를 맺고 있으며 어떻게 서로 다른 담론들이 경합하는지를 분석하기 위한 모형도이다.

정부는 2006년부터 불임(난임)부부지원사업을 시행해 오고 있지만, 이 사업은 저출산 문제 해결 의지를 보여주기 위한 일환으로서의 형식적 정책일 뿐 난임여성들의 실질적 요구와는 괴리되는 측면을 보여준다. 난임여성들은 정책 시행 이전인 2000년대 초반부터 정부의 지원을 요구해 왔으며, 정책시행 초기부터 지원대상, 지원조건, 지원내용에 대한 비판을 제기해 왔고, 2006년부터 현재까지 정책적 내용들에 있어서 일정정도의 변화를 이끌어내고 있다. 최근에는 각종 불임시술에 대한 건강보험적용을 쟁점화 하고 있다. 따라서 정부와 난임여성들 간의 입장차 및 서로 다른 담론의 경합과정과 이를 통한 정책적 내용의 변화과정을 3장에서 분석할 것이다.

불임클리닉, 제약업체를 비롯한 불임관련 산업은 불임시장의 확장을 위하여 기술적, 산업적 경쟁과 적용 대상의 확대를 도모하고 있다. 이런 차원에서 불임 해결을 위한 기술적 이용의 효율성과 합리성을 주장하는 담론들을 유포하는데, 이 중 지배적인 담론은 신생식기술이 불임부부에게 불임의 고통으로부터 벗어날 수 있게 해준다는 '해방' 담론이다. 의약산업이 유포하는 담론의 또 하나의 특징은 그것이 이윤추구를 목적으로 하고 있음에도 불구하고 '치료를 통한 구원'으로 의미화 된다는 것이다. 따라서 난임여성들은 불임의 고통으로부터 구원해 주어야 할 온정주의적 대상이 되며 이는 매체와 출판물을 통해 보증 받는다.

하지만 난임여성들은 불임시술의 효율성과 합리성을 인정하는 데 제한적이다. 특히 반복되는 시술의 실패를 경험한 여성들은 더욱 그렇다. 또한 난임여성들은 불임클리닉이나 제약업체를 후원자로 끌어들이기도 하지만 이러한 후원의 기능이 이윤추구를 위한 하나의 전략이라는 것을 인식하고 있다. 그리고 난임여성들은 매체와 출판물을 통해 재현된 불임여성들과 자신들의 실제 모습을 동일시하지도 않는다. 따라서 불임 관련 산업이 유포하는 담론과 난임여성들의 담론이 어떻게 다르고 경합하는지를 4장과 5장에서 분석할 것이다. 의료전문가 집단은 자신들의 의과학적 지식과 기술적 적용이 불임을 치료하는 열쇠라고 담론화 한다. 따라서 난임여성들에게 자신들의 의학적 프로토콜을 적용하려 하며 난임여성들이 그것에 성실히 따라주기를 요구한다. 하지만 난임여성들은 자신들의 체험과 정보교류를 통해 난임과 그 해결에 대한 의학적 지식을 적극적으로 학습할 뿐만 아니라 그것과는 다른 지식들을 생산해 내기도 한다. 더욱이 임신에 성공한 여성들도 그것을 기술적 적용만이 아니라 임신·출산을 위한 다양한 몸 관리 활동 과정에서 얻게 된 수많은 지식과 정보를 복합적으로 수행했기 때문이라고 해석하는 경향이 있다.

의료전문가 집단은 난임여성들을 불임시술을 성실히 수행하는 환자로 위치지우려 하지만 난임여성들은 자신을 난임 해결의 주체로, 의료전문가 집단을 난임 해결의 협력자로 위치 지운다. 따라서 난임여성들은 시술을 더 많이 체험한 여성들일수록 불임시술과정에 적극적으로 개입한다. 이는 의료전문가 집단과 난임여성들의 지배·종속 관계의 변화를 보여주는 것이기도 하다. 5장에서는 이러한 구도에서 의과학적 지식과 난임여성들의 지식의 경합과정이 분석될 것이다.

제3장

난임여성들의 출산수행의 기술-사회적 조건

- 신생식기술의 도입과 확산
- 정부의 정책과 불임관련 시장
- 소결

제3장
난임여성들의 출산수행의 기술-사회적 조건

난임여성들의 기술화된 임신·출산노동과정에 영향을 미치는 기술-사회적 조건으로는 신생식기술의 도입과 확산, 국가의 인구통제 및 의료정책, 그리고 불임클리닉 및 제약산업을 비롯한 불임관련 산업을 들 수 있다. 이러한 요소들은 난임여성들의 몸과 출산과정을 감시·관리할 뿐만 아니라 새로운 출산환경과 삶의 방식을 생산한다는 측면에서 기술생명권력구성체를 구성하고 있는 주요 요소이기도 하다.

또한 기술과 정부정책, 불임산업은 기술발전과 경제적 이익을 추구한다는 측면에서 서로 연결되어 있지만 그 이해관계가 완전히 일치한다기보다는 관계나 상황이 달라지기도 하고 의도치 않은 방향으로 서로 영향을 미치기도 한다. 이 장에서는 신생식기술과 정부정책, 불임관련 산업이 서로 절합되면서 나타나는 효과들이 난임여성들의 몸과 출산과정에 어떤 영향을 미치는지를 분석하고자 한다.

1. 신생식기술의 도입과 확산

■ 신생식기술의 본격적인 도입(1980년대)

세계 최초의 시험관 아기는 영국의 산부인과 의사인 스텝토(Steptoe)와 생리학자 에드워즈(Edwards)팀에 의해 1978년에 태어난 루이스 브라운이었다. 한국에서 시험관 아기의 성공은 1985년 서울대 장윤석 교수팀에 의해 이루어졌고 그 이듬해인 1986년에 『대한생식의학회지』(구 『대한불임학회지』)와 『대한산부인과학회지』에 동시에 보고되었다(장윤석 1986; 장윤석 외 1986).

한국의 체외수정시술 도입과정은 정부의 인구통제 및 의료정책에 영향을 받았고 의료시장을 확장하는 과정이었으며 이 과정에서 의료체계의 분화 및 위계화가 일어났다는 점에서 "의료 기술적 측면과 국가 정책적 측면, 의료시장의 측면"을 함께 고려할 필요가 있다(박종헌, 2008). 한국에서 체외수정시술의 기술적 성장은 피임술의 도입 및 성장과 연결되어 있다. 또한 정부의 인구억제를 위한 피임기술의 도입 및 지원과도 밀접한 연관이 있다. 체외수정시술이 도입된 1980년대에 정부인구정책의 주요 기제는 1960년대부터 국가 경제발전의 일환으로 인구를 통제하기 위해 실시해 온 가족계획정책, 즉 소자녀 가족중심의 출산억제책을 유지하고 있었다. 출산억제를 위해 정부는 제도적 유인 및 규제방안을 마련하였을 뿐만 아니라 피임약 및 피임기술을 적극적으로 보급하였고 낙태를 암묵적으로 승인하였다. 그 결과, 정부의 인구 억제를 위한 가족계획 정책은 단기간에 극적으로 성공하게 되었고 1987년에는 합계출산율을 1.6명대로 낮출 수 있었다(〈표-3-1〉).

표 3-1. 합계출산율(TRF) 변화 추이(1976~2013)

(단위 : 명)

연 도	1976	1981	1987	1990	1995	2000	2005	2010	2013
출산율	3.05	2.66	1.55	1.59	1.65	1.47	1.08	1.22	1.19

* 자료: 통계청, 각 연도.

국가의 돌진적인 출산억제정책은 피임 및 낙태시술의 확산을 낳았는데, 이 때 도입된 피임시술법들과 임상에서의 적용은 불임시술을 위한 처치에도 이용되었고 의사들의 기술적 숙련도를 높일 수 있는 계기가 되었다(하정옥, 2006). 그 대표적인 것이 복강경을 이용한 난관수술법과 이 시술의 결과를 확인하기 위해 이용된 난관조영술이다. 흔히 나팔관이라 불리는 난관은 생식세포가 수정되고 자궁으로 잘 이동할 수 있게 하는 기능을 하는 곳인데, 난관수술을 이용한 피임법은 난관을 막아 임신이 되지 않게 하는 것이다.[1] 복강경 난관수술법은 기술적으로는 기존의 개복수술에 비해 더 안전하고 효과가 뛰어난 것으로 알려졌고 더욱이 정부의 적극적인 지원으로 인해 급속히 확산되었다. 복강경 난관수술법은 가족계획정책의 일환으로 1970년대 말과 1980년대까지 정부의 지원을 통해 시술되었는데, “환자 과잉유치”가 문제가 될 정도로 엄청나게 많은 여성들에게 시술되었고(하정옥, 2006: 58) 1980년대 이후로도 많은 여성들이 영구 피임법으로써 시술받았다(〈표 3-2〉).[2]

이렇게 임신 억제수술과 시술 결과 확인을 목적으로 사용되었던 복강경 기법[3]과 조영술은 불임증 여성에게 적용돼 불임을 유발하는 난관요인이나 자궁요인을 확인하는 용도로도 사용되었다(김영웅 외, 1979; 김학수 외 1980; 전종영 외, 1979 등).[4] 복강경 기법은 이후에 불임 처치법으로써 막힌 난관을 뚫어주기 위한 난관복원술로도 이용된

표 3-2. 15~44세 유배우 부인의 피임방법에 따른 피임 실천율(1982~2006)

(단위 : %)

피임방법 \ 연도	1982	1985	1988	1991	1994	1997	2000	2003	2006
난관수술	23.0	31.6	37.2	35.3	28.6	24.1	18.3	15.6	11.3
정관수술	5.1	8.9	11.0	12.0	11.6	12.7	13.0	15.7	19.7
자궁내장치	6.7	7.4	6.7	9.0	10.5	13.2	13.7	16.1	15.0
먹는피임약	5.4	4.3	2.8	3.0	1.8	1.8	2.1	2.0	1.1
콘돔	7.2	7.2	10.2	10.2	14.3	15.1	16.5	8.5	19.2
기타	10.3	11.0	9.2	9.9	10.6	13.6	15.7	26.6	13.3

* 자료: 장영식 외, 『2008년 지표로 본 한국의 보건복지 동향』, 한국보건사회연구원, 2008, p. 65에서 발췌.

다(안웅식 외 1984; 두재균 외 1989).

하지만 정부의 출산억제책의 일환으로 보급되었던 피임시술은 여성의 건강에 대한 배려나 출산조절권을 위한 것은 아니었다. 정부의 지원으로 1970년대 중·후반에 대대적으로 보급된 복강경난관수술의 부작용과 위험성은 『대한산부인과학회』지에 1980년대에 집중적으로 보고되었고 1990년대 초반까지 확인된다(〈표 3-3〉).[5]

『대한산부인과학회지』에 보고된 임상례에 따르면 복강경난관불임술의 부작용은 난소임신, 자궁외 임신, 자궁내 임신, 자궁각 임신, 복강내 임신, 황체기능의 변화, 장기합병증 등이다. 이 중에서 자궁외 임신이 가장 많이 보고되었다. 정부의 인구억제책의 일환으로 보급된 복강경 난관불임술은 이 시기 여성들의 영구피임법으로 많이 시술되었으나 그로 인해 발생하는 생식·생리기능의 변화, 질환 등은 여성의 건강상의 위험을 줄 뿐만 아니라 나중에 다시 임신을 원하더라도 불임을 유발할 수 있는 원인이 될 수 있다. 무엇보다도 가장 많이 보고

표 3-3. 『대한산부인과학회지』에 보고된 복강경난관불임술의 부작용 임상례 논문편수(1980~1995)

논문편수 / 부작용 종류	1980 - 1985	1986 - 1990	1991 - 1995	합 계
자궁 외 임신	11	5	4	20
자궁 내 임신	1	·	·	1
자궁각 임신	1	·	·	1
복강내 임신	1	·	·	1
난소임신	1	·	1	2
난관임신	·	1	·	1
생식 생리기능의 변화	1	·	·	1
기 타	2	·	·	2
합 계	18	6	5	29

* 자료: 『대한산부인과학회지』 1980-1995

된 자궁 외 임신을 처치하기 위해서는 난관을 절제하는 시술을 받아야 한다. 자궁 외 임신으로 인한 난관 절제 역시 불임의 가능성을 증가시키는 요인이다.[6] 피임을 위해 받은 시술이 불임 유발 원인이 되며 다시 임신을 하려면 불임증 처치를 위한 시술을 받아야 하는, 즉 시술로 인해 발생한 문제를 다시 시술을 통해 해결해야 하는 상황이 되는 것이다. 또한 복강경난관시술의 부작용에 대한 임상례가 1980년대와 1990년대 초반에 집중적으로 보고되고 자궁외 임신과의 상관관계가 과학적으로 입증되면서(박찬무 외, 1984; 라영호 외, 1985) 1990년대 중반 이후에는 피임법으로서의 난관시술을 받는 여성들의 비율도 줄어들었다〈표 3-2 참조〉. 즉, 의료기술의 효능과 부작용은 임상적 적용의 대상이 되는 사람들을 통해 확인되고 과학적 지식으로서 입증 받으며 이에 따라 기술적 처치의 한계와 방향이 결정된다. 복강경 기법은 처음에 피임법으로 도입, 이용되었지만 불임증 진단용으로도 이용됨으로써 피임술과 불임시술의 기술적 연속성을 보여주는 사례이며 정부의 소자녀 가족계획정책의 일환으로 대대적으로 시술됨으로써 의사들의 숙련도 향상에 영향을 미쳤다.

한편 체외수정시술의 성공은 생식생리학과 생식내분비학적 연구들에 의해 뒷받침되었다. 『대한불임학회지』(현 『대한생식의학회지』)와 『대한산부인과학회지』에는 1986년 체외수정시술의 성공이 보고되기 전까지 1970년대와 1980년대에 걸쳐 생식생리학과 생식내분비학적인 연구들이 보고되었다. 『대한불임학회지』에 보고된 연구들을 보면, 1980년대에는 생식력과 관련한 세포나 기관 및 호르몬 기능에 관한 연구,[7] 그리고 배란유도제의 효능이나 배란 유도방법에 관한 연구들이 수행되었다.[8] 또한 1984년에는 냉동보존정자를 이용한 체외수정 연구가 보고되었고,[9] 1984년과 1985년에는 난자의 체외수정을 위한 동물실험 연구결과들이 집중적으로 보고되었다.[10] 그리고 그 이듬해인 1986년에 체외수정 및 이식술이 보고되었다. 따라서 생식생리학 및 생식내분비학의 발전 그리고 체외수정시술의 성공은 수많은 인간의 몸들과 동물들을 대상으로 한 실험의 결과라고 볼 수 있다.

체외수정시술이 성공한 이후에는 시술과정에서 발견된 임상적 증례들이 보고되는데, 예를 들어 과배란 유도제의 효과로서 난소나 난포의 반응과 난자 획득에 대한 보고, 호르몬의 변화과정에 대한 보고, 병합임신 사례에 대한 보고 등이 그것이다.[11]

체외수정시술 성공 이후의 주요 연구경향을 살펴보면, 한편으로는 난소 및 난관, 배란 기능과 착상효과를 높이기 위한 연구들이 있으며, 다른 한편으로는 이러한 요인들 이외의 요인들, 즉 난소유착, 난소낭종, 자궁기형, 무월경, 생식관련 호르몬 등의 기능 이상과 여성의 각종 병력이나 질환이 생식력과 맺고 있는 상관관계에 대한 연구들이 있다.[12)]

이는 기존에 발견된 불임요인들에 대한 처치법을 확장하고 동시에 새로운 불임요인들을 발견하는 과정이라고 볼 수 있다. 1980년대의 특징적인 연구경향은 남성요인보다는 여성요인을 중심으로 연구가 진행되었다는 것이다. 즉, 여성의 난자를 비롯한 몸 부분들의 기능과 상태를 정자의 기능에 도움을 줄 수 있는 최적의 상태로 만들고자 하는 시도들이었다. 난자의 투명대를 제거하여 정자의 침투력을 높이고자 한 연구나 불임여성의 복강내액이 정자의 활동성에 미치는 영향에 관한 연구, 그리고 여성의 생식기에서 분비되는 물질에 대한 면역학적 연구 등은 이를 잘 보여준다.[13)] 이러한 연구 결과들은 동물과 인간의 몸들에 대한 탐색과 임상적 적용의 결과이며 다시 임상적 적용범주를 확장할 수 있는 과학적 근거가 된다.

한편 이러한 불임시술에 관한 연구나 임상적 적용에 대해 정부는 아무런 지원도 해주지 않았다. 주지하다시피 당시의 정부정책은 소자녀 가족계획정책이었기 때문이다. 때문에 외국의 체외수정시술을 비롯한 보조생식술의 도입은 대학병원의 임상의들에 의해 이루어졌으며, 이를 위한 재정은 정부의 지원을 통해서가 아니라 대학병원이나 대학병원의 임상의들에 의해 마련하였다(하정옥, 2006; 박종헌, 2008). 대학병원의 임상의들은 외국의 유명 불임클리닉에서 기술을 배워와 국내 임상의들에게 전수함으로써 1990년대 민간불임클리닉이 확산되는 데에 공헌하였다.[14)] 정부는 불임에 관한 의과학적 연구를 직접적으로 지원하지는 않았지만 인구억제정책의 일환으로 도입된 피임술의 지원은 의사들의 기술적 숙련도를 높였고 이것이 불임과 관련한 처치법으로 이어졌다는 점에서 간접적인 도움을 주었다고 볼 수 있다. 또한 1989년 전 국민을 대상으로 한 의료보험의 확대는 정부의 책임을 최소화한 낮은 보험수가를 책정하는 정책이었고, 보험수가가 낮은 분만을 중심으로 하는 산부인과 병원에 재정적 위기를 낳았다. 따라서 산부인과 병원은 재정적 위기를 타개하기 위해 비보험 분야로 눈을 돌릴 수밖에 없었고 불임증 분야를 새로운 산업 영역으로 주목할 수밖에 없었다. 이런 점에서 정부는 1990년대 민간불임클리닉의 확장과 불임시술의 발전에 정책적으로도 간접적인 도움을 주었다고 볼 수 있다(박종헌, 2008).

하지만 한국의 신생식기술의 도입과 확산을 정부의 정책과 의료시장의 확장이라는 측면으로만 설명하는 것은 제한적이다. 정부의 인구억제책과 피임시술의 도입 및 확산이 성공할 수 있었던 것은 당시 여성들이 자신이 처한 현실적 조건과 이용 가능한 자원 속에서 출산을 거부하고자 하는 적극적인 노력이 맞물려 있었기에 가능(배은경, 2004)했던 것처럼, 정부의 직접적인 지원은 없었지만 신생식기술의 도입과 확산은 의과학적인 도움을 통해 출산을 하고자 하는 난임여성들의 적극적인 요구와 참여가 있었기에 가능했다. 『대한산부인과학회지』에는 이미 1960년부터 불임증을 호소하는 여성 환자들의 불임 원인과 임상례에 대한 보고가 있었으며, 이러한 환자들의 몸들을 통해 그 원인과 각종 처치법들을 알아낼 수 있었다(김해룡·윤헌식, 1960; 이은숙, 1961; 차경섭, 1963; 이교웅, 1964 등).[15] 같은 맥락에서 분만 중심 산부인과 병원의 위기와 민간 불임클리닉의 확산도 정부의 인구억제책과 최소 책임에 준한 의료보험정책의 영향이기도 하지만 당시 자녀

표 3-4. 15~44세 유배우 부인의 자녀수에 따른 피임실천율(1982~2006)

(단위 : %)

연도 자녀수	1982	1985	1988	1991	1994	1997	2000	2003	2006
0	11.0	13.8	21.0	20.4	23.0	26.1	29.3	38.7	35.4
1	24.3	44.7	58.1	61.8	58.7	62.0	58.7	67.0	61.5
2	66.7	82.5	89.3	91.4	90.2	92.5	92.7	94.5	92.2
3	76.4	84.5	90.5	92.8	91.4	91.4	90.7	93.4	91.5
4	70.8	80.1	87.6	*88.0	*88.4	*94.2	*92.7	91.4	89.7
5+	64.2	76.3	83.8	…	…	…	…	92.9	100.0

* 자료: 장영식 외. 2008. 『2008년 지표로 본 한국의 보건복지 동향』, 한국보건사회연구원.
** 5+는 5명 이상의 자녀를 말하며, *표시는 5명 이상의 자녀까지 포함한다.

가 있는 기혼 여성들의 피임실천율, 즉, 출산거부율이 높았기 때문이기도 하다. 〈표 3-4〉에서 볼 수 있듯이, 1980년대 중반에 이미 두 자녀 이상을 가진 유배우 부인의 피임실천율은 80%를 상회하고 있다.

따라서 신생식기술의 도입과 확산은 정부의 인구 억제 및 의료보험 정책의 영향뿐만 아니라 여성들이 자신이 처한 조건 속에서 소자녀를 계획하고 적극적으로 피임을 실천하게 된 것에 간접적인 영향을 받았다. 왜냐하면 여성들의 소자녀 계획과 피임 실천은 분만을 중심으로 하는 산부인과 병원의 위기를 낳았으며 비보험 시장을 향한 새로운 의료시장 개척에 나서게 했기 때문이다. 신생식기술의 도입은 바로 이 비보험 의료시장 개척의 일환이었으며, 불임 여성들의 불임증 처치를 위한 요구 및 참여의 결과로서 현재 세계적인 경쟁력을 자랑하는 기술과학적 성장이 이루어진 것이다. 불임여성의 불임증 처치를 위한 요구는 부계혈통 중심의 가족구조와 기혼여성의 출산을 의무화하는 가부장적 문화로 인해 남성보다는 여성들을 먼저, 그리고 더 많이 병원에 방문하게 했고 이를 토대로 1980년대에는 주로 여성의 몸을 대상으로 하는 불임증 연구가 주를 이루었다.

■ 신생식기술의 확산과 확장(1990년대~2000년대)

위와 같은 사회문화적 조건 속에서 1990년대가 되면 다양한 처치법의 개발과 세분화, 개발된 처치법의 효용 등에 대한 임상례가 보고되고, 특히 남성불임에 대한 연구가 증가하였으며 연구의 대상도 미성숙 난자나 미성숙 정자, 초기 배아 등의 분자적 몸들로 확산된다. 2000년대에는 이러한 연구들과 1990년대 개발된 처치법들을 바탕으로 처치법 혼용과 그것의 효용성에 관한 연구, 분자적 몸들의 특성이나 조절기전에 관한 생명공학적 연구로 확장된다.

다음의 〈표 3-5〉는 1974년부터 2009년까지 『대한불임학회지』에 실린 총 943편의 논문에 대해 인간의 분자적 몸들을 키워드로 하여 검색된 연도별 논문 편수이다.

표 3-5. 분자적 몸들을 키워드로 한 『대한불임학회지』 연도별 논문편수

키워드 / 연도	난자, 난관 난소	정자, 정관 고환	배란	체외 수정	배아	동결보존 부화술	연도별 합계
1975	0	1	0	0	0	0	1
1976	0	0	1	0	0	0	1
1977	0	1	0	0	0	0	1
1979	0	1	1	0	0	0	2
1981	1	0	1	0	0	0	2
1982	1	0	0	0	0	0	1
1983	1	0	0	0	0	0	1
1984	0	2	0	2	0	0	4
1985	1	1	2	0	1	0	5

키워드 / 연도	난자, 난관 난소	정자, 정관 고환	배란	체외 수정	배아	동결보존 부화술	연도별 합 계
1986	1	0	3	2	1	0	7
1987	5	0	4	3	1	0	13
1988	3	4	6	3	0	0	16
1989	5	2	4	5	2	0	18
1990	2	1	2	6	1	1	13
1991	3	6	4	1	1	0	15
1992	4	2	0	4	0	1	11
1993	6	5	3	2	0	0	16
1994	4	8	2	5	3	1	23
1995	5	6	4	3	4	1	23
1996	4	8	3	5	3	0	23
1997	5	14	2	8	4	3	36
1998	5	6	2	6	2	1	22
1999	7	7	5	7	3	0	29
2000	5	8	1	4	3	0	21
2001	3	2	1	2	2	0	10
2002	3	4	3	4	2	0	16
2003	5	5	0	5	7	2	24
2004	4	3	2	5	7	0	21
2005	8	3	3	4	4	1	23
2006	4	1	1	0	3	0	9
2007	5	1	3	7	3	0	19
2008	9	3	4	5	5	1	27
2009	10	6	2	6	8	0	32
전체합계	119	111	69	104	70	12	485

* 자료: 『대한불임학회지』 1974~2009.

** 난자, 난관, 난소와 정자, 정관, 고환은 논문의 내용이 중복되므로 합쳐서 산출하였음.

*** 배란과 체외수정, 동결보존 및 부화술은 분자적 몸들은 아니지만 불임의 주요 요인과 주요 시술 절차이므로 주제어로 하여 검색하였음.

먼저 난자에 관해 보고된 연구들을 보면 성숙 난자의 채취와 처리법[16], 난자의 수정 실패 요인과 재처리에 대한 연구[17], 미성숙 난자의 동결 보존이나 융해 및 체외배양에 관한 연구[18]에서 2000년대에는 난자의 새로운 동결 방법[19]이나 미성숙 난자의 형태학적 특성[20], 난자의 특이 유전자나 분자생물학적 조절기전에 대한 연구[21]로 확장된다.

난소에 대한 연구도 1990년대 난소 낭종이나 다낭성 난소에 대한 연구[22]에서 2000년대에는 난소조직의 냉동보존[23]이나 난포에 대한 연구[24], 난소 관련 질환에 대한 염색체 연구나 유전학적 연구[25]로 확장된다.

수정실패요인으로써 항정자 항체 등의 면역학적 요인이나 염색체 확인은 임상에서 난소나 난관, 자궁, 배란 등의 요인으로 불임원인을 확인할 수 없을 때 불임을 진단하는 방법으로 이용된다. 또한 냉동보존된 정자를 이용한 인공수정의 임상례는 이미 1984년에 보고되었지만 난자는 1980년대까지만 해도 냉동보관하기 어려운 것이었다. 그런데 일반적으로 미성숙 난자는 성숙 난자에 비해 냉동보존에 더 잘 견디는 것으로 알려져 있다. 따라서 미성숙난자추출법(IEA)은 정자은행에 이어 난자은행의 가능성을 보여주는 것이며, 35세 이상 고 연령의 생식력 약화가 불임처치의 가장 큰 제약들 중 하나로 거론되는 생식의학적 담론과 맞물려 새로운 시장을 만들어 낼 수 있게 한다. 예컨대, 만혼이 증가하고 있는 상태에서 늦게 결혼하고자 하는 여성들이 젊을 때 자신의 난자를 냉동 보관해 두었다가 아이를 낳고자 할 때 이용할 가능성이 있는 것이다. 또한 남성과 달리 여성은 연령이 어릴수록, 태아의 난소일수록 더 많은 난자를 보유하고 있는데, 이런 점에서 병원에서 낙태 또는 유산된 태아의 난소 조직이 미성숙 난자의 연구를 위한 자원으로 이용될 수도 있으며, 또는 난자를 생성하지 못하는 불임 여성들을 위한다는 명목으로 난자은행에 보관될 수도 있다.[26]

한편 1990년대에는 남성불임증 연구가 집중적으로 이루어졌는데, 먼저 정자에 관한 연구는 정자결함 진단 및 정자처리방법과 그 효과에 관한 연구가 주로 1990년대 전반에 집중적으로 보고되었다.[27] 또한 정자운동성에 영향을 미치는 요인들이나 정자 침투능에 대한 연구가 수행되었고[28] 정자를 생산하는 고환에 대한 연구가 동시에 수행되었다.[29] 1990년대 후반에는 무정자증 처치에 관한 연구가 집중적으로 수행되었는데, 이는 크게 두 가지로서 정자를 생산하지만 배출하지 못하는 경우에 대한 처치와 정자를 생산하지 못해 원형정세포를 이용하는 처치법들이다.[30] 둘 다 고환이나 부고환에서 정자와 아직 성숙되지 않은 원형정세포를 채취하여 특수처리를 한 후 미세조작술[31]로 난자에 주입해 수정을 유도하는 정자직접주입술(ICSI)[32]을 이용해 임신을 시도하는 것이다. 이러한 연구들은 주로 1990년대 중·후반에 보고되는데, 특히 정자직접주입술의 효능은 1997년 한 해에 집중적으로 보고되었다. 이는 직접적인 연관관계를 검증할 수는 없으나 1990년대 여성운동의 성장으로 불임증의 원인을 여성의 책임으로만 돌리는 것에 대한 문제의식과 IMF를 전후로 한 '고개 숙인 남성' 담론이 문화적으로 일정정도 영향을 미친 것은 아닐까? 이보다 더 확실한 것은 1980년대 여성의 몸을 주요 대상으로 했던 불임증 연구가 의과학적 지식과 시장의 확장을 위해 남성의 몸과 불임증을 본격적으로 연구하기 시작했다는 것이다. 실제로 1990년대 정자, 정관, 고환 등 남성의 몸에 대한 의과학적 연구가 폭발적으로 증가하였다(〈표 3-6〉).

표 3-6. 분자적 몸들을 키워드로 한 『대한불임학회지』 논문편수

(단위: 5년)

연도	난자 난관 난소	정자 정관 고환	배란	체외수정	배아	동결보존, 부화술	연도별 합 계
1974-1980	0	3	2	0	0	0	5
1981-1985	4	3	3	2	1	0	13
1986-1990	16	7	19	19	5	1	67
1991-1995	22	27	13	15	8	3	88
1996-2000	26	43	13	30	15	4	131
2001-2005	23	17	9	20	22	3	94
2006-2009	28	11	10	18	19	1	87

* 자료: 『대한불임학회지』 1974~2009.

세포질 내 정자직접주입술은 미세조작술의 일종인데, 이후에 황우석 팀의 연구에서 일명 '젓가락 기술'로 알려진 것처럼 생명공학적 연구, 특히 복제배아줄기세포 연구에도 이용되었다.[33] 2000년대에는 1990년대에 개발된 미세조작술의 효능에 대한 비교 연구[34]와 정자형성장애에 관한 염색체 및 면역학적 연구들이 이루어졌다.[35]

따라서 1990년대 신생식기술의 전개과정은 다양한 처치법 개발의 르네상스 시기라고 볼 수 있으며 그것의 방향은 점점 더 분자적 몸들에 대한 침투를 확산하는 것이었다. 난자에서 미성숙 난자로, 정자에서 미성숙 정자로 그리고 다시 원형정세포로 처치의 범위를 넓혀가는 것이다. 시술법의 전개과정 역시 비슷한 양상을 보이는데, 배출된 정자만 이용하여 난관이나 자궁에 넣어 주는 것(인공수정, AI)에서 난자도 채취하여 정자와 함께 난관으로 넣어주는 것(생식세포 난관 내 이식, GIFT)[36], 혹은 채취된 난자와 정자를 체외에서 수정시켜 배아가

되기 전 수정란 상태에서 난관에 넣어주는 것(수정란 또는 접합자 난관 내 이식, ZIFT[37]), 체외에서 수정된 배아를 배양하여 자궁에 이식하는 것(체외수정 및 이식, IVF-ET)으로, 다시 미성숙한 난자를 채취하여 성숙시킨 뒤 배아를 만들어 자궁에 착상시키는 것(미숙난자추출법, IEH), 그리고 미성숙정자나 원형정세포를 난자에 주입하는 것(세포질내 정자주입법, ICSI) 등으로 시술 절차를 확장하고 세분화시키고 혼용하는 것으로 확장되어 왔다.

배란장애요인을 처치하는 방법도 신체적 침윤이 덜한 것에서 신체적 침윤을 확장하는 것으로 이동해 왔다. 1980년대 배란유도는 주로 경구용 배란유도제인 클로미펜을 이용하는 것이었다면, 1990년대에는 이와 함께 각종 호르몬 주사제를 이용해 과배란을 유도하는 것이었다.[38] 임상에서 체외수정 시술법은 사용되는 호르몬제의 종류와 투여기간에 따라 단기요법과 장기요법, 길항제로 나뉘는데 주로 생식과 관련한 호르몬의 분비를 촉진시켜 배란을 유도하는 것이다. 1990년대에는 주로 생식관련호르몬 분비를 촉진시키는 주사제를 사용하다가 지나치게 난포가 자극되었거나 고연령 여성 또는 과배란 주기와 자연배란 주기가 일치하는 경우, 난자채취에 어려움이 있자 2000년대에는 자연배란을 막는 호르몬제(성선자극분비호르몬 길항제, GnRH Antagonist)와 배란촉진제를 혼용하여 과배란을 유도하는 길항요법을 이용하기도 했다.[39]

또한 2000년대에는 이러한 호르몬제 이외에도 배란이 잘 될 수 있는 몸의 환경을 조성하고 불임유발 배란요인을 예방하기 위해 아스피린 투여[40]나 비만과의 상관관계 등이 보고되었고,[41] 이는 임상에서 처방과 상담을 통해 적용된다. 이러한 연구와 임상과정은 난임여성의 몸을 배란을 위한 최적의 상태로 만드는 것만을 목적으로 하는 것이며 인위적인 시술 및 약제의 투입과정에서 발생하는 건강상의 위험은 고려의 대상이 되지 않는다.

한편 2000년대에는 과배란을 통해 만들어진 난자와 정자의 조작을 통해 만들어진 배아에 대한 연구가 〈그림 3-1〉에서 확인할 수 있는 것처럼 증가하였는데, 1990년대에는 주로 착상율을 높이기 위해 수정란을 이식하기 전, 미세조작술을 이용하여 수정란의 투명대를 뚫어 주는 기법인 보조부화술[42]에 대한 연구[43]가 이루어 졌으며, 2000년대에는 미세조작술 뿐만 아니라 레이저를 이용한 보조부화술[44]에 대한 연구와 함께 더 많은 배아를 동결 보존하고 해동 과정에서 살아남게 하기 위한 새로운 동결법[45]이나 배아줄기세포 연구가 수행되었다.[46]

그림 3-1.『대한불임학회지』 분자적 몸들에 대한 연구경향 분포도

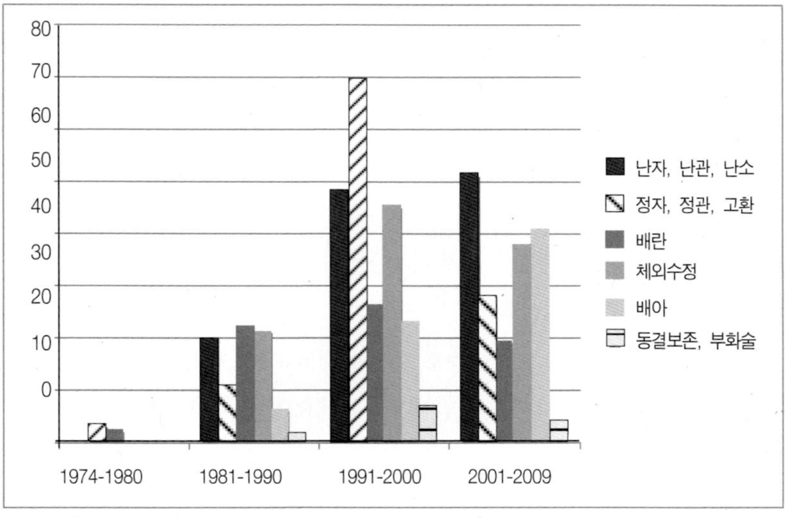

* 자료:『대한불임학회지』 1974~2009.

결국, 1990년대와 2000년대 이루어진 신생식기술의 전개과정과 신생식기술과 생명공학기술의 연계는 불임을 원천적으로 치료한다기보다는 의과학적 연구 및 처치의 과정과 범위를 세분화하고 넓혀가는 것이었다. 이 과정에서 수많은 새로운 처치법이 개발되었고 새로운 처치법들은 임상에서 먼저 수행되고 그 결과로서의 기능과 효용성이 보고되었다.

또한 의과학적 연구와 임상의 적용은 점점 더 많은 몸들을 기술화된 주체로 끌어들이는 과정이었으며 기술생명권력이 유기체적 몸을 넘어서 몸 부분들로, 점점 더 분자적 몸들로 침투하는 과정이었다. 즉 난임여성들에서 남성들로, 난자나 정자에서 미성숙 난자나 미성숙 정자로, 원형정세포 및 유전자나 염색체로 의과학적 연구 및 임상적 적용이 확장되는 과정이었다. 이런 점에서 새로운 처치법의 개발과 그 효용성은 시술에 참여한 난임부부들의 몸들을 대상으로 한 연구와 임상적 적용의 결과이다.

더불어 의과학적 지식 및 기술력에 기반한 의료산업 및 몸 관리 시장이 확장되고 불임에 대한 정부의 정책적 개입이 이루어 졌다. 1990년대부터 민간불임클리닉을 중심으로 한 불임관련 시장이 비약적으로 성장하였고 이에 따라 관련 제약업체도 성장하였으며 몸들의 보관 및 거래 산업이 새로운 이윤창출 영역이 되었다. 2000년대부터는 불임 및 몸들에 대한, 그리고 신생식기술이 발전하면서 대두되는 사회적 문제들에 대한 본격적인 국가 정책적 개입이 이루어졌다. 의과학적 연구 및 임상적 적용의 대상이 확산·확장되고, 이를 기반으로 한 의료시장의 확대와 국가의 정책적 개입이 본격화 되었다는 점에서 1990년대와 2000년대는 권력과 자본의 분자적 몸들에 대한 침투가 계속해서 확장되는 과정이었다.

2. 정부의 정책과 불임관련 시장

■ 저출산 정책의 일환으로서 불임(난임)부부지원사업

정부가 불임부부에 대한 본격적인 정책을 시행한 것은 2006년도부터 실시한 불임부부지원사업을 통해서이다. 정부는 가족계획정책이 성공한 뒤 생식 문제에 적극적으로 개입하지 않다가, 1980년대 중반 이후로 1명대로 내려 온 합계출산율이 2000년대 이후로 지속·악화되고(〈표 3-1〉참조) 저출산과 고령화 문제에 대한 사회적 위기 담론이 부상하자, 2005년 9월 '저출산고령사회기본법'을 시행하고 '저출산고령사회정책본부'를 신설하여 저출산 문제에 대한 지원 정책을 모색하기 시작했다. 불임부부지원사업은 이러한 저출산 지원 정책의 일환으로서 저소득층 불임부부의 경제적 부담을 줄여주겠다는 취지로 2006년부터 현재까지 시행되어 오고 있다. 또한 이 사업이 추진된 배경 중 하나는 정부지원에 대한 난임여성들의 적극적인 요구도 작용하였다. 난임여성들은 2000년대 초반부터 온라인의 자조모임을 통해 정보공유와 친목활동을 해왔으며 2003년부터 국가지원 서명운동을 전개하였고 2005년에는 85,000명이 서명하여 국회에 청원서를 제출하였다. 이에 따라 2006년 불임부부 지원사업이 시행되었고 체외수정시술 등 보조생식술을 이용해 출산을 하고자 하는 난임부부들은 이 정책이 허용하는 한도 안에서 정부의 지원을 받게 되었다. 실제로 정부지원 첫 해인 2006년도에는 체외수정시술건수가 크게 증가한 것으로 보고된다.[47]

〈표 3-7〉은 불임부부지원사업의 지원 대상 선정기준과 지원내용, 지원액을 각 년도 별로 정리한 것이다.

표 3-7. 연도별 불임(난임)부부 지원 사업 개요(2006~2011)

	2006년	2007년	2008년	2009년	2010년	2011년
지원 대상	도시근로자가구 월평균소득 80%(130%)[48] 이하	도시근로자가구 월평균소득 130%이하	전년도 동일	전년도 동일	전국가구 월평균 소득 150%이하 맞벌이 난임(불임)부부지원 대상자 확대	전년도 동일 맞벌이 난임(불임)부부 자영업 포함
	여성연령 만44세 이하자로 시험관 시술을 요하는 의사진단서 제출자	전년도 동일	여성연령 만44세 이하자로 체외수정시술을 요하는 의사진단서 제출자	전년도 동일	여성연령 만 44세 이하자로 난임(불임) (체외수정, 인공수정) 시술을 요하는 의사 진단서 제출자	전년도 동일
지원 내용	시험관아기 등 보조생식술 (시험관아기, 난자세포질내 정자주입술 등 10여종) 인공수정 제외	전년도 동일	체외수정시술 등 보조 생식술 (체외수정시술, 난자세포질내 정자주입술 등 10여종) 인공수정 제외	전년도 동일	전년도 동일 인공수정 포함	전년도 동일
지원 금액	1회 지원액 : 150만원 (단 기초생활 보장수급자는 255만원)	전년도 동일	전년도 동일	1회 지원액 : 150만원 (단 기초생활 보장수급자는 270만원)	전년도 동일 인공수정 1회 지원액: 50만원, 최대 3회 지원	1회 지원액: 180만원 (기초생활 수급자는 300만원) 인공수정은 전년도 동일
	최대지원 횟수 : 2회(300만원, 기초생활보장수급자는 510만원)	전년도 동일	전년도 동일	최대지원 횟수 : 3회 (450만원, 기초생활보장 수급자는 810만원)	전년도 동일	최대지원 횟수: 4회(단, 4회차는 일반, 기초모두 100만원 범위 내에서 지원)
	서울30%, 자치단체50% 국가보조(국비 213억원, 지방비 252억원)	(국비142억원, 지방비 173억원)	(국비 109억원, 지방비 148억원)	(국비 121억원, 지방비 142억원)	(국비 254억원, 지방비 299억원)	(국비 301억원, 지방비 354억원)

* 자료: 각 연도별, 『불임부부지원사업안내』(2006~2010), 『난임부부시술비지원사업』(2011) 〈보건복지부·보건복지가족부〉에서 재구성[49]

정부는 지원횟수와 지원대상 범위, 지원 시술범위, 지원금액을 확대하는 방식으로 점점 지원범위를 넓혀나가고 있다. 지원횟수는 2006년 지원사업 도입 당시 2회에서 2009년 3회로, 2011년에는 4회로 확대되었다. 단, 4회차는 100만원 범위 내에서만 지원한다. 지원대상 범위도 2006년 도시근로자가구 월평균소득 80%(130%) 이하, 2007년 130% 이하, 2010년 전국가구 월평균소득 150%이하로 확대했다. 또한 그간 지원되지 않았던 인공수정시술비도 2010년부터는 지원되고 있으며 지원금액은 1회당 50만원 범위 내에서 3회까지 지원된다. 체외수정 시술 등의 시술지원금액도 2006년 당시 일반 150만원, 기초수급자 255만원이었던 것에서 2009년에는 기초수급자만 270만원으로 확대했다가 2011년부터는 일반 180만원, 기초 300만원으로 각각 상향조정하였다.

이러한 정부의 지원 범위 확대과정은 난임여성들의 요구와 의학적으로 보고된 체외수정시술의 통상적 성공률을 준거로 한 것이다. 체외수정시술의 임신성공률이 평균 25~35% 사이로 보고되고 있는 바, 여성이 체외수정시술을 이용해 임신에 성공하기 위해서는 최소한 서너 차례 이상의 시술을 받아야 한다는 점, 체외수정시술비용이 통상 1회 300여 만원임을 감안하여 이 금액 중 절반 내외의 지원금액을 마련, 지원횟수와 지원금액의 적정선을 설정한 것이다.

하지만 이 사업이 난임부부, 특히 정책의 주요 대상인 저소득층 난임부부들의 이해와 요구를 충분히 담아내고 있는지는 확실치 않다. 더욱이 여성의 건강한 출산권을 충분히 고려하고 있는지는 의문이다. 하지만 확실한 것은 정부의 지원대상과 내용을 살펴보면 이 사업의 목적과 방향성을 가늠할 수 있다.

먼저 지원대상으로 선정되려면 혼인여부, 나이, 소득수준, 의사의 진단서가 필요하고 소득수준을 확인하기 위한 건강보험카드 및 보험료 납부 확인서와 차량보험가입증, 급여명세서, 그리고 신분증(주민등본), 병원에서 발급하는 불임진단서를 가지고 관할 보건소에 접수해야 한다. 소득수준은 2006년 첫 시행 당시에는 도시근로자가구 월평균 소득 80%이하인(2인 가족 기준 242만원)[50] 난임부부들을 대상으로 하였다. 그러나 2006년 3월 6일부터 4월 28일까지 1차 신청서 접수기간 동안 7,489명이 접수하여 대상 선정 예정인 16,426명의 45.6%에 불과했고 다시 지원대상의 소득수준을 도시근로자 가구평균소득의 130%인 419만원까지로 상향조정하여 5월 1일부터 5월 31일까지 2차 신청을 받은 결과 예정 인원의 78.9%인 12,957명이 접수하였다. 이후 7월 1일부터 8월 31일까지의 3차 신청에 걸쳐 예정인원의 99.5%인 16,364명이 접수를 완료했다(질병관리본부, 2007: 70-71).[51]

처음에 도시근로자가구 월평균 소득 80%이하로 지원 대상자를 선정하여 신청률이 저조했던 것은 사업 첫해이니 만큼 홍보의 부족도 원인이 될 수 있었겠지만 정부의 저출산 지원정책 전반의 형식성을 보여주는 것이었다. 보조생식술을 이용하지 않아도 되는 일반여성을 대상으로 한 정부의 저출산지원정책도 사교육비 문제나 일-가족 양립의 사회적 조건 조성과 같은 전반적인 대책 없이 다자녀 가정에 축하금을 지급하거나 양육비의 일부를 보조해 주는 등의 단발적이고 형식적인 지원책으로는 아무 도움이 되지 못한다. 하물며 보조생식술 비용도 마련해야 하고 양육 및 교육비 부담도 걱정해야 하는 도시근로자 가구평균소득의 80%인 242만원 이하 소득의 난임부부들은 출산권의 실현보다는 양육 및 교육과 관련한 경제적 어려움이 더 크게 다가올 수 있다. 따라서 양육 및 교육과 관련한 전반적인 대책 없이 체외수정 시술비만을 지원하는 정부의 난임부부지원정책은 저소득층 난임부부들에게는 그 실효성을 발휘하기 어렵다. 즉 저소득층 난임부부들의 시술 이용으로 인한 경제적 어려움을 일정정도 해소해 주겠다는 정부의 취지와 달리 실제 이 시술을 이용했을 때 경제적 부담이 가장 높으리라고 예상되는 가난한 난임부부들에게는 현행 지원사업이 크게 유의미하다고 볼 수 없다.

즉, 이 사업은 체외수정시술을 이용하고자 하는 저소득층 난임부부들의 임신·출산권 실현을 위한 정책이라기보다는 저출산 시대의 위기담론 속에서 여전히 난임부부들의 개별적 노력을 우선적으로 요구하는 인구조절정책의 일환인 것이다.

이 사업이 가난한 난임부부들의 의료적 접근권을 보장하지 못한다는 것은 이 사업의 추진을 위해 지정한 배아생성의료기관(체외수정시술기관)이 수도권과 광역권에 집중되어 있는 것을 통해서도 알 수 있다(〈그림 3-2〉). 결국 저소득층의 의료적 접근권과 출산권이라는 측면

그림 3-2. 전국 배아생성의료기관(체외수정시술기관)의 지역분포도

(2013년 9월 기준, 149개소)

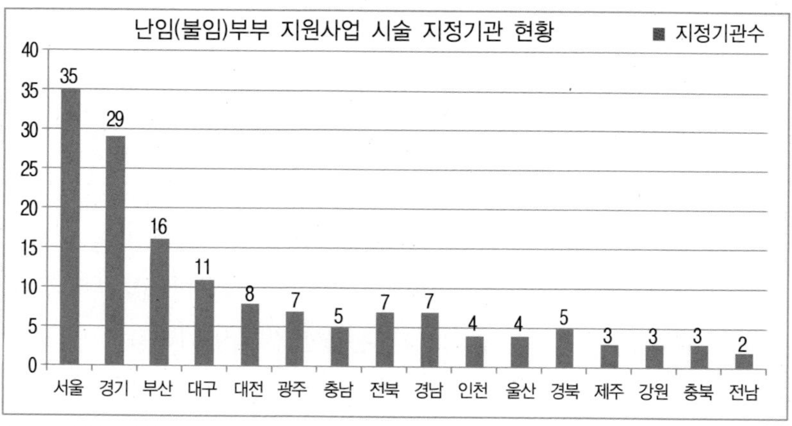

* 자료: 보건복지부, 2013.

에서 볼 때, 정부의 불임부부지원사업은 지역적으로나 계급적으로 중산층 이상의 난임부부들에게 수혜를 주는 정책으로 볼 수 있다.[52)]

또한 소득수준 이외의 지원 요건을 보면 혼인여부, 나이, 의사의 진단서[53)] 첨부가 필요하다. 특히 의사의 진단서는 지원 대상 여부를 판단하는 가장 중요한 요소인데, 여성요인의 경우에는 그 적용 범위가 상당히 모호함으로써 의사의 판단 권한이 넓을 수 있다. 이에 비

표 3-8. 체외수정시술의 의학적 기준 가이드라인

<table>
<tr><th></th><th>2006년도, 2007년도</th><th>2008년도, 2009년도</th><th>2010년도, 2011년도</th></tr>
<tr><td>여성요인</td><td>1. 체외수정시술 이외의 불임 치료로 임신을 기대하기 어려운 경우
1-1. 양측 난관 폐색
1-2. 중증 자궁내막증
1-3. 기타: 상세 사유 기입 (조기 폐경 등)

2. 체외수정시술 이외의 불임 치료에 의하여 1년 이상 임신이 되지 않는 경우
2-1. 난관성형술 기왕력
2-2. 배란유도 기왕력
2-3. 인공수정 기왕력
2-4. 기타: 상세사유 기입요함

3. 원인불명 불임
3-1. 3년 이상의 불임기간
3-2. 부인이 35세 이상인 경우</td><td>1, 2, 3 사항은 2006년과 동일.
4. 이식할 최대 배아 수 (2008년부터 신설)
<table>
<tr><th rowspan="2">연령별</th><th colspan="2">2~4일 배양후</th><th colspan="2">5~6일 배양후</th></tr>
<tr><th>양호한 조건</th><th>양호하지 못한 조건</th><th>양호한 조건</th><th>양호하지 못한 조건</th></tr>
<tr><td>35세 미만</td><td>2개</td><td>3개</td><td>1~2개</td><td>2개</td></tr>
<tr><td>35 - 39세</td><td>3개</td><td>4개</td><td>2개</td><td>3개</td></tr>
<tr><td>40세 이상</td><td>5개</td><td>5개</td><td>3개</td><td>3개</td></tr>
</table></td><td>1, 2, 3, 4 사항은 2008년과 동일

5. 양호한 배아조건

6. 착상전 유전진단[54)]</td></tr>
<tr><td>남성요인</td><td colspan="3">1. 시상하부나 뇌하수체 질환으로 인한 저성선자극호르몬성 성선기능저하증
2. 정관절제술 후 상태
3. 정계정맥류
4. 폐쇄성 무정자증</td></tr>
</table>

* 출처: 각 연도별, 「불임부부지원사업안내」, (2006~2010), 『난임부부시술비지원사업』(2011) 〈보건복지부·보건복지가족부〉에서 재구성.[55)]

해 남성요인의 경우에는 그 적용범위가 비교적 구체적으로 명료화되어 있어서 진단서 발급이 어려워 의사들과 난임부부들 모두에게 불만의 요소가 되고 있다. 이는 시술의 필요성을 판단하는 근거가 되는 의학적 가이드라인을 통해 알 수 있다.

남성의 경우, 명확한 생물학적 원인을 파악할 수 있지만 여성의 경우에는 '기타'나 '원인불명' 항목을 통해 명확한 생물학적 요인이 없거나 확인되지 않더라도 시술의 대상으로 선정될 수 있다. 여기서 지적할 것은 여성의 경우에도 명확한 생물학적 요인을 찾아내고 구체적으로 명시하여 의료 권력의 남용을 방지해야 한다는 측면도 있겠지만, 그보다도 의과학적 지식이 질병의 원인을 명확하게 찾아낼 수 없다고 했을 때, 누가 지원받을 수 있는 대상이 될 것인가를 결정하는 권한이 의료전문가들에게 부여됨으로써 의료 권력의 확장에 기여하고 있다는 사실이다.

또 하나는 이러한 의학적 가이드라인이 불평등한 성별 권력관계를 반영·재생산하고 있다는 것이다. 불임의 원인이 남성요인인 경우에는 비뇨기과에서, 여성요인인 경우에는 불임클리닉에서 진단서를 받아야 하지만 여성요인의 '원인불명'이나 '기타' 항목의 유연성은 상대적으로 여성들이 진단서를 받는 것이 용이하기 때문에 남성요인인 경우조차도 여성들이 진단서를 받게 한다. 여성요인의 '원인불명'이나 '기타' 항목의 유연성은 의과학적으로 명확한 요인을 찾아 낼 수 없을 때에도 여성요인일 가능성으로 설명될 수 있다는 점에서, 그리고 명확한 남성 요인이라 할지라도 불임 해결을 위한 노력이 여성에게 더 많이 요구된다는 점에서, 불임에 대한 의과학적 판단과 정책적 가이드라인이 불임과 불임 해결의 1차적 책임을 여성에게 전가하는 가부장적 문화를 반영하고 있으며 불평등한 성별 권력관계와 연결되어 있다는 것을 보여준다.

현재 난임부부들이 정부의 지원 사업 이외에도 시술지원을 받을 수 있는 경로는 더 있다. 대표적인 난임여성들의 모임 중 하나인 '아가야'에서는 정부의 후원을 받아 불임클리닉 및 제약회사와 연계하여 정부 지원에 의한 시술을 받고도 임신에 실패하였거나 정부 지원과 상관없이 시술을 받고자 하는 저소득층 난임여성들을 대상으로 체외수정시술을 지원하는 사업을 벌이고 있다. 또한 체외수정 시술 지원은 아니지만 인구보건복지협회(구 대한가족계획협회)에서는 2007년부터 전국경제인연합회와 함께 인공수정시술을 지원하는 '인공수정의료비 지원 사업'을 실시하고 있다.[56] 정부 지원 사업을 포함하여 이 모든 지원 사업들에서 공통적인 자격 제한 기준은 여성 연령 44세 이하, 남성에 대한 연령 제한은 없는 법적 혼인상태의 이성애 부부이다. 이러한 기준은 법적 혼인상태 이외의, 예컨대 사실혼 관계의 난임부부들이나 싱글맘이 되고자 하는 여성, 그리고 동성애 커플들에게는 제약이 될 수 있다.

중요한 것은 이러한 자격기준이 의과학적이고 사회적인 규범을 반영하여 표준화한 결과라는 것이다. 의학적으로 볼 때 여성 불임의 가장 중요한 요소는 배란, 난관, 난소, 자궁 등의 기능 장애인데 이러한 기관들의 기능은 35세 이상, 특히 40세 이상이 되면 현저히 떨어지는 것으로 보고되고 있다. 이는 일종의 노화과정으로서 경향성을 띨 수는 있지만 모든 여성들의 보편적인 현상이라고 일반화 할 수는 없다. 즉, 임신과 관련된 기관들의 기능 장애는 연령의 문제보다는 여성들의 몸 상태의 문제이며, 여성들의 몸 상태는 생물학적 노화과정에만 영향을 받는 것이 아니라 해당 여성의 사회적인 위치나 조건, 몸 관리 여부나 지속성, 라이프 스타일 등의 영향을 받기도 하기 때문이다.

따라서 생물학적인 노화과정을 거치더라도 연령과 상관없이 해당 기관들의 기능이 좋을 수 있다. 반대로 마찬가지 논리를 적용하자면 생물학적 노화과정을 거치면서 정자 수의 감소나 활동성 약화 등의 문제가 발생할 수 있는 남성들의 연령제한이 없다는 것을 볼 때, 이것은 단지 연령 제한의 문제가 아니라 난임의 원인이나 난임을 극복하기 위한 처치를 수행하는 역할의 1차적 책임을 여성들에게 전가하는 것이다. 또한 법적 혼인상태인 경우에만 지원대상이 될 수 있다는 것은 누가 부모가 될 자격이 있는가에 관한 사회적 규범을 반영한 것이라고 볼 수 있다. 사실혼 관계이거나 싱글맘이거나 동성애 커플은 정상 가족 이데올로기와 이성애주의에 의해 부모가 될 만한 자격이 없는 것으로 의미화 된다.

더욱 중요한 것은 이러한 의과학적 보고들이 35세 이상의 만혼 여성들에게 임신·출산노동에 더 빨리 진입하고 수행해야 한다는 강박을 만들어 내는 효과를 발휘한다는 것이다. 이러한 효과는 난임이 아닌 일반 여성들에게로까지 확장되는데 일반여성들을 대상으로 한 '불임예방조기검사' 지원제도가 그것이다.[57] 불임일지도 모른다는 두려움과 불임여성에게 부여되는 사회적 낙인은 일반여성들도 예방적 차원에서 검진을 받게 한다.[58]

한편 지원을 받아 시술을 한 여성들도 불임부부지원사업이 실제로 체외수정시술의 개인부담 비용을 줄여주지 못했다고 주장한다. 이는 단발적인 일부 시술비용만 지원했을 뿐 불임클리닉의 시술비용 통제와 시술에 이용되는 약가통제가 이루어지지 않았기 때문이다. 지원사업이 시행된 이후로 불임클리닉은 동일 항목의 시술비를 올리거나 이전에는 시술비용을 받지 않았던 항목에 추가로 비용을 청구하는 방식으로 시술비용을 올렸고, 수정란 이식 뒤 사용되는 호르몬제를 독점 생산하던 모 제약사는 수지타산이 안 맞는다는 이유로 약품 생산을 중단[59]함으로써 난임여성들은 동일한 효능의 수입 약을 20배가까이 비싼 가격을 지불하고 이용해야 했다.[60] 또한 난임여성들은 시술시 수많은 약을 복용하는데, 불임시술 시에는 건강보험이 적용되지 않기 때문에 동일한 약도 다른 질병 치료에 쓰일 때보다 네 배 이상 비싼 가격을 지불해야 한다. 결국 불임클리닉의 시술비용 책정과 시술시 이용되는 약가에 대한 통제 없는 정부의 불임부부지원사업은 불임클리닉과 제약업체의 이윤창출에는 도움이 될지 몰라도 난임여성들에게는 지원금을 받더라도 지원금을 받기 이전의 시술비용과 비슷하거나 더 많은 시술비용을 지불하게 했다. 이러한 정부의 불임부부지원사업 이후에 나타난 일련의 사태에 비추어 볼 때, 정부의 불임부부지원 사업이 저소득층 난임부부들의 경제적 부담을 줄여주겠다는 취지를 제대로 살리려면 불임클리닉의 시술비용 통제와 약가통제를 함께 관리 감독해야 한다는 것을 보여준다. 그래서 난임여성들은 단발적인 지원금 보조가 아니라 실질적인 지원책으로써 시술비용과 약가의 건강보험적용을 요구하고 있다.[61] 건강보험 적용 요구는 기본적으로는 난임여성들이 출산권을 주장하기 위해 제기한 것이지만 의료체계의 불합리성도 제기할 수 있는 계기가 되었다.

결과적으로 정부의 불임부부지원사업이 출산 및 의료적 영역을 신자유주의적 시장원리에 맡겨두고 난임에 대한 사회적 책임을 최소화한다면 개별 난임부부들의 경제적 부담을 전혀 해결하지 못하는 형식적인 정책이 될 수 있다. 또한 불임부부지원사업에서 제시한 시술의 지원대상과 지원조건은 그것을 선정하고 결정하는 데 있어서 사회적 규범을 반영한 의과학적 기준과 의료전문가들의 판단에 의존함으로써 의도치 않게 의료 권력의 확장에 기여하고 있기도 하다.

■ 생식세포 및 배아 관리 정책

정부의 생식세포 및 배아관리 정책도 난임여성들의 몸과 출산과정에 영향을 미치는 요인이다. 정부는 1985년부터 체외수정시술(일명'시험관아기시술')이 시행[62]되어 왔음에도 불구하고 생식세포나 배아에 대한 관리 정책을 마련하지 않고 있었다. 그러나 생명공학감시연대를 비롯한 시민단체나 여성단체의 생명공학의 위험성에 대한 문제제기가 있자, 정부는 2005년부터 시행된 생명윤리 및 안전에 관한 법률(이하 생명윤리법)의 제·개정과 2007년 생식세포관리및보호에관한법률제정안(이하 생식세포관리법안)을 통해 생식세포 및 배아의 관리정책을 마련하였다.[63] 생명윤리법은 2008년, 2011년 일부개정, 2012년 전부개정 2014년 일부개정 되었고 제·개정된 생명윤리법, 시행령, 시행규칙은 정부의 생식세포 및 배아 관리뿐만 아니라 배아생성의료기관에 대한 관리 정책의 방향성을 보여준다.

먼저 생명윤리법 23조와 66조에 배아생성의 기준과 처벌조항을 명시하였고 동법 25조, 시행규칙 21조에 배아의 관리절차를 마련하였다. 또한 생식세포와 관련해서는 2007년 생식세포관리법안의 방향성을 담아 생명윤리법 27조와 시행규칙 24조에 생식세포 관리 방안을 마련하였다. 특히 황우석 사태 동안 제기되었던 정보의 고지를 통한 인지된 동의권과 관련해서 배아생성에 관한 서면동의를 받아야 한다는 것을 명문화하였다.

생명윤리법에 명시된 위와 같은 조항의 내용들에 따르면, 임신 외 목적의 배아생성과 성감별을 목적으로 하는 배아생성을 금지하였고 원칙적으로 배아는 5년 보존 후 폐기하도록 하였으며 배아 및 생식세포에 대한 금전적 거래 및 알선을 금지하였다. 특히 난자 제공자의 난자채취는 동일한 난자 제공자에게서 3회 이상을 할 수 없으며 6개월 이상의 유예기간을 두어야 하고(생명윤리법 시행령 11조) 실비차원의 보상을 할 수 있다고 명시하였다(생명윤리법 시행규칙 24조)[64].

표 3-9. 생명윤리 및 안전에 관한 법률의 23조, 66조.

제23조(배아의 생성에 관한 준수사항) ① 누구든지 임신 외의 목적으로 배아를 생성하여서는 아니 된다.

② 누구든지 배아를 생성할 때 다음 각 호의 어느 하나에 해당하는 행위를 하여서는 아니 된다.

1. 특정의 성을 선택할 목적으로 난자와 정자를 선별하여 수정시키는 행위
2. 사망한 사람의 난자 또는 정자로 수정하는 행위
3. 미성년자의 난자 또는 정자로 수정하는 행위. 다만, 혼인한 미성년자가 그 자녀를 얻기 위하여 수정하는 경우는 제외한다.

③ 누구든지 금전, 재산상의 이익 또는 그 밖의 반대급부(反對給付)를 조건으로 배아나 난자 또는 정자를 제공 또는 이용하거나 이를 유인하거나 알선하여서는 아니 된다.

제66조(벌칙) ① 다음 각 호의 어느 하나에 해당하는 사람은 3년 이하의 징역에 처한다.

1. 제20조제2항을 위반하여 체세포복제배아등을 자궁에 착상시키거나 착상된 상태를 유지 또는 출산하도록 유인하거나 알선한 사람
2. 제21조제2항 각 호의 어느 하나에 해당하는 행위를 한 사람
3. 제23조제1항을 위반하여 임신 외의 목적으로 배아를 생성한 사람
4. 제23조제3항을 위반하여 금전, 재산상의 이익 또는 그 밖의 반대급부를 조건으로 배아나 난자 또는 정자를 제공 또는 이용하거나 이를 유인하거나 알선한 사람
5. 제31조제1항을 위반하여 희귀・난치병의 치료를 위한 연구 목적 외의 용도로 체세포핵이식행위 또는 단성생식행위를 한 사람
6. 제63조를 위반하여 비밀을 누설하거나 도용한 사람

② 제29조제1항을 위반하여 잔여배아를 이용한 자는 3년 이하의 징역 또는 5천만원 이하의 벌금에 처한다.

③ 제1항제1호 및 제2호의 경우 미수범도 처벌한다.

표 3-10. 생명윤리 및 안전에 관한 법률시행령의 11조, 시행규칙 24조.

제11조 (난자채취 빈도의 제한) ① 법 제27조제3항에 따른 난자채취의 빈도는 평생 3회로 하되, 6개월 이상의 기간을 두고 난자채취를 하여야 한다.

② 난자채취로 부작용이 발생한 경우에는 그 부작용이 완치된 후 6개월이 지나야 난자를 다시 채취할 수 있다.

제24조 (난자 기증자에 대한 실비보상) ① 법 제27조제4항에서 "보건복지부령으로 정하는 금액"이란 다음 각 호의 금액을 말한다.

1. 교통비
2. 식비
3. 숙박비
4. 시술 및 회복에 걸리는 시간에 따른 보상금

② 제1항제1호부터 제3호까지의 항목의 경우 「공무원 여비 규정」 별표 2의 구분란 중 제2호에 따라 산정된 금액으로 한다.

③ 제1항제4호에 따른 금액은 배아생성의료기관의 장이 기관위원회 심의를 거쳐 산정한 금액으로 한다.

④ 배아생성의료기관의 장은 제1항 각 호의 실비보상액을 지급한 후 기관위원회에 보고하여야 한다.

이러한 법안들은 황우석 사태 이후에 배아나 난자가 과학적 연구의 자원이나 재료, 국가의 성장 및 관련 산업의 이윤을 위한 도구나 상품이 되어서는 안 되며 무엇보다도 무분별한 난자채취가 여성의 인권과 건강권을 침해할 수 있다는 시민단체와 여성단체의 문제제기로 만들어졌다. 하지만 궁극적으로는 이러한 요구들이 제대로 반영되지도 않았을 뿐만 아니라 난임여성들을 상당히 곤혹스러운 상태에 놓이게 하였다.

먼저 연구목적의 난자 채취는 금지하였지만 불임시술 목적의 난자 채취와 기증은 허용함으로써 난임여성들과 난임부부에게 난자를 제공하는 여성들의 난자 채취 과정에서 발생할 수 있는 건강권 침해 문제는 고려되지 않았으며 이를 고려했다면 난자 기증 여성의 후유증과 부작용에 대한 사후조치가 함께 논의되었어야 한다.[65] 정부는 불임시술 목적의 난자 제공은 허용해야 하는 이유로 난자를 생산하지 못하는 난임여성들의 출산권과 행복추구권을 들지만, 여러 가지 부작용과 후유증을 발생시킬 수 있는 과배란유도제나 그것을 생산하는 제약업체에 대한 관리· 감독과 규제 없이 난임부부들의 출산권과 행복추구권을 운운하는 것은 진정으로 난임부부들의 출산권을 위한 것이 아니라 난임부부들의 부모가 되고자 하는 욕망을 이용해 불임클리닉이나 제약업체의 이해와 요구를 대변하는 것일 뿐이다.[66]

또한 난자제공자에 대한 기증횟수 제한이나 유예기간 설정이 난임여성들에게는 적용되지 않는 것은 불임클리닉의 지속적인 시술 권유를 방관하는 것이며 불임클리닉의 이해관계와 연결된다. 정부가 난임부부들의 건강한 출산을 지원하려면 과배란 유도제 사용 및 불필요하거나 과도한 시술절차들을 최소화할 수 있는 방안을 모색해야 하며, 이런 의미에서 과배란제나 시술시 이용되는 약제 및 처치법의 위험성에 대한 연구를 적극 지원하는 것도 하나의 방안이 될 수 있을 것이다(박진희, 2006).[67]

또한 불임시술의 위험성을 충분히 고지해야 할 필요성 속에서 제기된 정보의 고지와 동의권은 배아생성에 관한 동의서를 서면화하는 것으로 수렴되었는데, 배아생성에 관한 동의서의 그 어떤 항목에도 위험성에 관한 정보의 제공을 의무화하는 내용은 없다.

표 3-11. 생명윤리 및 안전에 관한 법률의 24조

제24조 (배아의 생성 등에 관한 동의) ① 배아생성의료기관은 배아를 생성하기 위하여 난자 또는 정자를 채취할 때에는 다음 각 호의 사항에 대하여 난자 기증자, 정자 기증자, 체외수정 시술대상자 및 해당 기증자 · 시술대상자의 배우자가 있는 경우 그 배우자(이하 "동의권자"라 한다)의 서면동의를 받아야 한다. 다만, 장애인의 경우는 그 특성에 맞게 동의

를 구하여야 한다.
1. 배아생성의 목적에 관한 사항
2. 배아·난자·정자의 보존기간 및 그 밖에 보존에 관한 사항
3. 배아·난자·정자의 폐기에 관한 사항
4. 잔여배아 및 잔여난자를 연구 목적으로 이용하는 것에 관한 사항
5. 동의의 변경 및 철회에 관한 사항
6. 동의권자의 권리 및 정보 보호, 그 밖에 보건복지부령으로 정하는 사항
② 배아생성의료기관은 제1항에 따른 서면동의를 받기 전에 동의권자에게 제1항 각 호의 사항에 대하여 충분히 설명하여야 한다.
③ 제1항에 따른 서면동의를 위한 동의서의 서식 및 보관 등에 필요한 사항은 보건복지부령으로 정한다.

배아생성과정이 여성의 건강에 미칠 수 있는 위험성은 불임클리닉 임상 현장의 의료진에 의해서도 충분히 설명되지 않으며, 따라서 이 법은 여성들의 인권과 건강권을 보장하기 위한 것이라기보다는 형식적인 동의절차와 난자기증 횟수 제한을 통해 이러한 문제제기를 포섭하고 불임클리닉과 제약업체의 이해관계를 보증하는 정책이라고 볼 수 있다.

난임여성들은 각종 약제와 처치법의 부작용과 후유증을 몸으로 체험하고 있다. 하지만 그들은 아이를 낳기 위해 부작용과 후유증을 감수한다. 그래서 위험성에 대한 충분한 정보고지보다 더 중요한 것은 위험성을 알면서도 난자채취 및 배아생성에 동의해야 하는 난임여성으로서의 사회적 위치이다. 난임여성에 대한 사회적 낙인과 그들의 서로 다른 부족한 자원 및 재화는 여성들에게 난자의 상품화나 도구화 문제에 대해 서로 다른 입장을 가지게 한다.

과학적 연구의 자원으로 이용되는 난자는 그 유전정보를 필요로 하지 않지만,[68] 임신을 목적으로 하는 난자공여는 그것이 태어날 아

이에게 영향을 미친다고 여겨지기 때문에 어떤 여성의 난자인지가 중요한 문제가 된다. 이러한 유전자결정론적인 시각과 외모지상주의 문화, 경쟁적인 자본주의 구조가 맞물리면서 난자거래 시장이 형성되었고 미모의 젊은 여대생들의 난자는 더 높은 가격에 팔려나가고 있다.

또한 생식세포 거래의 알선책이었던 DNA뱅크 사건에서처럼 일본 불임부부를 위해 한국여성의 난자가, 한국 불임부부를 위해 동남아 여성의 난자가 거래되는 지역간·인종 간의 위계화가 나타나기도 한다(백영경, 2008). 즉 난자의 상품화와 연령별, 계층별, 인종별 위계화가 일어난다. 이는 정자나 배아에도 적용되며 대리모의 자궁에도 일정정도 적용된다.[69] 우생학적인 유전정보를 고려하여 고가의 생식세포를 구매하고 대리모와 위탁 계약을 맺을 수 있는 여성들은 중산층 이상의 부유한 여성들이다. 하지만 난자나 자궁에 문제가 없는 저소득층의 난임여성들은 우생학적인 맞춤아기보다는 자신이나 자신의 배우자를 닮은 자녀를 원한다.[70] 난자나 자궁에 문제가 있는 저소득층의 난임여성이 생식세포의 공여 및 거래나 대리모를 통해서라도 임신을 하고자 할 때, 또는 자신들의 경제적 필요에 의해 난임부부에게 난자를 제공하거나 대리모 계약을 맺는 여성들의 경우에 발생하는 문제는 여성 몸의 상품화 및 도구화에 대한 비판과 피해자화가 이들의 목소리와 행위성을 드러내지 못하게 할 수 있다는 것이다.[71]

따라서 2008년 생명윤리법의 개정을 통해 난자제공자에게 실비차원의 보상을 할 수 있도록 한 것에 대해 난자의 상품화에 대한 비판만이 아닌 좀 더 신중하고 다차원적인 접근이 필요하다. 하지만 정부의 난자 제공자에 대한 실비차원의 보상 규정은 난자를 제공하는 여성에게나 공여 받고자 하는 여성 모두에게 실질적인 도움이 되지 못할 것 같다. 제 3자에게 난자를 제공하는 여성은 난자거래 시장에 형성되어 있는 가격보다 더 낮은 보상으로 난자를 제공하려 하지 않을 것이고 난자를 공여 받고자 하는 여성들은 그만큼의 가격을 지불해야 할 것이기 때문이다.[72] 결국 이 규정은 양쪽 여성들에게 실질적인 도움이 되지 못한 채 정부와 불임클리닉이 난자거래 브로커 역할을 대신하겠다는 발상이다.

2008년 법률 개정안에서 난임여성들의 출산노동과 관련된 또 하나의 변화는 〈표 3-8〉에 제시된 것처럼 연령별 및 배아의 배양일과 양호 여부에 따라 이식할 수 있는 최대 배아 수를 규정해 놓았다는 것이다. 이식 배아 수 제한은 너무 많은 배아를 이식하는 것이 다태아를 발생시킬 가능성이 높으며, 다태아는 산모나 태아의 건강을 위협할 수 있다는 의과학적 보고와 외국에서는 이미 마련되어 있었던 이식 배아 수 권고 사항을 반영하여 마련된 것이다.[73] 하지만 이식 배아 수나 그것이 양호한가에 대한 결정은 의과학자들의 판단에 의존할 수밖에 없으며 이미 임상 현장에서 위험성이 있는 다태아에 대한 선택유산 등의 처치가 이루어지고 있다. 그럼에도 불구하고 최대 이식 배아 수를 규정해 놓은 것은 산모나 태아의 건강을 위해서라기보다는 시술기간을 늘리는 수단으로 악용될 소지가 있다.

따라서 정부의 불임부부지원사업이나 생명윤리법, 생식세포관리법안은 난임여성들의 건강한 모성권 실현이나 그들의 이해와 요구를 반영한 것이라기보다는 그 취지와는 다르게 불임클리닉과 불임 관련 산업, 그리고 의료 권력의 확장과 연결된다.

■ 불임클리닉 및 제약 산업의 성장과 몸 관련 시장의 형성

신생식기술의 전개과정 및 정부의 불임 관련 정책과 더불어 난임여성들의 출산수행과 주체화과정에 영향을 미치는 요인으로 불임관련 시장의 형성을 들 수 있다. 먼저 현재, 불임클리닉은 시술과정을 세분화하고 다양한 시술법을 적용하면서 이윤을 창출하고 있다. 이는 정부의 불임클리닉에 대한 규제 부재 및 저출산 문제 해결을 위한 협력자로서의 위치 설정, 무엇보다도 의료에 대한 민영화 및 산업화 지향적인 정책적 방향성으로 인해 더욱 가속화되고 있다. 또한 불임시술의 이용을 통해 부모가 되고자 하는 난임부부들의 욕망도 유명 불임클리닉의 산업적 확장에 기여하였다. 불임클리닉은 내부적으로는 난임부부들을 대상으로 이윤을 창출하고 외부적으로는 난임부부들에 대한 임상적 적용을 통해 발전된 신생식기술을 매개로 새로운 산업적 영역을 창출함으로써 사업을 확장해 나가고 있다.

불임클리닉은 의료시장이 갖는 특수성, 즉 환자가 질병을 치료하기 위해서는 의료전문가들의 지식과 판단에 의존할 수밖에 없는 특수성을 이용하여 비싼 약제를 처방하거나 시술절차를 세분화 하여 각각의 시술 절차에 비용을 부담하는 방식으로 난임부부들의 시술비용을 증가시키고 있다. 또한 불임시술 건수나 임신의 성공률이 경쟁력이 되는 불임시장의 특수성으로 인해 유명불임클리닉의 독과점적 시장[74]이 형성되고 있다. 불임클리닉들 간에 가격 경쟁이 이루어지고 있지만 시술비용에 대한 책정은 규제가 없기 때문에 비교적 자율적이며 편차가 심하다.[75] 〈그림 3-3〉은 불임클리닉 관리를 이관 받은 질병관리본부가 2007년 용역사업을 통해 보조생식술을 시행하고 있는 의료기관 총 67곳(종합병원급 22개, 병원급 26개, 의원급 19개)을 대상으로 시술비용 책정 현황을 조사한 결과를 재구성한 것이다.

각각의 항목에 대해 조사대상 기관 중 답변을 해준 곳도 있고 그렇지 않은 곳도 있기 때문에 위의 시술비 책정에 관한 조사 결과를 일

그림 3-3. 주요 체외수정 시술과정의 비용 책정 현황

(단위: 원)

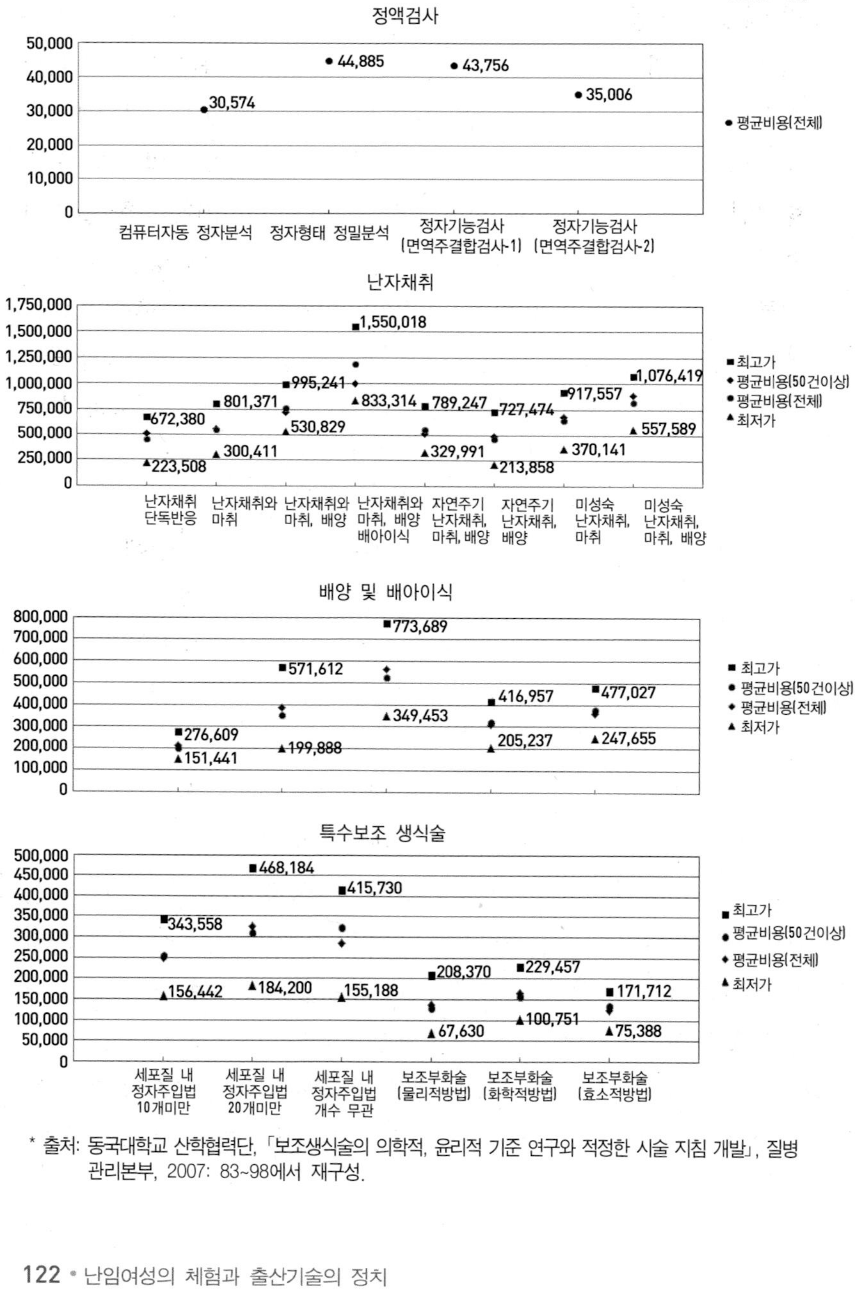

* 출처: 동국대학교 산학협력단, 「보조생식술의 의학적, 윤리적 기준 연구와 적정한 시술 지침 개발」, 질병관리본부, 2007: 83~98에서 재구성.

반화할 수는 없지만 확실한 것은 시술비 책정의 최고가와 최저가가 심지어 4배 가량 차이가 나는 항목도 있어 편차가 아주 심하다는 것이다. 또한 50건 이상을 시술하는 기관의 평균비용이 전체 평균비용과 비슷하거나 적은 곳도 있다. 하지만 적은 시술비는 시술 건수를 통해 충분히 충당될 수 있기 때문이며 오히려 가격경쟁을 통해 더 많은 시술을 하는 것이 이익이 될 수 있다.

이러한 시술비 책정의 편차는 시술항목의 기관별 가격 책정 차이가 원인이 될 수도 있지만 비용을 책정할 수 있는 시술절차 자체를 세분화하고 새로운 기술이 적용된 시술법을 적용하여 더 많은 가격을 책정하기 때문이다. 즉, 임상에서 적용된 새로운 시술법과 그 결과는 『대한생식의학회지』나 『대한산부인과학회지』에 기존의 시술법보다 더 유용한 것으로 보고되고, 다시 이러한 보고 결과는 임상에서 높은 가격을 책정하는 준거가 되는 것이다.

이 과정에서 난임여성들은, 특히 임신이 되지 않아 반복적인 시술을 하게 되는 난임여성들은 임상에서 이러저러한 시술법의 변경이나 새로운 시술법을 적용해 보고 그 결과로서 해당 시술법의 유용성을 확인해 볼 수 있는 대상이 되며, 이렇게 확인된 시술법은 의과학자들의 연구 성과로서 학회지에 보고되거나 특허를 받을 수 있는 지적 재산이 된다. 그렇다면 의과학자들의 지식노동의 결과와 임상에서 높은 가격을 책정할 수 있는 근거가 되는 시술법의 유용성은 의과학자들과 난임여성들의 협업을 통한 지식노동의 결과인 것이다. 문제는 의료전문가들의 지식노동은 특허나 높은 비용 책정, 새로운 산업 창출의 근거로서 그 과학적 권위를 인정받지만, 난임여성들의 출산노동 수행을 통한 참여와 그 과정에서의 지식생산은 비과학으로서 권위를 인정받지 못할 뿐만 아니라 자신들의 협업을 통해 발생한 가치를 수

취당하는 위치에 놓이게 된다는 것이다.

난임여성들과의 협업을 통해 개발된 의과학적 지식은 새로운 산업 창출의 기반이 된다. 현재 유명 불임클리닉의 줄기세포 연구사업 수행이나 각종 몸들의 냉동보관 및 연구사업, 그리고 이러한 기술력을 기반으로 하는 세계시장 진출 등이 이러한 현상을 잘 보여준다.[76] 〈표 3-12〉는 난임여성들뿐만 아니라 출산을 앞둔 일반 여성들도 자녀의 혈액관련 질환을 예방하고 해당 질병이 발생하여 이식 세포치료를 받을 때 면역반응을 줄일 수 있다고 알려져 일종의 보험처럼 출산을 앞둔 많은 부모들이 가입하고 있는 국내 제대혈 보관은행들의 목록이다.

표 3-12. 주요 제대혈 보관 은행 현황 (2010년 현재)

회 사 명	설립연도
라이프코드(이노GDN)	1997. 07.
서울탯줄은행(히스토스템)	2000. 02.
셀트리(메디포스트)	2000. 06.
이노셀(드림코드)	2002. 01.
베이비셀(세원셀론텍)	2002. 11.
굳젠(굳젠)	2002. 12.
아이코드(차바이오앤디오스텍)	2003. 03.
보령아이맘(보령바이오파마)	2003. 05.
투엘브(FCB파마셀)	2003. 06.
라이프라인(녹십자의료재단)	2003. 04.
바이오스타(RNL바이오)	2006. 01.

* 출처: 해당 기업 홈페이지

** ( )은 제대혈 보관은행의 모회사이다.

이 중 셀트리, 베이비셀, 아이코드가 국내 제대혈 보관 산업을 주도하고 있는데, 주지하다시피 셀트리와 아이코드는 불임시술로 유명한 메디포스트와 차병원이 설립하였다. 1990년대 불임시술로 확보된 기술력과 자본을 바탕으로 2000년대에는 새로운 시장을 개척하고 있는 것이다. 주목할 만한 것은 이 제대혈 회사들이 제대혈 보관 사업만으로는 큰 영업이익을 얻지 못한다는 것이다.[77] 해당 회사들은 제대혈 보관 사업뿐만 아니라 각종 연구 사업을 수행하고 있다. 그런데 제대혈 은행에 가입한다고 해서 모든 제대혈을 보관할 수 있는 것이 아니며 그 보관기준에 해당하는지 아닌지는 의과학자들의 판단에 의해서 결정되고 가입자들은 그 보관과정과 폐기 결과를 확인할 수 없다고 했을 때, 수많은 제대혈들이 연구의 자원으로 활용될 소지는 충분하다.[78] 더욱이 제대혈 이식 치료의 효용성에 대해서는 일선 의사들도 의문을 가지고 있고, 필요하다면 공여 제대혈을 이용할 수도 있는 상황에서 가족제대혈 은행 사업은 질병의 공포를 이윤 창출의 수단으로 이용하는 측면이 강하다.

불임클리닉의 시술비 편차가 나타날 수 있는 또 하나의 요인은 시술시 이용되는 약제를 효능에 대한 광고, 또는 상업적 이해관계에 의해 선택할 가능성이 있기 때문이기도 하다. 이는 제약업체의 이해관계와 연결되어 있다. 〈표 3-13〉은 체외수정 시술에 사용되는 주요 배란유도제의 판매실적을 정리한 것이다.

현재 과배란제 시장은 해마다 비약적으로 성장하고 있으며 한국오가논과 머크세레노의 퓨레곤과 고날F가 양분하여 과점하는 형태를 띠고 있다. 그러나 2009년, 한국오가논도 머크사의 계열이 됨으로써 과배란제 시장은 거의 머크사의 독점체제라고 볼 수 있다.[79] 한국과배란 시장은 초국적 제약자본인 머크사가 주도하는 가운데 2006년

표 3-13. 주요 배란유도제 판매 실적 및 추이(2003~2009)

연 도	2003	2004	2005	2006	2007	2008	2009
시장규모	20~30억*	40억*	60억	90억	130억	180억*	250~300*

* 출처: 『헬스 메디』. 2007.09.18, 『머니투데이』. 2006.09.27, 『뉴시스』. 2006.10.10.

** 기사 내용에서 2005년부터 2007년까지 판매실적 정리.

*** *는 역추산한 추정치.

**** 퓨레곤(한국오가논)은 2003년 출시, 고나도핀(동아제약)은 2006년 출시, IVF-M(LG생명과학)은 1993년 출시, 폴리트롭(LG생명과학)은 2006년 출시됨.

부터 국내제약업체인 동아제약과 LG생명과학이 과배란제를 출시하였지만 규모나 매출 면에서 미비한 실정이다. 2009년 고날F의 판매실적이 100억원을 넘어섰다는 점에서 보았을 때 제약업체에게 과배란제 시장은 이윤창출을 위한 매력적인 영역이며, 그만큼 체외수정시술을 이용하는 난임여성들이 많아졌다는 것이다.[80]

퓨레곤과 고날F 이외에도 배란을 촉진하기 위한 목적의 과배란제의 종류는 다양하다. 이 약품들의 성분은 거의 비슷하나, 용량이 많다거나 신기술을 도입했다거나 사용법을 개선시킨 것이 약가 인상의 원인이 된다.[81] 또한 고나도핀, 폴리트롭, 고날F, 퓨레곤 등은 유전자재조합제품으로서 기존의 뇨단백 제품(메노곤, 메리오날, 폴리몬주)보다 신기술의 도입과 안전성을 높였다는 이유로 약가가 비싸다.

하지만 난임여성들은 처방약을 선택할 권리가 없고 의사들은 난포의 성숙도를 확인할 수는 있지만 신약이 여성들의 건강에 안전한지는 확인할 수도 없고 관심사도 아니다. 신약이 안전한지는 이를 처방받은 난임여성들만이 그 후유증과 부작용을 통해 알 수 있지만 난임여성들의 몸들도 같은 처방약에 모두 똑같은 반응을 보이는 것은 아니기에 신약의 안전성을 정확하게 판단할 수는 없다. 그렇다면 약가

인상의 근거가 되는 신약의 효능과 안전성은 제약업체가 불임클리닉에 위탁하여 수행하는 임상실험 결과나 광고[82)]에 의존할 수밖에 없으며 기존의 약품보다 그 효능이 월등하다는 것을 확신하기 어렵다. 또한 대부분의 의사들은 제약업체의 광고의 영향 아래서 관습적으로 처방을 내린다(Moynihan and Cassels, 2006: 273).[83)] 특히 신약의 효능과 안전성을 해당 제약업체에서 증명하도록 하는 것은 상업적 이해관계로 인해 부적합하거나 잘못된 테스트 밖에 거치지 않았을 수도 있으며, 오래된 관행인 제약업체와 의사의 리베이트로 이어진다면 난임여성들의 비용부담과 몸들의 위험성은 더 높아질 수밖에 없다.[84)] 새로운 시술법과 마찬가지로 신약은 더 많은 난임여성들의 몸들을 대상으로 임상적용하고 실험하여 얻은 결과이며, 이 결과는 실제로 신약의 효능과 효율성을 검증하기보다는 더 많은 비용을 책정하기 위한 수단일 가능성이 높다. 더욱이 실제 새로운 시술법과 신약이 효율적이고 효능이 있다 하더라도 그것을 증명할 수 있는 것은 난임여성들의 몸들이다. 이것은 약값에 보험이 적용되거나 무상으로 공급되어야 할 이유이다.

3. 소 결

이 장에서는 변화하는 출산환경과 난임여성들의 출산수행에 영향을 미치는 기술-사회적 조건을 분석하였다. 난임여성들의 출산수행에 영향을 미치는 기술-사회적 조건을 형성하고 있는 요소로 신생식기술의 도입과 확산, 정부의 불임부부지원사업과 몸들의 관리 및 의료정책, 불임클리닉 및 제약 산업을 비롯한 불임관련시장의 형성을 선정하였다.

대표적인 신생식기술인 체외수정시술은 1980년대에 한국사회에 본격적으로 도입되었고, 1990년대에는 기술과학적 연구 및 불임클리닉이 비약적으로 성장해 갔다. 그리고 2000년대는 1990년대의 성장을 통해 축적된 지식과 기술력을 바탕으로 생명공학의 영역으로까지 확장되었다. 체외수정시술을 비롯한 보조생식술이 도입, 확산된 것은 기술내적 요인만이 아니라 정부의 의료보험 정책 및 인구통제 정책, 일반 기혼여성들의 안정적인 피임 실천, 그리고 난임여성들의 적극적인 시술 참여 및 요구라는 사회적 요인에도 영향을 받은 것이었다. 소자녀 가족계획 정책에 영향을 받은 일반 기혼여성들의 적극적인 피임실천과 정부의 저수가 의료보험 정책이 분만 중심의 산부인과 병원의 위기를 낳았고 이 위기를 극복하기 위한 의료계의 노력과 난임여성들의 모성적 욕망이 보조생식술의 도입, 확산 및 불임클리닉의 성장을 가져온 것이다. 1990년대와 2000년대로 이어지는 생식에 관한 의과학적 연구와 임상적 적용의 확장은 권력이 점점 더 많은 분자적 몸들을 통제, 관리하게 되는 과정이었으며, 자본이 의과학적 지식과 분자적 몸들을 이윤창출의 영역으로 만드는 과정이기도 했다.

먼저, 『대한불임학회지』에 보고된 연구 경향에 따른 신생식기술의 전개과정은 의과학적 연구 및 임상적 적용을 여성의 몸들에서 남성의 몸들로, 난자·정자에서 미성숙 난자나 미성숙 정자로, 다시 원형정세포나 유전자 및 염색체로 계속해서 더 많은 물질적, 사회적 몸들로 확장해 나가는 과정이었다. 또한 새로운 처치법의 개발 과정도 불임의 원인을 명확히 찾아 치료하는 것이라기보다는 처치법을 더욱 세분화해 몸들에 적용, 처치하는 과정이었다. 새로운 진단법 및 처치법들은 임상에서 난임여성들의 몸들을 통해 얻어진 것이며 그것의 기능 및 효용성도 임상에서 난임여성들의 몸들을 통해 확인할 수 있다. 난임여성들의 몸들을 통해 얻고 확인된 진단법과 처치법들은 『대한불임학회지』나 『대한산부인과학회지』에 보고되어 과학적 지식으로서의 권위를 인정받는다.

다음으로 정부는 체외수정시술의 도입과 연구를 직접적으로 지원하지는 않았다. 하지만 소자녀 가족계획 정책을 위해 도입, 지원했던 피임술이 불임시술로도 이용됨으로써 의료진의 기술적 숙련에 도움을 주었고 모성에 대한 사회적 책임을 최소화한 저수가 의료보험 정책이 비의료보험 영역인 불임시술의 도입과 연구를 추동했다는 점에서 의도치 않게 간접적으로 불임시술 연구와 불임클리닉의 성장에 기여했다. 정부는 저출산 위기 담론이 1990년대 중반부터 본격적으로 등장하였고 각종 저출산 관련 정책을 구상·진행하였음에도 불구하고 난임부부들에 대한 지원 정책은 마련하지 않고 있다가 2006년부터 불임부부지원사업을 시행하였다.

불임부부지원사업은 2000년대 이후로 저출산 위기 담론이 심화되었고 난임여성들의 적극적인 정부 지원 요구가 맞물리면서 마련되었다. 정부는 이 사업을 인구를 늘리기 위한 인구통제 및 관리정책의 일환으로 시행하였고 난임여성들의 이해와 요구를 반영한 (재)생산권 확보와 모성의 사회적 책임에는 제한적인 것이었다. 이 사업을 통한 2, 3, 4회의 단발성 지원은 모성권의 보장이라기보다는 여전히 난임부부들의 개별적 노력을 우선적으로 요구하는 것이며 무엇보다도 지원대상, 지원 조건 및 지원 내용이 의과학적이고 사회적인 규범을 반영한 의료전문가들의 판단에 의존하는 것이어서 불임클리닉의 이해와 의료 권력의 확장에 기여하는 측면이 있다. 생식세포 거래 금지, 난자 기증 횟수 제한 및 유예기간의 설정, 실비차원의 보상가능, 배아의 보존 및 폐기, 인지된 동의 절차 마련 등을 담은 생명윤리및안전에관한법률 및 생식세포 관리법안에 나타난 배아 및 생식세포에 대한 정책적 방향 또한 난임여성들의 건강권과 출산권을 고려하기보다는 분자적 몸들을 법적, 제도적 관리와 통제의 대상으로 삼는 것이었다. 이러한 법, 제도적 장치는 황우석 사태를 거치면서 몸들이 산업 및 연구의 도구로 이용되어서는 안 된다는 시민단체 및 여성단체의 문제제기로 마련된 것이지만 난임여성들의 건강권 및 출산권 확보에는 제한적인 것이었다.

마지막으로 불임 및 몸 관련 시장은 의과학적 연구의 성장과 맞물리면서 난임여성들로 하여금 점점 더 많은 소비노동에 참여하게 하고 의과학적 지식과 몸들을 새로운 이윤창출 영역으로 확장해 갔다. 불임클리닉은 정부의 규제 부재, 그리고 의료민영화 및 산업화 정책기조와 맞물리면서 임상에서 시술과정을 세분화하고 새로 개발된 다양한 시술법을 적용하면서 시술 항목을 늘리고 자율적으로 시술비를 책정하는 방식으로 이윤을 창출한다. 또한 난자은행, 정자은행, 제대혈은행 등의 몸들의 보관 사업을 통해서, 그리고 난임여성들의 몸들을 통해 축적된 기술력을 바탕으로 세포치료 사업이나 배아줄기세포 연구를 비롯한 생명공학적 연구의 수행을 통해서도 이윤을 창출한다. 제약업체는 불임시술 과정에 쓰이는 수많은 약제들을 판매함으로써 이윤을 창출한다. 이러한 의약품은 불임시술에 사용될 경우 보험적용이 되지 않으며 따라서 불임시장은 새로운 의료시장 개척지로서 국내 제약사들의 주목을 받고 있다. 국내 제약사의 과배란제의 개발·판매는 그 예이다. 신약의 효능과 안전성은 해당 제약업체가 위탁한 불임클리닉에서 수행한 임상결과를 토대로 한다. 신약의 효능과 안전성을 해당 제약업체에서 증명하도록 하는 것은 상업적 이해관계가 작용할 가능성이 있으며, 아직 효능과 안전성이 검증되지 않았다는 측면에서 더 가난한 난임여성들의 몸들이 임상실험의 대상이 될 가능성이 있다. 하지만 임상실험에 참여한 난임여성들의 몸들은 신약의 효능과 안전성을 보증함으로써 신약 개발에 기여하며 신약에 부여된 잉여가치는 난임여성들의 몸들로부터 나온다.

결론적으로 신생식기술의 확산, 정부의 불임부부지원사업과 몸들의 관리 및 의료정책, 불임클리닉 및 제약산업을 비롯한 불임시장은 그 이해관계가 완전히 같지는 않지만 서로 맞물리면서 변화하는 출산환경을 구성하고 있다. 이러한 요소들의 절합은 의과학적 지식의 권위 및 의료 권력을 보증하면서 더 많은 몸들에 대한 관리와 통제를 정당화하고 이윤창출의 영역을 확장해 가는 과정이었다. 이런 점에서 의과학적 지식과 기술, 국가, 불임 관련 산업은 기술생명권력구성체라고 볼 수 있다.

제4장

난임과 신생식기술에 대한 기술-문화적 재현

- 난임에 대한 기술-문화적 재현
- 신생식기술에 대한 기술-문화적 재현
- 소결

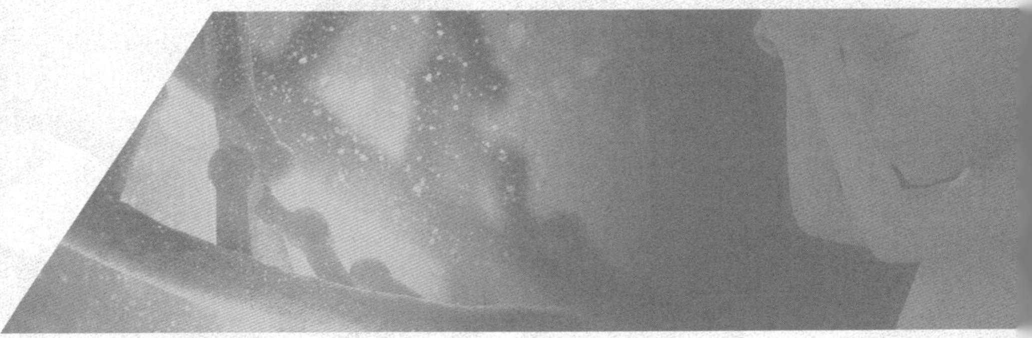

제4장
난임과 신생식기술에 대한 기술-문화적 재현

난임여성들의 출산과정은 변화하는 출산환경을 구성하고 있는 기술-사회적 조건 뿐만 아니라 난임에 대한 사회문화적 의미화와 신생식기술에 대한 기술-문화적 재현 방식에 의해서도 영향을 받는다.

이 장에서는 난임과 신생식기술에 대한 기술-문화적 재현과정을 분석하기 위해 신문기사를 주요 분석 대상으로 삼고 유명 불임클리닉 전문의들의 대중서를 참조하여 텍스트 및 담론 분석을 수행하였다.[1)] 주요 분석대상은 조선일보, 동아일보, 중앙일보, 한겨레신문을 선정하였으며 체외수정기술을 이용해 아기가 탄생한 1985년부터 2009년까지의 기사를 '불임'을 키워드로 검색하였다. 이 신문기사들의 내용 속에서 난임과 신생식기술이 어떻게 재현되면서 구성되는지를 밝히고자 한다.[2)] 특히 담론 분석을 통해 난임과 신생식기술에 대한 재현의 형태들이나 의미들이 특정 시점 및 공간에서 어떻게 배치되는가에 주목할 것이다(Hall, 1997: 6). 이것은 난임과 신생식기술에 대한 의미화가 지닌 정치적 성격을 분석하는 것이기도 하다.

이 장에서는 난임과 신생식기술에 대한 사회적 담론들, 그리고 그것의 이미지들이 사회 속에 어떻게 배치되어 무엇을 재현하고 있으며 난임여성들에게 미치는 효과는 무엇인지를 밝히고자 한다. 그런 점에서 재현은 정치적인 것이며, 항상 '어떤 위치에서' 이루어진다. 재현은 주체를 통해 대상을 상징적으로 생산하는 행위인 것이다(박해광, 2006: 60-61). 따라서 난임과 신생식기술에 대한 재현방식과 담론을 분석하는 것은 그것을 생산하는 주체의 사회적 위치와 정치적 입장을 탐색하는 것이다. 또한 난임과 신생식기술에 대한 지배적인 재현 및 담론과 신생식기술을 체험한 난임여성들의 재현 및 담론 사이에는 간극이 있을 수밖에 없다. 이미지로서의 여성과 현실의 실제하는 여성은 다르기 때문이다(Walters, 1999).

또한 이 장에서는 난임과 신생식기술에 대한 지배적인 재현 및 이미지가 언어를 통해 어떻게 구성되는지, 그것이 난임여성들에게 어떤 정치적 효과를 미치는지, 그리고 실제 이 기술을 이용하고 있는 난임여성들은 자신들의 입장에서 지배적인 재현 및 이미지와 어떻게 경합하고 있는지를 분석할 것이다.

1. 난임에 대한 기술-문화적 재현

▪ '불임'에 대한 '공포' 만들기

한국사회에서 전통적으로 출산은 여성이 수행하는 자연스러운 일이자 가족 구조 안에서 기혼여성의 의무로 여겨져 왔다. 때문에, 출산을 하지 못하는 여성들은 '칠거지악'이라는 멍에를 안고 가족에게서 버림받기도 하였으며 사회적으로 비정상적인 여성으로 낙인 찍혔다. 과거에도 '불임' 여성이 있었지만 불임여성에 대한 이러한 사회적 낙인은 불임여성들에게 자신의 문제를 드러내 놓고 말할 수 없게 했으며 각종 민간요법이나 구전으로 전수된 방법들을 이용해 개별적으로 속앓이 하면서 노력해야 할 일로 여기게 했다.

하지만 난임여성들의 개별적 노력이 출산의 의료화와 함께 의과학적 도움을 받고자 하는 노력으로 변화하고 인공수정이나 체외수정시술의 개발이 의과학적 방법을 통해 불임을 극복 가능한 것으로 의미화함으로써 불임에 대한 담론은 폭발적으로 증가하게 되었다. 체외수정시술이 성공했던 당시(1985년), 정부의 정책적 기조는 여전히 소자녀 가족계획정책을 유지하고 있었지만 이 정책과 여성들의 출산거부로 이미 무자녀 가정에 대한 사회적 우려가 표출되기 시작했다.[3] 더불어 그간 출산조절의 방법으로 이용되었던 피임약이나 인공유산, 콘돔의 부작용이 보도되기도 했다.[4] 이러한 보도는 피임약이나 인공유산이 불임을 유발할 수 있다는 것을 부각시켰고 이때부터 불임을 유발할 수 있는 수많은 원인들이 보도되었다. 즉 저출산에 대한 사회적 우려와 불임증 처치를 위한 의과학적 기술의 개발, 의료적 도움을 받아 임신·출산을 수행하고자 하는 난임여성들의 요구가 맞물리면서 불임가능성과 불임유발 원인에 대한 담론이 증가하게 되었다.

〈표 4-1〉은 조선일보, 동아일보, 중앙일보, 한겨레신문의 1985년부터 2009년까지 불임유발 원인을 다룬 기사의 내용을 발췌, 정리하고 유형화 하여 보도건수를 정리한 것이다.

불임유발요인은 생물학적 원인에서부터 직업 환경 및 사회 환경적 원인, 그리고 약물복용, 식습관, 생활습관, 의료적 요인에 이르기까지 다양하게 제시된다. 또한 한국사회에 체외수정시술이 막 도입된 1980

표 4-1. 불임유발 원인에 대한 각 신문사의 보도건수 현황

불임유발 원인유형 \ 연도	1985～1990	1991～2000	2001～2009
생물학적 원인	1	6	7
사회 환경적 원인	1	6	2
식생활 및 생활습관	3	1	13
의료적 원인	1	5	2

* 각 신문사(1985~2009)의 불임유발 원인을 다룬 총 86건의 기사에서 중복된 내용의 기사를 제외하고 발췌하였음.

** 생물학적 원인으로는 연령, 생리불순, 자궁내막증, 자궁출혈, 정계 정맥류 등의 보도기사를, 사회 환경적 원인으로는 스트레스, 환경오염, 전자파, 직업 환경 등의 보도기사를 선정하였다. 식생활 및 생활습관으로는 음주, 흡연, 카페인, 운동, 반신욕 등의 보도기사를, 의료적 원인으로는 낙태, 피임, 성병 등의 보도기사를 선정하였다.

년대보다 그것이 확산·확장된 1990년대와 2000년대에 보도건수가 더 늘어나고 있음을 확인할 수 있다.

불임유발 원인을 다룬 신문기사의 내용을 좀 더 구체적으로 살펴보면 생물학적 원인으로는 연령, 생리불순, 자궁내막증, 자궁출혈, 정계 정맥류 등이, 사회 환경적 원인으로는 스트레스, 환경오염, 전자파, 직업 환경 등이 불임유발원인으로 지목되었다. 또한 음주, 흡연, 카페인 등의 식생활 및 생활습관도 불임을 유발할 수 있으며 낙태, 피임 등의 의료적 처치도 불임을 유발할 수 있는 것으로 보도되고 있다.

여기서 주목해야 할 것은 첫째, 2000년대 이후로 사회 환경적 원인이나 의료적 원인에 비해 생물학적 원인이나 식생활 및 생활습관으로 인한 불임 유발가능성에 대한 기사가 증가하고 있다는 것이다. 이는 불임유발의 원인에 대한 강조점이 사회적 요인보다는 개인의

관리와 규율을 요하는 영역으로 옮아가고 있다는 것을 의미한다. 따라서 불임에 대한 책임은 개인에게 있으며 불임을 극복하기 위한 노력 또한 개인이 감당해야 한다. 이러한 시각은 불임에 대한 사회적 책임을 개인에게 전가하는 것이며, 무엇보다도 여성이 나이가 들어가면서 겪게 되는 생물학적 변화나 식생활 및 생활습관도 지배적인 '사회 구조 및 문화'에 영향을 받으며 해당 여성의 '사회적 위치'에 따라 그 변화의 속도나 내용이 다르다는 것을 고려하지 않게 한다는 것이 문제이다.

둘째, 불임의 요인이 워낙 광범위하고 개인의 생활세계 전반에서 발생할 수 있는 문제로 제시됨에 따라 대부분의 여성들이 '잠재적 불임여성'이 될 수 있다. 예컨대, 기사에 따르면 음주나 흡연뿐만 아니라 건강에 좋다고 알려진 운동이나 반신욕을 해도 불임이 유발될 수 있다. 또한 나이가 들어 늦게 결혼해도, 피임기간이 길어져도 불임 유발 원인이 된다. 이러한 불임유발 원인들에 따르면 불임 가능성에 대해 걱정하지 않아도 될 사람들보다도 걱정해야 할 사람들이 훨씬 많아질 수밖에 없으며, 무엇보다도 '스트레스'처럼 명확한 원인을 알 수 없는 요인은 대부분의 여성들을 언제든지 '잠재적 불임여성'으로 만들 수 있다.

이러한 불임유발 원인에 대한 담론들과 그것들의 적극적인 유포의 정치적 효과는 분명하다. 그것은 불임에 대한 사회문화적인 낙인 및 혈연 중심의 정상가족이데올로기와 맞물리면서 불임에 대한 '사회적 공포'를 만들어 내고 불임이 되지 않기 위한 노력들을 자발적으로 수행하게 하는 것이다.

이제 불임은 특정 여성이 갖는 비정상성의 문제에서 전체 여성들이 걱정해야 할 문제가 되었으며 이는 남성들에게로까지 확장되었다.[5] 그래서 빨리 결혼해서 젊은 나이에 아이를 낳아야 하고 생식력에 좋은 생활습관을 가져야 하며 생식력에 도움이 될 수 있는 몸 관리를 하도록 해야 한다. 이러한 몸 관리는 임신·출산을 계획한 특정 기간에만 국한되는 것이 아니라 전 생애에 걸쳐 이루어져야 하는 것으로 확장된다. 불임을 유발할 수 있는 원인의 범주가 더욱 세분화되고 확장될수록, 그것이 더욱 광범위하게 유포되고 내면화될수록, 생식력을 위한 몸 관리의 필요성은 더욱 증대될 것이며 출산의 일차적 책임이 여성에게 있는 한 여성의 몸에 대한 관리와 통제 메카니즘(mechanism)을 강화하는데 일조할 것이다.

불임유발 원인에 관한 의과학적 담론들은 불임 예방 담론과 맞물려 끊임없이 여성의 몸들을 검열, 자기 감시하게 하고 지속적인 의료적 검진과 처치가 필요한 것으로 만든다.[6] 특히 불임에 대한 공포가 질병에 대한 의과학적인 예방 담론과 맞물리게 되면 여성들은 불필요하거나 더 많은 의료적 처치의 대상이 된다.

> 살혹(자궁 근육층에 생기는 양성 종양)은 거의 모든 부인들이 지니고 있지만 혹의 위치에 따라 불임이나 유산의 원인이 되기도… **생명에도 지장 없고 임신할 계획이 없다면 그대로 둬도** 된다. 그래도 살혹과 악성 암인 육종을 완전히 감별해 내기 어렵기 때문에 떼내는 것이 안전… 가장 간단한 방법은 **자궁 전체를 들어내는 것**... 아이 낳을 계획이 없다면 이 방법이 확실.
>
> 〈김승조, 카톨릭의대 산부인과 교수, 조선일보, 1997.05.20.〉 강조는 인용자.

이러한 의료적 담론은 여성의 몸을 생식 중심으로 의미화하며 암이라는 질병의 공포와 예방 담론이 맞물리면서 자궁근종 발생 시 자궁 전체를 드러내게 하는 과도한 의료적 처치를 정당화한다.

불임에 대한 공포와 질병에 대한 의과학적 예방담론의 결합은 불임이나 질병을 예방하거나 진단하기 위해 산부인과나 비뇨기과 병원을 방문해야 하는 사람들을 더 많아지게 한다. 또한 불임을 유발할 수 있는 의과학적, 사회적 원인 범주가 더 넓어질수록 불임률은 증가할 수밖에 없다.[7)]

불임 판단에 관한 권한을 갖게 된 의과학적 담론은 여성에게 사회적으로 부여된 성역할, 특히 모성역할이나 섹슈얼리티의 규범, 정상가족 이데올로기를 보증하면서 가부장적 문화를 재생산하고 의과학적인 기술적 처치의 정당성을 보장받는다.

> 불임원인은 정자이상, 배란이상, 나팔관 폐쇄, 자궁 이상, 자궁경부 점액 이상, 복강 내 질병의 여섯 가지… **나팔관 폐쇄는 한국 여성 불임원인 중 가장 흔하다. 이는 혼전 성생활이나 문란한 성관계로 더욱 증가하고 있다… 자궁내 유착은 골반결핵 후유증으로 생길 수도 있지만 대부분 임신중절 수술 합병증으로 발생한다. 혼전 중절수술은 신중해야 한다.** 미성숙 정자나 난자를 이용해 인공수정을 한다면 기형이나 장애아 출산 위험이 높지 않겠느냐며 걱정하는 이들이 많다. 그러나…「착상전 유전자 진단법」이 이미 개발돼 있어 걱정이 없다. 차병원 여성의학연구소 윤태기 소장은 "정자나 수정란을 냉동 보관하듯 난자를 냉동 보관하는 기술만 정립된다면 지금까지 문제 됐던 **모든 불임 환자를 다 치료**할 수 있게 된다"고 말했다. 그는 "윤리적 차원에서 논란을 빚고 있지만, 가까운 시일 안에 인공 태반 속에 태아를 잉태했다 분만하는 기술도 현실화하면 **자궁이 없는 사람도 아이를 가질 수 있다**"고 했다.
>
> 〈포천중문의대 차광열, 조선일보 1997.06.17〉 강조는 인용자.

이러한 의과학적 담론에 부여된 사회적 권위는 혼전 성생활이나 문란한 성관계가 임신중절 수술로 이어지고 그로 인한 합병증을 불임유발 원인으로 제시하는 것을 객관화함으로써, 의도와 상관없이

미혼 여성의 섹슈얼리티를 통제하고 기혼여성의 모성 역할 규범을 강화하는 효과를 발휘한다.

또한 불임에 관한 의과학적 담론은 남성의 몸과 여성의 몸을 차별적으로 재현하는데, 남성의 몸을 우월한 것으로, 여성의 몸을 열등한 것으로 의미화한다. 마찬가지로 동일한 불임유발 원인이라 하더라도 남성의 몸과 여성의 몸에 대한 논조를 달리한다.

> 남성의 정자가 70일마다 새로 만들어지는 **'신제품'**인데 반해, 여성의 난자는 태어날 때 이미 만들어져 있는 **'재고품'**인 것이다… **난관의 폐쇄 이유는 대부분 성병으로 인한 염증** 때문이며, 수정란이 착상되지 못하는 것은 대부분 낙태수술로 자궁내막에 흠집이 생기기 때문이다… **성개방 풍조에 따라 클라미디어균에 감염**된 여성이 많은데, 이 균은 감염돼도 **증상이 거의 없지만 난관을 통과하면 대부분** 난관이 막힌다… 역시 성병 등의 이유로 정자가 배출되는 **정관이 막힌 경우**도 물론 많다. 축구 등을 하다 고환을 차인 경우 등과 같은 외상이 염증을 일으켜 정관폐쇄를 초래할 수도 있지만 그런 경우는 **극히 드물다.**
>
> 〈포천중문의대 윤태기, 조선일보, 2004.02.25.〉 강조는 인용자.

위와 같이 남성과 여성의 생식세포 생성과정의 차이에 대한 의과학적 설명에서 남성의 생식세포는 '신제품'으로 여성의 생식세포는 '재고품'으로 의미화 된다. 이러한 설명은 여성의 몸을 열등한 것으로 의미화 할뿐만 아니라 여성 몸의 생물학적 특성으로 인해 불임의 책임이 여성에게 더 많이 있음을 은연중에 보증한다. 나아가 나이가 들수록 여성의 생식세포는 더욱 '재고품'이 되기 때문에 될수록 아이를 빨리 가져야 한다는 강박을 만들어냄으로써 불임에 대한 공포를 확산시킨다.

또한 불임유발 원인이며 난관폐쇄나 정관폐쇄를 일으킬 수 있는 성병에 대해, 난관폐쇄에 대해서는 '대부분'이라는 수사를 사용해 일반화 하지만 정관폐쇄에 대해서는 '..등'이라는 수사를 사용해 여러 요인 중 하나인 것으로 묘사하며 '드물기'는 하지만 다른 요인의 가능성도 제시하고 있다. 이러한 의과학적 수사는 섹슈얼리티에 대한 성차별적인 성별이데올로기를 반영할 뿐만 아니라 '성개방 풍조', 즉 문란한 성생활과 성병이 연결되면서 난관폐쇄가 불임요인인 난임여성들에 대한 사회적, 도덕적 낙인을 강화한다.

한편 불임유발 원인에 대한 의과학적 담론은 주지하다시피 2000년대 이후로는 식습관이나 생활습관적인 측면, 즉 일상생활 전반에 대한 관리 담론으로 확장된다.

> **여성이 임신하지 못하는 중요한 이유는 흡연**… 흡연은 저산소증을 일으켜 난소(난자저장고)에 치명적인 영향을 미친다… **흡연 여성**의 유산가능성과 출산 후 영아 사망률은 비흡연 여성에 비해 2배나 높다… **흡연여성**에게서 태어난 아기는 **미숙아가 되거나 지능이 낮을 가능성**도 높다… 임신 중 하루 10개비 이상 담배를 피우는 여성에게서 태어난 남자아기의 85%가 성인이 됐을 때 **범죄자가 될 가능성**이 있다.
>
> 〈대구마리아불임클리닉 이성구, 동아일보 2007.05.31〉[8] 강조는 인용자.

이러한 의과학적 담론은 흡연여성의 몸과 생활방식을 통제할 뿐만 아니라 흡연여성에게 사회적, 도덕적 낙인을 부여한다. 지배적인 의료담론은 여성의 흡연이 태어날 아이에게 미칠 위험에 대해 '미숙아', '낮은 지능'과 같은 생물학적 측면뿐만 아니라 '범죄 가능성'과 같은 아이가 태어난 이후의 행동양식에까지 연관성을 부여한다. 이러한 연관성은 전문가집단과 의과학적 지식의 사회적 권위를 통해 객관적 사실로서 확증된다.

여성의 흡연 및 음주와 장애아 출산 간의 유의미한 연관성이 통계적 경향성을 갖는다 하더라도 여성의 흡연 및 음주는 장애아를 출산할 수 있는 사회 생태적 요인을 포함한 여러 요인들 중 하나일 뿐이며 아이의 행동양식 역시 사회문화적 환경과 조건에도 영향을 받는다. 따라서 불임과 여성의 생활습관, 그로 인해 발생할 수 있는 태어날 아이에 대한 위험성을 연결시키는 의과학적 담론은 여성의 몸과 일상생활을 모성적 역할 규범에 맞추어 통제하는 효과를 발휘한다.

이러한 의과학적 담론은 모성에 관한 사회적 규범을 정당화하고 보증할 뿐만 아니라 행동양식까지도 생물학적 요인으로 설명한다는 점에서, 지배적인 의과학적 담론이 인간과 성에 대해 본질론적이고 환원론적인 시각을 강화하는 방식으로 구성됨을 보여준다.

3장의 신생식기술의 전개과정에서 살펴보았던 것처럼 불임에 대한 의과학적 처치의 범위가 더욱 세분화된 1990년대 중반 이후로는 불임의 심각성에 대한 담론이 더욱 증가하였고 불임이 사회적 문제로 부각되었다. 2000년대 들어서부터 국가가 본격적으로 저출산 문제와 함께 아이를 낳고자 하는 난임여성들을 저출산 문제 해결을 위한 관리의 대상으로서 정책적 기조를 변경하자[9] 의료시장 뿐만 아니라 그간 외모지상주의 문화에 기대어 몸 관리 시장을 넓혀 왔던 각종 몸관리 산업들 또한 불임의 '비정상성'과 불임에 대한 사회적 공포를 매개로 한 마케팅 전략을 벌이고 있다.[10] 특히 의과학적 연구가 1990년대 여성불임요인에서 남성불임요인에 대한 연구로, 2000년대 이후에 출산보조기술에서 생명 공학적 연구로 확장되면서, 불임 유발 요인 예방과 관련된 의과학적 담론도 여성에서 남성, 영·유아에게로까지 확장되고 있다.[11] 즉 의과학적 연구의 성과는 의과학적 처치와 관리를 필요로 하는 대상의 확장으로 이어지고 매체의 보도를 통해 그 정당성을 보장받는다.

불임유발 요인 범주의 확장과 그에 대한 의과학적 연구 및 매체를 통한 보도는 불임에 대한 의료적 진단과 예방의 필요성을 강화하고 불임에 대한 사회적 공포를 생산한다. 불임에 대한 사회적 공포는 더 많은 생물학적, 사회적 몸들에 대한 통제 및 관리와 연결되며 불임에 대한 사회적 낙인을 강화한다. 이를 통해 임신을 하고자 하는 전체 여성들과 남성들을 불임관련 시장에 참여하게 하며 지배적인 문화와 결합된 의과학적 검진 및 관리, 처치를 지속적으로 필요로 하는 것으로 만듦으로써 자본과 권력의 통제를 용이하게 하는 효과를 발휘하고 있다.

요약하자면 불임에 대한 지배적인 담론은 불임을 비정상적이고 극복해야 할 의과학적 질병 상태로 규정함으로써 불임에 대한 사회적 공포를 생산한다. 그리고 의과학적 지식을 매개로 불임의 유발 원인과 범주를 확장시키고 매체를 통해 유포함으로써 불임여성에 대한 사회적, 도덕적 낙인을 정당화하고 강화한다. 불임에 대한 지배적인 담론은 주로 의과학적 담론에 의해 생산되고 의과학적 담론은 섹슈얼리티와 생식에 관한 지배적인 사회적 규범을 반영, 재생산한다. 또한 불임에 대한 지배적인 담론을 내면화한 남성들, 여성들은 불임예방 및 극복을 위한 노력을 자발적으로 실천하고 소비한다.

하지만 난임여성들은 불임에 대한 사회적 공포의 생산을 통해 불임을 비정상화하고 도덕적, 사회적 낙인을 찍는 지배적 담론과 경합하면서 불임을 다른 방식으로 의미화하기도 한다. 이것은 불임을 '난임'이라고 부르는 호명의 정치를 통해 잘 나타난다. 난임여성들은 '난임'이라는 호명을 통해 자신들에게 부여된 비정상성과 사회적 낙인을 거부한다. 난임여성들의 이러한 실천은 이후에 정부와 의료진의 용어 사용에도 영향을 미쳤다. 정부는 2006년부터 시행한 불임부부지원사업 안내서에서 2006년부터 2009년까지는 '불임'이라는 용어를 사용하다가 2010년도부터는 '난임'과 불임을 동시에 사용하고 있다. 의료진 역시 2000년 이후의 대중서나 매체 인터뷰에서 불임보다는 '난임'이라는 용어를 사용한다.

그렇지만 의료진의 '난임' 호명과 난임여성들의 '난임' 호명은 서로 다른 정치적 의미를 갖고 있다. 양쪽 모두 아이 없는 상태를 극복하기 위한 희망을 의미화한다. 하지만 의료진의 난임 호명이 고통스러운 불임시술 과정을 중단하지 않고 출산에 성공할 때까지 지속적으로 시술받을 것을 의미한다면, 난임여성들은 불임에 부여된 비정상성에 대한 문제제기로서 난임이 의과학적 질병이 아님을 의미화하기 위한 호명이다.

> 우리 환자들은 거의 다 말 잘들어. 환자들한테 바라는 건 중도에 포기하지 않고 끝까지 따라오는 것 말고는 없는데.(보조사례 7, 의사)[12]
> '불임(不姙)'이란 말 대신 '난임(難妊)'이라고 해주세요. 임신이 어려운 것이지 불가능한 건 아니잖아요.
> 〈중앙일보, 2006.03.22., 불임여성동호회 '아가야' 회원들 인터뷰 중에서〉

마찬가지 맥락에서 난임은 의과학적 담론에서 보자면 의학적 질병으로 의미화되지만 난임여성들에게는 모성의 사회적 책임을 요구하기 위한 사회적 질병으로 의미화 된다.[13] 따라서 난임여성들은 지배적인 담론에 의해 생산되는 불임에 대한 사회적 공포나 비정상성 및 낙인을 전적으로 내면화하지는 않는다.

■ 난임여성의 객체화와 피해자화

불임에 대한 지배적인 담론이 그것의 비정상성과 의료적 도움을 받아 극복 가능한 질병임을 부각시키는 것이었다면, 불임시술에 관한 지배적인 담론은 관련 연구와 처치법의 개발을 의과학적 혁신과 성과로 부각시키는 것이었다.

의과학적 연구와 기술의 발전 및 성장을 강조하는 이러한 지배적인 담론 속에서는 불임시술이 가져올 수 있는 기술적, 사회적 문제점에 대한 심도 깊은 논의를 찾아보기 어렵다. 하지만 1993년 경희의료원 사건을 계기로 인공수정이 유발할 수 있는 사회적 문제나 부정적 측면이 제기되었다. 경희의료원이 불임환자를 대상으로 인공수정을 시술하는 과정에서 기증 정자에 대한 기본적인 질병검사 없이 사용해 온 것이 밝혀지면서 의료계 내부에서 뿐만 아니라 사회적으로도 인공수정 시술과정이 쟁점이 되었던 것이다.[14)]

당시, 각 신문사에서 이 사건을 일제히 보도함에 따라 의료계에서는「인공수태 윤리강령」을 마련하여 자정노력을 보여주었고, 정부는 다른 불임클리닉에 대해서도 이와 같은 사례를 적발하여 처벌하기도 하였다.

하지만 이 사건에서 문제가 된 것은 해당 불임클리닉들이 시술지침을 준수하지 않았다는 것과 해당 기증정자로 출생한 아이에게 발생할지도 모르는 기형이나 유전관련 질환에 대한 우려였지, 이를 시술받은 난임여성의 몸과 건강에 대한 관심은 주요 사안이 아니었다.[15)] 이 사건은 1990년대 생식에 관한 의과학적, 기술적 성과의 진전에 잠시 찬물을 끼얹은 사건이었을 뿐, 언론에서는 곧바로 생식과 관련된 진전된 기술적 성과들을 보도하기에 바빴고 시술 자체에 대한 사회적 성찰이나 시술받은 난임여성들은 비가시화되었다.[16)]

이 당시 유일하게 난임여성이 드러난 것은 종교적 담론을 통해서인데, 모 목사는 신문지면을 통해 아이가 없는 삶을 살아야 하는 난임부부의 고충과 서로에 대한 배려의 필요성을 이야기 하면서도 "불임은 하늘의 뜻"이며 "자녀를 바라는 욕망 때문에 과오"를 저질러서는 안 된다고 말했다.[17] 이때 과오란 신의 뜻에 반하는 인공적인 방법을 이용한 출산, 타인의 생식세포를 기증받거나 대리모를 이용하는 것을 말하는 것으로서, 당시 기증 정자를 통해 출산한 난임여성들에게 도덕적, 종교적 낙인을 찍음으로써 난임여성들이 더욱 더 비가시화 되는 데에 일조했을 뿐이다. 오랫동안 사회적으로 비가시화 되어온 난임여성이 드러났지만 그것은 한편으로는 온정주의의 대상이었고 다른 한편으로는 도덕적 낙인이 찍힌 의료적, 사회적 대상이자 객체였다.

1990년대 생식과 관련한 의과학적 기술의 비약적인 성과는 1990년대 중반을 넘어가면서부터 난임여성에 대한 사회적 의미화를 변화시켰다. 이때부터 본격적으로 난임여성들이 가시화되기 시작하는데, 그 방향성은 상반된 것이었다. 한편으로는 어떤 희생과 대가를 치르더라도 모성을 실현하고자 하는 '의지의 모성'으로 의미화 되었고, 다른 한편으로는 도덕적 낙인이 아니라 고액의 시술비용 부담으로 인한 경제적 어려움이 부각되면서, 경제적 어려움 때문에 아이를 낳고 싶어도 낳지 못하는 '사회적 배려의 대상'으로서의 모성으로 의미화 되었다.

전자는 주로 고통과 어려움이 따르는 여러 번의 불임시술 과정을 잘 견뎌내고 시술에 성공해 어머니가 된 난임여성들에 대한 이미지이다.[18] 이러한 '의지의 모성' 이미지는 불임을 개별여성의 문제로, 모든 난임여성들이 노력만 하면 임신에 성공할 수 있는 것처럼 의미화한다. 이는 불임클리닉 전문의들이 불임과 관련한 의학적 정보를 대중화하기 위해 발간한 서적들의 시술체험담 속에서도 나타난다.

다음은 불임전문병원으로 유명한 마리아 병원에서 발간한 서적의 임신성공 사례담 제목들 가운데 일부를 발췌한 것이다.

> 세 번의 유산, 그러나 넘어서지 못할 운명은 없다.
> 불임, 사랑의 기적으로 이겨냈어요.
> 포기하지 않는 한 희망은 있다.
> 자존심을 버리면 불임극복의 길이 보여요.
> 하늘은 스스로 돕는 자를 돕는다.
> 기적은 노력하는 자의 것이다.
> 10년간의 불임이력서에 종지부를 찍다.
> 〈마리아 병원 이원돈 원장 지음, 2006, 『희망이 생명을 만든다』, 한울림〉

이러한 '의지의 모성' 이미지와 함께 불임클리닉을 이용한 임신 성공담에서 강조되는 것은 시술에 대한 편견과 두려움을 극복하고 의료진의 진단과 처방에 성실히 따르라는 것이다. 결국 '의지의 모성' 이미지 속에서 난임여성들은 한편으로는 모성의 욕망을 실현하기 위해 불임시술 과정에 적극적으로 참여한다는 점에서는 주체이지만, 다른 한편으로는 임신·출산에 성공하기 위해서는 의료진의 진단과 처방, 시술에 의존할 것이 요구된다는 점에서는 객체화된다.[19] 불임과 관련한 의학적 대중서적에서는 불임부부의 불임으로 인한 고통이나 심리적인 스트레스,[20] 그리고 생식과정이나 불임 유발 원인이 되는 몸에 관한 지식, 불임에 대처할 수 있는 의과학적 방법만을 다룰 뿐, 불임시술과정에서 발생하는 경제적 부담이나 시술의 위험성 및 한계에 대해서는 언급하지 않는다.[21]

불임 시술 이용과 관련하여 난임여성들의 경제적 부담이 부각되고 불임을 사회적 문제로서 다루어야 한다는 담론은 저출산 위기담론이 본격적으로 등장한 2000년대 이후로는 더욱 자주 등장한다. 특히 정부의 지원정책이 시작된 2006년을 전후로 하여 집중적으로 나타난다.

> 불임부부들은 사회적 편견과 경제적 부담 등 이중삼중의 고통을 고스란히 혼자 감내해야…윤씨는 빚까지 얻어가며 노력했지만 결국 아이를 낳는데는 실패했고 결국 결혼 9년 만에 남편과 헤어졌다. 아이 못 낳는 부부 64만 쌍, 경제적 부담이 가장 커… 〈조선, 2003.08.15.〉
>
> 유전유자 무전유자 불임에 울고 돈에 울고… 〈조선, 2005.05.31.〉
>
> 아이 못 낳는 죄? 불임에 눈물… 치료 위해 수천 만원 빚〈동아, 2006.06.13.〉
>
> 불임부부의 고통을 아십니까 〈중앙, 2006.09.26.〉
>
> [여론광장] 출산장려 외치면서 불임치료 외면 〈조선, 2007.04.26.〉
>
> 출산비용 여전히 비싸 인구감소의 주요 원인 〈조선, 2008.01.15.〉

이 시기는 정부의 저출산 지원정책이 본격적으로 시행되고 사회적 지원을 요구하는 난임여성들의 목소리가 터져 나온 시기이다. 난임여성들의 경제적 부담이 부각된 것은 고무적인 일이나 경제적 지원의 필요성을 강조하기 위해 난임여성들이 주로 의미화되는 방식은 경제적 부담 때문에 아이 낳기를 포기해야만 하고 가정불화를 겪어야만 하는 동정과 연민의 대상으로 난임여성을 설정하는 것이었다. 이는 불임부부들의 심리적 고통을 강조하는 의미화 방식과 연결되어 난임여성들을 온정주의적 대상으로 위치지운다.

일반여성들에 대한 저출산 지원정책 담론들 역시 출산 및 양육과 관련한 지원 범위와 규모가 확장되었다는 보고만 있을 뿐, 출산 및 양육 자체가 인구를 생산하고 노동력을 생산, 재생산하는 일이므로 출산 및 양육에 대한 전면적인 사회적 보상이 있어야 한다는 논의는 그 어디에서도 제기되지 않는다. 결국 난임여성들에 대한 정부 지원의 필요성 담론은 그들의 생명생산 활동의 가치와 주체적 참여의 노고에 따른 당연한 권리로서보다는 시혜적인 지원 대상으로서만 설정됨으로써 난임여성들을 객체화하고 피해자화 한다. 난임여성들의 정부지원요구 담론에서도 자신들의 아이 없는 삶에 대한 육체적, 정신적 고통과 경제적 부담의 호소가 드러나기는 한다. 하지만 난임여성들의 정부지원요구 담론에서는 불임극복을 위한 개별여성들의 의지를 강조하기보다는 자신들의 정당한 권리로서 난임에 대한 사회경제적 인식과 조건의 개선을 집단적으로 요구한다.

> 대한민국 국민이면 누구나 행복할 권리가 있다. 아이는 난임부부에게는 행복이기 때문에 정부가 난임부부가 아이를 가질수 있도록 적극 도와야 한다. 불임부부에 대한 정부의 지원 확대가 저출산의 해법이다. 〈중앙, 2008.11.17, '아가야' 대표 박춘선씨 인터뷰 중에서〉
>
> 애기 낳는 것이 무슨 애국인 것처럼 말하면서 정작 애기 낳고 싶어도 못 낳는 사람들한테 왜 지원을 안해 주냐고…(사례 12).[22]

즉 난임여성들에게 정부지원은 행복추구권으로서 국민의 정당한 요구이며, 정부의 당연한 의무이다. 또한 자신들의 임신 · 출산 노력은 저출산 문제에 기여하는 사회적인 활동으로 의미화된다.

난임여성들은 자신들을 온정주의적 대상으로 바라보는 사회적 시선을 인지하면서도 자신들을 동정과 연민의 대상으로 의미화하지 않는다.

> 측은하게 보는 주위의 시선이 싫어요. 좀 늦어질 뿐인데…
> 정부도 섭섭해요. 불임시술 보험 적용은 왜 미루는 거죠?
> 〈중앙, 2006.03.22, 불임여성동호회 '아가야' 회원들 인터뷰 중에서〉

난임여성들은 자신들을 비정상화하는 사회적 시선을 '난임'이라는 호명의 정치를 통해 거부하는 것과 함께 동정과 연민의 대상이 아니라 자신들을 권리의 주체로 위치지우고 사회적 지원을 요구한다.

한편 언론에서는 생식세포 및 배아의 공여나 거래, 대리모 문제를 선정적으로 다루거나 윤리적인 문제로 접근한다. 주로 모성과 부성의 분화로 인한 자연스러운, 즉 생물학적 혈연 중심의 가족구조의 해체 문제나 그로 인해 발생할 수 있는 법적 분쟁 가능성을 다루거나 생식세포나 자궁이 사고 팔리는 세태를 고발하는 내용들이다.[23)]

생식세포 거래나 대리모에 대한 담론 속에서 난임여성들은 모순적인 위치에 놓이게 되는데, 한편으로는 임신이라는 자신의 목적을 위해 다른 여성들을 이용하는 가해자로 위치지워지고 다른 한편으로는 이렇게라도 해서 아이를 낳고자 하는 피해자로 위치지워진다. 전자는 전통적인 가족규범과 몸에 대한 관념을 위반하고 생식세포 거래 금지법을 지키지 않은 범죄자로서 의미화되고[24)] 후자는 혈통을 중시하는 혈연주의 이데올로기와 가부장적 가족구조에 의한 피해자로 의미화된다. 한편 난자를 판매하거나 대리모를 하는 여성들은 돈에 눈이 멀어 전통적인 사회적 규범을 위반한 여성이거나 불임부부의 최후의 선택으로서 꼭 필요한 존재로 의미화된다.

이러한 여성들이 어떻게 의미화되든 그것은 이 여성들의 일면이거나 왜곡된 이미지이며 각각의 여성들이 처해 있는 특수하고 구체적인 상황이나 경제적, 사회적 위치 등은 비가시화 되어 있다. 더욱이 이러한 의미화 방식들은 어떤 주체가 어떠한 정치적 입장을 가지고 접근하느냐에 따라 달라진다. 예컨대, 불임시술 이용의 정당성을 제시하고자 하는 담론에서는 난자거래나 대리모가 윤리적인 문제가 있다 하더라도 난자나 자궁에 문제가 있어 자신의 아이를 낳지 못하는

불임부부를 위해서는 적절한 범위 안에서 허용될 필요가 있다고 주장된다.[25)]

2. 신생식기술에 대한 기술-문화적 재현

■ '희망'과 '해방'의 기술

신생식기술에 대한 지배적인 담론은 한편으로는 불임의 공포를 유포하여 불임의 범위와 시술 가능 대상들을 넓혀 가고, 다른 한편으로는 다양한 기술과학적 처치법들을 불임으로부터 '해방'될 수 있는 최선의 방법으로 제시한다. 이때 생식과 관련한 새로운 기술 및 시술법의 개발은 난임여성들 및 난임부부들의 '희망'으로 의미화된다.

> 냉동정액임신 성공을 계기로 본다/ 아기 못 낳는 가정에 **"복음"**. 〈중앙, 1985.03.19.〉
>
> 난자이전센터 문 열어, 미 불임여성에 **희소식**. 〈중앙, 1986.10.17.〉
>
> 시험관 아기 85년 이래 5백여 명 출생, 불임가정엔 **희망**· 인간 상품화 우려도… 〈조선, 1989.11.10.〉
>
> 여성 **불임은 거의 정복단계**, 남성도 무정자증 해결만 남아 〈조선, 1999.03.24.〉
>
> 체세포 이용 난자 생산 동물실험 성공, 불임치료 **청신호**· 절반의 인간 복제 〈한겨레, 2001.08.08.〉
>
> 나도 **희망**을 낳고 싶다. 첫 시험관 아기 탄생 30년… 불임치료 어디까지 왔나 〈동아, 2008.08.20〉 (강조는 인용자).

"복음", "희망", "청신호", "정복" 등의 과학적 수사는 불임을 극복하고 불임으로부터 벗어날 수 있는 '해방'의 이미지를 생산하지만 현실의 난임부부들은 이러한 신기술의 개발이 자신들을 해방시켜주리라고 확신하지는 않는다. 원론적으로 체외수정시술은 불임의 원인을 찾아 그 원인을 치료하는 시술이라기보다는 생식의 전 과정을 외적 개입을 통해 처치하는 시술일 뿐만 아니라 시술을 한다 하더라도 성공할 수 있는 가능성은 25~30%이고 나머지 70~80%의 난임부부들은 시술의 반복되는 실패를 통해, 그리고 자신들의 몸으로 체험하는 정신적·육체적 고통을 통해 이러한 유토피아적 수사가 거짓임을 알게 된다.[26] 또한 원인불명에 해당하는 난임부부들은 의과학적 지식의 한계와 불확실성을 알게 된다.

하지만 임신·출산에 성공한 20~30%에 해당될지도 모른다는 '희망고문'과 신기술이 개발될 때마다 유포되는 유토피아적 담론은 난임부부들을 다시 병원에 방문하게 한다. 특히 신기술은 개발의 정당성을 보증받기 위해 난임부부들을 이용하지만 신기술 개발 때마다 터져 나오는 윤리적 논쟁은 난임부부들에게 자신들의 목소리를 내지 못하게 한다.

신기술의 정당성을 확보하고 난임부부들에게 '희망고문'을 만들어 내는 효과적인 기제는 또 있다. 그것은 장애여성이나 특정 질환을 앓고 있는 여성들이 신기술을 통해 출산에 성공하고 있다는 것을 보여주는 것이다.

> 남성염색체 가진 불임여성(스와이어 증후군) 인공임신 국내 첫 성공, 동생난자 기증받아 임신 5개월째 "건강". 〈조선, 1994.03.08.〉
>
> 터너증후군 환자/인공수정 성공/세쌍둥이 출산. 〈한겨레, 1992.05.08.〉
>
> "4년간 생리 못하던 여성도 아이 낳았죠". 〈중앙, 2009.06.15.〉

이러한 언론의 보도들은 시술을 이용해 아이를 갖고자 하는 난임부부들에게 부러움과 '나도 할 수 있다'는 희망을 갖게 하고 신기술은 장애나 특정 질환의 한계를 극복할 수 있는 장치로 의미화된다.[27] 또한 최근 언론을 통해 자주 보도되는 유명인들의 시술 이용을 통한 출산도 난임부부들에게 시술을 최후의 선택으로서가 아닌 보편적인 과정인 것처럼 받아들이게 하는 효과를 발휘한다.

하지만 난임여성들에게 체외수정 시술은 세 가지 방식으로 의미화된다. 하나는 주변인들, 특히 시댁에 알리고 싶지 않은 숨기고 싶은 시술이며, 다른 하나는 아이 갖기를 가능하게 해줄 수 있는 마지막 방법으로서의 최후의 선택이며, 마지막으로 자신이 취할 수 있는 최선의 선택으로서 의미화된다.

> 시댁도 친정도 모르게 했어요. 이번에 안 되면 친정에만 말하려고 했는데, 됐으니까 굳이 할 필요 없고, 엄마도 아기 가질려는 거 아니까 걱정을 많이 하셔서(사례 14).
>
> 최후의 선택이잖아. 더 이상 할 게 없으니까 의사들도 부작용에 대해 말 안하잖아. 애기는 가져야 되고 그런 부작용까지 말하면서 마음을 불안하게 할 필요는 없고 대신 몸 상태가 안 좋은 사람은 고려하겠지. 오히려 과배란제나 뭐 부작용 이런 거 얘기 안 해 주는 게 속편하지. 임신될지 안 될지 모르는 상황에서 어디가 안 좋다고 하면 금방 불안해져서 난리 나(사례 3).
>
> 아이가 꼭 있어야겠다는 걸 떠나서 할 수 있는 방법이 있으니까 해 보는 거지. 그래야 나중에 최선을 다했다고 말할 수 있잖아(사례 2).

난임여성들에게 체외수정 시술은 일반 여성들처럼 자연스러운 과정을 통해 임신·출산을 수행하지 못했다는 점과 보조생식술을 이용하는 것에 대한 부정적인 사회적 시선 때문에 주변에 알리고 싶지 않은 시술이며, 이런 점에서 난임여성들의 기술화된 출산은 개인화되고 비가시화된다.

또한 〈사례 3〉의 경우처럼 체외수정 시술을 아이를 가질 수 있는 유일한 최선의 방법으로 의미화함으로써 지배적인 담론에 종속되기도 한다. 하지만 〈사례 3〉은 자궁외 임신으로 한 쪽 난관을 절제하였고 한 쪽 난관은 남아 있었지만 자연임신을 시도하면 또 다시 자궁외 임신이 될지도 모른다는 두려움에 체외수정 시술 이외에는 아이를 가질 수 있는 방법이 없다고 의미화 함으로써 체외수정 시술을 자신의 조건 속에서의 최선의 선택으로 여긴 것이다. 이에 반해 체외수정 시술을 최후의 선택으로 의미화하는 것은 대부분의 난임여성들에게서 나타나는데, 원인불명의 여성들도 지금까지 병원의 보조생식술 적용 절차에 따라 모든 방법을 시도해 보았음에도 불구하고 아이가 생기지 않았으므로 체외수정시술을 최후의 선택으로 의미화한다.

또한 난임여성들은 시술의 각종 부작용이나 후유증을 체험함으로써 체외수정시술을 고통스러운 과정으로 의미화한다. 지배적인 기술-문화에서는 체외수정시술이 불임을 극복할 수 있는 '희망'과 '해방'의 기술로 의미화되지만 난임여성들은 그것을 자신들이 처한 조건 속에서 임신·출산을 수행하기 위한 최후의 전략적 도구로서 의미화한다.

특히 의과학적으로 명확한 원인을 진단받지 못한 원인불명의 난임여성들과 시술에 계속해서 실패한 난임여성들은 더더욱 보조생식술을 '희망'과 '해방'의 기술로 의미화하지 않는다.

■ 효율성과 속도의 정치

'희망'과 '해방'이라는 기술 이미지 유포 이외에 신기술의 개발 및 적용을 정당화하는 또 하나의 지배적인 담론의 핵심은 시술의 효율성과, 성공률, 속도를 강조하는 것이다. 이 때 효율성이란 신기술이 기존의 기술력으로 불가능했던 것을 가능하게 만들었다거나 가능했던 것의 성공률을 높였다는 것, 그리고 시간을 단축시켰다는 것을 의미한다. 또한 기술과학의 발전은 사회적 발전이며 따라서 효율적인 기술과학의 발전을 추구하는 것이 합리적이라는 기술과학주의와 연동되어 세계시장에 진출하거나 세계적인 경쟁력을 갖는 기술은 그 효율성을 입증 받은 것이라는 점을 부각시킨다.

기존의 기술력으로 불가능했던 것을 가능하게 만들 수 있다는 이미지는 신기술이 개발될 때마다 기술의 효율성을 정당화하는 가장 대표적인 이미지이다.

기존의 기술력으로 불가능했던 것을 가능하게 만들었다는 이러한 보고들은 신기술의 개발과정 뿐만 아니라 그것이 기술의 적용범위를 점점 넓혀 가는 과정이라는 것을 보여준다. 즉, 기존에 정자를 채취해 난관에 넣어주는 인공수정에서 냉동보관기술의 개발로 냉동정자를 이용할 수 있게 되었고 난자와 정자를 모두 채취하여 체외에서 수정하는 체외수정 시술법을 이용할 수 있게 되었으며 불임 원인에 해당되었던 각각의 요인들에 대한 처치를 확장하게 되었음을 보여준다.

난관, 난소, 난자의 요인은 난관을 복원시키는 기술에서 난포를 성숙시켜 난자를 꺼내는 기술로, 난자가 생성되지 않을 경우에는 미성숙 난자를 이용하거나 체세포나 생식줄기세포를 이용해 난자를 생산하는 기술로 이어진다. 정관, 정자의 요인은 화학물질을 이용한 세척기술에서 고환이나 부고환에 잠복해 있는 정자를 꺼내는 기술로, 정자가 생성되지 않을 경우에는 줄기세포를 이용해 정자를 생산하는 기술로 이어진다. 최근에는 정자에 비해 냉동보관이 어려운 것으로 알려졌던 난자나 난소 조직의 냉동보관 및 이식이 가능해 졌다고 보고된다. 또한 기존에 임신성공률이 낮다고 알려져 있는 40세 이상 여성의 임신·출산 성공을 보도하는 것도 효율적인 기술 이미지를 만들어 내는 데에 일조한다. 이러한 시술들은 정작 해당되는 불임요인을 해결하지 못하면서도 신기술에 대한 신뢰와 효율성을 정당화할 수 있게 해 준다.

이러한 기술과학 중심적인 효율성 문화는 임상에서도 적용되는데, 이는 과잉의료와 의료권력 남용을 낳기도 한다. 일선 의사들도 우리나라의 체외수정 시술 비율이 지나치게 높다는 점을 우려할 정도로 체외수정 시술은 남용되고 있다.[28] 이러한 남용을 가능하게 하는 문화적 기제는 효율성 담론이다.

불임클리닉에서는 일반적으로 자연배란주기법과 인공수정 시술을 시도한 후에 그것이 반복적으로 실패했을 경우, 최후의 단계로서 체외수정 시술을 권유한다.[29] 그러나 진단된 불임원인이 명확하거나 연령이 높을 경우 곧바로 체외수정 시술을 권유하기도 한다. 예컨대, 난관폐쇄나 유착이 원인일 경우, 난관을 복원하거나 유착원인의 제거 없이 곧바로 체외수정 시술을 권유하게 된다. 이는 난관을 복원하거나 유착원인을 제거한다 해도 임신의 성공을 장담할 수 없기 때문이다. 따라서 의료진은 불필요한 시술을 거치는 것보다 곧바로 체외수정시술에 들어가는 것이 효율적이라는 판단을 한다.

또한 통상적으로 인공수정의 성공률이 10~15%라면, 체외수정시술의 성공률은 25~35%로 보고되는데 이러한 성공률의 차이 역시 신체적 침윤이 덜한 인공수정보다는 체외수정시술을 하는 것이 더 효율적이라고 판단하게 한다. 이는 신체적 침윤이나 건강상의 위험성보다는 효율성과 성공률을 중심으로 판단하는 의료진의 문제이기도 하지만 난임부부들 역시도 이같은 판단을 한다. 효율성과 성공률이 의료 시장에서의 경쟁력이 되기 때문에 이윤을 창출하기 위한 의료진의 판단과 달리 난임부부들은 자신들의 생애 계획에 따라 정해진 기간 안에 임신·출산을 끝마치고자 기간을 더 단축할 수 있고 더 효율적이라고 알려진 방법을 선택하게 되는 것이다.

마찬가지 맥락에서 자연주기 배란에 의해 한 달에 한 개 생산되는 난자를 이용해 체외수정 하는 것보다는 과배란제를 이용해 다수의 난자를 채취, 수정해 다수의 배아를 이식하는 것이 한 개의 난자를 이용하는 것보다 더 성공률이 높으며 더 효율적이라는 생각이 여성 건강에 치명적인 결과를 낳을 수도 있는 각종 과배란제의 사용을 정당화한다. 또한 다태아를 발생시킬 수 있고 다태아가 산모나 태아의 건강을 위협할 수 있다는 것[30]을 알면서도 다수의 배아를 이식하는 것을 정당화한다.[31]

이러한 효율성을 내세우는 생식기술의 지배적인 이미지는 임신에 성공할 수 있는 시간을 단축시킬 수 있다는 의미화와 함께 일종의 시간의 정치이며 '속도'의 정치라고 볼 수 있다(Virilio, 2004).[32] 이러한 속도의 정치는 신자유주의적 자본주의 사회에서 기술적 경쟁을 '가속화' 시키고 이를 통해 다시 효율성을 보증하며 더 많은 몸들을 의과학적 연구 및 시술과정에 참여하게 한다.

세 번째 시험관 아기 고대병원서 태어나 〈중앙, 1986.06.28.〉

수정란 분리법 동물실험 성공 '유전연-과학기술원' 국내 **첫 쾌거** 〈조선, 1994.03.30.〉

정자 직접 주입법 **국내 첫** 성공 - 차병원 **세계 3번째**로 개가 〈중앙, 1994.04.02.〉

제일병원서 **국내 처음** 쌍둥이 임신 전문클리닉 개설 〈중앙, 1994.07.25.〉

> 인간배아 줄기세포 국내서 배양기술 개발 / **세계 두 번째** 성공
> 〈한겨레, 2001.12.27.〉
>
> 을지의대 **세계 3번째** '냉동난소 이식' 성공 〈한겨레, 2003.06.25.〉
>
> 마리아생명연구소 박세필팀/ 5년 냉동 배아 녹여 줄기세포 추출 **세계 첫 미 특허** 따내 〈한겨레, 2005.10.18.〉
>
> 다리 혈관 막힌 생쥐 배아줄기세포로 치료 국내 연구진 **첫 성공**
> 〈조선, 2007.11.13.〉
>
> 줄기세포로 정자도 만든다. 영 뉴캐슬대 연구팀 성공… 남성 불임에 **획기적**인 연구 〈조선, 2009.07.09.〉
>
> 줄기세포로 정자 만들기 **1년 안**에 빛 본다. 〈중앙, 2009.10.26.〉 강조는 인용자.

기술적 경쟁 가속화를 정당화하고 기술적 효율성을 보증하려 할 때, 주로 사용되는 과학적 수사는 "국내 첫 성공", "세계 몇 번째 성공", "획기적"인 연구, 몇 년 안에 "성공 가능" 등으로서 경쟁력 확보와 기술적 우월성의 의미화를 만들어낸다. 또한 국내 불임클리닉 및 제약업체의 세계시장 진출이나 기술력의 쾌거 강조는 민족주의 문화와 연결돼 민족적 자긍심을 유발함으로써 해당 병원이나 의약품, 그리고 기술에 대한 신뢰나 효율성을 보증하는 데 일조한다.[33]

체외수정 시술에 대한 지배적인 담론은 성공률과 효율성을 강조하고 난임여성들 역시 성공률과 효율성을 고려하지만 그것은 의료진과 난임여성들에게서 다르게 의미화된다.

일반적으로 출산보조기술을 이용해 임신을 시도하는 경우, 배란유도에 의한 임신 시도, 자연 인공수정, 과배란 인공수정, 그리고 체외수정 시술의 과정을 단계적으로 거친다. 하지만 모든 난임여성들이 이러한 과정을 순차적으로 밟는 것은 아니며 의료진 역시 그것을 모든 여성에게 동일하게 적용하지 않는다. 난임여성들은 의료진의 판

단에 의해 인공수정의 단계 없이 곧바로 시험관 시술을 권유받기도 한다. 이 과정에서 체외수정 시술은 지배적 담론의 내면화의 결과로서 효율적인 선택으로 의미화 되기도 한다.

> 원장님 말로는 인공수정 할 단계가 아니래요. 저는. 자궁내막증이기 때문에 바로 시험관 들어가야 한다고 그러더라구요. [시험관으로 바로 하자고 했을 때] 겁도 났는데 확률이 높다고 하니까 호르몬제하고 복강경으로 치료를 해 놨기 때문에 지금 하면 될 확률이 높다고 했기 때문에 했어요(사례 11).

의료진의 판단에 의한 권유와 난임여성들의 선택 모두에서 그 준거는 임신의 확률과 효율성이다. 이는 통상적으로 인공수정의 성공률은 10~15%인데 비해 체외수정시술의 성공률은 25~30%인 것으로 알려져 있기 때문이다. 또한 인공수정에 실패하면 어차피 체외수정시술을 받아야 된다는 생각에 시술 절차를 단축시키는 방안으로 곧바로 체외수정시술을 요구하기도 한다. 즉, 효율성과 속도의 정치는 난임여성들에게도 작동한다.

> 의사는 인공수정을 하라고 했어. 그런데 우리 신랑이 인공 하지 말고 속도 빠르고 확률이 좋을 걸로 바로 해주라고 했어. 인공보다는 시험관이 확률이 높으니까(사례 18).
>
> 나는 솔직히 더디다고 해도 한약으로 임신하고 싶지, 병원 다니면서 하고 싶지는 않아. 그런데 너무 더뎌서 병원을 다니는 거지(사례 8).
>
> 자궁까지 가서 착상이 돼야 하는데, 자궁외 임신은 나팔관에서 되니까. 그래서 의사들이 한번 자궁 외 임신된 나팔관은 절제하는 게 더 좋다고 생각해. 재수가 좋으면 자궁까지 올 수도 있겠지만 거의 대부분 안 그렇더라고. 확률을 무시할 수가 없잖아. 시험관 1차 해

놓고도 [자궁외 임신 경험 때문에] 불안 했었어. 한 쪽 나팔관이 살아 있기 때문에(사례 3).

〈사례 18〉은 심층면접 참여자 가운데 유일하게 40대이다. 고연령임에도 불구하고 병원에서는 인공수정을 먼저 권유하였지만 이 부부는 체외수정 시술을 하기로 결정하였다. 그것은 더 빨리 성공할 수 있으리라는 효율성의 논리 때문이었다. 과학적 수사에 의해 알려진 확률의 논리는 〈사례 18〉과 〈사례 8〉처럼 체외수정 시술의 선택에 있어서 뿐만 아니라 〈사례 3〉처럼 체외수정 시술에 더 의존하게 하는 논리로 이용되기도 한다. 〈사례 3〉은 한번 자궁외 임신이 된 사람은 다시 그렇게 될 확률이 높다는 것이 시술 과정에서의 계속되는 공포의 요인이었다. 체외수정 시술과정에서 이러한 효율성의 논리가 작용하는 것은 또 있다. 그것은 난자의 개수이다. 더 많은 난자가 채취될수록 더 많은 수정란을 만들 수 있고 수정율과 임신율을 높일 수 있기 때문에 많은 개수의 난자채취는 의료진과 난임여성들 모두에게 중요한 문제이다. 이러한 성공률과 효율성의 논리는 많은 난자가 나오지 않는 여성들에게 실망감을 주는 요인이기도 하다.

우리는 왜 이렇게 안 나올까. 나는 열 몇 개씩 되는 사람들 보면 시험관 되는 사람보다 더 부러웠어. 적게 나온 사람들은 거기서 한번 실망해요(사례 11).

시험관 3차 때는 원장님한테 안 돼도 좋으니까 난자라도 많이 나오게 해달라고 그랬어요. 원장님이 ○○병원 거 보더니 더 많이 채취할 수도 있었을 거 같은데 왜 이거밖에 안했지? 하시더라구요. 더 약을 많이 썼던 거 같아요(사례 11).

나도 [난자가] 적게 나오는 게 불만이야. 다섯 개 여섯 개 나와. 남들은 열 개, 스무 개야(사례 18).

하지만 이러한 성공률과 효율성은 의료진과 난임여성들에게 다르게 의미화 된다. 의료진에게 성공률과 효율성은 시술의 필요성과 신뢰를 만들어 내 더 많은 난임부부들을 시술과정으로 끌어 들이고 이윤을 창출하기 위한 것이지만 난임여성들에게 효율성은 자신이 처한 조건과 계획 속에서 아이 갖기를 위한 합리적인 선택이며, 시술 비용의 부담과 몸에 가해지는 육체적·정신적 고통을 줄이기 위한 선택이기도 하다.

〈사례 18〉은 40대였기 때문에 한정된 시간 안에 빨리 아이를 가져야 한다고 생각하였고 〈사례 11〉이 더 많은 난자가 나오길 바란 것은 그래야 성공률도 고려하였지만 이식하고도 냉동 보관할 수 있는 수정란을 확보할 수 있어야 시술비도 줄이고 난자 채취를 위한 과배란 유도 과정도 생략할 수 있기 때문이다.[34] 난임여성들에게 과배란 유도과정은 고통스러운 과정이며, 이 과정을 거쳐 수정란을 이식할 경우, 과배란제의 높은 약가 때문에 250-300만원의 고비용이 들지만 난자를 많이 채취해 과배란제 투여 과정을 생략하고 냉동보관해둔 수정란을 이식할 경우, 비용은 70-80만원 정도로 줄어든다.[35]

> 남들은 실패하면 냉동으로 또 하는 데 우리 같이 [난자가]안 나오는 사람들은 매번 200만원이라는 돈이 계속 들잖아요. 그래서 글을 써놨어. 없는 돈에 매번 돈 나가고 냉동이 없어서 너무 서글프다고 써놨어(사례 2).
>
> 우리 신랑이 시험관을 싫어라 하니까 내가 설득해야 하는데 안 먹히면 우리 신랑은 시험관 할 필요 있냐고 니 몸 쉬고 인공으로 계속 하자는 식이야. 비용적으로 적정선에서 하니까 인공만 하면 안 되냐고. 나는 시험관 하는 게 좋지. 단 번에 하는 게 좋지. 그런데 신랑이 허락을 안 하면 인공해야지(사례 16).

〈사례 2〉는 시술 비용의 절감 때문에 더 많은 난자 채취를, 〈사례 16〉은 시술 비용의 부담으로 인한 남편의 만류 때문에 체외수정시술을 받지 못했지만 체외수정시술이 인공수정보다 더 빨리 임신을 성취시켜 줄 수 있을 것이라고 의미화한다.

한편 난임여성들의 이러한 전략적 선택과 다르게 성공률을 높이기 위해 시행되는 의료진의 과배란 유도를 통한 많은 수의 난자 채취와 수정란 이식, 이로 인해 발생하는 다태아에 대한 선택적 낙태는 난임여성들의 몸을 전혀 고려하지 않는다. 난임여성들은 과배란으로 인한 수많은 부작용을 체험하고 있으며 다태임신의 경우에는 산모나 태아, 신생아에게 많은 합병증이 동반될 수 있는 것으로 알려져 있다.[36] 그래서 의료진은 다태 임신일 경우 선택적 낙태를 시행하여 일부 태아를 줄이고 출산의 성공률을 높이려고 한다.[37]

> 다섯 개 이식해서 세 쌍둥이였어요. 그런데 너무 많으니까 위험하니까 선택유산을 하고. 그때도 죽을 맛이었는데. 애기 때문에 위험하니까 마취 없이 한다고 해서 퇴원할 때 입술이 다 멍들었다고. 그때 죽는 줄 알았다니까(사례 11).

선택적 낙태를 시술하는 과정에서 태아를 우선적으로 고려한 마취를 하지 않고 이루어지는 의료적 처치는 또 다시 여성의 고통을 가중시킨다. 출산만을 목적으로 하는 의료적 처치는 여성의 몸과 건강을 부차적인 문제로 만든다.

요약하자면, 의료진에게 많은 수의 난자채취와 수정란 이식은 성공률을 높여서 난임여성들에게 아이를 가질 수 있도록 해주는 효율적인 방법으로 의미화되지만 난임여성들에게는 비용 및 고통 절감과 절차를 간소화 하기 위한 전략적 선택인 것이다.

만일 한 배란 주기 당 한 개씩 배출되는 난자를 채취하여 수정시키고 한 개의 수정란만을 이식한다면, 이것은 효율성 논리에 입각해서 보자면 아주 비효율적인 일일 것이다. 그러나 여성의 건강권의 측면에서 본다면 아주 효율적인 것이다. 난임여성들에게, 특히 저소득층 난임여성들에게 많은 난자채취와 수정란 이식의 요구가 비용 절감의 효율성을 위한 것이라면, 한 개의 난자 채취와 수정란 이식을 임신이 성공할 때까지 또는 난임여성이 원할 때까지 무상으로 지원한다면, 난임여성들의 건강권 침해를 최소화하면서도 모성적 욕망을 성취시켜 줄 수 있는 효율적인 처치법 중의 하나가 될 수 있을 것이다.

■ 불확실성의 은폐와 기술이용의 합리화

시술의 효율성과 속도를 강조함으로써 필연적으로 나타나는 결과는 그것이 시술법이나 시술의 절차, 그리고 의약품의 효능에 대한 불확실성과 불완전성을 은폐 또는 축소하고 시술 이용의 합리화를 만들어낸다는 것이다. 이는 시술 절차나 의약품 사용으로 인해서 발생할 수 있는 위험성을 간과하거나 드러내지 않는 것과 연결된다.

황우석 사태 동안 과배란제의 후유증과 부작용을 호소하며 황우석 팀에게 난자를 제공했던 일부 여성들이 여성단체와 함께 국가와 해당 의료기관을 상대로 손해보상을 청구했던 사건에서 재판부는 이 소송을 기각하였는데, 그 이유는 해당 여성의 부작용이 심각하지 않다는 것이었다[38]. 2006년, 당시 국가생명윤리심의위원회는 황박사팀에게 난자를 제공한 여성들 가운데 15~20%가 과배란 증후군(OHSS)으로 치료를 받은 사실이 있으며 황박사팀은 이들에 대한 충분한 정보제공이나 보호조치가 미흡했다고 밝혔다.[39] 재판부 또한 이 사실을 인정하면서도 15~20%라는 과소성과 부작용의 경미함으로 단지 도의적 책임만 있을 뿐 법적 책임은 없다고 판결하였다. 15~20%라는 과소성과 부작용의 경미함은 바꾸어 말하면 나머지 다수의 여성들에게는 나타나지 않을 수도 있으므로 안전성과 위험성을 판단하는 기준으로 삼기 어렵다는 것인데, 이것은 전형적으로 다수성의 원리, 효율성 문화와 결합해 과배란제의 위험성을 과소평가한 판결이라고 볼 수 있다[40].

과배란제의 위험성 과소평가는 임상에서도 관행적으로 나타나는데, 시술과정에서 난임여성들이 자주 체험하는 부정출혈이나 자궁의 혹 발생, 또는 복수가 찬다거나 하는 증상에 대해 난임여성 당사자가 받아들이는 심각성에 비해 의료진들은 그렇게까지 심각하게 받아들이지 않는다. 의료진은 난임여성들이 이러한 증상들의 원인을 묻는 상담을 요청하면 과배란제 이외의 다른 요인일 가능성이 있다고 답변하거나 과배란제가 요인일지라도 일시적인 현상으로 걱정할 것 없다고 안심시킨다.[41]

특히 배란장애가 불임요인인 여성들의 경우, 많은 용량의 과배란제 투여와 그로 인한 과배란 증후군 발생 시 가장 흔하게 나타나는 증상 중의 하나인 배에 물이 차오르는 복수의 경우, 의사는 이것이 건강상의 위험성이 높음을 알고 있음에도 불구하고 이를 다시 외과적, 약물적 처치를 통해 해결하려고 한다.[42] 즉 약물로 인해 발생한 부작용을 다시 약물을 이용해 처치하는 것인데, 일반적으로 일주일가량 매일 같이 복수를 빼주고 알부민 주사를 투여하는 처치를 한다.[43]

이러한 통계적 논리와 기술과학으로 인해 발생한 문제를 새로운 기술과학적 처치로 해결하고자 하는 논리가 난임부부들에게 통할 수 있는 것은 기술과학의 위험과 한계가 그들에게 불확실성과 예측불가능성을 갖게 하기 때문이다(Giddens, 2001).[44] 실제로 과배란제를 투여 받은 난임여성들의 몸의 반응은 다양하며 과배란제가 자신의 몸에 미칠 위험성이 불확실하고 그것을 이용해서 임신에 성공할 수 있다는 가정 아래에서 난임여성들은 시술과정에 참여하게 된다.

시술과정에서 발생할 수 있는 위험성을 간과하고 과소평가하는 것처럼 신기술의 효율성과 성과만을 강조하고 그 위험성을 은폐하는 것도 기술의 이용을 합리적인 것으로 만든다.

1990년대 남성불임에 대한 의과학적 연구 성과들이 많이 보고되면서 1990년대 중반에, 성숙한 정자를 생산하지 못하는 남성들의 불임극복에 희소식으로 각 신문사에서 일제히 보도되었던 미성숙 정자 주입법은 남성의 고환에서 미성숙한 정자세포를 채취하여 정자세포의 세포막을 벗겨 염색체를 난자에 주입, 전기 자극을 가해 수정을 유도하고 그렇게 해서 만들어진 수정란을 자궁에 이식하는 시술법이다. 그러나 미국과 브라질의 국제불임학회에서는 이 시술이 염색체를 둘러싼 세포막을 벗기는 과정에서 염색체를 손상시킬 위험이 있으며 그 결과로 유전적 기형을 가진 아이를 태어나게 할 위험이 크다는 문제제기를 하였다.[45] 따라서 새로운 처치법이나 신약 개발이 보고될 때 이것이 기존의 처치법이나 의약품보다 어떤 면에서 더 우월한지, 그리고 어떤 부작용이나 위험성을 유발할 수 있는지에 대한 연구와 보고를 함께 하도록 의무화하는 방안 모색도 기술과학에 대한 정치적 개입지점 중의 하나가 될 것이다.

더 나아가 불확실성이 정치적 효과를 발휘할 수 있는 것은 의과학적 지식이 질병의 원인을 명확히 밝혀 낼 수 없기 때문이기도 하다. 이러한 불확실성이 과학주의와 결합하면서 몸들에 대한 더욱 확장된 의과학적 연구의 정당성과 기술적 이용을 합리화한다.

1993년 경희의료원 사건에서, 기증정자를 처리하는 시술의 절차적 규범이 준수되지 않았다는 것이 주로 부각되었지만, 특정질환의 경우 기증정자가 유발할 수 있는 가능성을 예측하기 어려운 측면도 있다. 예컨대 에이즈 확인의 경우, 에이즈는 현재의 의과학적 지식으로는 그 원인을 정확히 알 수 없고 잠복기간이 길기 때문에 정확히 예측해 낼 수 없는 불확실성이 있다. 물론 이러한 불확실성이, 당시 시술의 절차적 규범을 준수할 수 없었던 변명의 근거로 이용되기도 했지만, 확실한 것은 현재의 의과학적 지식이 에이즈의 원인을 명확히 찾아내고 그것의 발병을 예측할 수 있다 하더라도 여전히 원인을 찾아낼 수 없는 수많은 질병들이 계속해서 발생할 것이며 현재에도 상존하고 있다는 측면에서 의과학적 지식은 불확실하고 한계를 가질 수밖에 없다는 것이다. 왜냐하면 의과학적 지식의 불확실성과 한계를 알 수 있게 하는 것도, 역으로 경향으로서의 확실성을 알 수 있게 하는 것도 연구나 시술에 참여한 몸들을 통해서만 가능한 일이기 때문이다.

불임시술의 경우 난자, 난관, 난소, 배란, 자궁, 정관, 정소 등의 원인을 찾아낼 수 없을 때, 즉 원인이 불확실 할 때 원인을 찾기 위한 의과학적 연구로서 염색체 이상이나 유전자 연구를 진단에 활용하게 된다. 의과학적 지식의 불확실성과 인과론적 설명은 더 많은 몸 부분들에 대한 연구에 정당성을 부여하고 임상에서 더 많은 진단을 받아 명확한 원인을 찾아내야 한다는 것을 합리화한다.

요약하자면, 불임과 불임시술에 대한 지배적인 기술-문화는 불임에 대한 사회적 공포를 생산하고 불임시술을 불임을 극복할 수 있는 효율적인 '해방'의 기술로 의미화 함으로써 불임에 관한 의과학적 연구와 임상적 적용을 합리화한다. 그리고 이러한 지배적인 기술-문화는 불임에 대한 사회문화적인 낙인과 정상가족 이데올로기와 연동해 난임부부들에게 많은 비용을 지불하더라도 시술에 적극적으로 참여하게 하는 효과를 발휘한다. 따라서 의과학적 지식과 기술적 적용이 합리화되는 지배적인 기술과학문화는 의도했든 의도하지 않았든지 간에 가부장적 문화와 자본주의 체제를 안정적으로 재생산하는데 일조한다. 하지만 불임시술 과정에 참여하는 난임부부들은 신생식기술이 불확실하고 불완전하며 과도한 비용을 지불하게 한다는 것을 자신들의 몸과 체험을 통해 확인한다.

3. 소 결

이 장에서는 불임과 신생식기술에 대한 지배적인 재현 및 담론화 방식을 분석하였다. 또한 지배적인 기술-문화적 재현이 난임여성들에게 어떤 영향을 미치며 난임여성들의 의미화 방식과 어떻게 같거나 다른지를 분석하였다. 이를 위해 신문기사의 보도내용과 난임여성들의 심층면접 내용을 비교, 분석하였다.

먼저 불임에 대한 지배적 재현 방식은 불임에 비정상성을 부여하고 불임에 대한 사회적 공포를 생산, 유포하는 것이었다. 불임에 대한 사회적 공포를 유포하는 것은 불임유발 원인들을 다양하고 광범위하게 제시하는 의과학적 담론을 통해서 이루어졌다. 불임유발 원인에 대한 의과학적 담론들은 그것을 생물학적 요인에서부터 직업 환경 및 사회 환경적 원인, 그리고 식습관, 생활습관에 이르기까지 다양하고 광범위하게 제시함으로써 누구도 불임의 가능성으로부터 자유로울 수 없는 것으로 의미화한다. 이러한 담론들은 불임의 범주를 넓히고 더 많은 몸들을 의과학적 검진 및 관리, 처치를 지속적으로 필요로 하는 대상으로 만든다. 또한 불임에 대한 사회문화적인 낙인 및 정상가족이데올로기와 맞물리면서 불임이 되지 않기 위한 노력들을 자발적으로 수행하게 한다. 특히 신생식기술이 확산, 확장되었던 1990년대와 2000년도에 불임유발 원인에 대한 의과학적 담론들은 생물학적, 의료적 원인들뿐만 아니라 식생활 및 생활습관적 원인들로까지 확장되면서 일상생활 전반에 걸친 의과학적 통제와 관리를 정당화 한다.

다음으로 난임여성들에 대한 지배적인 의미화 방식은 아이를 간절히 바라지만 가질 수 없는 불쌍한 여성으로 온정주의적 대상이 되게 하거나 여성으로서 당연히 수행할 수 있는 일인 임신·출산을 하지 못하는 비정상적인 여성으로 만드는 것이었다. 또한 불임시술을 이용해 출산을 하고자 하는 여성은 한편으로는 경제적 부담이나 시술의 고통을 극복하고 어머니가 되고자 하는 '의지의 모성'으로, 다른 한편으로는 수단과 방법을 가리지 않고 어머니가 되고자 하는 종교적, 도덕적 비난의 대상으로 의미화 되었다. 전자는 주로 의과학적 담론을 통해 생산된다. 이때 난임여성들은 객체화되거나 피해자화된다. 후자는 임신·출산의 인공적 개입을 거부하는 종교적 담론이나 생식세포 거래 및 대리모를 사회적 문제로 이슈화 시키면서, 이를 통해 아이를 낳고자 하는 난임여성들에 대한 사회적 담론으로 생산된다. 이때 난임여성들은 온정주의적 대상이 되거나 법적, 도덕적, 사회적 규범을 위반하는 가해자가 된다.

난임여성들이 어떻게 의미화 되든 그것은 이 여성들의 일면이거나 왜곡된 이미지이며 그들의 특수하고 구체적인 상황이나 경제적, 사회적 위치 등은 충분히 드러나지 않는다. 난임과 난임여성들을 질병화하고 비정상화하는 지배적인 담론에 대해 난임여성들은 그것들을 내면화하기도 하지만 의과학적 질병이 아닌 사회적 질병으로, 비정상성이 아닌 정상성과 비정상성의 경계로 난임과 자신들을 의미화하기도 한다. 또한 자신들의 특수하고 구체적인 상황 속에서 임신·출산을 권리로 의미화하고 이러한 권리를 실현할 수 있는 사회경제적 조건 개선을 적극적으로 요구하기도 한다.

신생식기술에 대한 지배적인 재현과 담론화 방식은 그것을 불임을 극복하고 불임으로부터 벗어날 수 있는 '희망'과 '해방'의 기술로 의미화한다. 희망과 해방의 기술 이미지는 난임여성들에게 임신과 출산에 대한 '희망고문'을 만들어 내며 생식에 관한 의과학적 연구와 임상의 적용을 정당화한다.

희망과 해방의 기술 이미지 유포 이외에도 신기술의 개발 및 적용을 정당화하는 또 하나의 지배적인 담론의 핵심은 시술의 효율성과 성공률, 속도를 강조하는 것이다. 효율성과 성공률, 속도는 불임을 극복할 수 있는 여러 가지 방법 중에 불임시술이 출산이라는 목적에 가장 빨리 도달할 수 있으며, 가장 높은 가능성을 가지고 있다는 것을 부각시킨다. 이러한 효율성과 속도의 정치가 담론화 되는 과정에서 기존의 기술력으로 불가능했던 것을 가능하게 만들었다거나 세계적인 기술적 경쟁력을 확보하게 되었다는 과학적 수사가 동원된다. 하지만 불임시술의 효율성과 속도의 강조는 그것의 불확실성이나 불완전성을 은폐 또는 축소하면서 불임을 극복하기 위한 최선의 수단으로서 시술이용을 합리화한다. 이러한 지배적인 담론은 의과학적 담론을 통해 생산되며 이러한 담론들은 기술중심적이고 과학주의적인 지배적인 기술-문화를 공고화한다.

하지만 난임여성들은 지배적인 기술-문화를 내면화하기도 하지만 그것을 전적으로 내면화하지는 않는다. 난임여성들이 지배적인 기술문화와 공명하는 지점은 체외수정시술의 효율성과 성공률이다. 난임여성들은 효율성과 성공률 측면에서 신체적 침윤이 덜한 인공수정보다는 체외수정시술 권유를 받아들이거나 선택하기도 하며, 마찬가지로 건강상의 위험이 있을 수 있는 더 많은 난자의 채취와 배아이식에 동의한다. 하지만 효율성과 성공률을 높이기 위한 의료진의 의미화와 난임여성들의 의미화는 다르다. 의료진에게 그것은 의과학적 권위를 높이고 더 많은 난임부부들을 끌어들여 이윤을 창출하기 위한 것이지만 난임여성들에게 그것은 시술비와 자신의 몸에 가해지는 육체적, 정신적 고통을 줄이기 위한 것이다. 또한 난임여성들은 신생식기술에 대한 지배적인 담론이 유포하는 불임 극복에의 희망과 해방, 그리고 기술의 안전성과 확실성을 신뢰하지 않는다. 난임여성들은 임신출산의 반복적인 실패와 시술과정에서 체험하는 부작용과 후유증을 통해 그것들을 신뢰하지 않는 것이다. 즉 난임여성들은 자신들의 몸체험을 통해 난임과 신생식기술에 대한 지배적인 재현 및 담론과는 다른 의미화 방식을 생산한다.

요약하자면 불임과 불임시술에 대한 지배적인 기술-문화적 재현방식은 기술중심적이고 과학주의적인 지배문화와 가부장적 자본주의의 재생산에 일조한다. 난임여성들은 이러한 지배적인 기술-문화에 영향을 받아 불임극복을 위한 노력들을 자발적으로 실천하지만 그것을 완전히 내면화하는 것은 아니다.

제5장

난임여성들의 출산 수행과 주체화 과정

- 난임여성들의 기술화된 출산과정으로의 진입
- 난임여성들의 기술화된 출산과정에의 개입
- 난임여성들의 사회정치적 개입
- 소결

제5장
난임여성들의 출산수행과 주체화 과정

보조생식술을 체험한 난임여성들은 3장과 4장에서 논의하였던 기술-사회적 조건과 기술-문화 안에서 출산을 수행한다. 신생식기술은 유기체적 몸을 넘어서 점점 더 많은 몸들과 분자적 몸들을 기술과학적 주체로 만들고 이를 바탕으로 불임 처치 과정을 더욱 세분화하고 새로운 처치법들을 만들어 내어 다시 임상에서 몸들에 적용하고 있다.

또한 지배적인 의과학 담론은 불임의 비정상성과 혈연주의적 정상가족 이데올로기를 이용하여 불임에 대한 공포를 생산하고 불임을 극복할 수 있는 최선의 방법으로서 보조생식술을 제시하고 있다. 이는 기술과학의 권위와 사회적 정당성이 확보되는 방식이기도 하며, 과학적 권위와 정당성은 지식과 정보를 중요한 생산력으로 하는 자본주의 경제의 재편 속에서 의과학적 지식에 더 높은 가치와 가격을 매기도록 한다. 이것이 정부의 규제 부재 및 의료 산업화 정책과 맞물리면서 의과학적 지식과 기술적 적용을 매개로 한 더욱 광범위한 몸 관리 산업시장 및 불임산업시장을 만들어내고 있다. 이러한 기술-사회적 조건과 기술-문화 안에서 난임여성들은 보조생식술을 적극적으로 이용하고 있으며 '의도하지 않게'[1] 의과학적 지식생산 및 신생식기술의 구성과정과 의료시장의 확장에 참여하고 있다.

하지만 난임여성들은 자신들을 둘러싼 출산환경인 기술-사회적 조건에 전적으로 영향을 받는다기보다는 그것에 전략적으로 협상하고 개입한다. 또한 난임을 비정상화하고 신생식기술을 불임을 극복하는 최선의 기술로 의미화하는 지배적인 기술-문화에 전적으로 종속된다기보다는 자신들의 입장에서 정치적으로 해석하고 변형시킨다. 기술-사회적 조건에 대한 협상과 개입, 그리고 지배적인 기술-문화에 대한 정치적 해석과 의미화는 의료체계 안과 밖에서, 그리고 개별적이고 집단적인 차원 모두에서 발생한다.

이 장에서는 기술화된 출산을 수행하는 난임여성들의 임신·출산과정을 따라가면서, 특히 '몸들의 물질성'[2]에 주목하여 난임여성들이 어떻게 (재)생산권을 구성하고 주체화되는지에 대해 분석할 것이다. 이를 위해 난임여성들의 사회적 위치와 부분적 시각에서 출발한다. 즉 난임여성들은 자신들의 모성적 욕망의 실현을 위해 보조생식술을 이용하고자 하는 여성들이다. 또한 보조생식술을 이용하는 과정에서 의과학적 지식구성과 생명생산에 참여하며, 자신들의 모성성과 (재)생산권을 구성, 재구성한다.

이 장의 주요 내용은 난임여성들이 기술화된 출산과정에서 어떤 활동을 수행하고 있는지, 의과학적 지식의 권위와 각종 처치법들을 어떻게 해석하며 그것들에 어떻게 참여·대응하는지, 의료진과는 어떤 관계를 맺고 있는지, 모성권 실현을 위해 정부나 사회에 무엇을 요구하고 있는지를 분석하는 것이다. 이러한 분석을 통해 (재)생산권을 구성하는 난임여성들 간의 차이와 능동성, 그리고 생식과 관련한 의과학적 지식구성 및 기술적 적용에 있어서의 그들의 개입과 생산성에 주목하고자 한다. 이것은 난임여성들의 모성적 주체화 과정을 드러내는 것이기도 하다[3].

〈표 5-1〉은 이 연구에 참여한 연구 참여자들의 현황과 특성을 정리한 것이다.

표 5-1. 주요 사례 연구 참여자 현황과 기본적 특성

인적사항	의과학적 난임요인	체외 수정 시술 횟수	자녀수	체외수정 시술 외 이용한 보조생식술 (시술과정시 이용한 여타의 의료기술)	총 의료비용 (추정치: 단위 만원)	피임 기간	피임 및 낙태 경험 유무	이용 병원수 (불임 클리닉)	정부 지원 유무	비고
사례 1(34세) 결혼 8년차 직업: 주부 전직업: 사무직	원인불명	3번 (성공)	1	과배란 인공수정2회	인공수정120 체외수정300 냉동배아70	1년	피임	2	O	
사례 2(33세) 결혼 2년차 직업: 주부 전직업: 미용 보조	난관폐쇄	2번 (실패)	·	자궁경	체외수정250	없음	혼전 낙태	2	O	시술중 인공 낙태 1회
사례 3(39세) 결혼 5년차 직업: 주부	난관절제	3번 (실패)	·	복강경, 자궁경	체외수정 1,000	없음	사후 피임약 두번	2	O	자궁외 임신 1회
사례 4(28세) 결혼 5년차 직업: 주부	원인불명	2번 (실패)	·	인공수정 5번 자궁경	체외수정400 인공수정250	없음	·	2	O	시술중 인공 낙태 1회

인적사항	의과학적 난임요인	체외 수정 시술 횟수	자녀수	체외수정 시술 외 이용한 보조생식술 (시술과정시 이용한 여타의 의료기술)	총 의료비용 (추정치: 단위 만원)	피임 기간	피임 및 낙태 경험 유무	이용 병원수 (불임 클리닉)	정부 지원 유무	비고
사례 5(35세) 결혼 5년차 직업: 주부 전직업: 학원강사	원인불명	3번 (성공) 쌍태아	2	인공수정3번 과배란 인공1번	과배란70 인공수정150 체외수정600	없음	·	2	O	쌍둥이 임신
사례 6(33세) 결혼 4년차 직업: 주부 전직업: 텔레마케터	남성요인 (고환에서 정자채취)	7번 (실패)	·	인공수정6번 과배란 인공1번	과배란70 인공수정120 체외수정990	없음	·	3	O	시술중 인공 낙태 1회 입양준 비중
사례 7(33세) 결혼 7년차 직업: 공무원	원인불명	2번 (실패)	·	인공수정4회	체외수정600 인공수정200	없음	·	3	X	
사례 8(33세) 결혼 7년차 직업: 주부 전직업: 사무보조직	다낭성 난소 증후군	1번 (실패)	·	복강경 인공수정3회	체외수정300 인공수정150	없음	·	1	X	
사례 9(37세) 결혼 8년차 직업: 주부, 농장운영	난관폐쇄	2번 (실패)	·	자궁경	체외수정300 냉동배아80	없음	·	1	O	자궁외 임신 1회
사례 10(35세) 결혼 8년차 직업: 주부 전직업: 사무직	원인불명	1번 (실패)	1	인공수정2번 자궁경	체외수정200	없음	·	1	O	자연 임신
사례 11(34세) 결혼 6년차 직업: 치기공사	자궁내막 증	3번 (성공) 쌍태아	2	복강경, 다태아 감축술	체외수정900	없음	·	2	O	쌍둥이 임신

인적사항	의과학적 난임요인	체외 수정 시술 횟수	자녀수	체외수정 시술 외 이용한 보조생식술 (시술과정시 이용한 여타의 의료기술)	총 의료비용 (추정치: 단위 만원)	피임 기간	피임 및 낙태 경험 유무	이용 병원수 (불임 클리닉)	정부 지원 유무	비고
사례 12(34세) 결혼 4년차 직업: 주부 전직업: 치기공사	원인불명	6번 (실패)	·	자궁경	체외수정1000	없음	사후 피임약 3번	2	O	
사례 13(33세) 결혼 5년차 직업: 주부 전직업: 은행원	원인불명	3번 (실패)	·	과배란 인공7번 복강경	과배란420 체외수정380	없음	·	3	O	
사례 14(32세) 결혼 1년차 직업: 주부 전직업: 사무보조원	원인불명	3번 (성공)	1	인공수정 1-2번 과배란3번 자궁경	인공수정240 체외수정380	없음	·	2	O	
사례 15(37세) 결혼 5년차 직업: 주부	난관폐쇄	6번 (실패)	·	복강경	체외수정1500	2년	혼전 낙태	2	X	
사례 16(31세) 결혼 3년차 직업: 주부 전직업: 사무보조원	난관절제	1번 (실패)	·	과배란 인공3번	과배란180	·	낙태 2번	2	O	자궁외 임신 1회
사례 17(33세) 결혼 7년차 직업: 과외, 대학원생	원인불명	5번 (실패)	·	과배란 인공3번 인공수정3번	인공수정300 체외수정600 냉동배아160	6달	·	2	O	시술중 인공 낙태 1회
사례 18(43세) 결혼 5년차 직업: 주부 전직업: 공무원	남성요인 (고환에서 정자채취)	6번 (실패)	·	복강경	체외수정1800	·	혼전 낙태	2	X	

인적사항	의과학적 난임요인	체외 수정 시술 횟수	자녀수	체외수정 시술 외 이용한 보조생식술 (시술과정시 이용한 여타의 의료기술)	총 의료비용 (추정치: 단위 만원)	피임 기간	피임 및 낙태 경험 유무	이용 병원수 (불임 클리닉)	정부 지원 유무	비고
사례 19(33세) 결혼 3년차 직업: 대학행정직	원인불명	1번 (성공)	1	과배란 인공2번 인공수정1번	체외수정150 과배란 120-150 인공수정30	·	·	1	O	
사례 20(34세) 결혼 3년차 직업: 주부 전직업: 사무직	원인불명	3번 (실패)	·	복강경 자궁경	체외수정750	없음	·	2	O	입양

난임여성들과의 심층면접은 2008년 1월부터 8월까지 주로 난임여성들의 집에서 진행하였다. 1회 면접 시 1-2시간 정도가 소요되었으며 2회에서 3회 정도의 면접을 수행하였다.

〈표 5-1〉에 제시된 총 의료비용은 난임여성들의 진술에 의한 추정치이다. 대부분의 난임여성들이 자신이 지출한 의료비용을 정확히 알고 있지 못하는 경우가 많으며 무엇보다도 인공수정이나 체외수정 시술 비용 이외에 시술과정에서 주기적으로 받아야 하는 초음파검사나 혈액검사비, 자궁경이나 복강경 같은 의료시술비, 진찰료 등은 산정하지 않았다. 또한 난임여성들은 임신·출산의 성공을 위해 보조생식술 이외에도 한방의료 이용을 병행하거나 생식력에 효능이 있다고 알려진 음식 및 각종 건강보조식품 등을 섭취한다. 따라서 실제 난임여성들이 임신·출산을 수행하기 위해 지출하는 비용은 표에 제시된 것보다 훨씬 더 많다고 보아야 한다.

〈표 5-2〉는 이 연구에 참여한 의사, 간호사, 연구원(과학자) 현황이다.

표 5-2. 보조 사례 연구 참여자 현황

사례	성별	직업	근무처
보조사례 1	남	의사	종합병원 불임클리닉 전문의
보조사례 2	남	의사	종합병원 불임클리닉 전문의
보조사례 3	남	의사	개인불임클리닉(A병원) 전문의
보조사례 4	여	간호사(간호과장)	개인불임클리닉(A병원) 간호사
보조사례 5	여	연구원	개인불임클리닉(B병원) 연구원
보조사례 6	남	의사	개인불임클리닉(C병원) 전문의
보조사례 7	여	의사	개인불임클리닉(D병원) 전문의
보조사례 8	남	연구원	개인불임클리닉(A병원) 연구원
보조사례 9	여	간호사(주사실)	개인불임클리닉(A병원) 간호사

의사, 간호사, 연구원은 난임여성들의 기술화된 출산수행과정에 영향을 미치는 관련 주체들이다. 난임여성들과 이들과의 상호작용을 통해서 난임여성들이 의과학적 지식생산에 어떻게 참여하고 의료진들과 어떠한 관계를 맺고 있는지를 탐색할 것이다.

1. 난임여성들의 기술화된 출산과정으로의 진입

■ 모성적 욕망의 사회적 구성과 복합성

난임여성들이 기술화된 출산과정으로 진입하게 되는 것은 그들의 모성적 욕망의 실현을 위해서이다. 난임여성들의 모성적 욕망이 구성되는 과정은 다차원적이고 복합적이다. 난임여성들은 자신들의 모성적 욕망을 사회문화적 조건 및 사회적 시선, 그리고 가족 성원들과의 관계 및 가족 구조 안에서의 위치 등에 의해 영향을 받은 것으로 설명하면서도 그것들과 상관없는 주체적인 모성의 권리로 설명하는 측면을 동시에 가지고 있기 때문이다.

하지만 난임여성들의 모성적 욕망이 구성되는 데에 가장 큰 영향을 미치는 것은 혈연주의적 정상가족 이데올로기와 그러한 가족 구성이 아니었을 때, 비정상적이라고 여기는 사회적 시선이다. 이러한 혈연주의적 정상가족 이데올로기와 사회적 시선은 여성의 가족 안에서의 위치와 그 내면화의 정도에 따라 임신·출산을 위한 노고의 강도를 달라지게 한다. 예컨대 남편이 장남 및 장손인 경우, 손 아랫 동서가 먼저 아이를 낳은 경우, 남편이 외아들이거나 나이가 많은 경우에는 임신·출산을 위한 노고의 강도가 더욱 높아진다. 이러한 요소들이 가족구조 안에서의 자신의 위치에 관한 것이라면 자신의 생애주기 속에서 나이와 출산 계획을 고려하는 것도 임신·출산 노력의 강도를 결정하는 데 중요한 요소이다. 일반적으로 대부분의 여성들의 결혼 연령이 20대 중, 후반과 30대 초, 중반에 걸쳐 있어서 30대 중반 안에는 출산을 마무리 지어야 한다고 생각한다.[4]

> 신랑은 본인이 장남이다 보니까 둘은 있어야 된대. 이번에 이사하면서 물어봤어. 노력해서 하나는 낳고 하나는 입양해서 키우자고. 애기 없이 못산대. 시부모님도 똑같고. 애기, 애기 하는 게 나이가 있어서 이해가 돼... 생기면 낳는 거고 안 되면 어쩔 수 없지만 애기 하나는 있어야지, 내 핏줄 하나는 있어야지... 근데 나는 꼭 낳아야겠다는 생각은 없어(사례 2).

> 그냥 맞춰서 신랑 나이도 있고 큰 아들이어서 대개 바랐기 때문에

[결혼한 지] 두 달 되니까 밥값 해야지... 그 소리 하시고 너무 시댁에서 바래요. 거기에 대한 스트레스가 은근 있었던 거겠지. 그래서 1년 지나니까 불임병원에 빨리 간 거예요(사례 4).

〈사례 2〉는 30대 초반에 결혼하였고 남편이 집안의 장남이어서 결혼하면서부터 남편과 시댁의 압박을 비교적 많이 받았다. 그래서 아주 적극적으로 임신을 위한 몸 관리를 하고 있었고 본인보다 시험관 시술을 더 많이 받은 다른 여성들보다도 시술이나 병원 관련 정보를 더 많이 습득하고 있었다.[5] 또한 시술을 통해 아이가 생기지 않으면 이혼하겠다고 진술하였다. 그 이유로 '남의 집안 대를 끊어 놓을 수 없다'고 진술하였는데, 이는 가부장적 혈연주의 이데올로기를 반영하고 있는 것이다. 하지만 혼자 살더라도, '경제적 능력이 된다면' 이라는 단서를 붙여서 핏줄이 아닌 입양을 통해서라도 아이를 기르고 싶다고 말하기도 한다. 이러한 진술은 아이가 없는 현재의 상황에서 아이를 갖고자 하는 심정의 절박함을 표현한 것일 수도 있지만 혈연주의적 정상가족이라는 사회적 규범과 모순되는 측면도 있다.

〈사례 4〉역시 인터뷰 참여자 중 유일하게 20대였음에도 불구하고 장남으로서의 남편의 위치와 나이, 그리고 시댁의 압박이 자신의 모성적 욕망을 구성하는 주요 요인이었다. 그리고 이러한 요인들은 임신·출산을 위한 노력의 일환으로 불임전문병원에 일찍 가게 된 계기가 되었다.

작은 형님이 우리보다 3-4개월 빨리 결혼 하셨는데 시부모님이 그래도 형보다는 늦게 가졌으면 좋겠다 해서 우리도 느긋하게 있었는데, 작은 형님이 애가 생기니까 우리도 애를 가져볼까 했는데 안 생겼죠(사례 11).

〈사례 11〉은 가족성원 안에서의 위계서열 속에서 형님네 보다는 늦게 아이를 가지라는 시부모님의 권유로 임신·출산의 압박을 덜 받고 있었지만 형님네가 아이를 갖게 되면서 임신·출산에 대한 압박감을 갖게 되었다. 하지만 〈사례 11〉이 갖는 압박은 '시부모님이 아이를 빨리 가지라고 하지는 않는다'는 진술을 통해 볼 때, 기혼여성의 의무로서의 모성성을 스스로 내면화한 결과이다.

> 시어머니가 용돈도 해서 보내고 병원 많이 다니니까 돈 많이 든다고 있는 돈 다 털어서 보내줬더라고. 나는 내가 스트레스 받는 것보다 시댁에 죄송스러워서 받는 스트레스가 더 커요. 그게 너무 커서 남편한테 시댁에 연락 안하고 2년만 산속에서 살까? 나 그럼 임신될 거 같다고 생각했어요. 쑥이 자궁 따뜻하게 해주고 좋다고 하니까 그날 가서 쑥을 뿌리째 캐서 말려서 가지고 오셨더라고. 지금도 뭐 해달라고 하면 다 해줘요. 부담스럽고 죄송스럽고 그게 커요. 시험관비도 시댁에서 한 번 도와줬어요(사례 4).

> 우리 신랑은 여수 가서 전복을 몇 십 만원어치 사오니까 그런 것도 스트레스더라고. 절에다가 기도해 주라고 했고 무당한테 칠성할머니, 삼신 할매한테 애기 갖게 해달라고 굿하고 1년에 거의 한 번씩(사례 18).

혈연주의적 정상 가족주의에 입각한 아이 낳기의 압박은 〈사례 2〉나 〈사례 4〉처럼 직접적인 강요로 나타나기도 하지만 대체로는 간접적인 방식으로, 그리고 복합적으로 나타난다. 〈사례 4〉의 진술에서 보여지는 것처럼 한편으로는 '밥값 해야지'라는 직접적인 강요로, 다른 한편으로는 시술에 필요한 비용과 임신에 좋다는 음식을 마련, 지원해주는 간접적이고 암묵적인 강요로 나타난다. 또한 〈사례 18〉에게는 가족들의 지나친 배려와 종교적, 주술적인 방법을 통해 표현되는 아이에 대한 바람이 암묵적인 강요로 나타난다.

이러한 암묵적인 강요는 부드러운 가부장적 권력으로서 난임여성들로 하여금 가족 구성원 안에서 자신의 정당한 위치를 확보하기 위한 노력의 일환으로서 임신·출산을 수행하도록 한다. 또한 이러한 암묵적 강요는 〈사례 11〉처럼 다른 가족구성원들이 임신·출산에 대한 직접적인 언급이나 강요를 하지 않더라도 아이 갖기의 필요성을 내면화하도록 한다.

> [남편] 위에 누나들은 나이가 많아. 그러니까 애가 크죠. 나 말고 사촌 동생들이 내 뒤로 4명이 있는데 다 애를 낳았어. 그러니까 데리고 오면 예쁘기는 한데. 나 혼자 상처를 받는 거지. 그리고 유산 됐을 때 동서 하나가 배불러서 왔는데 배 만져보고 하는 거는 못 보겠더만. 그런데 그런 스트레스를 아무도 모르더라고. 누가 말로 압박을 주거나 그러진 않아요(사례 17).

〈사례 11〉처럼 〈사례 17〉도 가족 성원들의 직접적인 압박은 없었지만 다른 형제들이 모두 아이가 있고 임신한 가족성원에 대한 배려나 축하가 아이를 갖고 싶은 마음이 들게 하였다.

따라서 난임여성들의 모성적 욕망의 다차원성을 구성하는 요소 가운데 하나는 혈연주의적 정상가족 규범의 간접적인 강요와 내면화의 결과이다. 이를 '암묵적 강요로서의 모성'이라고 표현하고자 한다. 이러한 암묵적 강요로서의 모성은 가족관계 및 가족구조 안에서뿐만 아니라 주변인들과의 관계 속에서의 사회적 시선을 통해서도 작동한다.

우리[아파트]라인 아줌마들은 어디 부실한 거 같다는 눈빛도 보내고 심지어 앞집 아줌마는 남편한테 말했어요. 와이프가 몸이 약한가 보다고. 그런, 모르는 사람이 상관하는 건 신경 안 쓸려고 하는데 그래도 신경이 쓰여(사례 17).

이러한 사회적 시선은 비정상성으로서의 난임에 대한 사회적 낙인 및 내면화와 맞물리면서 난임여성들로 하여금 주변인들과의 관계가 끊어지게 하거나 난임이나 체외수정시술 이용 사실을 드러내지 못하게 하기도 한다.

고의적으로 연락을 끊었다기보다는 결혼을 늦게 한 편이고 하니까, 그런 공감대가 형성이 안 되더라고. 자연스럽게 많이 끊어졌고 결혼하고 2년 되니까 그 전에 간간히 [연락]하던 애들도 연락하면, 언제 [아기]생기냐 이거부터 물어보니까. 나도 스트레스 받기 싫더라고. 나중에는 그냥 연락 와도 피하는 것도 있었고(사례 19).

왜 [난임을] 알리고 싶지 않냐면 나는 보통이라고 생각하는데 다른 사람은 그걸 특별하다고 생각할 수 있으니까 알리고 싶지 않은 거지. 그리고 뭔가 문제가 있다고 생각을 해[사람들이](사례 12).

[태어날 아기와 사람들에게] 굳이 이야기할 필요가 없으니까. 사람들이 우리 마음을 알고 있으면 아무 상관 없는데, 말하면 색안경 끼고 보니까 이번에 여러 사람들 알게 됐는데, 쌍둥이 있는 집이 많더라구요. 우리는 알잖아요. 이란성이면은 거의 그거[체외수정으로 태어난 아기]잖아요(사례 14).

더불어 난임과 체외수정 이용에 대한 비정상성의 낙인이 아이에게 나쁜 영향을 미칠까봐 체외수정시술을 통해 태어난 자신의 자녀에게도 시술 이용사실을 알리고 싶어 하지 않게 하기도 한다.[6)]

애도 그 경험을 해 보지 않았기 때문에 특별하다고 생각할 수도 있으니까. 나는 다른 애들하고 틀리구나 생각하면 안 되잖아. 그래서 알리고 싶지 않은 거지(사례 19).

난임여성들이 자신이 임신하기 어려운 상태라는 것과 체외수정시술의 이용사실을 주변이나 가족들에게 알리고 싶어 하지 않는 것은 난임이나 체외수정시술이 자연스러운 것이거나 '보통'인 것, 평범한 것이 아니라는, 즉 비정상적인 것이라는 사회적 시선 때문이다. 또한 정상적인 임신·출산은 여성의 몸에서 이루어지는 자연적인 과정이어야 한다는 사회문화적 의미화가 작동하기 때문이기도 하다.

난임여성들의 모성적 욕망을 구성하는 또 하나의 방식은 가족이나 주변인들, 그리고 사회적 시선보다는 자신의 모성권 실현을 중심으로 진술하는 것이다. 이는 두 가지 방식으로 나타나는데, 하나는 다른 여성들이 다 하는 일을 자신은 하지 못한다는 것에 대한 박탈감에서 기인하는 것이고, 다른 하나는 아이를 바라는 자신의 내재적인 모성적 욕망을 강조하는 것으로 나타난다. 전자의 대표적인 언설은 "남들 다 있으니까", "본능", "당연한 것", "그냥" 등으로 나타난다.

남들 다 있으니까. 친정이나 시댁에서 뭐라고 한 건 아니고 가져야겠다 생각을 했으니까 했죠. 애기 보면 예쁘니까. 조카들 보면 나도 가져야겠다 했지(사례 1).

미래 불안 그런 거 보다 그냥 가지고 싶어. 인공하고 시험관하면서 애가 애틋해졌어. 애들 안으면 안기는 느낌이 너무 좋아. 나는 그냥 애기를 키워보고 싶어(사례 5).

여자의 본능이지. 난자가 생기면서부터 여자의 본능이지. 애 안 낳고 살고 싶은 여자가 이상한 거지. 그 사람만의 독특한 사고방식이겠지만 대한민국의 수많은 여자들은 다 애 낳고 살잖아. 낳을 수 있는데 안 낳고 사는 사람은 없잖아. 나 같은 경우는 모성본능도 강한 거 같고 나는 본능이기 때문에 여자들이 [못 낳으면] 힘들어 한다고 생각해…(사례 3).

〈사례 1〉과 〈사례 5〉는 아이를 갖고자 하는 모성적 욕망을 자신의 필요로 설명했다. 〈사례 3〉은 그것을 모성적 본능으로 설명하면서 자신의 모성성을 구성하고 있다. 하지만 자신의 모성권 실현을 중심으로 한 이러한 언설들은 곧바로 가족관계 안에서의 기혼여성의 의무로서의 모성과 연동되거나 부모-자녀 관계로 구성된 오이디푸스적 가족구조의 결핍으로 의미화 된다.

남편은 나를 생각해서 애를 원하지 않는 거지. 내 몸의 기능적인 거를 아니까. 안 되는 마누라한테 애기, 애기 하겠어? 신랑을 먼저 정자검사 시켰는데, 그 때 당시에는 월경이 항상 주기적으로 정상이니까 나한테 문제 있다는 생각은 안하고 같이 병원 가서 검사해서 정상이라고 그랬을 때 차라리 남편한테 문제가 있으면 나는 다 참고 받아 줄 수 있는데, 가끔은 미안하지. 남들 다 있는 애도 못 주니까(사례 3).

내 고통만으로도 충분해, 지금. 나를 위해서. 대를 잇고 말고를 떠나서 지금 현실을 행복하게 유지해 나가려면 애기가 있어야 되지. 지금도 행복한데, 완전한 행복. 둘이 산다고 되는 게 아니거든. 모든 인간관계 매개체가 밖에 나가면 아닐 거 같아도 애 중심 사회가 된단 말이야. 굉장히 쓸쓸하더라고. 애 있는 집 보면 가족의 단단함이 느껴져. 다른 가족들 다 애가 있잖아. 언제까지 아닌 척, 좋은 척 행복해 하고 살 수 있겠어? 그 사람들도 그렇게 안보는 데 우리도 속으로는 애기의 필요를 느끼지. 긴말 할 필요 없이 본능이라니까. [애가 있으면] 부부관계도 훨씬 유대가 깊어지지(사례 3).

〈사례 3〉은 남편이 장남임에도 불구하고 자신에게 대를 이어야 한다거나 아이에 대한 압박을 주지 않으며 아이를 갖고자 하는 것은 자신의 본능이라고 표현했지만, 그 이면에는 아내로서의 자신의 의무를 다하지 못하는 것에서 오는 남편에 대한 미안함과 아이 없음에 대한 연민, 그리고 기혼여성들의 아이 중심의 인간관계 및 가족주의적 사회문화 안에서의 아이에 대한 필요가 있었다. 또한 난임여성들에게 아이는 의지할 수 있는 대상으로 의미화 되거나 나와 배우자를 닮은 복제품에 대한 욕망으로 표현되기도 한다.

> 둘이 즐기고 사는 것도 젊었을 때 이야기지. 사람 일은 어떻게 될지 모른다고. 둘이 늙어서도 같이 산다는 보장만 있으면 둘이 왜 못살아. 그런데 어느 한쪽이 가버리면 세상에 나 밖에 없잖아. 아무리 형제가 있다고 해도 나이 먹어서 다 자기 가족 위하지 언제까지 봐줄 수는 없는 거잖아. 애가 있어야 의지가 되지(사례 6).
>
> 나 늙어서도 부모님이 살아 계시는 것도 아니고 의지할 사람이 아무도 없잖아(사례 5).
>
> 아이를 가진다는 거에 딱히 이유가 있지는 않은 거 같아. 남들 다 하는 거 나는 못하니까 그런 것도 있고 솔직히 내가 사랑하는 사람 반쪽 어떻게 생겼는지 보고 싶기도 하고(사례 6).

〈사례 5〉와 〈사례 6〉은 나이 들어 의지할 수 있는 대상으로 아이를 필요로 했고 〈사례 6〉은 아이를 갖고자 하는 욕망을 복제의 욕망으로 표현한다.

한편 아이에 대한 자신의 내재적인 모성적 욕망을 강조하는 대표적인 언설은 "가족이나 결혼과 상관없이", "무조건" 등의 표현을 붙여 아이를 원하는 자신의 간절한 바람을 나타내거나 '아이를 안 낳는 것'과 '아이를 못 낳는 것'의 구별과 차이를 드러냄으로써 모성권을 실현하고자 하는 욕망을 강조한다.

> 결혼 전부터 결혼과 상관없이 아이를 가지려고 했었어. 그냥 애기 빨리 가졌으면 좋겠다 했고 내가 애기도 좋아하고 하니까 결혼 전에 애기 가져도 상관없고 그런 생각이 있었기 때문에…(사례 14).

> 누구한테 이런 이야기를 하겠어요. 그런 이야기 해봤자 애기 갖는 거에 대해서 마음은 이해한다지만 뭐 하러 저렇게까지 돈 들여서 [체외수정시술을]하나, [애기] 없으면 없는 대로 살지. 집착을 하냐고 그렇게 말한단 말이에요. '나 같으면 없으면 그냥 살겠다' 이렇게 말하는거 보면은 니가 갖고 싶은데 안 생겨봐라, 그런 말이 나오나… 우리 마음을 모르니까 그러겠지, 그런 생각이 들기도 하지만 화나죠(사례 14).

> 애가 너무 예뻐. 보고 있으면 눈물이 나. [다른 사람들이] 애기랑 물놀이 하고 그러는데, 너무 예쁘고 눈물 나고… 이유가 어디 있어. 무조건 갖고 싶어(사례 4).

〈사례 14〉는 아이를 갖고자 하는 바람이 결혼이나 가족성원들의 기대와 상관없이 자기 스스로부터 발생한 것이라고 설명한다. 이런 점에서 자신의 아이를 원하는 난임여성들의 간절한 바람을 부계 혈통 중심의 가부장적 이데올로기의 내면화이거나 기혼여성의 의무로서의 모성으로만 환원하기는 어렵다.7)

특히 난임여성들이 자신들의 (재)생산권의 내용을 자신들이 처한 위치나 상황 속에서 '아이를 낳지 않을 권리'가 아니라 '아이를 낳을 권리'로 구성하면서 〈사례 14〉의 말처럼 아이를 낳지 않고자 하는 여성, 또는 이미 아이를 낳은 여성들은 자신들의 입장과 처지를 이해하지 못한다고 말할 때, (재)생산권을 둘러싼 여성들 간의 차이를 확인할 수 있다.

마찬가지 맥락에서 경제적 부담과 자신의 육체적·정신적 고통을 감수하고서라도 체외수정시술을 통해 아이를 낳고자 하는 난임여성들을 단지 가부장적 정상가족 이데올로기로서 강요되는 모성성을 실현하기 위한 것이라거나 기술만능주의적인 지배적 기술-문화에 종속되어 있는 것으로만 설명하기는 어렵다.

하지만 난임여성들의 아이를 원하는 간절한 바람은 가부장적 가족관계 안에서 기혼여성으로서 요구되는 의무로서의 모성과 명확하게 경계 짓기 어렵게 표현된다. 〈사례 4〉는 아이가 너무 좋아서 자기 스스로 '무조건' 낳고 싶다고 진술하지만 이에 앞서 남편의 나이와 시댁의 압박 때문에 임신·출산에 대한 스트레스를 받고 있다고 언급한 바 있다. 따라서 난임여성들의 아이에 대한 간절한 바람은 기혼여성의 의무로서의 모성으로만 환원할 수는 없지만 그것과 자신의 모성적 욕망이 복합적으로 작동한 결과이며 끊임없이 구성, 재구성되는 것이다. 기혼여성의 의무로서의 모성과 자신의 내재적인 모성 욕망의 실현으로서의 모성 사이의 간극과 경계를 '내재적 생성으로서의 모성'으로 표현하고자 한다.

'기혼여성의 의무로서의 모성'과 '내재적 생성으로서의 모성'의 경합은 상대적으로 아이를 간절하게 원하지 않는 여성에게도 복합적으로 나타난다.

> 저희는 특별히 계획을 잡거나 하지는 않고 생기면 낳고 아니면 말고, 특별히 계획은 없었어요. 일단은 부모님이 기다리고 결혼하고 했으니까 옆에서 물어보고 그런 것도 싫고, 애는 하나쯤은 있어야 되겠고 해서, 그래서 병원가기 시작한 거예요(사례 7).

〈사례 7〉은 부부가 모두 상대적으로 아이를 간절하게 원한 것은 아니었으나 암묵적 강요로서의 모성과 기혼여성의 의무로서의 모성이 복합적으로 나타난다. 또한 이러한 복합적인 모성성의 경합 결과로서 임신·출산을 계획하였고 병원을 방문하게 되었다.

따라서 난임여성들의 모성적 욕망은 '암묵적 강요로서의 모성', '기혼여성의 의무로서의 모성', '내재적 생성으로서의 모성'이 끊임없이 경합하면서 구성된다는 점에서 다차원적이고 복합적이다. 하지만 이러한 복합적인 모성성의 경합 결과로, 일단 아이 낳기를 결심하게 되면 난임여성들은 자신들이 처한 조건과 상황 속에서 임신·출산을 위해 할 수 있는 모든 노력을 적극적으로 수행하게 된다.

결론적으로 개별적·집단적 차원 모두에서 난임여성들의 모성적 욕망은 단일한 요소로 설명될 수 없다. '암묵적 강요로서의 모성'과 '기혼 여성의 의무로서의 모성', '내재적 생성으로서의 모성' 간의 경계가 확실히 구분되지 않을 뿐만 아니라 이러한 모성들이 내·외부에서 서로 접합되고 경합하는 과정 중에 있으며 그 결과로서 아이를 낳고자 하는 욕망이 표출된다. 그리고 난임여성들은 자신의 욕망을 현실화하기 위해 난임을 극복할 수 있는 다양한 방법들을 적극적으로 실천한다. 그 과정에서 자신의 생식력을 향상시키기 위한 다양한 몸 관리를 수행하거나 한의원 및 산부인과 병원 또는 불임클리닉을 방문하게 되는 것이다.

■ 임신·출산계획과 몸 관리

난임여성들은 세 가지 모성('암묵적 강요로서의 모성', '기혼여성의 의무로서의 모성', '내재적 생성으로서의 모성')의 경합 결과로서 아이 낳기를 결정하게 되면, 자신이 처한 개인적·사회적 조건 속에서 임신·출산을 위한 계획을 세운다. 이때부터 본격적으로 임신·출산을 위한 노력이 이루어지는데, 일차적으로 난임여성들은 생식을 위한 자신의 몸 상태를 점검하고 대처하기 위한 노력을 하게 된다. 난임여성들은 임신·출산을 위해 의과학적 도움을 받고자 하는 노력과 일상생활의 몸 관리를 동시에 수행한다.

대부분의 난임여성들은 의과학적 도움을 받기 위해 불임클리닉을 곧바로 방문하기 보다는 일반여성들처럼 한의원이나 가까운 산부인과 병원을 찾아서 각종 산전 진단을 먼저 받는다.

> 처음에는 그냥 ○○산부인과 가서 기본적인 검사를 하고 자연배란을 잡았는데, 제가 생리가 불순한데 자연배란을 잡아도 생리가 늦어지더라구요(사례 7).
>
> 몸을 따뜻하게 하려고 기본적으로 한약 먹고 병원 다니기 시작했지. 제 몸이 차갑거든요. ○○산부인과에서 날짜 맞춰서 배란일 맞춰서 약 먹고 그렇게 한 1년 정도를 한 거 같아. 그래서 안 되니까 포기했어. 집에서 기다렸어. 병원 안다니고(사례 1).
>
> 병원가기 전에 결혼해서 한 6개월 있다 한약 지어 먹었어요(사례 19).

산전 진단과 자연배란주기에 맞춘 임신 시도는 자신의 생식력을 점검하고 자연적인 임신을 먼저 시도해 보기 위한 것이다.[8] 또한 한약복용은 자신의 생식력 점검과 함께 생식력 향상을 위한 보조수단으로 이용된다. 대부분의 난임여성들은 한약복용과 자연배란주기에 맞춘 자연임신 시도에 실패했을 경우에 불임클리닉을 방문하게 된다. 하지만 한의원이나 일반 산부인과보다도 불임전문 클리닉을 먼저 방문하는 여성들도 있으며 불임전문클리닉을 방문하더라도 자연적인 임신 시도를 먼저 한다. 또한 임신·출산의 성공을 위해 불임시술 이용과 한약 복용을 동시에 수행하는 여성들도 있다. 난임여성들에게 어떤 의료기관이든 그곳을 방문하도록 하는 계기는 의과학적 기준보다는 자신의 몸에 대한 해석, 그리고 자신의 삶의 조건 속에서의 아이를 낳기 위한 계획과 직·간접적인 체험이다.

> [결혼하자마자 불임클리닉을 방문한 여성] 빨리 왔다고 하죠. 나중에 더 있다 오라고 했어요. 병원 측에서는 빠르니까 1년 더 있다 오라고 말했는데 내가 조급한 게 있었던 거죠(사례 19).
>
> 한약은 시험관 1차 실패하고 나서부터 먹었어요. 몸을 만든 다음에 2차를 하면 잘될까 싶어서(사례 11).
>
> [불임클리닉에서] 너무 일찍 왔다는 식으로 이야기 하길래 상처 받았죠. 내 딴에는 마음에 고생을 많이 하고 갔는데(사례 4).
>
> 결혼하고 1년 후부터 신랑이 나이가 있으니까 초조해 지더라구요. 친구가 3년 동안 애가 없었는데 원인이 있을 수 있으니까 알아보라고 해서. 친구는 유착이 있어서 제거하니까 바로 애가 생기더라구요. 그래서 나도 문제가 있나 해서 ㅇㅇ병원부터 갔죠(사례 4).

〈사례 7〉은 평소에 생리불순을 체험하고 있었기에 일반 산부인과 병원을 찾았고 〈사례 1〉 역시 자신의 몸이 냉하다는 것을 알았기에 몸을 따뜻하게 보하기 위해서 한의원을 먼저 찾았다. 〈사례 19〉는 의학적 판단으로는 빠른 방문이었지만 늦은 나이에 결혼하였고 남편이 자신보다 연하였기 때문에 불임클리닉을 빨리 방문하였다. 〈사례 4〉 또한 본인의 나이는 상대적으로 어렸지만 8살 연상의 남편과 시댁의 아이 바람이라는 자신이 처한 조건 속에서, 그리고 주위의 사례에 대한 간접적 경험을 통해서 곧바로 불임클리닉 방문을 결정하였다. 〈사례 11〉은 체외수정시술에 실패하고 임신을 위한 또 다른 방법으로서 한약을 복용했다.

임신·출산을 위한 난임여성들의 노력은 의과학적 도움을 받고자 하는 데에만 머무르지 않는다. '아이 갖기'라는 목표를 세운 난임여성들은 이 목적에 맞춰 자신들의 시간과 공간을 재조직화 한다. 이것은 임신·출산을 위한 다양한 몸 관리를 수행하는 것이며 공적영역과 사적영역 모두에서 일어난다. 공적 영역에서는 직장을 그만둔다거나 일과 임신·출산을 위한 노력을 병행하는 방식으로 나타난다. 사적 영역에서는 주로 의과학적 도움을 받기 위해 병원을 방문하거나 임신·출산을 위한 최상의 몸 상태를 만드는데 주력하는 방식으로 나타난다.

> 2차 실패하고는 아예 직장 그만두고 마음먹고 1년을 시험관 해야겠다 계획을 하고 돈까지 계산해 놓고 했죠(사례 11).
>
> 불임병원은 내가 시간 맞춰 가야 하니까 그게 힘들고 늦게까지 해주면 좋겠는데 그게 안 되니까 불편하지요(사례 7).
>
> 애기 때문이라기보다는 적성에 안맞아서 그만뒀어(사례 12).
>
> 애기 때문에 그만뒀죠. 병원 다닐려고(사례 16).
>
> 회사 다니면서 시험관 시도를 했었죠. 회사 사정도 있었지만 제일 큰 거는 애기 가질려고 그만뒀죠. 스트레스를 많이 받으니까(사례 14).

〈사례 11〉은 치기공사로 체외수정 2차 시술까지는 직장일과 병행하다가 3차 시술 때 직장을 그만두었다. 〈사례 7〉은 공무원으로, 직장을 그만두고 병원을 다닐 생각은 없었지만 일과 임신·출산 노력의 병행에 있어서 어려움을 토로하였다. 〈사례 12〉도 치기공사로 일을 하다가 병원에 다니면서 직장을 그만두었지만 자신이 직장을 그만둔 것은 아이 때문이라기보다는 '적성에 맞지 않아서'라고 말하며 체외수정시술 기한을 3년으로 잡고 임신이 되지 않을 경우를 대비해 현재 네일아트를 배우고 있다. 〈사례 16〉은 결혼 전에 영업직에 종사하였고 결혼 이후에는 오빠의 사무실 일을 도와주고 있었지만 본격적으로 병원에 다니면서 직장을 그만두었다. 〈사례 14〉 역시 사무보조직에 종사하다가 아이를 낳기 위해 직장을 그만두었다.

공무원이나 치기공사 같은 대체로 안정적이고 전문적인 직종에 종사하는 경우에는 일과 출산을 위한 노력을 병행하는 경향이 있으며 비정규직이나 사무보조직 같은 불안정한 직종에 종사하는 경우에는 임신·출산을 위해 직장을 그만두는 경향이 있다.[9] 하지만 대부분의 난임여성들은 자신의 직업 및 경제력과 상관없이 기술화된 임신 노력의 육체적, 정신적 어려움을 토로한다.

이것은 한편으로는 기술화된 임신·출산의 수행이 직장생활과 병행하기 어려울 만큼 힘든 과정이라는 것을 보여주는 것이다. 하지만 다른 한편으로는 난임여성들의 난임 극복을 위한 노고의 강도가 가족구조 안에서의 위치에 영향을 받는다는 것을 알 수 있다. 안정적이고 전문적인 직종에 종사하는 여성 일수록 상대적으로 가족구조 안에서 출산에 대한 압박을 덜 받으며 기술화된 임신·출산 노력의 한계를 정하는 경향이 있다. 반면, 상대적으로 불안정적인 직종에 종사하거나 결혼과 함께 전업주부가 된 여성들의 경우에는 출산에 대한 압박과 임신·출산을 위한 노고의 강도가 더 커지는 경향이 있다.[10]

난임여성들의 일상생활은 시술 일정에 맞춰 병원을 방문하는 것과 임신을 위한 몸 관리를 실천하는 것으로 채워진다. 몸 관리는 운동이나 식이요법에서부터 한약 복용이나 각종 단방약, 건강 및 생식보조식품의 섭취에 이르기까지 다양한 방식으로 이루어진다.

> 한약은 입에 달고 살았고 시어머니가 경주에 유명한 대추밭이 있는

데 거기까지 가서 사왔어. 그리고 가물치, 두유 갈아먹고 석류주스도 원액으로 사서 먹지, 야채즙 먹고 나는 밥 안 먹고 그 약으로 배 채워. 홍삼 먹지... 안 먹어 본 게 없어(사례 15).

뭐 시골 어디 진안까지 가서 무슨 용하다는 할아버지한테 한약도 지어 먹고 무슨 단방약 같은 거 있잖아. 머 복분자, 장닭, 흰 접시꽃, 선모초 안 먹어본 게 없어. 고구마도 먹고(사례 10).

잣하고 호두가 면역력을 높여준다고 하잖아요. 우리가 평상시에 안 먹으니까 또 과다복용하면 성인병의 원인이래요. 그래서 멸치에다가 볶아 먹는 거야. 그게 열이 가해지면 성분이 날라 간다고 하더라고. 그래서 마지막에 넣고 먹어요. 나는 살 빼려고 식이섬유, 양배추, 브로콜리 먹고 고구마가 난자의 질을 좌우한다고 해서 고구마도 하루에 한 두 개 씩 먹어. 두유도 꼬박꼬박 먹고. 미국에서 나온 생식보조제인데 퍼틸리티라고 있어. 그거 사이트에서 공동구매 해 가지고 먹고(사례 2).

식품종류도 많이 먹고 비타민도 먹고 ○○이랑 공동구매해서 퍼틸리티도 먹고 엽산은 [병원에서] 처방받아서 먹고...(사례 12).

나는 몸에 좋다는거 안먹어 본게 없는데 다른 건 잘 모르겠고 복분자는 효과 봤어(사례 6).

난임여성들의 몸 관리는 아이 갖기에 대한 압박이 큰 여성일수록 강도 높게 수행되며 임신을 계획한 순간부터 의과학적 도움을 받아 기술화된 임신·출산을 수행하는 전 과정에 걸쳐 이루어진다.

난임여성들의 임신·출산을 위한 노고와 노력은 적극적인 지식의 습득과 정보의 공유를 통해 이루어진다. 난임여성들의 몸 관리는 가족이나 주변인들의 정보, 특히 다른 난임여성들의 체험을 통한 인터넷 정보에 많은 영향을 받는다. 운동이나 식이요법, 한약 및 건강식품 섭취 등은 임신에 성공한 다른 난임여성들의 경험담을 듣고 난임 극복 방법의 일환으로서 실천된다. 또한 의료진의 권유로 실천하기도 한다.

> 병원에서 살 빼라고. 살 빼야지 임신 된다고 처방해줬어. 이 사람들은 임신을 하기 위해 도와주는 사람들이니까 몸을 최상으로 만들어야 한다는 생각이 있는데 내가 살이 많이 찌다 보니까 비만 여성이 임신이 잘 안 되는 확률도 많고 임신이 됐다 해도 임신성 당뇨나 임신중독 때문에 힘들어. 차후 그런 것까지 생각하는 거거든(사례 8).

의료진은 주로 시술과정에서 엽산이나 아스피린, 비타민제 등의 약품을 처방·권유하며 최근에는 걷기 운동 정도를 권유하기는 하지만 다른 건강식품 복용이나 운동이 생식력 향상에 크게 도움이 된다고 여기지는 않는다. 따라서 몸 관리를 적극적으로 권유하지는 않는다. 의료진은 난임여성들이 이러한 몸 관리를 하기보다는 시술과정에서 자신들이 내린 처방을 잘 수행하기를 바란다.

〈사례 8〉의 경우에만 병원에서 비만관리를 권유하고 약 처방을 하였는데, 그것은 그녀가 다낭성 난소증후군 증상 중의 하나로서 비만군에 속하였기 때문이다. 비만은 최근에 난임을 유발할 수 있는 하나의 원인으로서 의과학적으로 보고되었으며 매체에 자주 소개되고 있다.[11] 그래서 비만과 생식력 간의 상관관계의 사실 유무를 떠나 체중조절은 〈사례 8〉처럼 명백한 비만군에 속하지 않은 다른 난임여성들도 일반적으로 수행하고 있다.[12] 특히 〈사례 2〉의 경우에는 다른 여성들이 독종이라고 표현할 정도로 철저한 계획 속에서 자신의 몸 관리를 위해 일상생활을 조직한다.[13]

여성들의 일반적인 체중조절 노력이 외모지상주의 문화와 맞물린 몸 가꾸기의 일환이라면 난임여성들의 체중조절 노력은 생식력 향상을 주 목적으로 한다. 생식력 향상을 위한 몸 관리 실천은 대부분의 난임여성들이 일반적으로 수행하고 있으며 이러한 몸 관리 실천은 난임여성들에게 시술비용 이외의 경제적 부담이 되기도 한다.

■ 몸 체험과 정보공유를 통한 불임클리닉 선택

난임여성들은 자신의 임신·출산계획과 그것을 위한 노력의 일환으로 몸 관리를 실천하고 의료기관을 방문한다. 이를 위해 가족과 친지, 친구, 주변 이웃, 매체나 특히 인터넷을 통해 수많은 정보와 지식을 습득한다.[14] 그런데 이렇게 습득한 정보와 지식은 때로는 의료전문가의 과학적 지식과 충돌하기도 한다. 그 대표적인 예가 시술과정에서 나타나는 양방과 한방 간의 갈등관계이다. 난임여성들은 대부분 임신을 위해 시술과 한약 복용을 병행하는데, 의사와 한의사는 각각 자신들의 의과학적 지식과 처방이 우월하다고 주장한다. 또한 시술이나 처방과정에서 나타나는 부작용이나 임신에 성공하지 못함을 상대의 잘못으로 떠넘긴다.

> 병원에서는 한약을 못 먹게 해서 안 먹었어(사례 15).
>
> 흑염소 먹고 한약 먹어서 물혹 생겼다고 ○○ 원장한테 혼났어(사례 2).
>
> 자궁 보호해 준다고 용하다는 한약 많이 먹었는데 지금 생각하면 헛수고였어. 한약 먹고 있냐고 물어보더니 먹지 말라고 그러더라구(사례 10).
>
> 한의원에서는 시험관 할 거면 한약 먹지 말라고 하던데. 이게 100% 될 거니까. 아무리 애가 안 생겨도 6개월, 1년 먹으면 애기가 생긴다고(사례 14).
>
> 한약 먹고 내막증 생겼다고 ○○병원에서 무지 혼났어(사례 13).

하지만 난임여성들은 양방과 한방의 효능을 자신의 체험을 통해 각각 해석한다. 자신의 냉한 몸을 따뜻하게 하기 위해 한약을 먹었다는 〈사례 1〉은 체외수정시술과 한약복용을 병행해 임신에 성공했지만 시술과 한약과 병행하지 않았던 1차 시술 때는 실패했으므로 임신 성공이 한약 덕분인 것 같다고 해석한다. 하지만 〈사례 14〉는 한약과 시험관 시술의 병행을 통해 임신에 성공했지만 한의사의 임신 성공에 대한 호언장담에 부정적이다. 〈사례 2〉는 불임클리닉 원장의 충고도 있었지만 실제로 본인이 흑염소와 한약을 복용하지 않았을 때 물혹이 생기지 않았으므로 양방의 처방이 더 효과가 있다고 평가한다. 〈사례 10〉은 양방과 한방 모두에 대해 부정적인데, 불임클리닉 원장의 충고에 따라 한약 복용을 중단하였지만 끊임없는 부정출혈에 시달려야 했으며 열심히 복용한 한약 및 시술 이용과 상관없이 자연적으로 임신이 되었기 때문이다. 〈사례 13〉 역시 시술과정에서 발생한 부작용에 대해 한약 때문이라는 충고를 들었지만 한약 복용을 중단하고도 계속되는 다른 부작용에 시달렸기 때문에 불임시술에 대해서도 부정적인 시각을 갖고 있다. 또한 〈사례 12〉처럼 시험관 시술과정에서 일어나는 모든 몸 상태의 변화의 일차적인 책임을 시술 그 자체로 돌리기도 한다.

> 일종의 부작용이지. 우리 주사제 약 많이 쓰잖아. 그런 거 일종의 부작용이지. 의사들은 절대 그런 걸로 생긴 부작용은 아니라고 해. 다른 거 핑계를 대지(사례 12).

즉, 난임여성들은 자신들의 직접적인 체험을 통해 의과학적 처방과 지식을 해석하고 의미화한다. 하지만 대체적으로 난임여성들은 자신들의 난임 극복을 위한 일차적인 의료기관은 불임클리닉인 것으로 상정하고 한약 복용은 보조적인 몸 관리 수단으로 여기는 경향이 있다.[15] 또한 난임여성들은 불임클리닉을 운영하고 있는 병원 중에서도 종합병원 보다는 개인불임전문클리닉을 선호하는 경향이 있는데, 여기에는 개인불임전문클리닉은 분만을 하지 않아 일반 산모를 받지 않는다는 점,[16] 난임을 전문적으로 처치하기 때문에 더 신뢰가 가며 더 좋은 의료서비스를 받을 수 있다는 점, 그리고 아이를 낳기 위한 계획을 더 빨리 성취시켜 줄 것이라는 기대 등이 복합적으로 작용한다.[17]

하지만 난임여성들의 이러한 판단과 선택은 일종의 경향성이며 자신들의 네트워크를 이용한 정보의 습득과 체험에 따라 개인불임전문클리닉이라 하더라도 병원을 선택하거나 옮기는 준거가 달라지며 같은 병원이라도 그 평가가 달라진다.

> 처음에 생겨서 광고 많이 해서, 아빠가 보고 가보라고 그러고, 인터넷 보니까 평이 너무 좋고, 그래서 갔는데 원장님이 눈물을 쏙 빼버리네. "힘드셨죠" 하면서. 3년쯤 되면 우울증 오는 시점이고. 그때 3년째가 힘들었고 했는데 원장님이 다독다독 해주고 하니까 인터넷에도 상담을 했는데 댓글에 글을 잘 써줘서 마음에 들었어(사례 4).

> 친절하게 해줘서 선택했어. 왜냐면 우리는 마음을 다친 사람들이었기 때문에 누군가 말 한마디가 중요할 수 있지. 자궁 외 임신이 됐다는 소리 듣고 울었어. 휴지 한 장을 안 건네주는 거야. 그래서 휴지 좀 달라고 해서 눈물을 닦았어. 그래서 ○○ 병원 자체가 보기 싫어서 ○○ 병원을 갔는데, 안 돼서 울 때마다 그 병원 원장님은 손도 잡아주고 휴지도 건네주고 그랬어. 그런데 지금 내 결론은 그런 거에 좌지우지 될 필요도 없다. 냉소적으로 바뀌었어(사례 18).

> ○○ 병원에서는 5분 설명해줬는데 ○○ 병원은 30분을 상담을 해주는 거야. 설명도 설명이지만 ○○ 병원은 나를 이해해 주는 거 같았어. 거기에 넘어가서 신뢰가 생겼어(사례 13).

〈사례 4〉와 〈사례 18〉, 〈사례 13〉은 친절한 서비스와 상담, 정서적 교감이 병원을 선택하는 준거가 되었으며, 〈사례 18〉의 경우에는 정서적 교감에도 불구하고 계속되는 시술 실패로 인해 해당 병원에 대한 실망을 갖게 되었고 병원을 옮기는 계기가 되었다.

> ○○ 병원은 난자막이 두꺼워서 깎는 거 그것만 DC해 주던데 ○○ 병원은 [시험관시술을] 서너번 하면 점점 DC가 된다고 들었어. 채취비도 난자도 안 나왔는데 25만원 받지, 황당했어. 나는 고통스러운데 이럴 때 카드를 내야 하는구나…(사례 3).
>
> ○○ 병원에서는 [과배란 인공수정 할 때]정자를 한 번을 넣어줬는데 ○○ 병원은 두 번을 넣어주더라고. 검사를 ○○ 병원에서 다 했다고 하니까, 돈 들어가니까 검사를 더 이상 하지 말자고 하더라고. 그래서 시험관시술로 바로 들어갔지(사례 1).

〈사례 3〉은 〈사례 18〉과 마찬가지로 시술 실패와 시술비용의 차이가 병원을 옮기는 준거가 되었으며 〈사례 1〉은 시술 서비스의 차이와 불필요한 검사 절차의 생략이 해당 병원을 신뢰하게 하는 계기가 되었다.

난임여성들의 직·간접적인 체험을 통한 병원 선택의 기준 차이에도 불구하고 병원을 선택하는 가장 대표적인 판단의 준거는 임신 성공이라는 자신의 계획을 성취시켜 주었는가 아닌가에 달려 있다. 임신 성공이라는 준거는 정서적 교감, 의료서비스, 비용 절감, 시술 절차의 간소성 등의 판단 준거를 압도하는 경향이 있다. 또한 불임클리닉의 방문과 각종 시술절차의 체험은 아이 낳기라는 목적을 위해 최대한의 노력을 해볼 수 있는 수단이자 합리적인 실천 계획으로 의미화 된다.

> 처음에 인공수정 들어 갈 때 과배란 인공수정 두 번하고 정부에서 지원 나온 걸로 시험관 몇 번 해봐야지 하고 계획을 세웠었어요. 정부지원 신청은... 미리 받아놨죠. 대비해서(사례 19).

> 병원 빨리 간 게 오히려 다행이라고 생각하지. 괜히 시간과 노력과 돈을 엉뚱한데다가 쏟아 붓지 않고 이게 가능성이 있고 남편 때문에 이상이 있었는데 병원에 안 왔으면 모르잖아. 막연하게 해봤자 차라리 빨리 온 게 다행이라고 생각했지. 물론 힘들었어도 한편으로는 그런 생각이 들었지(사례 6).

따라서 다차원적이고 복합적인 모성성의 경합 결과로 '아이 낳기'를 결정한 난임여성들은 그것을 실현하기 위한 하나의 수단으로서 자발적으로 몸 관리를 실천하고 의과학적인 도움을 받으려고 한다. 이것은 출산에 대한 의과학적 관리의 보편화 및 자신들이 처한 현실적인 조건과 맞물리면서 합리적인 것으로 의미화 된다. 이 과정에서 난임여성들은 적극적으로 관련 지식과 정보를 습득하고 공유한다. 또한 난임여성들이 습득한 지식과 정보는 의과학적 처방 및 지식을 받아들이는 것이기도 하지만 자신의 체험을 통해 그것들을 다른 방식으로 해석하고 의미화 하는 것이기도 하다.

2. 난임여성들의 기술화된 출산과정에의 개입

■ 불임 진단의 불확실성과 난임여성의 대응

난임여성들의 기술화된 임신·출산이 이루어지는 주요 공간은 불임클리닉이다. 난임여성들은 일단 불임클리닉을 방문하게 되면 난임의 원인을 파악하기 위해 문진과 각종 검사를 받게 된다.[18] 먼저 의사를 만나기 전에 간호사를 통해 문진을 받게 되는데 나이, 불임 기간, 과거의 병력, 피임, 낙태 등의 경험 유무를 서면을 통해 체크한다. 의사는 문진의 결과를 확인하고 불임의 주요 원인 중의 하나인 난관폐쇄나 난관유착 등의 난관상태 및 자궁기형을 검진하기 위한 자궁난관조영술과 난소와 자궁의 상태를 체크하기 위한 질 초음파 검사를 기본적으로 실시한다.[19)]

또한 혈액검사와 배란검사, 성교 후 검사도 기본적인 검사에 해당되는데, 혈액검사는 임신과 관련된 유즙분비 호르몬이나 갑상선 호르몬 등의 호르몬 검사를 위해 실시하며, 배란 검사는 난포의 성장과 배란 시기를 관찰하기 위해 예상 배란일 3~4일 전부터 역시 질 초음파를 통해 실시한다. 성교 후 검사는 배란기 새벽에 부부관계를 한 뒤 3~4시간 안에 자궁경관 점액을 채취하여 이루어지는 검사인데, 자궁 경관 점액을 통해 정자의 활동성이나 점액 상태, 점액 내 정자 거부 항체 유무, 정자 상태를 파악하기 위한 것이다.

이러한 검사를 다 하고도 난임의 원인을 정확하게 파악하지 못했을 경우, 복강경 검사, 자궁경 검사, 자궁내막 검사 등을 받게 된다. 복강경 검사는 자궁난관 사진에서 이상이 발견되거나 자궁내막증 진단을 위해 실시하는 것으로 전신마취를 해야 하고 복강내 유착이나 자궁내막증이 발견되면 레이저로 검사와 처치를 동시에 하는 것이다. 자궁경 검사는 자궁난관 사진 상 자궁 유착이나 근종, 폴립이 있을 때, 또는 자궁기형이 의심될 때 하는 것으로 마찬가지로 자궁기형을 진단하거나 자궁근종이나 폴립을 제거하기 위한 처치법으로도 사용된다. 자궁 내막검사는 배란시기에 초음파 촬영으로 자궁 내막의 두께와 형태 변화를 보는 것이다.

여성들은 난임 원인을 파악하기 위해 이러한 수많은 검사를 받는 반면, 남성들은 정자의 수나 운동성, 기형정자 등을 확인하기 위한 정액검사만 받으면 된다. 또한 여성들은 의료진의 정확한 검진을 위한 검진 일정에 맞춰 병원을 수시로 방문해야 하지만 남성들은 정액을 채취하기 위해 한 번 방문하거나 그나마도 2~3시간 안에만 병원에 갖다 줄 수 있으면 병원 외 장소에서 정액을 받아 와도 된다.[20)]

이렇듯 난임 진단을 위해 남성의 노고보다도 여성의 노고가 더 많이 요구된다. 하지만 이보다 더욱 중요한 문제는 이러한 노고를 통해서도 난임의 원인을 정확히 파악할 수 없는 경우가 있으며 원인을 찾는다 하더라도 근본적인 치료가 가능한 것은 아니라는 점이다. 의과학적 불임 판단의 준거는 주로 생물학적 요인들인데 이러한 생물학적 요인들은 사회 환경적인 영향을 받을 뿐만 아니라 일부 생물학적 요인들은 단지 장애요인일 뿐 임신이 되는데 크게 지장을 주지 않기 때문이다. 예컨대, 난관이 막혀 있는 난관폐쇄의 경우, 한 쪽 난관이 건재하면 임신이 되기도 하며 이는 주로 자궁 외 임신으로 인해 시술되는 난관절제의 경우에도 마찬가지이다. 따라서 난관요인인 경우, 양쪽 난관 모두가 없거나 막히지 않는 한 완전히 임신이 되지 않는다고 보기 어렵다. 또한 생리불순이나 자궁근종 등도 의과학적인 불임 원인 중의 하나이지만 마찬가지로 임신이 되기도 한다.[21)]

이런 사실은 의사들로 하여금 불임의 원인을 명확히 설명하기 어렵게 하는 요인이기도 하며 난임여성들에게는 자신이 불임은 아니라고 생각하게 하는 근거가 되기도 한다.

> 원인불명이래. 결혼시기에 임신이 됐는데 자궁 외 임신이 돼서 나팔관 한쪽을 제거를 해버렸죠. 한쪽만 있는 상태죠. 나도 선생님한테 괜찮냐고 물어 봤거든. 그런데 괜찮다고 아무 이상 없다고. 다낭성도

> 조금 있고 복합성이 조금 있기는 한데 딱히 이거다 라고는 설명을 안하죠(사례 16).
>
> 나도 어이가 없었어. 나도 왜 막혔냐고 물어봤더니 이유가 없대. 과학적으로 증명이 안 됐대. 그런데 세균감염으로 막히는데 그게 무슨 세균이고 이런 것도 없고 의사가 재수 없으면 걸리는 걸로. 보통 나처럼 난관이 폐쇄되는 여자 없고 임신 잘 하잖아. 그런데 천 명에 한명? 만 명에 한명? 그게 과학적으로 없대. 병명을 모른대(사례 15).
>
> ○○ 병원에서 난관조영술 할 때는 한쪽이 막혔다 그랬는데, ○○ 병원에서 할 때는 잘 뚫려 있다는 거야. 그래서 그게 막혔다 뚫렸다 하나 보다 했지(사례 14).
>
> 나는 내가 불임이라고 생각 안해. 불임이라는 어감도 싫어. 불임은 정말 임신이 안된다는 거잖아. 임신이 안되는 건 아니니까 난임부부지 불임부부가 아니잖아(사례 12).

〈사례 16〉은 한 쪽 난관을 절제했지만 의사로부터 자신이 납득할 만한 명확한 원인 설명을 듣지 못했고 의사는 임신 가능성의 희망을 주기 위해서일 수도 있지만 실제로 임신이 될 수도 있고 무엇보다도 인공수정이나 체외수정 시술을 통해서 임신을 시도하면 가능성이 있기 때문에 명확한 설명이 필요 없다고 여겼을 수 있다. 〈사례 15〉는 난관폐쇄라는 진단에 그 이유를 물었고 의사는 세균감염을 원인으로 들었지만 납득할 수 없었다.[22] 〈사례 14〉의 경우에는 한쪽 병원의 오진일 수도 있지만 실제로 일어나는 일이기도 하며, 사실 유무와 상관없이 난임에 대한 의과학적 진단에 의구심을 갖게 하는 계기가 된다. 그래도 의과학적 준거에 의한 불임을 유발하는 생물학적 요인들은 그러한 것들이 없는 여성들에 비해 임신의 가능성을 낮출 수 있다는 점에서 여성들도 자신들의 난임 원인으로 일정 정도 인정하지만 소위 '원인불명'의 경우에는 자신이 불임이라는 것을 더욱 인정할 수 없게 한다. 〈사례 12〉는 원인불명으로 진단받고 체외수정 시술에 여섯 번이나 실패했지만 자신을 불임여성으로 인정할 수 없다고 한다. 그런데 원인불명에 대한 의사의 판단은 여성들의 판단과 다르다.

> 원인 모른다고 하는 것은 애매한데 현대 의학적으로 봤을 때 규명이 안 된 것을 말한 것이죠. 나팔관 검사해서 뚫려 있고 정자도 검사했는데 이상 없는데 임신이 안 된다 이런 경우는 하게 되어 있어요. 우리가 현미경적인 검사도 해 봐야 하니까. 그거는 육안적인 검사잖아요. 눈으로 볼 수 있는 검사이고 수정되고 이런 거는 현미경적인 검사니까 시험관아기를 한다는 것은 임신을 시도한다는 것도 되지만 수정과정에 문제가 있나 없나를 알 수 있기 때문에 진단 목적도 된다는 거예요(보조 사례 2, 의사).

의사는 원인불명이라는 것은 "아직 의과학적으로 규명이 안 된 것"으로 해석하며 지속적인 연구나 시술과정을 통해 규명해 낼 수 있는 것으로 주장한다. 생식세포나 난관, 자궁요인이 아니면 수정이나 착상과정에 문제가 있을 수도 있으며 이는 시술과정을 통해 확인할 수 있다는 것이다.

그렇다면 불임 진단은 불임의 원인을 파악하여 이를 근본적으로 치료하기 위해서라기보다는 거꾸로 더 많은 몸 부분들을 의과학적으로 관찰하고 시술의 정당성을 확보하기 위한 하나의 과정인 측면이 강하다. 따라서 체외수정시술은 치료가 아닌 처치이며 이 처치를 통해 아직까지 밝혀지지 않은 불임 유발 원인들을 계속해서 찾아내는 것이다.

하지만 수많은 검사를 거치고도 원인불명으로 진단 받은 난임여성들은 임신 실패나 임신 성공의 체험 속에서 의과학적인 불임진단을 신뢰하지 않으며 오히려 임신 실패의 책임을 전가하려는 변명으로 의미화하기도 한다. 즉 의료진에게 원인 불명은 "아직 규명이 안 된 것"이지만 난임여성들에게 원인 불명은 '의과학적 지식의 한계'를 의미하는 것이다.

> 그게 정답인 거처럼 얘기를 해요. 불임에는 원인이 없다고 하잖아(사례 5).
>
> 그리고 거의 반 이상이 원인불명인 경우가 대부분이라고. 그러니까 뭐 여러 가지 검사를 했는데 한 가지라도 문제가 있다고 하면 그거 때문에 임신이 잘 안 되는 거다 그래서 그것을 고친다든지 어떻게 한다든지 하는데 이렇게 검사를 다 했는데도 아무 이상이 없어. 그런데도 임신도 안 되고 착상도 안 되고 해도 수치 떨어지고 그러면 당연히 원인불명이라고 하지. 의사들은 제일 말하기 쉬운 게 원인불명이야(사례 6).

이런 의미에서 난임의 원인은 명확하지 않으며 비교적 확실한 것으로 알려져 있는 생물학적인 의과학적 불임 원인도 난임여성들의 몸들에 대한 시술과 연구를 통해 발견된 것이다.

불임 진단과 관련해 확실한 것은 난임여성들의 몸들에 대한 의과학적 처치를 통해 앞으로도 불임을 유발할 수 있는 수많은 요인들이 발견될 것이고 이러한 것들이 많이 발견 될수록 난임의 불확실성은 증가할 것이다. 왜냐하면 모든 여성들이 그 수많은 불임 유발 원인들 중 한 두 가지 정도는 해당될 것이며 그러한 요인들을 가지고 있을지라도 보조생식술의 도움 없이 임신을 하는 여성들이 있을 것이기 때문이다. 그런 점에서 보조생식술이 필요한 확실한 이유는 이런 수많은 의과학적인 불임 유발 요인들 때문이 아니라 '아이가 없다는 사실'

그 자체 때문이다.

난임여성들이 불임클리닉을 방문해, 문진으로 나이와 불임기간을 체크하는 그 순간부터 의료진에게 난임여성들은 보조생식술의 적용 대상이 되는 것이며 여성들 스스로는 기술화된 임신·출산을 수행하고자 하는 주체가 된다.

난임 원인의 불확실성은 불임에 대한 의과학적 진단과 난임여성들 스스로 판단하는 불임 간의 차이와 의미 경합을 만들어낸다. 일반적으로 의과학적 불임 판단은 피임을 하지 않고 부부관계를 했을 때 1년 안에 임신이 가능하다는 통계적 확률에 의거한 것이지만 난임여성들의 삶과 난임에 대한 판단은 이 기간과 통계에 의존하지 않는다.[23]

> 1년 이상 정상적인 잠자리를 했음에도 불구하고 임신이 안 되는 경우를 단순히 불임증이라고 진단을 내리고 조금 더 적극적인 방법으로 임신을 시도하자고 설명을 드려요. 그 이유가 자연임신의 80-90% 이내가 1년 이내에 임신이 돼요. 그런데 나나 남편이나 아무 이상이 없음에도 불구하고 1년이 넘어서도 임신이 안 되는 경우는 무언가 임신이 되지 않은 10-20%에 드는 거잖아요(보조사례 4, 간호사).
>
> 적어도 1년을 임신 못하면, 불임의 원인을 알아서 교정해야 되는 판단시기가 1년이에요 (보조 사례 1, 의사).
>
> 결혼 년 수 7년이나 지났는데 왜 이제야 왔냐고 뭐라고 하더라고(사례 10).
>
> 1년 안에 안 생기면 무조건 불임이라고 하드만. 검사를 하고 결과는 이상 없다고 하더라고. 신랑이나 나나. 나팔관 검사는 ○○산부인과에서 했어. 거기서도 이상이 없었어. 근데 ○○ 병원에서 또 다시 다 했어. 그래도 이상이 없었어(사례 1).

〈사례 10〉은 결혼 7년차 이지만 자신과 남편의 생애 계획 속에서 오랫동안 임신 계획이 없었고 임신·출산 계획을 세우자마자 합리적인 선택으로서 불임클리닉을 방문하였다.[24] 그래서 결혼 기간을 두고 불임이라고 진단하는 의료진의 판단과 괴리감을 느낄 수밖에 없었다. 〈사례 1〉은 의료진의 설명에 의하면 10~20% 안에 드는, 본인과 배우자가 아무 이상이 없는데도 임신이 안 된 결혼 8년차의 기혼 여성이고 체외수정 시술을 통해 임신에 성공했지만 스스로를 불임이라고 판단하지 않으며 무엇보다도 1년이라는 의과학적 불임 판단 기준에 대해 잘못된 것이라고 생각한다. 〈사례 1〉이 자신을 불임이 아니라고 판단하는 것은 의과학적 진단으로도 불임요인이 밝혀지지 않았기 때문이기도 하다. 즉 의료진은 대체로 생물학적 요인이나 통계적 확률을 가지고 불임을 판단하고 시술을 권유하지만 난임여성들은 의과학적 불임 판단 기준보다는 자신의 생애사적 체험과 계획에 따라 임신·출산을 계획하고 난임의 원인을 판단한다.

> 나는 처녀 때부터 피임약도 한 번도 먹어본 적이 없고 다 체외사정으로 피임했는데, 철 몰랐을 때는 그냥 사정도 하고 그랬는데 한 번도 안 생겼다는 거지. 그때는 날짜를 잘 피해갔구나 단지 그렇게 생각했는데 지금 생각해 보니까 내가 안 되는 가봐. 그러니까 내가 더 병원을 빨리 갔던 거 같아(사례 4).
>
> 병원을 1년도 안돼서 간 이유는 질염이 심했어요. 그래서 그런 거 체크도 하면서 약도 받아야 되고 하니까 가서 했는데... 배가 차요. 손 발도 차고. 족욕으로 나는 많이 좋아졌다고 생각해요. 어머니는 아직도 그것 때문이라고 생각해요. 유산도 몸이 차기 때문이라고. 유산 뒤에 한의원에 갔는데 거기서 그렇게 이야기 했어요(사례 17).
>
> 나는 서로 인연이 아니니까 안 생긴다고 생각해. 왜냐면 23살 때 결혼 할려고 맘 먹었던 사람이 있었어. 그때는 철모를 때였고 결혼 날짜까지 잡았는데 헤어지게 됐는데, 그 남자랑 내가 5년 동안 살았었어. 그런데 그때도 원인이 없이 안 생겼어, 애기가... 그런데 중요한

건 뭐냐면 그 사람이랑 헤어지고 나서 몇 년 후에 내가 29살에 다른 사람을 만났는데 이 사람하고는 2개월 만에 임신이 된 거야... 그렇게 해서 보니까 인연이 아니면 안 생긴다고 봐... 그래서 시험관까지 해서 애기가 안 생긴다면, 다섯 번까지 해서 안 생긴다면 이 사람하고도 인연이 아닌 거라고 생각을 해(사례 2).

〈사례 4〉는 의과학적으로는 원인불명이었지만 마찬가지로 원인불명이었던 〈사례 1〉과는 다르게 자신의 난임을 의미화한다. 〈사례 1〉이 의과학적 불임 판단 기준을 신뢰하지 않는 것에 비해 〈사례 4〉는 피임하지 않고도 한 번도 아이가 생기지 않았던 자신의 체험 속에서 의과학적 불임 진단과 상관없이 난임의 가능성을 판단한다. 이는 〈사례 1〉은 1년 간의 피임 기간을 가졌었고 체외수정 시술을 통해 출산에 성공했지만 〈사례 4〉는 그렇지 않았기 때문인 것으로 보인다. 〈사례 17〉 역시 명확한 의과학적 원인이 있는 것은 아니지만 자신의 체험과 몸 상태에 대한 해석을 통해 난임을 판단한다. 이들이 원인불명이었던 데 비해 〈사례 2〉는 결혼 전 난소암일지도 모른다는 의료진의 오진에 의해 복강경 시술을 받았고 그로 인해 한쪽 난관이 막힌 명확한 의과학적 불임원인인 난관폐쇄를 진단받았음에도 불구하고 자신의 아이 없음의 원인이 난관폐쇄라고 판단하지 않는다.[25] 〈사례 2〉는 한쪽 난관이 막혀 있는 난관폐쇄 상태에도 불구하고 과거에 임신했던 체험을 통해서 자신은 불임이 아니며 시술을 통해서도 아이가 생기지 않는다면 남편과의 관계가 서로 맞지 않기 때문일 거라고 해석한다.

의료진에게 생물학적 불임 요인은 시술의 필요성을 제기할 수 있는 근거가 되지만, 난임여성들에게 생물학적 불임 요인은 현재의 아이 없음이라는 결과를 만들어 낸 여러 요인들 중 하나이며 난임은 자신들의 생애사적 체험 속에서 다양하게 해석된다.

난임여성들에게 의과학적인 불임 진단은 모순된 두 방향으로 영향을 미친다. 난임여성들에게 원인불명은 한편으로는 의과학적 지식의 한계를 인식하게 하지만, 다른 한편으로는 의료진에게 명확한 원인을 찾아내라고 요구하게 한다. 이는 명확한 원인이 없음에도 아이가 없는 상태에 대한 답답함 때문이기도 하지만 명확한 원인이 없을 경우, 가부장적 문화와 맞물리면서 아이 없음에 대한 책임이 여성에게 전가되기 때문이기도 하며 무엇보다도 명확한 원인을 찾아내면 그 해결책도 있을 것이라는 인과론적 세계관을 내면화한 것이기도 하다.

한편 의과학적인 난임 진단을 받은 여성들은 한편으로는 그것을 자신의 생애사적 체험의 결과로서 다양하게 해석하기도 하지만 다른 한편으로는 기술적 처치를 통해 해결할 수 있는 것으로 의미화 한다.

> 원인이라도 알았으면 좋겠어. 아무 이상이 없어도 내 잘못인거 같애(사례 12).
>
> 네. 다 정상. 저 같은 사람 많아요. 차라리 어디 기능이 저하가 됐다 그러면 기능을 올려주고 폐쇄가 됐다 그러면 뚫어준다거나 그것도 아니면 포기하고 시험관 한다거나 이유가 있어야 하는데 아무 이유 없이 한다는 거 그런 것도 억울하기도 하고. 그런 사람이 많으니까(사례 7).
>
> 그나마 나 같은 사람은 정말 다행이지. 나는 신랑이 문제인데 이런 거 몰랐어봐. 시어머니랑은 당연히 내 탓이라고 생각하지. 나는 얼마나 억울했을까...(사례 6).
>
> 다낭성. 난소표면이 두꺼워서 배란이 잘 안 되는 거. [일종의 배란장애야?] 나 수술해서 괜찮은데. 복강경 해서 난소표면을 골프공처럼

얇게 구멍을 뚫어줘. 작년에 했다고 했잖아. 일명 골프공 수술이라고 해(사례 8).

환경이나 컴퓨터, 남자도 정액이나 운동성에서 이상 없다고 나와도 남자도 스트레스 그런 게 원인이 큰 거 같아요(사례 11).

〈사례 12〉를 비롯해 원인불명으로 진단받은 난임여성들은 "원인이라도 알았으면"이라는 언설을 많이 사용하며 원인을 알아내 그것을 해결하면 임신이 더 용이할 것이라고 생각한다. 때문에 난임여성들은 보조생식술 이외에도 유전자 검사나 염색체 검사, 자궁경, 복강경 등과 같은 더 많은 의료적 진단법 및 처치에 참여하게 되고 의료진은 이를 통해 난임의 원인이 될 수 있는 더 많은 요인들을 찾아내고자 한다. 남편에게 불임요인이 있는 〈사례 6〉의 경우에는 의과학적 진단이 없었더라면 아이 없음에 대한 책임이 자신에게 전가되었을 것이라고 말한다. 이는 의과학적 불임 진단이 난임여성들에게 자신에게 '책임 없음'을 보증하는 전략적 도구가 되기도 한다는 것을 보여준다.

〈사례 8〉은 다낭성 난소 증후군이라는 의과학적 불임 진단을 받았음에도 불구하고 자신을 불임이라고 생각 하지 않고 "골프공 시술"을 통해 불임유발 원인을 해결하였으며 단지 임신하기 어려운 조건 중의 하나를 가지고 있을 뿐이라고 의미화 한다. 또한 〈사례 11〉은 의과학적 원인불명 진단에 대해 생물학적 몸의 상태에 대한 해석을 넘어서 난임의 요인으로 사회 환경적인 요인의 가능성을 제기하기도 한다. 즉 난임여성들은 아이 없음이라는 현재 상태에 대해 의과학적인 불임진단을 그대로 받아들이거나 자신의 몸을 비정상적인 몸들로 의미화하기보다는, 대체로 난임의 원인을 자신들의 생애사적 체험 속에서 다차원적인 준거를 가지고 다양하게 해석하며 의과학적 불임진단을 전략적 도구로 이용하기도 한다.

하지만 아이 없음에 대한 다양한 해석에도 불구하고 불임의 원인을 찾아내기 위한 의과학적 연구를 추동하는 힘은 난임여성들의 적극적인 기술화된 임신·출산과정에의 참여와 불임 원인에 대한 설명 요구이다. 또한 불임의 원인을 의과학적인 생물학적 요인에서 찾든 자신들의 생애사적 체험 속에서 찾든 의료진과 난임여성들 모두 아이를 갖고자 함에도 불구하고 아이가 생기지 않는 것이 난임을 판단하는 일차적인 근거이다. 의료진은 다양한 보조생식술을 적용하여 불임을 해결하고자 하고, 난임여성들은 보조생식술을 이용하지만 보조생식술 이외에도 아이를 갖는 데 도움이 된다고 알려진 수많은 방법들을 동시에 시도한다.

요약하자면, 의과학적 불임진단의 불확실성은 30%가 넘는 원인불명 여성들에게서 극적으로 표현되며 난임여성들은 의과학적 진단기준이 아니라 자신의 생애사적 체험과 몸에 대한 해석을 통해 난임의 원인을 판단한다.[26] 또한 의과학적 불임진단의 불확실성에 대한 난임여성들의 대응방식은 두 가지로 나타난다. 하나는 의과학적 지식의 한계를 인식하면서 임신·출산을 위해 의과학적 처치법 이외의 생식력 향상에 도움이 된다고 알려진 다양한 방법의 몸 관리 실천을 수행한다. 다른 하나는 의료진에게 불임 원인에 대한 명확한 설명을 요구하고 원인을 찾기 위한 각종 처치법에 참여함으로써 의도치 않게 의과학적 불임진단법 개발에 기여한다.

▪ 시술법 및 처치법에 대한 주체적 해석과 수용

보조생식술의 도움을 받아 임신·출산을 수행하고자 하는 난임여성들은 다양한 시술법과 처치법을 적용받게 된다. 즉 난임여성들의 기술화된 임신·출산과정은 다양한 시술법과 처치법을 이용하는 과정이다. 이러한 다양한 시술법과 처치법에 대해 난임여성들은 의료진의 설명을 그대로 받아들이기보다는 자신의 체험을 통해 다른 해석들을 하기도 한다. 또한 난임여성들에 따라 이러한 처치법들에 대한 몸의 반응과 체험이 다르기 때문에 난임여성들 안에서도 서로 다르게 해석된다.

먼저 난임여성들은 체외수정시술과정에서 더 많은 난자를 채취하기 위해 과배란제를 투여하게 되는데, 이때 과배란제가 건강에 미칠 수 있는 위험성에 대한 의료진의 해석과 난임여성들의 해석은 다르다.

> 저희는 아직까지 과배란이 여성건강을 해친다는 것을 별로 생각해 본 적이 없는데요. 생각해 본 적이 없다기보다는 그런 경우를 못 본 거 같은데. [그래도 아까 과자극증후군도 말씀 하셨고]. 그거는 일시적인 현상이에요. 그게 쭉 가는 게 아니라(보조 사례 5, 연구원).
>
> [복수 차고 이럴 때 의사한테 물어봤을꺼 아니야.] 원래 그런다고 대답해. 너무 많이 차고 못 움직이겠으면 다시 병원으로 오래. 과배란제 부작용이란 말은 안 해주고(사례 16).

과배란을 통한 난자채취로 인해 난임여성들에게 가장 빈번하게 나타나는 증상은 난소과자극증후군[27)](OHSS)으로, 복통과 복수가 차는 증상을 동반한다. 의료진은 〈보조사례 5〉의 진술처럼 난소과자극증후군에 대해 시술과정에서 일시적으로 나타나는 현상으로서 여성건강을 해치는 것은 아니라고 말한다. 또한 임상에서 난자를 많이 채취한 여성들에게서 나타나는 보편적인 현상으로 보고, 과배란제의 부작용이라고는 설명하지 않는다. 즉 의료진은 더 많은 난자채취를 위한 과배란제가 복수가 차거나 메스꺼움, 복통을 유발할 수 있다는 사실을 인정하면서도 그것은 시술과정에서 나타나는 일시적인 현상으로, 난임여성들에 비해 심각한 현상으로 해석하지 않는다.

> 복수 차서 너무 힘들다고 그랬더니 수간호사가 와서 부작용이냐고 그랬더니 부작용이라고는 할 수 없고 대부분 난자 개수가 많이 나오면 환자들이 복수를 경험한다고 하더라고. 근데 그게 부작용이지 뭐야. 부작용인데 일반적으로 다 그러니까 부작용이 아니고 다 그런 거라고 말하지(사례 5).

하지만 난임여성들은 이러한 증상들에 대해서 과배란제의 부작용으로 해석하고 의료진에 비해 그것의 건강상의 위험 가능성을 더욱 심각하게 고려한다. 대체로 이러한 증상들은 과배란제를 많이 투여해 많은 수의 난자를 채취한 여성들 일수록 더 많이 나타나며, 따라서 과배란제의 위험성에 대해 난임여성들이 심각하게 해석하는 것은 자신들의 몸을 통해 각종 부작용을 체험하기 때문이다.

> 난자 채취하면 많이 나오니까 너무 힘들어. 지치고 토할 거 같고. 배가 아프지 항상. 복수는 안찼어. 첫 번째 난자채취 할 때는 다른 사람들 이식을 해야 하니까 한 시간도 못 눕고 갔을 거야. 너무 힘들더라고. 몇 개 빼는 사람들은 힘 안들어라 하는데 나 같이 많이 빼는 사람은 몸이 지쳐버리더라고(사례 1).
>
> 1차 때 단기로 해서 난자 13개 나와서 냉동 없고 5개 이식했어요. 몇 개월 쉬면서 흑염소도 먹고 쉬다가 작년 추석 때쯤 2차 길항제로 한다고 해서 했는데 난자가 27개가 나온 거예요. 1차 때도 소화가 안 되는 거예요. 2차 때는 더 많이 크니까 더 힘들었던 거 같아요. 배가 많이 불러오니까 너무 힘들어서(사례 4).

이러한 증상이 아니더라도 난임여성들은 시술과정에서 몸의 변화로 인한 다양한 고통을 체험하게 된다. 난임여성들은 난자 채취를 비롯해 체외수정 시술 과정에서 복수나 복통, 메스꺼움만 체험하는 것이 아니라 부정출혈이나 물혹 발생, 근종 확대 등의 생물학적 몸의 변화를 체험하면서 체외수정 시술이 자신들의 건강에 위험한 것이라는 것을 인식한다. 또한 난임여성들은 생물학적 몸의 변화로 인한 건강상의 위험뿐만 아니라 스트레스를 비롯한 정신적인 고통, 그리고 그 외의 비만, 기억력 감퇴, 전체 몸의 기능 저하 등을 경험하기도 한다.

> [복수가 너무 많이 차서] 배가 너무 많이 나와서 66도 안 들어 갔었어 바지가. 학교를 가야하는데 창피해서 얼굴도 붓고 그 정도로 나왔는데... 3차는 살이 엄청 찌드만. 병원에서는 아니라고 하잖아요. 운동을 했는데도 살이 쪘다니까요(사례 17).
>
> 난자를 10개, 20개 뺀 애들이 복수가 차고 힘들더라. 그만큼 많이 난소를 건드는 거잖아. 나같은 경우는 항상 6개 이하여서 가스차고 복부 살찌는 거 밖에 없었어... 그거 할 때마다 살찌는 거 같아. 그게 안 좋았어(사례 3).
>
> 시험관 1차 하고 나서는 생리를 3일 하고 나서 끝난 줄 알았는데 또 2주를 계속 부정출혈 하더라구(사례 14).
>
> 나는 스트레스 받아서 치질이 생겼어. 그래서 수술까지 하고(사례 18).
>
> 과배란 주사 맞을 때 나는 잠을 못 잤어. 저녁내 화장실 들락 달락하고 매일 헛꿈만 꾸고 저녁 내 보대끼는 거야. 저녁내 잠을 못 자고 이상해. 몸이 안 편해. 신경질적이고 옆에 있는 사람도 귀찮고 짜증나고(사례 18).
>
> 나는 건망증이 너무 심해졌어. 부작용 증상이 느껴지니까 너무 싫은 거야(사례 12).

결과적으로 의료진이 각종 처치법의 부작용과 후유증에 대해 충분한 설명을 하지 않는 것도 문제이지만, 난임여성들은 시술과정에서 적용되는 각종 처치법의 부작용과 후유증에 대해 의료진이 설명해 주지 않더라도 체험을 통해 자신의 육체적, 정신적 건강에 미칠 위험성을 알게 된다. 그럼에도 불구하고 난임여성들은 자신의 임신·출산의 목적을 위해 정신적, 육체적 고통을 감수한다. 따라서 정신적, 육체적 고통을 감수하고서라도 아이를 낳기 위해 시술을 이용하고자 하는 난임여성들에게는 시술의 위험성에 대한 정보 고지와 동의절차 마련은 제한적일 수밖에 없다. 때문에 신생식기술에 대한 정치적 개입 전략은 정보 고지와 동의절차 마련을 넘어서 '아이 갖기'라는 목적을 실현시키기 위한 여러 방법 중 체외수정시술을 이용하고자 하는 난임여성들의 입장과 상황 속에서 건강의 침해를 최소화할 수 있는 처치법의 연구, 개발과 적용이 모색될 필요가 있다.[28)]

한편 난임여성들이 몸으로 체험하는 부작용과 후유증은 난임여성들로 하여금 기존에 정립된 의과학적 지식이나 처치법을 비판적으로 성찰하고 주체적으로 해석할 수 있게 한다.

> 난자 채취할 때 출혈이 가장 두려운 거. 마취도 하기 싫어. 수면 마취를 하는 것도 안 좋더만. ㅇㅇ 병원 다니는 사이에 6-7번을 했어요. 수면마취를 하면 딱 바보 돼버려. 생각이 안나. 단어가. 그게 유산되고 나서 엄청 심하더라고. 컵이란 말이 안 나와. 머리가 멍한 거예요. 물혹도 두 번 텄는데, 마취하고(사례 4).

> 나는 근종이 있었어. 아무 다른 원인은 없었고 근종이 있었는데 시험관 하면서 근종이 엄청 커져 버린 거야. 하면은 커지고 안하면 작아지고 호르몬 주사 때문에. 원장님이 안해도 되겠다고 근종 놔두고 계속 했는데 괜찮다고. 근종이 안에 있는 게 아니고 자궁 뒤쪽에 있어서

상관없다고 해서 ○○ 병원에서도 그랬거든. 그거하고 상관없이 계속 시험관을 했었어. 그런데 그게 엄청 커져 버린 거야. 그래서 이번에 나 수술했어. 너무 크다고 임신해도 지장있겠다고 해서. 작았을 때는 상관없는데 너무 커져 버린거야. 진짜 아프드만(사례 18).

〈사례 4〉는 난자채취 및 각종 처치법에서 적용되는 마취가 직접적인 생물학적 몸의 변화를 일으킨 것은 아니지만 자신의 건망증의 원인이라고 해석하면서 시술의 위험성을 제기한다. 〈사례 18〉은 임신에 지장이 없었던 자궁근종의 크기 및 위치가 체외수정시술을 진행하면서 임신에 지장이 있을 정도로 더 커졌기 때문에 시술의 위험성을 인식하였고 자궁근종과 과배란제 사이에 상관관계가 있는 것으로 해석하게 되었다.

하지만 시술을 통해 발생한 생물학적 몸의 변화는 또 다른 시술을 받게 하는 원인이 되기도 한다. 〈사례 4〉는 시술과정에서 발생한 자궁의 물혹을 제거하기 위해, 〈사례 18〉은 기존에 있던 자궁근종이 임신에 지장이 될 만큼 커져 버려서 그것을 제거하기 위해, 복강경 시술을 받아야 했다.

자궁경도 한 게 내가 병원을 재작년 말경부터 계속 안 다녔는데 갑자기 출혈이 1달 동안 있어서 근처 산부인과 갔는데 거기서는 생리가 길게 하는 거라고 특별한 이상은 없다고. 그런데 약을 먹어도 안 되니까 다시 ○○병원으로 찾아 갔지. 거기서도 약 처방해주고 그랬는데 그때는 생리가 좀 잡힌 듯 싶었는데 이번에는 보름에 한번 씩 생리를 하는 거야. 두 달 동안. 그래서 자궁경 한 번 해보자 그래서 했지(사례 6).

과배란 인공수정 한 뒤로 난소낭종이 계속 생겨 가지고 그거 제거 수술만 3번 했어. 없애면 또 생겨가지고. 또 한 달 내내 출혈이 있고 배 아프고 그래서 많이 울었어. 근데 의사한테 물혹제거 수술을 했는데도 출혈이 있냐고 그랬더니 수술은 잘됐는데 그런 체질이 있대. 호르몬의 갑작스런 변화라네. 그래서 또 자궁경까지 했어(사례 10).

〈사례 6〉은 부정출혈과 생리불순이 시술과정에서 적용되는 각종 처치와 의약품 때문일 것이라고 해석하면서도 그것들을 해결하기 위해 다시 자궁경 시술을 받아야 했다. 〈사례 10〉도 과배란 인공수정 후에 난소낭종이 발생했기 때문에 그것이 과배란제 때문일 것이라고 해석하면서도 난소낭종을 제거하기 위해 자궁경 시술을 받았다. 복강경과 자궁경은 난임여성들이 체외수정을 시술하는 과정에서 체외수정 시술 이외에 가장 많이 받는 시술이기도 하다.

냉동 끝나고 자궁경을 하면 착상이 더 잘 될 수 있다고 병원에서 하자고 그래서 했어(사례 13).

특수배양세척술이라고 자궁 안에 엄청 고가의 약인데, 이걸 하면 착상이 잘된다 해서 냉동하기 전에 했어. 비싸 30만원. 근데 나중에 서울에 있는 병원 사이트 들어갔더니 도움 안 된다고 그러대(사례 13).

자궁이 엉겨 붙어 있대서 자궁유착 제거 수술 했어(사례 15).

○○ 병원에서 클로미펜 먹고 6개월 후에 자궁 외 임신이 됐어. 이거를 복강경으로 나팔관 하나를 절제를 했다고. 이게 되게 아팠다고(사례 3).

정부지원 받았어도 한번 씩 할 때마다 200 들었지. 복강경 수술도 많이 했잖아. ○○ 병원에서 두 번, ○○ 병원에서 두 번. 왜냐면 ○○ 병원에서는 처음에 뚫는 수술했어. 그런데 자궁외 임신돼서 다시 또 막혔어. 그래서 ○○ 병원에서는 왜 안되냐고 열어봤어. 그런데 수종이 있었어. ○○ 병원에서 뚫어놓은 자리에 수종이 생긴 거야. 그래서 수종을 봐서 상태가 괜찮으면 뚫기로 했어. 다시 뚫었어. 그래서 인공수정 했는데 안돼서 또 막힌 거 아니냐. 다시 복강경을 하자고 그랬어. 그래서 11월 달에 뚫어 놓고 1월 달에 인공수정해서 안돼서 다시 열어봤더니 세달 만에 재발이 돼서 다시 생겼어. 나는 복강경하면서 2년을 보냈어. 다른 사람들에 비해서 시험관은 3차였지만 비용은 많이 들었지(사례 3).

〈사례 13〉은 착상력을 높이기 위해 병원의 권유로 자궁경과 특수배양세척술을 시술받았고 〈사례 15〉는 자궁내 유착을 해결하기 위해 자궁경 시술을 받았으며 〈사례 3〉은 자궁외 임신을 처치하기 위해, 그로 인해 발생한 막힌 난관을 뚫기 위해, 난관수종을 해결하기 위해 복강경 시술을 받았다. 즉 복강경과 자궁경은 한편으로는 시술로 발생한 임신하기 어려운 생물학적 몸의 상태를 해결하기 위해, 다른 한편으로는 임신을 위한 최적의 몸 상태를 만들기 위해 처치된다. 이 과정에서 난임여성들은 한편으로는 계속되는 의과학적 처치의 대상이 되지만 다른 한편으로는 보조생식술의 위험성과 한계를 인식하게 된다.

한편 난임여성들은 동일한 처치법에 대해서도 자신들의 몸의 반응이 서로 다르기 때문에 각각 다르게 해석하기도 한다. 앞서 〈사례 4〉는 난자채취 시 시행하는 마취를 자신의 건망증을 유발하는 원인으로 설명하였던데 반해, 〈사례 14〉는 마취를 자신의 육체적, 정신적 고통을 관리할 수 있는 수단으로 해석한다.

자궁내시경 하고 나서 남들은 많이 아프다던데, 나는 하나도 안 아팠어(사례 14).

[난자채취 시] 국소마취보다 오히려 수면 마취할 때 편안하게 일어났던 거 같아. ○○ 병원에서 국소 마취할 때 아프고 서러워서 막 울었는

데 ○○ 병원에서 수면 마취하고 자고 일어나니까 나중에 출혈도 없고 아프지도 않고(사례 14).

복수 차는 거는 있어요. 그런데 불편하게 많이 차지는 않고 사람마다 다른 거 같아요(사례 7).

〈사례 7〉은 자신의 체험을 준거로 앞서 〈사례 5〉나 〈사례 17〉에 비해 복수가 차는 것을 심각하게 받아들이지 않는다. 미세수정에 대해서도 〈사례 8〉이 건강한 난자와 정자를 선별해 수정하는 것이므로 건강한 아이를 낳을 것으로 해석하는 반면, 〈사례 2〉는 미세수정이 자연수정에 비해 아이에게 안 좋은 영향을 미칠 것이라고 해석한다.[29)]

우리 미용실 원장님이 인공으로 가졌다고 하는데, 시험관으로 애기를 낳은 거 같아. 아무래도 시험관으로 딸을 낳은 거 같은데 결론은 애가 많이 아파. 애가 안 좋아서 심장수술도 해야 되고 그렇드라고... 안 좋은 애는 안 좋지. 미세수정한 애들인 거 같아(사례 2).

각종 처치법에 대한 난임여성들의 해석은 그들의 직·간접적인 체험에 따라 난임여성들 내부에서도 서로 다르게 나타난다. 또한 난임여성들은 각종 처치법을 의료진이 권유하지 않더라도 자신이 습득한 지식과 정보를 통해 적극적으로 요구하기도 한다.

[3차 때 난자가 하나도 안 나왔을 때] 800명에 1-2명 꼴로 이렇게 난자가 안 나온다고 했어. 다음번에 했더니 더 많이 나온 사람도 있었다고 했어. 내가 6월 초에 첨단 종합병원에서 남편이랑 같이 종합검진을 했어. 그런데 난소기능저하로 나왔어. 이번에 생리하고 나면 호르몬 검사 좀 해보려고. 내 컨디션 좋아지면 올해 안에는 할려고(사례 3).

원래 자궁내시경은 [○○○ 원장님이] 세 번 정도 실패한 사람이 하는 거라고 안 된다는 거야. 근데 이번에 2차 하고 나서 내가 해주라고 해서 한 거야. 자궁내시경 하고 살덩어리가 나오고 그거 청소하고 나니까 착상이 됐잖아(사례 2).

○○○ 선생님은 나한테 인터넷이 사람을 이렇게 버려놓는다고 하던데, 유산하고 나서 또 유산되면 어쩌냐고, 부부끼리 하는 검사 그것 좀 해줘요 그랬거든. 그게 40만원 든데. 염색체 검사라고 부부가 아무 이상 없다고 해도 유산시키는 그게 있다고 하드만. 그런 게 있어서 나하고 우리 신랑하고 염색체 검사를 해 보는 거야. 그래서 둘 중에서 한 명이라도 이상이 있게 나오면 그걸 고치면 되는데 염색체에서도 아무 이상 없는데도 계속 유산되면 어쩔 수 없는 거래(사례 2).

나는 적극적이어서 누가 했다 그러면 물어봐요. 비타민도 먹을 까요 물어봐서 먹고. 돈이 한번 시술하는데 300[만원]인데 한 번 덜 하는 게 이익이지 한 번 할 때 돈 더 쓰는 거는 손해가 아니라고 생각해서 할 수 있는 건 다 해야겠다. 그래서 면역검사도 내가 한다고 했는데 [의사가] 안 된다고 그랬다니까. 시술 열 번하는 것보다 원인 아는 게 더 나으니까. 우리 신랑도 하라고 했는데 [병원에서는] 할 필요가 없다고 생각하는 거 같아(사례 17).

난임여성들은 〈사례 2〉처럼 임신할 수 있는 최고의 몸 상태를 만들기 위해 요구하기도 하지만 대체로는 계속되는 시술 실패의 원인을 찾기 위해 요구하는 경향이 있다. 〈사례 3〉과 〈사례 17〉은 난자가 잘 나오지 않는 원인을 찾기 위해 각각 호르몬검사와 면역검사를 하려고 한다. 〈사례 2〉 역시 시술을 통해 한 번 착상되었으나 계류유산[30]이 된 경험이 있어 수정력과 착상력을 알아보기 위해 염색체 검사를 하려고 한다. 즉, 난임여성들은 시술과정에서 이용하는 각종 처치법에 대해 의료진의 권유를 그대로 받아들이기보다는 자신이 습득한 정보와 체험을 통해 주체적으로 해석하고 요구한다.

각종 처치법에 대한 난임여성들의 주체적 해석과 전략적 이용 및 요구는 체외수정 시술법의 결정과정에서도 나타난다. 기본적으로 시술법을 결정하는 권한은 의사에게 있다.

> 여러 가지 요법을 설명했던 거 같아. 그런데 길항이 제일 좋다고 하자고 해서, 네 했어. [의사는] 바로 하자 그랬는데, 그분은 빨리 서두르니까 지치더라고. 쉬었다가 하자고 했어. 그래서 쉬었어(사례 13).

하지만 난임여성들은 시술이 반복될수록 자신의 체험과 적극적으로 습득한 지식 및 정보교류를 통해 의료진에게 요구하고, 의료진은 이를 받아들이기도 한다.

> 저번에 장기로 했는데 안돼서 요번에는 단기로 하자고 그랬어(사례 2).
>
> ○○ 병원은 계속해서 장기로만 해. 근데 장기로 해서 안 되면 다른 걸로 바꿔봐야 되잖아. ○○ 병원은 자꾸 바꿔 보드라고(사례 10).

대체로 체외수정 시술에 처음 이용하는 난임여성들은 장기요법을 권유받아 시술하는데, 장기요법의 선택 기준으로 의사가 제시하는 것은 역시 성공률이다. 난임여성들의 시술법 선택 및 요구의 준거도 성공률이다.

하지만 난임여성들은 〈사례 6〉과 〈사례 14〉처럼 의료진의 설명에 의해 장기요법이 단기요법이나 길항요법보다 성공률이 높고 효율적이라고 받아들이면서도 장기요법이 확실히 효율적이라기보다는 여러 처치법 중의 하나이며 의료진이 자신들의 몸 상태를 점검하는 방식 중의 하나라고 의미화하기도 한다.

○○ 원장 말로는 장기가 성공률이 높다고 그 얘기를 하더라고. 그 성공률이라는 게 난자 개수가 많이 나온다는 그 이야기로 들었거든. 그러니까 장기가 난자의 질도 더 좋대. 단기 같은 경우는 보통 난자 질이 떨어진다거나 그런 사람들이 단기를 많이 한다고 하더라고(사례 6).

원래 기본적으로는 장기로 한다고 하던데요. 단기일 경우에는 난소 기능도 좀 떨어질 때 한다는 거 같던데(사례 14).

처음에는 대부분 장기를 해. 생리 시작되기 최하 일주일 전부터 시작하면 장기고, 생리하고 3일째부터 주사 맞는 게 단기야. 의사들도 처음에는 장기 하면서 몸 상태를 보는 거 같더라고(사례 5).

〈사례 5〉는 의료진이 과배란제의 투여기간이 짧은 단기요법보다는 장기요법을 권유하는 것을 더 오랜 시간 다양한 과배란제를 적용하면서 특정 과배란제와 자신의 난포 성숙도의 상관관계를 점검하고 의료적 처치를 용이하게 하기 위한 것으로 해석한다.

몸을 화학 반응화 시켜 놓은 거야. 딱 맞게끔(사례 12).

나도 그런 생각이 들었는데 자연적으로 키워 놓으면 자기들이 터질 건데 그걸 터지는 주사를 하고(사례 19).

난포 터지는 주사도 놓고 안 터지는 주사도 놓고 인위적으로 만드는데, 어쩔 수 없는 거지(사례 12).

더 나아가 〈사례 12〉와 〈사례 19〉의 경우에는 의료진의 기술과학적 처치가 어떻게 자신들의 몸을 화학적 물질로 이루어진 기계론적 몸으로 다루며 마음대로 조작하고 분해하는지를 정확히 인식하기도 한다(Mies & Shiva, 2000). 결론적으로 난임여성들은 체외수정시술법과 시술과정에서 이용하는 각종 진단법 및 처치법에 대해 의료진의 판단과 권유를 그대로 받아들이는 것이 아니라 그것과 경합한다. 난임여성들은 자신의 체험과 몸에 대한 해석을 통해 각종 처치법들을 주체적으로 판단하고 이를 의료진에게 요구하기도 한다. 이 과정에서 경험하는 정신적, 육체적 고통은 난임여성들에게 기존에 정립된 의과학적 지식의 한계를 인식하게 한다. 하지만 다른 한편으로는 자신의 모성권 실현을 위해 각종 처치법에 적극적으로 참여함으로써 의과학적 지식의 적용 범주 및 규모의 확장에 기여한다.

■ 시술과정에서의 협업

체외수정 시술법은 과배란제 투입 기간과 사용하는 호르몬제의 종류에 따라 장기요법, 단기요법, 길항요법으로 나눠진다.[31] 장기요법과 단기요법의 구분 기준은 과배란 유도과정의 기간 차이인데, 장기요법은 월경 일주일 전부터 매일 한 대씩 난소 기능을 안정시켜 난자의 질을 높이는 주사를 맞아야 한다. 월경 사흘째부터는 과배란을 유도하는 주사도 매일 한 대씩 엉덩이에 맞는다. 두 주사는 난자를 채취하기 이틀 전까지 계속 맞아야 한다. 월경 칠일째부터는 매일 병원을 방문해 난자가 잘 자라고 있는지를 알아보는 피검사와 초음파검사를 받는다. 난자가 성숙한 것이 확인 되면 난포 터트리는 주사를 맞고, 배란이 시작되면 난자를 채취하는 것이다.

월경 일주일이나 십일 전부터 시작하는 과배란 유도 과정을 월경 삼일 째부터 집중적으로 실시하는 것을 단기요법이라고 한다. 각각의 요법에 따라 시술과정에 약간의 차이가 있으며 의사의 판단에 따라 혼용하기도 하지만 체외수정시술은 배란촉진, 생식세포 채취 및 처리, 수정 및 배양, 이식, 임신 확인의 과정을 거친다.

먼저 과배란 유도 과정의 목적은 더 많은 난자를 채취하여 임신의 성공률을 높이기 위한 것이다. 하지만 많은 수의 난자는 임신 성공의 필요조건이기는 하지만 충분조건은 아니다. 임신 성공의 관건은 난자의 개수보다도 건강한 난자의 생산에 있다.

> 성공률이 높으려면 난자가 많을수록 좋은 난자를 고르니까 성공률이 높죠. 하나도 안 나온 사람도 있고 20개 나온 사람도 있고 사람마다 다릅니다. 젊을수록 많이 나옵니다(보조 사례 2, 의사).
>
> 난자의 개수가 성공률에 많은 영향을 미치죠. 분모가 많아야 되잖아요. 캠브리지대학에서 시험관애기 만들 때는 자연주기로 한 개의 배아를 가지고 임신을 시킨 거예요. 그 동안에도 많이 실패됐어요. 그 이유가 하나 있으면 하나를 뺄 때 못 뺄 수도 있고 인공적인 것은 자연스러운 것을 이길 수가 없어요. 요즘에는 3일 배양해서 10세포 배포 때 넣어주는데 자궁에 착상하는 것은 배포 때 착상해요. 더 크면 안돼요. 배포까지 키워야 성공이 되는데 하나면 2배포 때 넣어주는데 많이 나오면 배양을 더 할 수도 있고 10세포까지 분모가 클수록 안정성이 있으니까 그 기술이 과배란 유도라고 그래요. 여러 가지 호르몬을 조합해서 난자가 많이 나오도록 조합하는 거야. **난자가 너무 많이 나와도 안돼. 우성난자가 많이 나와야 돼.** 배아가 많으면 성공률이 높고, 배포까지 자라면 성공률이 높고 한꺼번에 여러 개 못 넣으니까 3개 정도 넣어주고 나머지는 냉동 보존술로 보관해 놓았다가 그 사람 자연주기 때 넣어주면 돈이 적게 들고, 시술 당 성공률도 올라가겠지만 누적 임신률도 높이고. 배포단계에서 이식하면 임신율이 정상 수준까지 올라가요(보조 사례 1, 의사). 〈강조는 인용자〉.

의료진은 임신의 성공률을 높이려면 '질 좋은 난자(우성 난자)'와 충분한 수의 배아를 확보하는 것이 중요하며, 이를 위해 과배란제를 이용한 많은 수의 난자 채취가 필요하다고 말한다. 과배란제를 이용한 난자 채취는 여성들의 몸 상태에 따라 그 수가 달라지는데, 20여 개가 넘는 난자가 생산되는 여성들이 있는가 하면 난자가 많이 생산되지 않거나 아예 하나도 생산되지 않는 경우도 있다.

> 난포가 잘 안자란다고 단기로 한 거 같은데. 난포가 엄청 안자란다고 그래서 약을 두 번째 때는 더 세게 썼는데 채취를 처음엔 4개, 두 번짼 2개인가 한 거 같아요(사례 11).

> 고날F하고 루크린하고 둘다 배에다 5일간 맞았어. 무조건 주사 용량을 정해 주는 게 아니라 중간중간 초음파 보면서 내꺼 난포 자라는걸 봐. 3일 만에 한번 씩 가서 봤더니 고날F가 참 좋은 주사인데도 내가 또 반응이 없다고 했어. 난포가 거의 안 자랐다고 했어. 그래서 메리오날이라는 또 과배란 주사 약제가 있거든. 그걸 배에다가 하루에 3방씩 3일간 또 맞았지. 이게 용량이 되게 많거든. 가루약으로 되가지고. 이걸 물에다가 타가지고 배에다가 맞아. 3일 후에 또 갔는데 또 난포 반응, 무반응을 한 대. 아예. 이렇게 많은 양을 써도 반응을 안 한대. 이 정도면 이제 그만 맞고 해야 하는데, 처음에 인공수정할 때는 반응 좋다고 해서 두 번 했잖아. 이때 IVF-M 근육주사라고 인공수정 때 이거 써가지고 조금 반응 좋았다고 했잖아. 이걸 한번 맞아 보자고 하더라고. 3일 후에 병원에 갔더니만 난포가 조금 반응이 생겼어. 근데 이거 가지고는 안된대. 과배란 주사를 더 세게 처방했었어. 폴리트롭이라는 주사가 있어. 그건 8개. 이것도 가루약이었어. 8통에다가 들어가지고 있거든. 용량 세게. 이것을 두 번 맞았어. 그 뒤로 가봤더니만 역시나 난소가 두 개, 발육부진. 난소 저반응군이라고 나한테 판정을 하더라고. 이거에 대해서 인터넷에서 찾아봤어. 난소 저반응군 이것이 한 2%정도가 그런대. 난포 두 개. 근데 이 난포도 상태가 안 좋은 것 같았어. 이때 벌써 약값으로만 200만원 넘게 나왔었어. 다음날 난포 두 개 가지고 하자고 그랬었어. 그래서 오비드렐을 맞았는데 이것은 난포 터지게 하는 주사거든. 이 약 맞으면서 주사제가 너무 세가지고 속이 울렁거렸다. 그래서 이날 난자채취를 했는데, 이 두 개를 믿고 했는데 이거 빈 난포라고 확정됐어. 껍데기만 있는 난포라고(사례 10).

〈사례 10〉은 과배란 인공수정과 체외수정시술과정을 통해 엄청나게 많은 과배란제를 맞았지만 난자가 잘 생성되지 않았고 마지막 시술 과정에서는 과배란제로 인한 고비용만 들었을 뿐, 난자 채취가 되지 않아 아예 시술을 받을 수가 없었다.[32] 난임여성들은 과배란 유도를 통한 난자채취 과정을 직·간접적으로 체험하면서 난자의 개수보다는 질이 중요하다는 것을 알게 된다.

> 난자 개수가 많다고 해서 무조건 좋은 게 아니야. 개수가 많이 나온 사람들 보면 다 허당이야. 확률적으로 보면 질이 떨어지는 것 같아. 급이 떨어져. 개수보다는 질이 중요한 거 같아(사례 12).
>
> 그렇지. 난자 질이 떨어지면 성공률이 별로 없다고 말하던대. 그러니까 최상급으로 넣어 주고 병원에서도 난자 질을 이야기하고 정자도 제일 힘 좋은 거를 넣어서 체외수정을 하는 거기 때문에 그 아이가 더 똑똑하고 예쁘다고 이야기 하던대(사례 8).

난임여성들은 과배란제의 투여가 더 많은 난자나 건강한 난자의 생산을 보증하는 것은 아니며 자신들의 몸 관리 실천에 따라 더 많은 수의 건강한 난자를 생산했던 체험을 통해 건강한 난자의 생산은 각종 주사제에 의해서가 아니라 자신들의 몸 관리 실천을 통해서 이루어지며 그것이 더 중요하다고 인식하게 된다. 즉 의료진은 성공률을 높일 수 있는 건강한 난자의 확보를 위해 과배란제의 효능과 효과에 더 의존하지만, 난임여성들은 과배란제는 단지 건강한 난자 확보를 위한 보조적인 수단일 뿐이며 자신들의 몸 관리 실천이 더욱 중요하다고 생각한다.

> 운동을 했어. ○○ 병원에서 실패하고 등산도 하고 배드민턴도 하고

걷기도 하고 했는데 다 적성에 안 맞는 거야. 수영을 해보자 해서 6개월을 했지. 지금도 생각하는 데 내 난자가 ○○ 병원에서 [건강한 난자가] 50%였잖아. 여기서는 100%잖아. 운동한 게 제일 중요하고 도움이 되었던 거 같아(사례 5).

난임여성들은 건강한 난자 생산을 위한 몸 관리 실천을 적극적으로 수행한다. 난임여성들에게 건강한 난자의 생산은 운동뿐만 아니라 자신들의 정보공유를 통해 난자의 질 향상에 도움이 된다고 알려진 각종 건강식품의 섭취 및 일상생활의 조직화를 통한 노력의 결과이다.

난자를 채취하는 것은 의사이고 과배란제는 배란을 촉진하는데 도움을 줄 수는 있지만 건강한 난자를 생산하기 위한 노력은 과배란제의 효과가 불확실하고 여성들마다 그 효능이 다르게 나타난다고 했을 때, 난임여성들의 몸 관리 실천이 중요하게 된다. 또한 난임여성들은 과배란제 뿐만 아니라 시술과정 동안 보름 이상을 수정이나 착상에 도움이 되는 각종 주사제[33]를 계속해서 맞아야 하는데 매일 의료기관을 방문해야 하는 불편함이나 비용의 문제 때문에 자신들이 직접 주사를 놓거나 남편의 도움을 받기도 한다. 이는 직접적인 의료행위에 해당된다.

[프로게스트 주사를] 항상 놔줬어. 그거 맞으면 엉덩이가 붓고 아프고 한데 맛사지도 맨날 해주고(사례 19).

남편이 주사는 잘 놔요. 간호사보다 더 잘 놔. 뭉치도 안하고 한 번에 잘해줘(사례 4).

[신랑이] 주사는 베테랑이야. 간호사들보다 오히려 더 잘 놔요. 처음에는 배도 멍들고 그랬는데 지금은 배도, 엉덩이도 멍도 안 들고

뭉치지도 않고(사례 17).

주사 맞고 내가 주사를 놓으니까... 처음에는 그것도[주사 맞는 비용] 만만치 않더라고. 날마다 맞는 것도. 그래서 배워가지고 엉덩이 맞아야 하지, 배에 주사 놔야 하지. 할 때마다 눈물 나더라고. 왜 이렇게까지 해야 하나 그런 생각이 들더라고(사례 1).

일단 난자가 생산되고 의사에 의해 채취되면, 난자는 수정과 배양을 위해 실험실로 옮겨진다. 실험실(세포배양실)의 연구원은 건강한 난자와 정자의 선별 기준에 따라 건강한 생식세포를 선별, 처리하고 자연수정과 미세수정을 수행한다.[34] 일반적으로 수정력에 대한 의과학적 판단 기준을 준거로 하여 선별과 수정 작업이 수행되지만, 대체로 채취된 난자의 절반은 자연수정을 하고, 나머지 절반은 미세수정을 하여 배아를 생성한다. 생성된 수정란은 배양조건에 맞춰 배양되는데, 보통 3일에서 5일 정도까지 배양하며 일부 수정란은 냉동보관된다. 수정과 배양, 냉동보관은 의과학적 지식과 기술력을 바탕으로 실험실의 연구원에 의해 수행된다. 하지만 수정력과 배양력을 높이는 것은 이러한 과학자들의 지식 및 기술노동과 함께 건강한 난자 확보가 관건이 된다. 또한 수정력과 배양력을 높이는 지식과 기술의 발전은 난임부부들의 생식세포를 대상으로 한 수많은 실험과 임상의 결과이다. 따라서 생식세포의 건강유무, 배아생성의 성공유무, 배아성장의 성공유무는 난임부부들의 생식세포, 의과학자의 지식 및 기술, 그리고 배양액이나 배양조건 등의 협업과 연결망을 통해 이루어진다.[35]

신선한 난자는 모양이 있어요. 안 좋은 거는 시커멓고 탄력이 없다거나 주위에 있는 세포 상태가 안 좋다거나 이런 거에 따라서 틀리죠.

좋은 난자일수록 자연수정 가능성이 높겠지만 대신 정자 상태가 안 좋은 경우에는 자연수정을 시킬 수가 없죠. [자연수정비율과 미세수정비율은] 반반 정도 하게 되는데 왜냐면 저희가 무턱대고 자연수정을 하거나 미세수정을 하는 게 아니라 기본적인 검사를 해서 수정이 잘될 거 같다는 몇 가지 기준에 따라서 판단이 되면 자연수정을 하고 수정이 잘 이루어질 거 같지 않다 그러면 정자직접주입술을 하게 되구요. [배양이 잘 되려면] 일단 배양조건이 맞아야 하거든요. 이산화탄소 농도라든지 온도가 가장 중요하구요. 배양액 상태라든지 보관상태 라든지 여러 가지가 있어요. 해동할 때는 온도가 가장 중요하죠(보조 사례 5, 연구원).

이러한 협업체제는 배아의 배양 이후에 성공적인 이식과 착상을 위한 시술과정에서도 마찬가지로 작동한다. 의사는 실험실에서 3일이나 5일 배양된 배아를 난임여성의 자궁에 이식, 착상시키기 위한 기술적 처치를 수행하고 착상력을 높이기 위한 호르몬제를 처방한다. 난임여성들은 착상력을 높이기 위해 이러한 처치뿐만 아니라 그 이외의 몸 관리도 병행하여 수행한다. 또한 의과학자들의 기술력과 배양액 및 배양조건, 착상을 도와주는 호르몬제의 효능과 효용성은 난임부부들의 생식세포의 반응과 착상의 성공을 통해 검증된다. 하지만 이러한 의과학적 지식노동의 결과는 제한적인데, 그것은 난임여성들의 몸의 반응이 동일하지 않기 때문이다. 즉 이식과 착상 과정을 거친 모든 여성들이 임신에 성공하는 것은 아니다.

똑같은 기술력과 동일한 호르몬제를 적용한다 할지라도, 앞서 과배란제의 적용 결과를 논의한 것처럼 수정과 배양 및 착상을 위한 처치의 결과는 난임여성의 몸들에 따라 다르게 나타난다. 따라서 생명생산 노동의 결과는 그것이 임신의 성공으로 귀결될지, 실패로 귀결될지 예측할 수 없지만 기술화된 생명생산과정이 의과학자들과 난임부부들의 협업을 통해, 그리고 실험실 안의 기계 및 장비들과 분자적 몸들의 연결망을 통해 이루어진다는 것은 확실하다. 또한 이러한 협업체제 안에서 난임여성들의 적극적인 참여가 없다면 생식과 관련한 의과학적 지식생산과 처치법의 개발은 불가능하거나 지체될 것이다. 〈표 5-3〉은 난임여성들과 난임여성들의 몸들이 체외수정시술과정에서 어떻게 참여하고 의과학자들과 협업하고 있는지를 정리한 것이다.

표 5-3. 체외수정 시술과정에서의 협업체계

시술 과정	배란촉진		생식세포 채취 및 처리			수정 및 배양			이식 및 착상		임신 확인		
주요 주체	의사	난임 여성	의사	과학자	난임 여성	과학자	난임 여성의 몸	배양 조건	의사	난임 여성의 몸	의사	과학자	난임 여성의 몸
주요 활동	과배란 제처방	과배란 제투여	채취	선별 및 처리	몸관리	자연 수정및 미세 수정	수정력	배양액 온도 등	기술적 처치	주사제 투여	초음파 검사	피검사	착상력

난임여성들은 기술화된 생명생산과정에서 단지 기술과학의 대상이거나 수혜자가 아니라 적극적으로 참여하면서 의과학적 지식생산과 기술적 처치의 성공을 이루어내는 데 기여하고 생명을 생산하는 위치에 놓여 있다. 또한 난임여성들의 몸들은 의과학적 연구 및 처치법의 자원이거나 대상인 것이 아니라 그것들의 구성에 참여하는 주체가 된다.

이것은 의과학적 지식이 전문가들의 배타적인 영역이 되거나 자본주의적 이윤창출의 수단이 되어서는 안 되는 이유이다. 또한 궁극적인 생명생산의 힘은 제약업체의 과배란제를 비롯한 각종 의약품 처방, 생식세포 채취, 수정, 배양, 착상 등의 노동을 수행하는 의과학자의 노동으로부터 나오는 것이 아니라 기술화된 임신·출산과정에서 다양한 몸 관리를 실천하고 있는 난임부부들, 특히 난임여성의 몸들로부터 나온다.

한편 난임여성들은 새로운 과배란제의 임상 연구에 참여하기도 한다. 과배란제 임상실험 모집 공고에 따르면, 자격요건을 갖춘 참여의 대가로서 임상시험 관련 검사나 약을 무료로 제공한다고 제시되어 있다. 신약의 경우에는 아직 효능과 안전성이 검증되지 않았기 때문에, 주로 저소득층의 난임여성들이 비용을 절감할 목적으로 임상연구에 참여하게 될 가능성이 크다. 하지만 임상실험 과정에서 혹시나 발생할지도 모르는 약물적 처치로 인한 후유증이나 부작용에 대해 사후 안전 조치가 보장되는지는 의문이다. 이보다 더욱 중요한 문제는 임상실험의 참여 대가로 주어지는 검사나 약물의 무료제공이 난임여성들이 자발적으로 참여했고 대가를 지불했다는 측면에서, 난임여성을 의과학적 연구의 성과로부터 배제하는 논리로 이용될 수 있다는 것이다. 따라서 자발적 참여 및 대가 지불 여부와 별개로 난임여성들의 참여를 통해 생산된 의과학적 연구의 성과를 제약업체가 독점적으로 소유하는 것이 정당한가라는 질문이 제기되어야 한다. 신약의 임상실험은 의약품의 효능과 안전성을 검증하기 위한 것인데, 이는 임상실험 과정에서 난임여성들의 참여와 그들의 몸들을 통해 확인할 수 있다. 이런 점에서 난임여성들은 의약품의 생산과정에도 기여하고 있다.

이렇듯 난임여성들이 시술과정에 참여하고 이를 통해 의과학적 지식구성 및 의약품 생산에 기여하기 때문에, 의료진은 체외수정시술과정에서 난임여성들의 몸들을 처치하는 모든 과정에 대한 정확한 정보를 제공하고 매 과정마다 동의를 구할 의무가 있다. 나아가 의과학적 지식과 기술, 그리고 의약품은 전문가 집단이나 제약업체가 배타적으로 소유하고 독점할 수 있는 사적 재산이 아니라 '공통재'로 간주할 필요가 있다.

황우석 사태 이후로 불임클리닉에 대한 관리와 감독이 일정정도 강화되면서 형식적인 동의절차는 갖추어졌지만 그것은 배아생성동의서이거나 잔여배아이용동의서이지, 과배란 유도를 통한 난자채취의 부작용과 위험성을 고지하는 것은 아니다.[36]

> 기억 안나는데 무서웠어. 시술하다가 잘못될 수도 있다 뭐 그런거였던 거 같아. 간호과장이 사인하라고 주면서, 괜찮으실 거예요 그러기에 사인했지. 근데 동의서를 우리한테는 왜 안주는지 모르겠어. 병원에서 가져 가더라구(사례 13).
>
> 동의서 내용은 기억 안 나는데, 안 돼는 책임은 자기가 진다 뭐 이런 식으로 되어 있었던 거 같애(사례 14).
>
> 둘째 가질 때 하려면 [냉동배아 1개 있음] 오라고 하던데. 둘째 안 가져지면 지원도 남았고 해서 한 번 더 할까 했는데 부작용 들으니까 할 생각이 없어지네(사례 19).

배아생성동의서나 잔여배아이용동의서는 배아 생성 및 보관(5년 보존 후 폐기)에 관한 정보 제공과 잔여배아를 연구목적으로 이용하는 것에 대한 동의 여부를 묻는 것이다. 또한 임상에서는 체외수정시술동의서를 받고 있는데, 이를 통해서도 〈사례 13〉과 〈사례 14〉처럼 대부분의 난임여성들은 의료진으로부터 난자채취 및 시술과정에서 발생할 수 있는 부작용과 위험에 대한 충분한 설명을 제공받지는 못한다. 오히려 난임여성들은 이 동의서가 시술 과정에서 발생할 수 있는 모든 문제들에 대한 책임을 본인에게 부과하는 것으로 기억하고 있었다. 시술과정에서 발생할 수 있는 부작용과 위험성에 대해서는 의료진의 설명을 통해서가 아니라 〈사례 19〉처럼 난임여성들의 직접적인 체험과 정보공유를 통해 알게 되는 경우가 많다. 이는 난임여성들에게 의료진을 신뢰할 수 없게 만드는 요인이 되기도 하지만, 더욱 중요한 문제는 동의서가 시술실패나 시술과정에서 발생하는 문제들에 대한 의료진의 '책임 없음'을 보증하는 장치가 될 수 있다는 것이다.

> 몇 개는 채취하고 몇 개는 이식하고, 이식할 때 말해줘. 자연수정했으면 했다고 하고 미세수정 했으면 했다고 하고. 나는 이때까지 내가 자연수정 안한 줄도 모르고 다 미세수정 하는 지도 몰랐어. 다 미세수정 했다고 하더라고(사례 12).[37)]
>
> 냉동은 해동하다 많이 죽는대. 해동하다가 잘 안돼서 이식 날짜 잡아놓고 못하고 그런 사람 많이 있어(사례 12).
>
> 채취한 난자를 어떻게 하는지 우리는 의사 말만 통해서 아는 거지 알 수 없지. 네 개만 수정되고 난자질이 안 좋아서 버렸다 하면 알 수 없는 거잖아. 폐기했다고 하지. 냉동이 아니면 폐기했다고 하지(사례 12).
>
> 처음에는 3일 배양하고 나중에 5일 배양이 착상이 잘된다고 해서 했는데, 이 많은 걸 말도 없이 전부 5일 배양 한 거야. 몇 개만 할 줄 알았는데(사례 13).[38)]

나아가 시술과정은 전적으로 의료진의 관리와 통제 아래에 있기 때문에 난임여성들은 몇 개의 난자가 채취되었고, 수정되었는지, 어떤 방법으로 수정되었는지, 몇 개의 수정란이 이식되었는지, 수정란의 배양기간은 얼마인지, 냉동 보관된 수정란은 몇 개인지 등에 대해 의료진의 설명을 통해서만 알 수 있고, 설명을 듣는다 하더라도 그 과정에 개입할 수 있는 여지는 크지 않다.

인지된 동의과정을 거치고 시술과정의 설명을 충분히 듣는다 하더라도, 그리고 시술과정에서 발생할 수 있는 부작용과 후유증을 끊임없이 체험한다 하더라도, 자신의 모성권 실현을 위해 계속해서 시술을 이용하고자 하는 여성들에게는 이 과정들이 형식적인 절차가 될 수 있다. 따라서 시술과정에 대한 충분한 설명, 시술 과정에서 발생할 수 있는 위험성에 대한 정보의 고지를 넘어서 시술기관의 관리·감독, 시술법, 그리고 시술과정에 난임여성들이 집단적으로 개입할 수 있는 정치적 실천 방안이 모색될 필요가 있다.

결론적으로 난임여성들은 체외수정시술과정에서 각종 부작용이나 후유증을 체험함으로써 건강상의 위험성을 인식하고 있지만, 자신의 모성권 실현을 목적으로 의료서비스 접근권 및 기술이용권을 (재)생산권의 주요 내용으로 구성하고 있다. 또한 난임여성들은 체외수정시술과정에 참여함으로써 의과학적 지식구성에 참여하고 생식기술의 성공 및 관련 의약품의 생산에 기여하고 있다. 이것은 난임여성들이 단지 기술과학의 대상이거나 수혜자가 아니라 기술과학을 구성하는 참여 주체임을 보여준다.

3. 난임여성들의 사회정치적 개입

난임여성들은 자신들의 임신·출산의 수행을 위해 기술화된 출산과정에 참여하고 개입함으로써 의과학적 지식생산에 기여하고 각종 시술법과 처치법의 체험을 통한 주체적 해석과 요구, 시술과정의 협업을 통해 체외수정시술과정에 개입한다.

난임여성들의 모성권 실현을 위한 실천은 시술과정뿐만 아니라 모성성과 (재)생산권을 둘러싼 다양한 사회정치적 문제들에 개입하게 하기도 한다. 이는 개별적, 집단적 차원 모두에서 발생한다. 또한 의료체계 안팎에서 자신들의 모성권 실현과 관련된 주체들과 새로운 관계를 구성해 나가기도 한다.

■ 기술화된 출산 중단과 새로운 모성성의 구성

자신의 모성권 실현을 위해 보조생식술을 이용하는 대부분의 난임여성들은 아이를 낳기 위한 목적으로 보조생식술을 이용하기 때문에 그 목적을 달성하기까지는 시술을 중단하지 못하는 경향이 있다. 하지만 계속되는 시술의 실패와 정신적, 육체적 고통 그리고 경제적 부담은 난임여성들로 하여금 시술의 재시도와 중단 사이에서 끊임없이 갈등하게 한다.

〈사례 17〉은 시술의 재시도와 중단의 경계에서 난임여성들이 고민할 수 있는 다양한 요소들을 가장 복합적으로 진술하고 있다.

> [생길 때까지 계속 할거야?] 아니요. 그런 것도 없어요. 그냥 하고 있는 거예요. 아직은 젊잖아요. 낳을 수 있으면 좋겠지만 낳아 놓고도 몸이 많이 망가지면 의미가 없는 거고. 우리 어머니도 나중에 몸만 망가지는 게 아니냐고 말해요. 우리 엄마는 처음부터 시험관 하려면 애기 낳지 말라던 사람이야. 딸이 아까워서. 그런데 막상 하니까 전폭적인 지원을 하드만. 가끔 돈도 주시고 먹는 것도 많이 챙겨주시고. 우리집은 아직 없어요. 나 혼자는 정 안되면 혹시 입양을 하면 우리는 원인이 없으니까 그 뒤에 가질 수 있지 않을까 생각을

했다가 그러면 그 입양한 애한테 미안하기도 하고. 아직은 우리 신랑이랑 어머님은 입양은 말도 안된다고 생각하고 있고. 우리 엄마는 못 낳으면 데려다 키우라고 말했는데 신랑은 펄펄 뛰었다고 하고. 우리 어머님[시어머니]은 주변 친구가 [입양] 말 꺼내니까 자네 아들이나 입양해서 키우라고 했다는 거야. 지금도 하시는 말씀이 마흔 돼도 낳을 수 있다고 생각하시는 거 같아요(사례 17).

두 번 할 때까지는 내가 의욕적이어서 울고 나서도 꼭 해야겠다 생각이 들었는데 너무 실패를 많이 하니까 지금은 해도 안 되고 돈만 날리고 몸만 버리고 그래서 이렇게 미루고 있는 건지... 선뜻 못 하겠더라구요(사례 17).

애기 없는 삶은 나 혼자 생각해 봤어요. 가끔은 좋을 거 같고 지금도 친구들 애들 데리고 나와서 보대끼면 저렇게 힘든데 애기를 낳을려고 하나 이런 생각도 들고. 내가 냉정해서 애가 안 생기나 이런 생각도 드는데, 한편으로는 그게 너무 부러운 거죠. 30일 중에 하루 이틀이나 없으면 좋겠다 생각하는 거고 나머지는 아닌거 같아요. 내가 정말 애가 가지고 싶은 건가 아니면 남들 다 가 진걸 갖고 싶은 건가 그 생각이 들어(사례 17).

〈사례 17〉은 체외수정시술의 부작용과 위험성을 잘 알고 있기에 자신의 건강을 침해하면서까지 시술을 계속 받아야 하는지 갈등하고 있으며, 시술을 중단하고 입양을 생각해 보기는 하였지만 가족들, 특히 시어머니와 남편의 반대에 부딪혔고 본인 역시 입양에 대해 자신이 없다. 또한 자신이 아이를 낳고자 하는 노력이 자신의 모성적 욕망에 의한 것인지, 가족 구조 안에서의 요구와 필요에 의한 것인지에 대해 의문을 갖는다. 〈사례 17〉과 같은 체외수정시술 및 모성적 욕망에 대한 모순적 갈등은 시술의 재시도와 중단 사이에서 대부분의 난임여성들이 겪는 갈등이기도 하다.

또한 시술과정에서 체험하는 임신가능성에 근접하는 경험들, 예컨대 난자가 많이 생성되었다거나 출산으로 이어지지는 않았지만 착상에 성공하였다거나 하는 체험들은 체외수정시술을 중단하지 못하게 하는 기술적 요인들이다.[39] 난임여성들에게 시술을 중단하지 못하게 하는 가장 큰 사회적 요인은 혈연주의적 정상가족 이데올로기이며 기술적 요인은 임신·출산을 실현시켜 줄 수단으로서 시술의 성공에 대한 기대이다.

> 병원에서 안 된다고 할 때까지는 해야지. [병원에서 안된다고 하면] 입양을 하던지 해야지. 자식 없이 살 생각도 해봤어. 없으면 할 수 없지. 그렇지 않으면 입양해서 키워도 괜찮을 거 같아. 근데 남편은 입양 안한다고 그래(사례 18).
>
> 지금은 몇 번만 하고 안해야지 하는데 계속 갈 거 같아. 내가 할 수 있는 [경제적] 능력이 되면 할 거 같아요. 임신이 한번 됐으니까, 그 기대감에(사례 4).

하지만 시술과정에서 난자가 생산되지 않았거나 계속되는 시술의 실패를 경험한 난임여성들은 모성권 실현을 위해 다른 방법들을 고려하거나 실천한다. 이것은 두 가지 방식으로 나타나는데, 하나는 생식세포 공여 및 거래와 대리모 이용을 고려하는 것으로, 다른 하나는 입양을 통해 모성권을 실현하고자 하는 방식으로 나타난다. 전자는 여전히 체외수정시술을 이용하는 것이고 후자는 체외수정시술을 중단하는 것이다.

이 연구에 참여한 난임여성들은 자신의 생식세포와 자궁을 통해 임신을 시도하고 있는 여성들이 대부분이지만 자신의 생식세포가 다루어지는 방식, 생식세포 공여나 거래, 그리고 대리모를 통한 임신·출산 시도에 대해 자신들의 입장을 피력하였다. 특히 시술과정에서 많은 과배란제를 투여했음에도 불구하고 난자가 생산되지 않았던 〈사례 10〉은 생식세포 공여를 심각하게 고려하였고 〈사례 6〉은 입양기관에 입양을 신청해 놓은 상태이며 〈사례 20〉은 아들을 입양하였다.

이 연구에 참여한 난임여성들은 대체로 자신의 난자나 배아가 연구의 목적으로 쓰이는 것에 대해서는 거의 대부분 부정적이었다. 하지만 같은 처지에 놓여있는 난임여성들에게 임신을 목적으로 공여 또는 거래하는 것은 심정적으로 긍정적인 반응을 보였다. 또한 대리모에 대해서는 유보적인 태도를 보였다.

> [냉동배아를 연구에 쓰겠다고 하면] 안 되지. 동의 안할 거야. 차라리 그렇게 할 것 같으면 난자 없는 사람한테 공여를 하는 게 더 낫겠다. 시험관하면서도 난자 안 나온 사람들 보면 나는 복 받은 거라고 생각해. 내가 임신이 되고 더 안 할 거 같으면 솔직히 줄 거 같아. 있는 거를. 그런데 현재 상황으로서는 줄 수 있는 상황이 아니니까 못 주는 거고, 내가 나중에 애기를 낳고 내 난자가 냉동이 있다 그러면 내 것 줄 거야, 그냥. [난자가] 없는 사람들은 얼마나 슬프겠어. 돈을 떠나서 난자공여를 한다거나 자궁이 약해서 너무 간절히 바라는 사람이 너무 내 눈에 진실적으로 보이는 사람이 있잖아. 그런 사람 있으면 줄 수 있을 거 같아. 대리모는 만약 내가 혼자 산다면 할 수도 있을 거 같아(사례 2).

> 난소 저반응군이라고 의사 입에서 나오는 순간 인터넷 찾아봤더니만 임신할 길은 난자공여 그런 방법도 있다고 써져 있길래 나도 생각했었어. 안되면 친척이나 여동생이나 내가 엄마한테 그 말 했더니, 이제 방송에서 보고 안 거야. 그런 방법도 있을 수 있겠다고. 네 난자가 그렇게 안 나오면 그렇게 많은 약을 써도 안 나오면...(사례 10).

〈사례 2〉는 아이를 간절히 원하는 난임부부에게 난자공여나 대리모를 해 줄 수 있을 것 같다고 말한다. 하지만 난자공여는 자신의 임신이 성공했을 경우에 남아 있는 냉동난자를 제공하겠다는 것이며, 대리모의 경우에는 이혼했을 경우라는 단서를 달았다. 이것은 아이에 대한 자신의 간절한 바람을 난자가 생산되지 않거나 자궁이 약해서 아이를 갖지 못하는 여성들에게 심정적으로 투사한 것이라고 볼 수 있다. 하지만 〈사례 2〉는 난자공여나 대리모 모두 일정 정도의 경제적 대가는 있어야 한다고 생각한다. 이는 자신이 체외수정시술의 체험 속에서 누구보다도 난자 채취나 시술 과정의 고통과 노고를 잘 알고 있기 때문이다. 이러한 시술과정의 고통과 노고는 자신의 생식세포나 자궁을 통해 임신·출산을 수행할 수 없는 여성들의 아이를 갖고자 하는 절박함을 충분히 심정적으로 공감한다 할지라도 그러한 수고와 노력에 대한 경제적 대가는 받아야 한다고 생각하는 요인이 된다.

하지만 자신이 난자공여를 받아야 하는 경우에는 제 3자에 의한 난자공여나 거래보다는 자신의 가족 안에서의 난자공여를 선호한다. 〈사례 10〉은 마지막 시술과정에서 엄청나게 많은 과배란제를 사용했음에도 불구하고 난자가 생산되지 않아서 난자공여를 고려해 본 적이 있으며 제 3자에 의한 난자공여나 거래보다는 자신의 가족 안에서의 난자공여가 바람직하다고 생각한다. 대리모에 대한 견해에서도 제 3자와의 거래보다는 가족성원이 대리모를 해주는 것이 바람직하다고 생각한다.[40)]

생식세포의 공여 및 거래, 그리고 대리모에 대한 난임여성들의 이러한 견해는 난임여성들의 모성성 구성에 있어서 주요한 요인이 무엇인지를 보여준다. 첫째, 난임여성들이 가족이나 친족들 중에서 생식세포 공여자나 대리모를 구하고자 하는 것은 제 3자의 공여에 의해 발생할지도 모르는 장애나 질병에 대한 염려도 일면 있지만 본인이 아니더라도 자신의 핏줄을 이어받은 자녀를 가지고 싶은 혈연주의 문화를 반영한 것이다. 둘째, 자신의 가족 안에서 공여자나 대리모를 구할 경우 경제적 비용부담이 없거나 최소한으로 줄일 수 있기 때문이다. 셋째, 생식세포나 대리모의 거래가 공여에 비해 더 많은 사회적, 도덕적 낙인이 찍혀 있을 뿐만 아니라 법적으로도 금지되어 있어서 범죄자로 위치지워지기 때문이다.

실제로 이 연구에 참여한 난임여성들은 생식세포나 대리모의 거래를 통해서 임신·출산을 하고자 하는 여성들에 대해서 부정적인 시각으로 바라보고 자신들과 구별 짓는다. 이것은 이 연구에 참여한 난임여성들이 자신들의 난자와 자궁을 이용해 임신·출산을 시도할 수 있는 상황에 놓여있기 때문이다. 그리고 자신들도 혈연주의적 정상가족 규범 안에서 기혼여성의 의무로서 임신·출산을 위해 시술을 이용하는 측면이 있음에도 불구하고, 생식세포 거래나 대리모를 이용해서 임신·출산을 수행하고자 하는 여성들을 혈연주의 문화 때문이라고 의미화한다.

신생식기술의 개발과 도입으로 발생한 모성의 분화 속에서 난임여성들 내부에서조차도 자신의 물질적, 사회적 위치에 따라 서로 다른 모성성을 구성하고 있는 것이다. 자신의 난자와 자궁을 통해서 임신·출산을 수행할 수 있는 난임여성들은 생식세포 공여 및 거래, 그리고 대리모를 이용하고자 하는 여성들에 대해 심정적으로는 공감하지만 그러한 방법을 통해서까지 아이를 갖고 싶지는 않다고 말한다. 하지만 시술과정의 고통과 경제적 부담을 누구보다도 잘 알고 있기에 생식세포 공여자나 대리모에 대한 경제적 보상은 필요하다고 진술하면서도 거래의 형태보다는 공여의 형태가 바람직하다고 의미화 한다. 또한 생식세포 공여나 거래보다는 대리모를 이용하는 것이 더 큰 문제라고 본다. 이것은 핏줄이나 유전적인 요소보다 자신의 몸을 통해, 몸 안에서 양육하는 것이 모성성을 구성하는 중요한 요소라고 여기는 것이다.

하지만 의료진은 대리모의 이용보다는 생식세포의 공여나 거래가 더 많은 문제를 일으킬 수 있다고 본다.

> 난자나 정자공여는 일종의 입양으로 봐야 해요(보조 사례 1, 의사).
>
> 대리모는 두 사람의 법적인 관계만 계약해서 한다면 큰 문제는 안될 거 같아. 공여는 틀려요. 대리모는 부부의 씨지만 공여는 다른 사람의 유전적인 게 들어오기 때문에 달라요(보조 사례 2, 의사).

의료진은 대리모는 자궁이라는 몸의 일부기관을 대여하는 것이지만 생식세포 공여는 유전적인 요인이 개입되기 때문에 자신의 아이라고 보기 어렵다고 의미화 한다. 이것은 여성들에 비해 의료진이 혈연주의 이데올로기와 유전자결정론적인 시각을 더 많이 가지고 있음을 보여준다.

따라서 신생식기술이 가져온 모성의 분화 속에서 난임여성들의 모성성이 갖는 정치적 의미는 그 위치에 따라 달라진다. 자매나 친족을 통한 공여 및 대리모를 이용하는 난임여성들은 혈연주의적 가족규범은 유지하고 있지만 여러 명의 어머니가 가능하다는 점에서 정상가족 규범은 위반한다. 또한 제 3자에 의한 생식세포 공여 및 대리모를 통해 어머니가 되고자 하는 난임여성들은 혈연주의적 정상가족 규범을 위반한다. 그리고 제 3자와의 생식세포 및 대리모 거래를 통해 어머니가 되고자 하는 난임여성들은 혈연주의적 정상가족 규범을 위반하면서 동시에 법적 범죄자가 된다.

생식세포 공여 및 거래, 대리모 이용을 통해 어머니가 되고자 하는 난임여성들이 여전히 체외수정시술을 통해 모성권을 실현하고자 하는 것이라면 입양을 선택한 난임여성들은 체외수정시술을 중단하고 모성권을 실현하고자 한다. 난임여성들이 입양을 하는 과정에서 입양아에 대해 가장 많이 사용하는 언설은 "가슴으로 낳은 아이"이다.

> 가슴으로 낳은 아이야… 시댁에서 엄청 반대했는데, 신랑이랑 나랑 둘이 몰래 저질러버렸어. 지금은 애가 무슨 죄겠냐 하면서 좋아하셔. 근데 한번 씩 애기 엉덩이 두드리면서 동생 보게 해주라 하실 때는 속상해(사례 20).

〈사례 20〉은 체외수정시술에 세 번 실패하고 남편과 함께 복지시설의 아이들을 돌보는 자원봉사를 했다. 그 과정에서 자신을 따르고 정이 가는 아이를 만났고 입양기관을 통해 입양하였다. 입양과정에서 부딪히는 가장 큰 어려움은 혈연주의 이데올로기를 내면화한 다른 가족구성원의 반대이다.[41] 하지만 입양을 결정한 난임여성들의 "가슴으로 낳은 아이"라는 언설은 자신의 몸 안에서, 몸을 통해 태어나지 않았더라도 양육을 통해 어머니됨과 새로운 가족을 구성하는 것이며 이것은 혈연주의적 정상가족 규범을 탈주하는 것이다.

체외수정시술은 부계혈통 중심의 엄마, 아빠, 자녀로 구성된 오이디푸스적 정상가족이데올로기를 보증, 강화하면서 도입되고 성장하였지만 체외수정시술의 이용을 통해 발생한 모성과 부성의 분화 속에서 역설적이게도 부계혈통중심의 정상가족 규범은 위반되기도 하고 해체되기도 한다. 난임여성들은 혈연주의적 정상가족 규범의 영향을 받아 체외수정시술을 이용하기도 하지만 자신의 물질적, 사회적인 몸들의 위치에 따라 그것을 위반하기도 한다.

■ 전문가 집단에 대한 협상과 저항

난임여성들은 체외수정시술과정에서 기본적으로는 전문가 집단의 판단과 권유에 따르지만 시술이 반복될수록 시술에 대한 체험과 지식 및 정보습득을 통해 전문가 집단의 권위에 협상하고 저항하기도 한다. 이것은 의사와 환자 사이의 지배적인 관계 모델인 지배, 종속관계의 배치를 바꾸는 것이며 전문가중심주의에 균열을 가하는 것이다.

난임여성들은 전문가 집단이 자신을 기계적인 기술적 처치의 대상이 아니라 소통을 통한 협업자로 여겨주길 바라며 이는 의료서비스의 불만 문제로 나타난다.

> 하루에 2cm 자라면 초음파로 재면 ○○○ 원장 같은 경우는 모니터 보라고 해서 지금 개수가 3개 있죠 왼쪽 2개 있죠 지금 몇 센치에요 이야기 해주고 ○○○ 원장은 보세요도 안하고 몇 개 나왔다고도 안 하고 이식할 때 내가 몇 개 나온 지 아는 거야(사례 15).

> 불임 의사는 시술이 문제가 아니고 환자의 절실한 마음을 가지고 있을까? 그리고 난자 배양실에 있는 연구원들이 우리 난자랑을 잘 해주는지, 부모 같은 마음은 아니지만 정신과의사처럼 그런 역할이 반 이상이라고 생각해요. 환자가 이상한 거 물어본다고 해서 비웃거나 그러지 말고 따뜻하게(사례 17).

대부분의 난임여성들은 의료진의 시술과정 및 몸 상태에 대한 친절한 설명과 자신들의 몸을 소중하게 다루어 줄 것, 그리고 난임여성들의 고통을 공감하는 정서적 교류가 필요하다고 말한다. 또한 난임여성들은 이러한 의료서비스의 문제에서 더 나아가 적극적인 의과학적 지식의 습득, 집단적인 정보공유를 통해 의료 권력 및 의과학적 지식의 권위 자체에 저항하기도 한다.

이 단체를 처음 만들었을 때 우리는 정말 아무한테도 이해받고 있지 못했기 때문에 우리 자신을 위해서 모임을 만든 거예요. 처음 만들어서 불임병원, 진료비, 의사에 대한 정보를 교류했어요. 그때 저희단체는 **의료계로부터 고소를 당했었어요. 비윤리적인 식견을 퍼뜨린다고요**... 그때 의사 집단의 이기심과 기득권을 실감했지요... 그런데 언론과 방송이 이 과정을 보도하려고 하니까 의사 집단이 고소 취하를 하고 잠잠해졌어요(조주현, 2009: 43 재인용, 강조는 인용자).

난임여성들은 온라인을 통해 자신들의 자조적인 모임을 만들었고 불임클리닉, 진료비, 의사에 대한 정보를 교류했다. 또한 불임과 관련한 의과학적 지식과 정보를 적극적으로 습득하고 공유했다. 의료진은 난임여성들의 이러한 정보교류를 잘못된, 즉 비과학적이고 "비윤리적인 식견"으로 치부하며 자신들의 집단적 권위와 기득권을 유지하려 한다.

병원 다니고 한 1년 정도 지나서 그때부터 검색도 하고 카페 같은 거 해서 정보를 조금 알게 됐지. 2005년 쯤? 그리고 궁금한 게 있어도 의사한테 물어보면 잘 답변을 안 해줘. 그냥 믿고 따라오라고 인터넷 보지 말라고 쓸데없는 거 걱정하고 잘못된 정보도 많고 그러니까 인터넷 될 수 있음 보지 말라고 그래(사례 6).

하지만 난임여성들은 자신들의 직접적인 몸 체험과 정보교류를 통한 지식을 신뢰하며 병원 선택이나 비용의 문제를 넘어서 의료체계나 처치법의 문제들을 제기한다. 먼저 자신의 몸 상태를 고려하지 않은 시술의 강행, 즉 과도한 의료적 처치와 의료 권력의 남용을 비판한다.

의사한테 얻는 정보보다 사이트나 다른 여성들한테 얻는 정보가 더 많아. 예를 들어 ○○ 병원 같은 경우에는 쓸데없는 검사를 많이 하기로 유명하거든. 안 해도 되는 검사들을 다해(사례 12).

내가 화나는 이유는 과배란 주사를 맞았어. 4일째 되는 날 초음파상에서 난포가 안보였고. 그런데 5월 달에 왜 시험관을 하냔 말이야. 안해야 되는 게 정상 아니야? 난소 상태를 고려해서. 그런데 괜찮다고 연달아 또 한 거잖아(사례 3).

내가 간장약 먹으니까 시험관 해도 되냐고 물어봤어. 내과 원장님은 이 약은 임신하고 관계 없기는 하지만 일단 몸을 만드는게 중요하니까 일단 몸을 건강하게 만들라고 그렇게 이야기하고. ○○ 병원은 관계없다고. 간장약하고 애기 갖는 거 하고 상관없으니까 1월달에 자궁경 본 다음에 2월달에 시험관 하자고 하더라고. 내가 인공할 때도 부정출혈 있었는데도 바로 시험관 들어간 거 봐. 나도 조급한 마음에 뭘 모르고 하긴 했지만 시험관 하면서 믿음이 깨져 버렸다니까. 의사한테(사례 5).

의료진은 그래. 일단 몸 만들고 그런 거 떠나서 무조건 한 달 뛰고 바로 하자고 그러잖아. 우리 몸에 대해서는 별로 생각을 안 하는 거 같아(사례 6).

〈사례 12〉는 다른 여성들과의 정보공유를 통해 필요한 검사와 불필요한 검사가 무엇인지를 알게 되었고 불필요한 검사를 많이 시행하는 의료적 처치의 남용을 비판하였다. 〈사례 3〉은 과배란 주사를 맞고 난포가 성장하지 않았으며 난소 상태도 좋지 않았음에도 불구하고 자신의 몸 상태에 대한 고려 없이 체외수정시술을 강행한 과도한 의료적 처치를 문제 삼았다. 〈사례 5〉와 〈사례 6〉도 부정출혈이라는 시술의 부작용과 몸 상태에 대한 고려 없이 시술을 강행한 의료남용을 비판하였다.

또한 난임여성들은 자신이 습득한 의과학적 지식과 정보에 따라

의료진의 실력이나 병원의 수준을 평가하기도 하며 이를 토대로 병원을 선택한다.

> 냉동 수정란 12개가 나오면 두 번 정도 시술을 해야 원칙인거야. 해동시키는 과정에서 죽는다는 거는 병원 수준이 떨어진다는 거야(사례 2).

> 아는 언니가 선생님한테 우리한테 난자는 정말 예쁘고 소중한데 실험실 가도 예뻐해 주냐고 물어봤더니 이번에는 정말 컨디션이 좋고 잘 돌아간다고. ○○ 병원에서 실장이 한명 왔다고. 그 전에는 한 명이 해서 업무가 많으니까 힘들었는데, 지금은 교대로 하니까 나을 거라고 이야기 했대요. ○○ 병원 그 사람은 수정하는 거는 최고다 이러더라구요(사례 4).

> 애기가 들어오면 애기가 적이라고 생각해서 자꾸 밀어낸다고 한다는 거야. 그래서 맞는 주산데 한 병에 5-6만원 하는데 한번이 아니라 의사가 감을 잘못 잡아서 많이 맞아. ○○ 병원 원장은 장담을 못해. 근데 ○○ 병원 원장은 컨트롤 해서 4대 3 이렇게 잘 해 주는거 같더라구요. 그래서 유지한 사람 많다고 하니까 옮겨보고 싶어(사례 4).

> 냉동 같은 경우에는 솔직히 내가 안됐을 경우에는 옮기고 싶은 마음도 있잖아. 그런데 냉동은 가져올 수가 없다고 하데? 거기서 해동을 시켜야, 그 병원만의 냉동시키는 노하우가 있기 때문에 그 병원만이 알 수 있다고 하더라고. 냉동을 많이 시켜 놓으면 무조건 돈이 더 많이 나오지... 해동하다 잘못 되기도 해. 근데 몇 개 냉동이고 해동인지, 해동시키다가 잘못됐다고 하면 우리는 알 수가 없지(사례 2).

〈사례 2〉는 실험실에서 연구원의 냉동 수정란 해동 과정에서의 기술력 부족이, 반대로 〈사례 4〉는 탁월한 수정 기술력을 갖춘 연구원의 유입이 병원의 수준을 가늠하고 병원을 선택하는 기준으로 설명된다. 또한 착상력을 높이기 위해 사용하는 주사제의 적절한 혼합 비율을 맞출 수 있는 의사의 능력이 병원 선택의 기준이 되기도 한다. 난임여성들은 시술과정에서 난자 채취와 이식을 통해 직접 대면하는 의사뿐만 아니라 실험실에서 자신들의 생식세포를 수정하고 배양하는 연구원들의 기술력도 의료진의 능력을 판단하는 근거로 삼고 있으며 나아가 실험실 안에서 생식세포가 다루어지는 과정과 방식을 알고자 한다.

또한 자신의 체험과 몸에 대한 해석을 통해 의료진의 처치법 선택에 의문을 제기하거나 처치법의 오류를 지적하기도 하며 그것이 의료진에게 받아들여지기도 한다.

> 길항을 하니까 양쪽이 균형이 안 맞아서 한쪽은 터질까봐 걱정하고 한쪽은 안 클까봐 걱정하고 균형을 못 맞추니까 양쪽에서... 성장이 빨라 한쪽만 균형이 안 맞게 컸던 거 같아. 그래서 그 이야기를 이식 때 하니까 아니라고 했어요. 실패하고 피검하고 그 이야기 하니까 인정을 하더만. 안 맞는 거 같다. 안 해봤으니까 자기도 모르지 않냐고. 순순히 인정을 하더라구요. 길항을 안 해야겠다, 다음에는 단기로 해야 겠다, 개수도 안 좋고 질도 안 좋게 나오니까 그렇게 얘기 했어요(사례 17).

> ○○ 병원 원장은 장기가 좋다면서 왜 ○○○ 은 단기만 계속 시켰을까 그것도 의문이더라. ○○ 병원에서도 의사가 고날 F가 좋은 약이라고 권유해 놓고 그렇게 했는데 내가 아는 애는 이번에 갔더니 고날 F가 아니고 다른 약으로 바꿨다고 하더라고. 걔는 나처럼 고날F도 썼던 애야. 그런데 이번에 갔더니 다른 약이 더 좋다고 하면서 그 약으로 바꿨다고 하더라고. 그러니까 의사들 말은 100% 신뢰를 할 수가 없는 거 같아(사례 5).

〈사례 17〉은 난포의 성장 촉진과 방해를 동시에 유도하는 길항법의 선택이 난포 성장의 불균형을 만들고 결국에는 시술 실패로 이어졌음을 제기하였고 의료진 역시 시술 결과에 따라 이러한 문제제기를 받아들였다. 〈사례 5〉는 의료진에게 좋다고 권유받았던 시술법과 과배란제가 다른 난임여성에게는 권유되지 않았으며, 과배란제를 바꾼 것에 대해 의문을 제기한다.

> 과배란제가 문제니까 자연주기법처럼 자연배란 된 거를 난자 채취를 해서 미세 수정시켜서 이식만 하면 안되나? 문제는 병원에서도 그 시술을 안 하는 이유가 돈이 안 되니까 그것도 있을 거 아니야(사례 19).

또한 〈사례 19〉의 경우에는 과도한 과배란제 사용으로 인한 부작용을 알기에 과배란제를 사용하여 인위적으로 난포를 성장시키지 않고도 시도할 수 있는 방법으로서 자연주기법에 의한 처치를 고민하기도 한다.

난임여성들은 처치법 선택에 대한 의문과 처치법의 오류를 지적하는 것을 넘어서 처치법 자체를 자신들이 선택하기도 한다.

> 나는 웬만하면 마취해주지 말라고 그래(사례 2).

> 그냥 놔둬도 되는데. 이 원장은 다음 달에 인공수정 하는데 '나는 몰라' 막 이러니까. 아무튼 멋모르고 두 번 [물혹을] 텄는데, 또 생겨서 또 트자고 하니까 마취하기도 싫고 생리하면 없어진다고 하니까 지켜 볼게요, 하고 다음 달에 보니까 진짜 없어졌어. 이런 거 하면 많이 생기더만. 지식이 없으니까 다 했지. 의사는 다음 달에 시술해야 되니까 무조건 없애고 보자는 식이지. 최상의 임신율을 하라고 터라고 해(사례 4).

즉 의사가 권유하는 처치법을 거부하기도 한다. 〈사례 2〉는 난자 채취 과정에서 의료진이 수행하는 전신 마취가 자신의 건강에 유해하다고 판단하고 전신 마취를 거부하고 국부마취를 요구하였다. 이 병원에서는 원래 난자 채취시 전신 마취를 하지는 않았는데, 난자 채취시 발생하는 불쾌함과 고통으로 인해 난임여성들이 전신 마취를 선호하였고 다른 병원에서도 전신 마취를 하고 있어서 경쟁력에서 뒤처지지 않기 위해 전신마취를 시행하게 되었다고 한다. 〈사례 4〉는 다음 시술을 위해 자궁물혹을 제거하자는 의사의 권유에도 불구하고 자궁물혹이 자연스럽게 없어지기도 한다는, 자신이 습득한 지식에 의한 판단으로 의료적 처치를 거부하였다.

결국 난임여성들은 체외수정 시술과정에서 의료진의 판단과 권유, 의과학적 지식에 근거한 각종 처치법들에 대해 자신들의 입장에서 다양하게 의미화하고 해석한다. 난임여성들의 해석은 의과학적 담론과 일치하는 경우도 있지만 체외수정 시술의 목적인 임신·출산은 의과학적 처치의 결과라기보다는 자신들의 복합적이고 다양한 노고의 결과라고 해석한다는 점에서, 의료진의 해석과 완전히 일치하지는 않으며 끊임없이 경합한다.

앞서 〈사례 8〉처럼 출산에 성공한 〈사례 19〉는 체외수정 시술을 통해 태어난 아기가 더 건강할 것이라고 해석한다. 이는 체외수정 시술이 유산율이나 다태아율을 높이는 것은 사실이지만 기형아 비율을 높인다는 것은 속설이라고 설명하는 의과학적 담론과 일치한다.

> 다태아는 사실이고 기형아는 속설이에요. 검증된 바 없어요(보조 사례 2, 의사).

> [아이의 건강염려에 대한 질문에 대해서] 나는 그러 거는 전혀 없는

거 같아. 데이터로 나온다 그럼 모르겠지만 임신을 하는 과정에도 정자들 중에서 제일 빠른 것이 수정이 되는거 처럼 다섯 개의 수정란 중에서 유독 애만 살아남았고 착상이 돼서 사람으로 태어난 거니까 그 중에서 가장 강한 애라는 생각이 들기 때문에(사례 19).

하지만 난임여성들은 체외수정시술이나 각종 의과학적 처치의 도움을 받아 임신에 성공하였다 하더라도 임신의 성공은 출산을 위한 자신들의 노고, 즉 보조생식술의 이용뿐만 아니라 적극적인 몸 관리 및 실천의 결과라고 해석한다.

[난자채취 2회 이후 냉동배아가 남아 있는 상황] 안 됐지. 그래서 원장님이 냉동으로 합시다 하더라고. 그래서 하도 안 되니까 약을 또 먹었어. 한의원 가서 약을 짓고 그리고 또 시술 할려고 했거든. 냉동을 하자고 하니까 그 때 또 약을 먹고 흑염소를 두 개 먹고 복분자도 날마다 먹고. 원장은 한약 먹지 말라고 그래. 근데 내가 먹었어. 그래서 몸이 보호가 돼서 [아이가] 그나마 생겼다고 생각해(사례 1).

[시험관] 한 번 더 해보고 자궁경 하라고 했는데, 내가 막 해달라고 했어. 특별한 이상 없어서 지방질 조금 껴 있는 거 제거하고 물혹도 아닌 조그만 거 제거하고 별 문제될 건 없는데, 그런 거 제거하고 나니까 자궁도 깨끗하고 나도 편하고. 회사도 그만둬서 스트레스도 없고. 한약도 먹어서 든든하게 해놓고. 그래서 된 거 같아(사례 14).

〈사례 1〉과 〈사례 14〉에게 체외수정 시술과 한약 복용, 자궁경 시술은 아이를 갖기 위해 자신들이 수행할 수 있는 다양한 방법들로서 적극적인 실천의 대상들이다. 하지만 다른 난임여성들에게 체외수정시술은 '아이 없음'의 일차적 책임을 여성에게 전가하는 전통적인 가부장적 이데올로기로기를 공격할 수 있는 전략적 도구로서 의미화 되기도 한다.

> [체외수정 시술 자체가 없었다면] 옛날에 소박맞았잖아. 전반적으로 우리나라 의식이 다 여자한테 문제 있다고 하잖아. 원인 불명인 사람도 많은데 다 여자쪽 이라고 하잖아. 그런데 이걸 검사해서 이상 있었단 걸 아는 거지, 없었다면 소박맞았겠지(사례 9).

> [체외수정 시술이 개발이 안됐다면]마냥 기다리고 있겠지. 누구 탓인지도 모르고. 그나마 나 같은 사람은 정말 다행이지. 나는 신랑이 문제인데 이런 거 몰랐어봐. 시어머니랑은 당연히 내 탓이라고 생각하지. 옛날에는 여자 탓을 많이 했잖아. 특히 우리 신랑은 등치도 좋아서 아무도 그런 생각 못했겠지(사례 6).

> [체외수정 시술이 개발이 안됐다면] 점집을 전전하던가 보약집을 전전하면서... 그리고 시부모님한테도 구박을 많이 받았겠지. 옛날 사람들은 원인을 모르면 여자탓 이라고 하잖아. 원인 알고 애기 하니까 그나마 낫지. 옛날이었으면 이혼 당했을 수도 있겠다 그런 생각이 들어(사례 5).

이는 체외수정 시술에 대한 해석의 모순을 보여주는데, 한편으로는 기혼여성의 의무로서 아이 낳기를 강요하는 혈연주의적이고 가부장적인 정상 가족이데올로기의 반영으로서 시술로 인한 정신적, 육체적 고통을 감수하고라도 아이 낳기를 실천하게 하는 매개이기도 하지만, 다른 한편으로 체외수정시술은 '아이 없음'의 책임을 여성에게 전가하지 못하게 하는 매개이기도 하다.

난임여성들은 불임클리닉에서 이루어지는 시술과정 안에서 의료진과 의과학적 지식 및 처치법들에 대해 순응과 협상, 저항을 벌이기도 하지만 불임클리닉을 넘어서 의료의 상업화를 지적하기도 한다.

> 의사가 환자를 돈으로 안 봤으면 좋겠어. 그리고 환자 차별 좀 안 했으면 좋겠어. 병원 다니다보면 이 병원이 환자보다 돈을 생각하구

나 그런 게 느껴지니까 그렇고 특히나 ○○ 병원에서 많이 느낀 게 한 언니가 허름하게 하고 다니고 돈 없다고 시험관 못한다고 해서 나한테는 깎아주지도 않고 돈 다 받았던 사람이 100만원 정도 한도 내에서 시험관 해 주겠다고 제시를 했어. 깎아 주는 거는 그럴 수 있다고 치는데 나는 3년을 다녔어도 심지어 ○○○ 하고 간단한 대화만 하고 초음파도 안보고 그래도 진료비를 받아. 그 언니는 몇 번 가지도 않았는데 초음파비도 면제될 때가 있었어 몇 번(사례 6).

돈에 현혹돼서 약이고 뭐고 무조건 제약회사랑 짜서 벌어 들이는 거야. 그 기계고 뭐고 리스비 낼려면 엄청 나거든. 간호사도 한 두 명이 아니잖아. 연구원 직원들도 한두 푼 나가는 거 아니고. 그리고 이런 이야기를 들었어. ○○ 병원에서 미세수정 하는 애를 빼갔더만. ○○ 병원에서 하던 애를. 그래서 성공률이 엄청 떨어졌다는 이야기를 하더라고, ○○ 원장이. 그 후에 성공률이 떨어져서 너무 힘들었대. 그 수정이란게 고도의 기술을 요하는 건데 경험 많은 직원을 빼갔대. 그런데 결과적으로 ○○ 병원에서 3개월인가 일하고 서울로 가버렸대. 안 맞으니까. 그래서 밑에 있는 애를 키워서 미세수정을 했는데 성공률이 올라갔대. 그런데 그애 마저도 ○○ 병원에서 또 빼간거야. 그래서 계속 안되다가 서울 ○○ 병원에서 데려왔더만. 연구원을(사례 5).

〈사례 5〉와 〈사례 6〉은 과도한 의료적 처치나 약제의 투여가 제약업체와 병원의 리베이트를 통한 이윤창출을 위한 것이며 성공률을 높이기 위한 병원 간의 비정상적인 과도한 경쟁이, 직접적인 개념을 사용하지는 않았지만 신자유주의적 경쟁체제 하에서의 의료의 상업화 결과라는 것을 인지하고 있다.

최소한 내 난자하고 우리 신랑 꺼랑 해서 냉동배아를 만들었어. 그것도 우리 몸의 일부니까 그게 어떻게 처리 되는지는 알았으면 좋겠다는 게 있는 거지(사례 17).

또한 〈사례 17〉은 자신의 생식세포가 수정·배양되는 과정과 배아의 처리 과정을 알려주지 않는 것에 의문을 제기함으로써 실험실(세포배양실)의 폐쇄성을 지적하기도 한다.

결론적으로 체외수정 시술을 처음 하거나 시술에 대한 지식과 정보를 많이 습득하지 못한 난임여성들의 경우에는 의과학적 지식에 근거한 의료진의 판단에 순응한다. 하지만 여러 번의 시술을 체험하고 정보교류를 통해 많은 지식을 습득한 난임여성들의 경우에는 의료진의 판단과 의과학적 지식에 완전히 의존하거나 종속되지 않는다. 그들은 임상에서의 개인적 실천이나 사회적인 집단적 실천을 통해 의료권력 및 의과학적 지식의 권위에 대해 다양한 문제제기를 하고 전략적으로 협상하고 저항한다. 이런 점에서 난임여성들은 의료진에게 완전히 순응하거나 그들의 판단을 완전히 거부한다기보다는 '아이 갖기'라는 목적을 실현하기 위한 협력자로서, 의료진과 전략적인 견제적 공생관계를 맺고 있다고 볼 수 있다.

■ 정부 및 사회적 지원에 대한 요구

난임여성들의 난임 극복을 위한 집단적 욕망은 친목도모의 모임을 넘어서 집단적인 조직화와 실천 운동으로까지 이어졌다. 한국사회에서 이러한 움직임은 2000년대 초반부터 인터넷을 매개로 한 자조모임에서 시작하여 오프라인으로 이어지는 현실적인 운동으로 나타났다. 현재 온라인 상에는 정보와 경험담을 공유하는 수많은 난임여성들의 카페가 있으며 그 중에서도 대표적으로 '아기모'와 '아가야'가 정치적인 실천 활동을 벌이고 있다.[42]

이들 사이트들의 주요 활동 중의 하나는 보조생식술을 이용하여 모성권을 실현하고자 하는 난임부부들에 대한 정부 및 사회적 지원에 대한 요구이다. 이러한 활동의 일환으로 양 사이트에서는 2003년도부터 정부지원을 요구하는 서명캠페인 운동 및 국회 청원 활동을 벌여왔다. 난임여성들의 이러한 활동과 정부의 출산장려정책에 대한 필요가 맞물리면서, 정부는 2006년부터 불임(난임)부부지원사업을 실시하였으나 불임(난임)부부지원사업은 난임여성들의 출산권과 건강권을 위한 것이라기보다는 3장에서 살펴본 것처럼 출산장려정책의 일환으로서, 정부의 책임을 최소화하는 인구관리 정책이었다.

이 연구에 참여한 난임여성들도 정부 지원 정책의 한계와 정책 방향에 대해 다양한 견해들을 밝혔으며 개인적·집단적으로 정부지원 요구를 위한 서명운동에 참여해 왔다.

먼저 정부 지원의 필요성에 대한 근거로는 체외수정 시술의 경제적 부담이 크다는 것과 출산 장려 정책이 일반 여성들에게만 국한되어 정작 아이를 낳고 싶어도 낳지 못하는 부부들을 외면하고 있다는 것이었다.

> 병원 다니면 시험관 말고도 인공 있죠, 내시경, 초음파비 이런 돈들도 엄청 커요. 우리가 시험관만 하나요? 사먹는 거 엄청 많잖아요. 과일하나 키위하나 복분자, 비타민, 한약 그런 것들도 돈이 많이 들어가요(사례 4).
>
> 병원만 다녔겠냐고 한약도 지어먹고 엄청나게 먹었지. 약값들 먹는 것도 그랬지만 이상한 한의원도 많이 가고 시골 약방 말이 병원비가 인공 한번에 50이라고 하지 중간에 체크하고 내고 하면 만만치 않게 되잖아요. 운 좋게 시험관 1·2차 할 때는 정부 지원이 됐어요(사례 17).
>
> 국가에서 지원해 주지 않더라도 빚을 내서라도 하기는 해야지. 아마 지원을 안해 줬더라면 돈을 모으고 한 1년 정도 모으고 했을 거야(사례 2).

마이너스 통장 썼어. 남편 보너스 나오면 메꿔 놓고. 그러니까 필요 없는 돈은 절약해. 대부분이 그래. 예전에는 밥값 내는 것도 안 망설였어. 지금은 시험관 할 거 생각하면 안 써져. 대부분 여유 있어서 하는 사람은 없는 거 같아(사례 3).

정부에서 애를 낳으라면서 낳고 싶어도 돈이 없어서 못 낳는 난임여성들을 지원 안 해 주면 안 되지(사례 12).

정부 지원 정책의 내용과 한계에 대해 난임여성들은 다양한 견해를 제출하였다. 먼저, 지원횟수에 관해서는 2008년 현재 2회에서 3, 4회로 늘려야 한다는 견해와 횟수 제한 없이 지원해 주어야 한다는 견해가 있었고, 지원 금액에 관해서도 통상 체외수정시술 1회 비용이 300만원 정도의 경비가 소요된다고 보았을 때 200만원 이상의 지원을 해주거나 전액 지원을 해주어야 한다는 견해가 있었다.

[정부지원] 2회는 너무 그런 거 아닌가?[43] 성공할 때까지는 무조건 지원해줘야 하지 않나. 임신이 될 때까지는 그게 10번이건 100번이건 본인이 하겠다고 할 때까지는 해줘야 하지 않나(사례 17).

2회 지원을 3회로 늘려주든가 아니, 될 때까지 해줬으면 좋겠어. 언제 된다는 게 없잖아(사례 14).

대통령이 3번으로 해준다던데 왜 안 해 주는지 모르겠어요. 2번 지원 끝나고 내 돈 300만원이 들어가야 하는데 300을 쓰기는 쉽지만 모으기는 다달이 50만원씩 넣어도 6개월 돼야 모을 수 있는 돈인데 한순간에 날려버리잖아요. 10번씩 했던 사람들 전세로 옮긴다는 말이 이해가 가는 거 같아요. 시험관만 하는 게 아니고 몸조리도 해야 되고 좋은 것도 먹어야 되고, 한약도 비싸고(사례 4).

전액을 해줘야지. 어차피 두 번 해줄 거라면. 무한대로까지는 아니더라도 최소한 4까지라도. 전액까지 못해주더라도 150 한정할거면 4번까지는 해줘야지(사례 6).

너무 부족해. 할 거면 다 해줘야 한다고 생각하고 최소 200이상 250까지는 해줘야 한다는 생각이 들어. 무한대로 될 때까지(사례 5).

사실 지원 횟수 3회 주장은 체외수정시술의 성공률에 준거한 주장인데, 통상 체외수정시술의 성공률을 25~30%로 잡았을 때 3회 이상은 시술받아야 성공할 수 있다는 것이 근거가 되었다. 난임여성들의 지원 확대에 대한 요구가 받아들여져 정부는 2009년부터는 3회 지원, 2011년부터는 4회 지원을 실시하고 있으며, 1회 지원액도 2006년 당시 150만원에서 2011년에는 180만원으로 상향 조정하였다.[44)]

한편 '아가야'에서는 정부 지원을 받고도 시술에 성공하지 못하거나 경제적 부담으로 인해 시술 자체를 받지 못하는 저소득층 난임부부들을 위해 불임클리닉과 제약업체의 후원을 받아 체외수정시술지원 사업을 펼치고 있기도 하다.

난임여성들의 불임시술에 대한 정부지원 요구는 모성의 사회적 책임이라는 측면에서 제기되고 있다. 불임시술에 대한 정부지원에 대해 그간 페미니스트들은 기술적 처치의 위험성에 주목하면서 정부의 지원이 더 많은 난임여성들을 불임시술에 끌어들임으로써 혈연주의적 가족주의 이데올로기를 강화하고 여성의 건강권을 침해할 수 있다고 주장해 왔다. 이러한 주장은 일면 사실이다. 하지만 난임여성들의 정부지원 요구가 모성의 사회적 책임을 강조하고 자신들의 모성권 실현을 위해 주장되는 것도 사실이다. 또한 체외수정시술의 체험을 통해 시술이 자신의 건강에 유해함을 알지만 가족 및 사회의 구성원으로서 인정받고자 하는 '인정욕구'가 건강권을 압도하는 난임여성들이 대부분이다. 그렇다면 시술을 이용하지 않고 건강권을 확보할 수 있는 방안 마련과 함께 시술을 이용하더라도 건강권 침해를 최소화할 수 있는 방안이 동시에 모색되어야 할 것이다.

〈표 5-4〉를 통해 알 수 있듯이, 페미니스트들이 우려했던 것처럼 정부 지원의 확대가 시술을 이용하는 여성과 시술을 통해 태어나는 아이의 수를 증가시킨 것은 사실이다. 지원횟수 2회, 1회 지원액 150만원이었던 2006년 당초에 비해, 지원횟수가 3회로 늘어난 2009년과 지원횟수가 4회로 늘고 지원액도 180만원으로 증액된 2011년도에 시술건수와 출생아 수 모두 증가하였다.

하지만 이 연구에 참여한 대부분의 난임여성들은 정부의 지원이 없더라도 돈을 모아 불임시술을 받을 것이라고 진술하였으며 불임시술 이용을 자신들이 처한 조건 속에서 출산 계획을 성취시켜 줄 수단 가운데 하나로 의미화 하였다.

정부의 지원이 더 많은 여성들을 기술적 처치 과정에 놓이게 하는 것은 사실이지만 기혼 여성의 출산이 권리라기보다는 의무로 여겨지는 사회문화적 환경 속에서 시술 이용을 자신의 모성권 실현을 위한 하나의 도구로 생각하고 있는 난임여성들이 많다는 점이 반드시 고려되어야 한다. 또한 일반 여성들의 자연분만이 모성의 사회적 책임

표 5-4. 체외수정 시술비 지원사업 실적

(단위: 건, 명, %)

	연도	2006	2007	2008	2009	2010	2011	총계
체외수정	시술지원건수	19,137	14,697	13,262	17,691	24,961	30,356	120,104
	임신건수	5,987	4,579	4,236	5,349	7,801	9,289	37,241
	임신율	31.3	31.2	31.9	30.2	31.3	30.6	31
	출산건수	4,048	3,460	3,366	4,081	4,482	5,791	25,228
	출생아 수	5,453	4,699	4,535	5,281	5,714	7,502	33,184

* 출처: 보건복지부, 2012.

으로서 의료보험이 적용되고 있는 것에 반해 난임여성들의 불임시술 이용이 의료보험이 적용되지 않는 것은 모성의 사회적 책임이라는 관점에서 볼 때 모순적인 것이다. 따라서 정부의 난임부부지원정책의 문제점은 시술비 지원 확대에 있는 것이 아니라 난임여성과 시술을 이용해 태어난 아이의 건강권 침해를 최소화 할 수 있는 시술과정 및 시술 이후에 대한 관리·감독 부재, 관련 연구개발 지원의 미비, 시술비나 약가통제 부재에 있다.

실제로 난임여성들은 현행 지원제도의 한계에 대해 지적하고 있는데, 정부의 시술비 지원 정책이 불임클리닉의 의료비와 시술에 이용되는 약가 통제와 동시에 이루어지지 않는다면, 난임부부들의 경제적 부담을 덜어준다는 정책의 취지를 제대로 살릴 수 없다고 주장한다.

> 정부지원 하기 전하고 후가 약값이 되게 많이 올랐다는 말을 들었어요. 감시하고 규제하면서 약값 동결시키고 정부지원을 해줘야지 결국은 병원 배만 불렸다는 평가를 듣고 나니까 그거는 아닌 거 같다…(사례 17).
>
> 약값이나 이런 것 좀 싸게 해줬으면 좋겠어(사례 14).
>
> 웃기잖아. 지원해준 셈 치고 자기들[병원]은 정부지원 다 받아먹고 인심 쓰는 척 하면서 약값 올려 버리는 거. 두 번 죽이는 거지(사례 12).
>
> 약값이 지금도 병원마다 다 틀린데 고날 F 같은 것도 ○○ 병원에서는 40정도 받는다고 알고 있어. ○○ 병원에서는 20얼마거든. 1차 끝나고 병원비에 대해 이야기 하다 보니까 병원비 차이가 너무 나. 돈 없는 경우는 ○○ 병원이 좋아. 돈이 덜 드니까(사례 2).

나아가 정부가 시술절차와 약가에 대한 표준화된 체계를 마련하여 관리하지 않으면 불임클리닉과 제약업체는 불필요한 시술절차를 늘리고 자유롭게 약가를 책정함으로써 이윤을 창출하고, 이로 인해 난임부부들의 경제적 부담은 줄어들지 않을 것이라고 주장한다.

실제로 표준화된 시술절차와 지침을 마련하기 위한 정부의 조사에 참여한 불임클리닉의 시술비 책정 내용과 실제 난임부부들이 불임클리닉에 시술비와 약값으로 지불했다고 주장하는 비용 사이에는 격차가 있다. 〈표 5-5〉는 이 연구에 참여한 난임여성 가운데 한 명의 시술과정과 시술비 및 과배란제 처방에 따른 비용 지출 현황이다.

표 5-5. 시술과정과 시술비 현황

(단위: 원, 시술법: 단기)

<table>
<tr><th>병 원
방문일</th><th>항 목</th><th>병원비(A)</th><th colspan="2">처방재(처방비)</th><th>총지출(A+B)</th></tr>
<tr><td rowspan="2">3월 25일</td><td rowspan="2">진찰, 주사, 검사, 초음파</td><td rowspan="2">379,630</td><td colspan="2">루크린 5mg 1개, 퓨레곤 600단위 1개 (324,455)</td><td rowspan="2">400,560</td></tr>
<tr><td>약국처방(B)</td><td>항생제
(20,930)</td></tr>
<tr><td>3월 29일</td><td>진찰, 투약 및 조제, 주사, 초음파</td><td>213,560</td><td colspan="2">퓨레곤 600단위 1개(199,532)</td><td>213,560</td></tr>
<tr><td>4월 1일</td><td>진찰, 투약 및 조제, 초음파</td><td>127,350</td><td colspan="2">퓨레곤 300단위 1개(113,324)</td><td>127,350</td></tr>
<tr><td>4월 4일</td><td>진찰, 투약 및 조제, 초음파</td><td>14,020</td><td colspan="2"></td><td>14,020</td></tr>
<tr><td rowspan="2">4월 5일</td><td rowspan="2">진찰, 투약 및 조제, 주사, 검사, 초음파</td><td rowspan="2">63,020</td><td colspan="2">난포터지는 주사(35,000), 호르몬 검사(14,000)</td><td rowspan="2">79,250</td></tr>
<tr><td>약국처방</td><td>프로기노바
(16,230)</td></tr>
<tr><td rowspan="2">4월 7일</td><td rowspan="2">진찰, 주사, 처치 및 수술, 검사</td><td rowspan="2">959,690</td><td colspan="2">난자채취비(850,000), 알부민(84,908)</td><td rowspan="2">1,000,030</td></tr>
<tr><td>약국처방</td><td>유트로게스탄
(40,340)</td></tr>
<tr><td>4월 10일</td><td>진찰, 주사, 처치 및 수술, 검사</td><td>858,250</td><td colspan="2">이식비(300,000), 생체아교(150,000), 냉동비(150,000), 미세수정(250,000)</td><td>858,250</td></tr>
<tr><td colspan="5"></td><td>총지출
2,693,020</td></tr>
</table>

〈표 5-5〉를 불임클리닉에서 보고된 시술비 책정 현황인 3장의 〈그림 3-3〉과 비교해 보면, 난임부부들이 실제로 병원에 지불하는 비용이 대체로 더 높게 나타나는 것을 알 수 있다. 또한 이 여성이 지불한 비용과 다른 여성이 다른 병원에서 지불한 비용도 똑같은 처방과 처치를 받았다 할지라도 병원마다 다르게 나타난다. 그래서 난임여성들은 의료비와 약값의 투명성과 시술절차의 표준화를 요구한다.

> 솔직히 지원 안 해 주더라도 제발 의료비 단가 좀 내려줬으면 좋겠어. 아니면 병원마다 의료비 좀 통일 좀 시키든가(사례 6).
>
> 그리고 지원도 지원이지만 의료비 좀 내려줬으면 좋겠어. 특히 약값. 차라리(사례 5).
>
> 나는 시험관 과정 할 때 설명해 주는데 시험관 시작부터 끝까지 어떤 주사 맞고 어떤 작용을 하고 가격은 얼마고 초음파는 얼마고 그래서 총 비용이 얼마 든다고 과정을 투명하게 싹 알려주면 좋겠어. 약은 달라도 좋은데 액수는 우리가 알기 쉽게 투명하게 했으면 좋겠어. 제약해서 약 쓰면 투명성 있으니까 우리들은 걔네들이 약 쓰면 내라는 돈 내야하니까 그게 아니라 미리 알고 갔으면 좋겠어. 투명성 있으면 비싸게 받거나 그러지는 않을 거 아니야. 초음파비는 비슷하게 갈 거 아니야(사례 5).

난임여성들의 정책적 요구사항 가운데 가장 대표적인 것은 약가를 포함한 시술비용의 의료보험적용 요구이다. 난임여성들은 의료보험적용 요구를 위해 자신들의 (재)생산권을 의료적 접근권으로 의미화하고 난임을 사회적 질병으로 의미화한다. 왜냐하면 의료적 범주 안에서의 질병일 경우에만 의료보험의 혜택을 받을 수 있기 때문이다. 따라서 난임여성들은 한편으로는 자신들에게 가해지는 사회적 낙인을 거부하기 위해 난임을 비정상적이거나 질병이 아닌 것으로 의미화하고 다른 한편으로는 사회적 책임으로서의 모성권을 요구하기 위해 의료보험을 적용받을 수 있는 질병으로 의미화 하는 모순적인 위치에 놓이게 된다.

또한 정부가 2008년부터 제한한 수정란 이식 수에 관해서 충분한 지원 없는 수정란 이식 수 제한은 임신의 성공률을 떨어뜨리기 때문에 계속해서 시술을 받아야 하고 이에 따라 경제적 부담 해소에 도움이 되지 못할 수도 있다고 해석하기도 한다.

> 전남에서 신생아 출생률이 많더만. 이제 국가에서 쌍둥이 낳는 거 안 바란데. 그래서 조건이 생겼드만. 35살 미만은 두 개 이상 넣으면 안 돼 난자를. 수정 시켜 놓은 거를 두 개 이상 넣으면 쌍둥이일 확률이 높기 때문에 두 개 이상 넣으면 안 된다고 고지를 한 거예요. 자비로 하는 것은 상관없는데 지원받아서 하는 것은 안 돼(사례 2).

〈사례 2〉는 수정란 이식 수 제한에 대한 가이드라인이 실제 병원에서 잘 지켜지지 않는다는 점, 그것이 다태아를 줄일 수는 있을지라도 자칫 임신 성공률의 감소와 그로 인한 시술비의 증가를 가져올 수 있다는 점을 우려한다. 하지만 〈사례 2〉는 시술비의 전면 지원이 가능하다면, 수정란 이식 수를 제한하는 것에 찬성한다. 〈사례 2〉를 제외한 다른 난임여성들도, 시술비의 전면지원이라는 가정 하에, 특히 다태아가 임신돼 선택 낙태술을 체험한 여성은 그 고통과 위험을 알기에, 산모와 태아 모두에게 위험한 다태아 임신을 막기 위한 수정란 이식 수 제한에 찬성하는 경향을 보였다.

난임여성들은 모성권의 사회적 책임을 부각시키고, 주로 경제적 비용 부담 경감이라는 측면에서 의료통제와 약가통제가 이루어져야 한다고 주장함으로써 의료체계 자체에 문제를 제기하고 있다. 하지만 '아기모', '아가야' 등을 통한 난임여성들의 집단적인 실천 활동 속에서 주장되고 있지 않는 지점이 있다. 그것은 엄마가 될 수 있는 자격요건의 기준에 대한 문제제기, 건강에 침해를 덜 주는 시술법에 대한 지원요구, 그리고 의과학적 처치의 위험성에 대한 연구의 의무화와 지원 주장 등이다. 그렇지만 난임여성들은 체외수정시술 이용과 중단을 통해 새로운 모성성을 구성하기도 하고 시술과정에서의 각종 처치법이 건강에 유해하다는 점을 인식하면서 현 지원정책과 의료체계의 한계를 문제제기 하기도 하였다.

4. 소 결

이 장에서는 난임여성들의 체험을 통해 그들의 기술화된 출산 수행 과정을 따라가면서 어떤 활동을 수행하고 있는지, 의과학적 지식과 어떻게 경합하고 있는지, 의료진과의 관계설정은 어떠한지, 신생식기술을 어떻게 의미화하고 있는지를 드러내려고 하였다. 특히 난임여성들의 이러한 활동과 해석, 의미화가 그들의 (재)생산권의 내용을 어떻게 구성, 재구성하고 있으며 기술화된 임신·출산의 주체로서 의과학적 지식의 생산과 신생식기술의 성공에 어떻게 기여하고 있는지를 탐색하고자 하였다.

첫째, 난임여성들은 의과학적 지식의 권위에 무조건적으로 순응하는 것이 아니라 끊임없이 협상·저항한다. 난임여성들은 시술이 지속될수록 의과학적 지식의 불확실성과 불완전성을 몸으로 체험하면서 의료진의 판단과 자신의 체험 및 몸에 대한 해석을 통한 판단 사이에서 경합한다.

의과학적 불임 판단은 피임을 하지 않고 부부관계를 했을 시 1년 안의 임신 가능성이라는 통계적 확률과 불임을 유발할 수 있는 생물학적 요인들의 유무가 그 준거이지만 난임여성들은 이 기간과 통계에 의존하지 않으며 생물학적 요인 이외의 사회 환경적 요인이나 자신들의 생애사적 체험들 속에서의 다차원적인 준거를 가지고 다양하게 해석한다. 특히 원인불명의 경우, 의료진은 의과학적 연구를 통해 밝혀질 수 있는 것으로 의미화하지만 난임여성들은 의과학적 지식의 한계로 의미화한다. 또한 의료진에게 불임 시술의 성공률과 효율성은 시술의 필요성과 신뢰를 만들어 내 더 많은 난임부부들을 시술과정으로 끌어 들이고 이윤을 창출하기 위한 것이지만 난임여성들에게 성공률과 효율성은 자신이 처한 조건과 계획 속에서 아이 갖기를 위한 합리적인 선택이거나 시술 비용과 몸에 가해지는 고통을 줄이기 위한 전략적 선택이 되기도 한다.

둘째, 체외수정 시술법 및 그 외의 각종 처치법이 시행되는 과정에서 난임여성들과 의료진의 관계는 지배, 종속 관계라기보다는 견제적 공생관계라고 볼 수 있다. 즉 난임여성들은 자신들의 체험을 통해 의과학적 지식뿐만 아니라 의료 권력에 대해서도 무조건적으로 순응하는 것이 아니라 끊임없이 경합한다. 난임여성들의 섹슈얼리티와 생식력은 의과학적 관리와 통제의 대상이 되며 시술과정을 주도하고 시술법을 선택하는 것은 기본적으로는 의료진의 판단과 권유에 의해서이다. 하지만 시술이 반복될수록 난임여성들은 자신들의 몸에 나타나는 징후들에 대한 의과학적 설명이나 다양한 처치법들을 적극적으로 선택, 요구하기도 한다. 그래서 의료진과 난임여성들의 관계는 완전히 종속되어 있거나 적대적이기보다는 견제적 공생관계에 놓여 있다고 볼 수 있다. 의료진에게 난임여성들은 한편으로는 치료와 관리 및 이윤창출의 대상이지만 다른 한편으로는 의과학적 지식의 유효성과 한계를 확인할 수 있는 지식생산의 자원이 된다. 난임여성들은 의과학적 지식에 근거한 의료진의 판단에 따르기도 하지만 그것에 위반하는 몸들의 징후와 체험에 의해 의료진과 경합하고 의과학적 지식의 생산에 기여한다.

셋째, 난임여성들의 기술화된 임신·출산 수행, 즉 생명생산 과정은 의과학적 지식생산에 참여하고 그것을 추동하는 과정이기도 하다. 무엇보다도 난임여성들은 임신·출산에 성공했을 때 그것이 불임시술만의 결과라기보다는 자신들이 수행한 수많은 몸 관리 실천과 노고의 복합적인 결과라고 의미화 한다. 또한 난임여성들과 의료진 모두 임신·출산 성공의 관건은 건강한 난자의 생산이라고 보는데, 과배란제의 효능이 불확실하고 난임여성들의 몸들에 따라 다르게 나타난다고 할 때, 건강한 난자의 생산은 난임여성들의 몸 관리가 중요한 요소가 된다. 마찬가지로 난자의 수정력과 착상력은 건강한 난자의 생산을 위한 난임여성들의 몸 관리 실천을 중심으로 실험실 연구원의 수정 및 배양 노동, 배양액이나 배양조건 등의 협업과 연결망을 통해 결정된다. 이것이 바로 생식세포의 수정과 배아의 초기 성장과정이 실험실로 이전되었다 할지라도 생명생산의 궁극적인 힘은 난임여성들의 기술화된 임신·출산수행과 몸들에 있는 이유이다. 또한 의과학적 지식이 전문가들만의 배타적인 소유 및 통제 영역이거나 이윤창출의 수단이 되어서는 안 되는 이유이다.

넷째, 난임여성들의 (재)생산권의 내용은 건강권보다는 모성권의 실현을 위한 전략적 도구로서 기술과학의 이용과 의료적 접근권으로 구성된다. 그렇다고 난임여성들이 신생식기술의 이용이 자신의 건강권을 침해한다는 사실에 무지하거나 이를 무시하는 것은 아니다. 왜냐하면 난임여성들은 시술과정에서 수많은 부작용을 몸으로 체험하고 해석하기 때문이다. 난임여성들의 정부 및 사회적 지원 요구는 모성의 사회적 책임이라는 측면에서 제기된다. 난임여성들의 기술화된 임신·출산의 수행은 생명생산 활동일 뿐만 아니라 의과학적 지식생산에 참여하고 생식기술의 성공에 기여한다는 점에서 생산적 노동(활동)이다. 이런 점에서 난임여성들의 정부 및 사회적 지원에 대한 요구는 임신·출산을 위한 자신들의 노고에 대한 가치투쟁의 성격을 지닌 것으로 해석해 볼 수 있으며, 이것은 시술비 지원을 넘어서 사회적, 의과학적 지원체계가 마련되어야 하는 이유가 된다.

결론적으로 난임여성들은 체외수정 시술의 직접적 체험과 지식의 습득 및 정보교류를 통해 의과학적 지식생산노동에 참여하며 의료진의 의과학적 지식과 끊임없이 소통하고 경합한다. 따라서 난임여성들의 기술화된 출산수행과 이를 통한 주체화 과정은 기술생명권력에 단순히 순응하고 그것의 효과를 내면화 하는 것이 아니라 적극적으로 개입하고 전략적으로 협상·저항하는 과정이라고 볼 수 있다.

제6장

출산기술정치의 구성을 위하여

- 생명기술권력 구성체의 내용과 성격
- 난임여성들의 몸과 신생식기술에 대한 정치적 개입 방향

제6장
출산기술정치의 구성을 위하여

1. 생명기술권력 구성체의 내용과 성격

이 연구는 기술화된 출산을 수행하는 난임여성들의 체험을 통해 난임여성들의 몸들에 기술생명권력(technobiopower)이 어떻게 작동하는지, 난임여성들은 기술화된 출산의 수행과정을 통해 어떻게 주체화되고 어떻게 (재)생산권의 내용을 만들어 가는지를 분석하려고 하였다. 이를 통해 신생식기술을 무조건 거부하거나 수용하는 것이 아니라 난임여성들의 입장과 상황적 조건 속에서 그것에 어떻게 정치적으로 개입할 것인지를 모색해 보려고 하였다.

이를 위해 첫째, 난임여성들의 기술화된 출산과정에 영향을 미치는 기술-사회적 조건의 구성과정을 분석하였다. 특히 권력과 자본이 신생식기술을 매개로 난임여성들의 몸들을 어떻게 의과학적 연구와 이윤창출, 그리고 인구통제 및 관리의 수단으로 만들고 있는지에 주목하였다.

둘째, 난임과 신생식기술에 대한 기술-문화적 재현방식을 분석하였다. 난임과 난임여성들, 그리고 신생식기술에 대한 사회적 의미화와 담론을 분석하는 것은 지배적인 기술문화가 가부장적 자본주의와 연결되어 어떻게 기술과학 중심적인 담론을 유포하고 있는지를 탐색하는 것이었다.

셋째, 난임여성들의 기술화된 출산수행과정을 따라가면서 그들의 주체화 과정을 분석하였다. 난임여성들이 출산환경의 변화를 만들어 내고 있는 기술-사회적 조건인 보조생식술의 전개과정, 국가의 인구관리 및 통제정책, 불임클리닉 및 제약업체를 비롯한 관련 산업의 성장 과정에 어떻게 참여하고 있고, 무엇을 요구하고 있으며 어떻게 전략적으로 개입하고 있는지에 주목하였다. 또한 국가의 정책적 방향이나 불임 및 몸 관련 산업의 성장에 매개가 되는 의과학적 지식과 난임여성들의 몸 체험성을 통한 지식이 어떻게 서로 경합하고 있는지에 주목하였다. 그리고 난임여성들의 기술화된 출산수행과정은 의과학적 지식의 권위 및 의료 권력에 단순히 종속되어 있는 것이 아니라 끊임없는 협상과 저항과정 중에 있음을 밝혔다.

난임여성들의 임신·출산 수행에 영향을 미치는 기술-사회적 조건은 신생식기술의 도입과 확산, 정부의 불임(난임)부부지원사업과 몸들의 관리 및 의료정책, 불임클리닉 및 제약 산업을 비롯한 불임 관련 시장의 형성이었다. 한국사회에 체외수정시술이 본격적으로 도입된 것은 1980년대였지만 기술과학적 연구 및 불임클리닉이 비약적으로 성장한 것은 1990년대였다. 그리고 2000년대는 1990년대의 성장을 통해 축적된 지식과 기술력을 바탕으로 생명공학의 영역으로까지 확장되었다. 체외수정시술을 비롯한 보조생식술이 1990년대 비약적으로 발전할 수 있었던 것은 기술내적 요인만이 아니라 사회적 요인에 영향을 받은 것이었다. 1980년대 말, 정부는 전 국민을 대상으로 의료보험 정책을 확장하면서 정부의 책임을 최소화하기 위해 의료수가를 낮게 책정하였고 같은 시기에 기혼 여성의 피임 실천율이 안정화되면서 분만을 중심으로 하는 산부인과 병원은 재정적 위기를 맞이하게 되었다. 산부인과의 위기는 비보험 급여의 영역인 보조생식술 분야로 눈을 돌리게 하였으며 여기에 보조생식술의 도움을 받아 출산권을 실현하고자 한 난임여성들의 적극적인 시술 참여와 요구가 맞물리면서 보조생식술과 불임클리닉의 성장이 가능했다. 즉 소자녀 가족계획 정책에 영향을 받은 일반 기혼여성들의 적극적인 피임실천이 산부인과 병원의 위기를 낳았고 이 위기를 극복하기 위한 의료계의 노력과 난임여성들의 모성적 욕망이 보조생식술의 도입, 확산 및 불임클리닉의 성장을 가져온 것이다. 생식에 관한 의과학적 연구와 임상적 적용의 확장은 권력이 점점 더 많은 분자적 몸들을 통제, 관리하게 되는 과정이었으며 자본이 의과학적 지식과 분자적 몸들을 이윤창출의 영역으로 만드는 과정이기도 했다.

먼저, 기술과학적으로는 『대한불임학회지』에 보고된 연구 경향에 따르면, 의과학적 연구 및 임상적 적용이 여성의 몸들에서 남성의 몸들로, 난자·정자에서 미성숙 난자나 미성숙 정자로, 다시 원형정세포나 유전자 및 염색체로 그 범주를 확장해 나가는 과정이었으며 이는 새로운 처치법의 개발과정에서도 나타난다. 그리고 새로운 처치법의 개발 과정은 불임의 원인을 명확히 찾아 치료하는 것이라기보다는 단지 여러 가지 처치법을 몸들에 적용하는 것이었다. 이러한 새로운 처치법과 그것의 기능 및 효용성은 임상에서 난임여성들의 몸을 통해서 확인·검증되고 『대한불임학회지』나 『대한산부인과학회지』에 보고되어 과학적 지식으로서의 권위를 인정받는다.

다음으로 정부는 체외수정시술의 도입과 연구를 직접적으로 지원하지는 않았지만 소자녀 가족계획 정책을 위해 도입된 피임술이 불임시술에 사용되면서 기술적으로 도움을 주었고 의료보험 정책으로 인해 의도치 않게 불임시술 연구와 불임클리닉의 성장에 기여했다. 또한 정부는 저출산 위기 담론이 1990년대 중반부터 본격적으로 등장하였고 각종 저출산 관련 정책을 구상·진행하였음에도 불구하고 난임부부들에 대한 지원 정책은 마련하지 않고 있다가 2000년대 이후로 저출산 위기 담론이 심화되고 난임여성들의 적극적인 정부 지원 요구가 맞물리면서 2006년부터 불임부부지원 사업을 시행하게 되었다. 하지만 이 사업은 인구통제 및 관리정책의 일환이었지 난임여성들의 이해와 요구를 반영한 (재)생산권 확보에는 제한적인 것이었다. 이 사업을 통한 2~4회의 단발성 지원은 모성권의 보장이라기보다는 여전히 난임부부들의 개별적 노력을 우선적으로 요구하는 제한적인 것이며 무엇보다도 지원대상 선정, 지원 조건 및 지원 내용이 의과학적이고 사회적인 규범을 반영한 의료전문가들의 판단에 의존하는 것이어서 난임여성들의 건강과 출산권보다는 불임클리닉의 이해에 복무함으로써 의료권력의 확장에 기여한다. 생식세포 관리법안에 나타난 배아 및 생식세포에 대한 정책적 방향 또한 난임여성들의 건강권과 출산권을 고려하기보다는 분자적 몸들을 관리와 통제의 대상으로 삼아 불임클리닉과 몸 관련 산업, 그리고 의료 권력의 확장에 기여하는 것이었다.

마지막으로 불임 및 몸 관련 시장은 의과학적 연구의 성장과 맞물리면서 난임여성들로 하여금 점점 더 많은 소비노동에 참여하게 하고 의과학적 지식과 몸들을 새로운 이윤창출 영역으로 확장해 갔다. 불임클리닉은 정부의 규제 부재, 그리고 의료민영화 및 산업화 정책

기조와 맞물리면서 다양한 방식으로 이윤창출 영역을 확장한다. 불임클리닉은 임상에서 시술과정을 세분화하고 새로 개발된 다양한 시술법을 적용하면서 자율적으로 시술비를 책정하는 방식으로 이윤을 창출한다. 또한 난자은행, 정자은행, 제대혈은행 등의 몸들의 보관 사업을 통해서, 그리고 난임여성들의 몸들을 통해 축적된 기술력을 바탕으로 세포치료 사업이나 배아줄기세포 연구를 비롯한 생명공학적 연구의 수행을 통해서 이윤을 창출한다. 제약업체는 불임시술 과정에 쓰이는 수많은 약제들을 판매함으로써 이윤을 창출한다. 이러한 의약품은 불임시술에 사용될 경우 질병이 아니라는 이유로 보험적용이 되지 않는 경우가 많다. 따라서 불임시술 과정에서 가장 많이 이용되고 있는 과배란제의 경우, 새로운 의료시장 개척지로서 국내 제약사들의 주목을 받고 있다. 국내 일부 제약업체는 과배란제를 개발·판매하고 있는데, 현재 과배란제 시장을 주도하고 있는 초국적 제약자본과 경쟁하기 위해 기존 제품보다 더 나은 신기술을 도입하고 안전성을 높였다고 광고한다. 하지만 신약의 효능과 안전성은 해당 제약업체가 위탁한 불임클리닉에서 수행한 임상결과를 토대로 한다. 신약의 효능과 안전성을 해당 제약업체에서 증명하도록 하는 것은 상업적 이해관계가 작용할 가능성이 있으며 아직 효능과 안전성이 검증되지 않았다는 측면에서 더 가난한 난임여성들의 몸들이 임상실험의 대상이 될 가능성이 있다.

요약하자면 신생식기술과학의 확산, 정부의 불임(난임)부부지원사업과 몸들의 관리 및 의료정책, 불임클리닉 및 제약산업을 비롯한 불임시장은 서로 맞물리면서 변화하는 출산환경을 구성하고 있다. 이러한 요소들의 접합은 의과학적 지식의 권위 및 의료 권력을 보증하면서 더 많은 몸들에 대한 관리와 통제를 정당화하고 이윤창출의 영역을 확장해 가는 과정이었다.

둘째, 불임과 불임시술에 대한 지배적인 담론화 방식을 분석하기 위해 신문기사의 보도내용을 살펴 본 결과, 불임에 대한 지배적 재현 방식은 불임일지도 모른다는 사회적 공포를 생산하는 것이었다. 불임을 유발할 수 있는 원인을 생물학적 요인에서부터 직업 환경 및 사회 환경적 원인, 그리고 식습관, 생활습관에 이르기까지 다양하고 광범위하게 제시함으로써 누구도 불임의 가능성으로부터 자유로울 수 없는 것으로 의미화 한다. 이러한 불임 유발 원인에 대한 담론들은 불임에 대한 사회문화적인 낙인 및 정상가족이데올로기와 맞물리면서 불임이 되지 않기 위한 노력들을 자발적으로 수행하게 한다. 특히 신생식기술이 확산, 확장되었던 1990년대와 2000년도에 불임유발 원인에 대한 의과학적 담론들이 증가하면서 불임을 특정 여성들이 갖는 비정상성의 문제에서 전체 여성, 그리고 남성들에게까지 확장시키는 방식으로 나타났다. 또한 불임 유발 원인에 대한 담론이 불임 예방 담론으로 이어지면서 남성들뿐만 아니라 영·유아에게로까지 확장되었고 더 많은 몸들이 의과학적 검진 및 관리, 처치를 지속적으로 필요로 하는 대상이 되었다. 1990년대와 2000년대에는 오랫동안 사회적으로 비가시화 되었던 난임여성들도 드러나게 되었다. 하지만 그것은 아이를 간절히 바라지만 가질 수 없는 불쌍한 여성으로서의 온정주의적 대상이거나 여성으로서 당연히 수행할 수 있는 일인 출산을 하지 못하는 비정상적인 여성이었다. 또한 불임시술을 이용해 출산을 하고자 하는 여성은 한편으로는 경제적 부담이나 시술의 고통을 극복하고 어머니가 된 '의지의 모성'으로 의미화 되었다. 그러나 다른 한편으로는 생식세포 거래나 대리모가 사회적 문제로 이슈화되면서 이러한 방법을 통해서라도 어머니가 되어야 하는 사회문화적인 요인은 문제시되지 않은 채, 수단과 방법을 가리지 않고 아이를 가지려는 사회적 규범을 위반한 도덕적 비난의 대상이 되기도 한다. 난임여성들이 어떻게 의미화되든 그것은 이 여성들의 일면이거나 왜곡된 이미지이며 그들의 특수하고 구체적인 상황이나 경제적, 사회적 위치 등은 비가시화된 채 객체화된다.

불임에 대한 사회적 공포를 생산하는 것과 더불어 불임시술은 불임을 극복하고 불임으로부터 벗어날 수 있는 '희망'과 '해방'의 기술로 의미화된다. 희망과 해방의 기술 이미지는 난임여성들에게 임신과 출산에 대한 '희망고문'을 만들어 내며 생식에 관한 의과학적 연구와 임상의 적용을 정당화한다. 희망과 해방의 기술 이미지 유포 이외에도 신기술의 개발 및 적용을 정당화하는 또 하나의 지배적인 담론의 핵심은 시술의 효율성과 성공률, 속도를 강조하는 것이다. 효율성과 성공률, 속도는 불임을 극복할 수 있는 여러 가지 방법 중에 불임시술이 출산이라는 목적에 가장 빨리 도달할 수 있으며, 가장 높은 가능성을 가지고 있다는 것을 부각시킨다. 이러한 효율성과 속도의 정치가 담론화 되는 과정에서 기존의 기술력으로 불가능했던 것을 가능하게 만들었다거나 세계적인 기술적 경쟁력을 확보하게 되었다는 과학적 수사가 동원된다. 하지만 불임시술의 효율성과 속도의 강조는 그것의 불확실성이나 불완전성을 은폐 또는 축소한다. 불임시술에 대한 이러한 지배적인 담론들은 불임을 극복하기 위한 수단으로서 시술이용을 합리화한다. 이는 기술중심적이고 과학주의적인 지배적인 기술-문화를 공고화하는 과정이기도 하다.

요약하자면 불임과 불임시술에 대한 지배적인 기술-문화는 불임에 대한 사회적 공포를 생산하고 불임시술을 불임을 극복할 수 있는 효율적인 '해방'의 기술로 의미화 함으로써 불임에 관한 의과학적 연구와 임상적 적용을 합리화한다. 그리고 이러한 지배적인 기술-문화는 불임에 대한 사회문화적인 낙인과 정상가족 이데올로기와 연동해 난임부부들에게 많은 비용을 지불하더라도 시술에 적극적으로 참여하게 하는 효과를 발휘한다. 따라서 의과학적 지식과 기술적 적용이 합리화되는 지배적인 기술과학문화는 가부장적 자본주의 체제를 안정적으로 재생산하는데 일조한다.

2. 난임여성들의 몸과 신생식기술에 대한 정치적 개입 방향

변화하는 출산환경과 지배적인 기술과학문화 속에서 난임여성들은 기술화된 임신·출산의 수행을 통해 그것들에 개입하고 경합한다. 또한 기술화된 출산을 수행하는 과정에서 기술-사회적 조건과 지배적인 기술-문화의 대상이나 객체로 머무르는 것이 아니라 몸들의 새로운 물질성과 주체성을 생산하기도 한다. 특히 2000년대부터는 자신들의 모성적 욕망의 실현을 위해 자조적인 모임들을 만들고 개인적인 수준에서 뿐만 아니라 집단적인 수준에서도 적극적인 정치적 실천을 수행하고 있다. 이러한 실천은 난임여성들의 직접적인 체험과 적극적인 의과학적 지식의 습득, 그리고 정보교류를 통해 의료체계 안과 밖 모두에서 이루어진다.

먼저 난임여성들은 의과학적 지식의 권위 및 의료권력에 협상하고 저항한다. 난임여성들은 시술이 지속될수록 의과학적 지식의 불확실성과 불완전성을 몸으로 체험한다. 또한 자신들의 체험을 통해 의과학적 지식 및 각종 시술법과 처치법에 대해 주체적으로 해석하고 요구하기도 한다. 의과학적 불임 판단은 피임을 하지 않고 부부관계를 했을 시 1년 안의 임신 가능성이라는 통계적 확률과 불임을 유발할 수 있는 생물학적 요인들의 유무가 그 준거이지만 난임여성들은 이 기간과 통계에 의존하지 않으며 생물학적 요인 이외의 사회 환경적 요인이나 자신들의 생애사적 체험들 속에서의 다차원적인 준거를 가지고 다양하게 해석한다. 특히 원인불명의 경우, 의료진은 의과학적 연구를 통해 밝혀질 수 있는 것으로 의미화 하지만 난임여성들은 의과학적 지식의 한계로 의미화 한다. 또한 의료진에게 불임 시술의 성공률과 효율성은 시술의 필요성과 신뢰를 만들어 내 더 많은 난임부부들을 시술과정으로 끌어 들이고 이윤을 창출하기 위한 것이지만 난임여성들에게 성공률과 효율성은 자신이 처한 조건과 계획 속에서 아이 갖기를 위한 합리적인 선택이거나 시술 비용과 몸에 가해지는 고통을 줄이기 위한 전략적 선택이 되기도 한다.

난임여성들의 섹슈얼리티와 생식력은 배란유도를 통한 자연임신 시도와 인공수정, 그리고 체외수정 시술의 각 단계에서 의과학적 관리와 통제의 대상이 된다. 즉 시술과정을 주도하고 시술법을 선택하는 것은 의료진의 판단과 권유에 의해서이다. 하지만 시술이 반복될수록 난임여성들은 자신들의 몸에 나타나는 징후들에 대한 의과학적 설명이나 다양한 처치법들을 적극적으로 요구하기도 한다. 이러한 과정은 의과학적 지식생산에 참여하고 그것을 추동하는 과정이기도 하다. 무엇보다도 난임여성들은 임신·출산에 성공했을 때 그것이 불임 시술만의 결과라기보다는 자신들이 수행한 수많은 몸 관리와 노력의 복합적인 결과라고 의미화 한다. 또한 난임여성들과 의료진 모두 임신출산 성공의 관건은 건강한 난자의 생산이라고 보는데 과배란제의 효능이 불확실하고 난임여성들의 몸들에 따라 다르게 나타난다고 할 때, 건강한 난자의 생산은 난임여성들의 몸 관리가 중요한 요소가 된다. 마찬가지로 난자의 수정력과 착상력은 건강한 난자의 생산을 위한 난임여성들의 몸 관리를 중심으로 실험실 연구원의 수정 및 배양노동, 배양액이나 배양조건 등의 협업을 통해 결정된다. 이것이 바로 생식세포의 수정과 배아의 초기 성장과정이 실험실로 이전되었다 할지라도 생명생산의 궁극적인 힘은 난임여성들의 기술화된 출산의 적극적 참여와 몸들에 있는 이유이다. 그래서 의료진과 난임여성들의 관계는 완전히 종속되어 있거나 적대적이기보다는 견제적 공생관계에 놓여 있다고 볼 수 있다. 의료진에게 난임여성들은 한편으로는 치료와 관리 및 이윤창출의 대상이지만 다른 한편으로는 의과학적 지식의 유효성과 한계를 확인할 수 있는 지식생산의 자원이 된다. 난임여성들은 의과학적 지식에 근거한 의료진의 판단에 따르기도 하지만 그것에 위반하는 몸들의 징후를 체험하고 해석함으로써 의료진과 경합하고 의과학적 지식의 생산에 기여한다.

다음으로 난임여성들은 정부 및 사회적 지원을 요구하고 의료체계의 문제점을 비판하기도 한다. 더 나아가 기술화된 출산수행을 중단하고 아이 없는 삶이나 입양을 선택하기도 한다. 이 과정에서 새로운 모성성을 구성한다. 난임여성들은 정부에 지금과 같은 단발성 지원에서 건강보험적용을 요구하는데, 이 과정에서 자신들의 (재)생산권의 내용을 건강권보다는 모성권의 실현을 위한 전략적 도구로서 기술과학의 이용과 의료적 접근권으로 구성한다. 이 과정에서 난임여성들은 의료적 질병일 경우에만 의료보험의 혜택을 받을 수 있기 때문에 한편으로는 자신들에게 가해지는 사회적 낙인을 거부하기 위해 난임을 비정상적이거나 질병이 아닌 것으로 의미화 하고, 다른 한편으로는 사회적 책임으로서의 모성권 요구와 의료보험의 적용을 받기 위해 난임을 질병으로 의미화 하는 모순적 위치에 놓이게 된다. 하지만 엄마가 될 수 있는 자격요건의 기준, 건강에 침해를 덜 주는 시술법에 대한 지원 요구, 그리고 의과학적 처치의 위험성에 대한 연구의 의무화와 지원 주장 등은 난임여성들의 실천 활동을 통해 주장되지 않고 있다. 또한 대표적인 난임여성들의 자조모임에서는 정부와 별개로 저소득층 난임부부지원사업을 펼치면서 제약업체와 불임클리닉의 후원을 받고 있기도 하지만 제약업체의 약가와 불임클리닉의 시술비 편차를 중심으로 약가와 시술비의 표준화와 투명성을 요구하기도 한다.

요약하자면 난임여성들은 체외수정 시술의 직접적 체험과 지식의 습득 및 정보교류를 통해 의과학적 지식생산노동에 참여하며 의료진의 의과학적 지식과 끊임없이 경합한다. 또한 난임여성들의 기술화된 출산수행과 이를 통한 주체화 과정은 기술생명권력에 단순히 순응하고 그것의 효과를 내면화 하는 것이 아니라 적극적으로 개입하고 전략적으로 협상·저항하는 과정이었다.

난임여성들은 모성적 욕망의 실현을 위해 보조생식술을 이용한다는 측면에서 기술화된 출산을 수행하고 있다. 난임여성들의 기술화된 출산수행은 생명을 생산하고 세대와 노동력을 재생산한다는 점에서 (재)생산 노동이다. 또한 의과학적 지식생산에 참여하고 의도하지 않게 불임 관련 시장 확장에 기여하며 난임 극복을 위한 실천으로서 새로운 삶의 방식을 만들어 간다는 점에서 사회적 생산 활동을 수행하고 있다. 이는 다른 질병 치료를 위한 의과학적 연구와 임상에 참여하는 환자나 장애인들의 몸들도 마찬가지이다. 이것이 바로 의과학적 지식이 '공통의 부'인 이유이며 특정인이나 특정기업, 특정국가가 독점적인 배타적 소유권을 행사할 수 없는 이유이다. 또한 여성, 장애인, 환자의 몸들이 수행하는 사회적 생산활동과 의과학적 지식은 자본주의적 교환가치로서 객관적으로 척도화될 수 없는 가치이며 정치적 실천의 결과에 따라 척도화의 유무와 속도, 그리고 정도가 방향지어질 것이다. 즉 여성, 장애인, 환자를 의과학적 지식 및 기술의 대상이거나 수혜자가 아니라 그것을 생산하는 주체이자 참여자로 자리매김하면서 기술과학에 접근할 필요가 있다.

또한 신생식기술을 체험한 난임여성들의 몸들을 통한 체험적 지식은 정립된 기존 의과학적 지식체계에 도전하고, 이의 한계를 드러내줌으로써 의과학적 지식의 한계를 성찰할 수 있게 해 준다. 신생식기술의 효능과 위험성은 난임여성들의 몸을 통해서만 검증될 수 있고 생명생산의 궁극적인 힘은 난임여성들의 몸에서 나온다는 점을 통해 기술과학에 대한 비관론과 낙관론을 넘어서 기술과학의 정치성을 확보할 수 있다.

난임여성들의 부분적 입장과 상황 속에서 신생식기술에 대한 정치적 개입 지점들을 모색해야 한다. 그간의 신생식기술에 대한 페미니즘적 논의가 그것을 여성억압을 위한 가부장적 지배수단으로 보거나 여성억압의 주요 기제인 출산과정으로부터 벗어날 수 있는 생물학적 혁명 수단으로 본 것은 신생식기술을 전면적으로 거부하거나 받아들여야 할 것으로 의미화 한다. 또는 신생식기술의 정치성을 보지 못하고 선용과 악용의 문제로 접근하는 것도 난임여성들이 자신들의 몸적·사회적 위치와 조건 속에서 어떻게 다양하게 해석하고 경합하며 전략적으로 개입하는지를 보지 못하게 한다.

난임여성들은 모성적 욕망의 실현을 위해 자신들의 (재)생산권을 건강권보다는 의료적 접근권을 중심으로 구성하고 있다. 하지만 불임시술의 체험을 통해 계속되는 의료적 처치가 자신들의 건강을 위협하고 있다는 사실 또한 인식하고 있다. 따라서 신생식기술에 대한 정치적 실천 전략은 두 가지 방향으로 이루어져야 한다.

하나는 계속해서 불임시술을 이용해 자신의 모성권을 실현하고자 하는 여성들을 위해 건강권 침해를 최소화하면서 불임 시술을 이용할 수 있는 방안이 모색되어야 한다. 이것이 의료체계 내에서의 정치적 실천 전략이라면, 다른 하나는 의료체계 바깥에서 기술화된 출산을 중단하고 아이 없는 삶을 선택하거나 입양을 통한 새로운 가족구성을 계획하는 여성들을 위한 사회문화적 여건이 조성되어야 한다. 전자는 현재 난임여성들이 요구하고 있는 것처럼 약가와 의료비를 포함해 의료보험이 적용되거나 더 나아가 임신출산의 수행이 사회적 생산 및 재생산활동이라는 측면에서 임신·출산과정 뿐만 아니라 양육과정에서의 사회적 지원체계가 마련되어야 한다. 기술화된 출산에 대한 사회적 지원과 관련하여 현재 난임여성들이 주장하고 있지는 않지만 인식하고 있는 건강권의 문제는 어떤 의과학적 처치법이든 불확실성이나 위험성이 상존한다고 볼 때, 난임여성들의 건강권 침해를 최소화할 수 있는 의료적 처치법의 시행 및 연구가 모색될 필요가 있다. 과배란제를 사용하지 않고 한 달에 한 개 배출되는 난자를 이용한 처치법이 그 예가 될 것이다. 이러한 처치법들에 대한 연구와 적용이 신자유주의적 효율성과 속도의 논리에 무력화되지 않게 하기 위해서라도 출산과 양육에 대한 사회적 지원체계는 필요하다. 더불어 아이 없는 가족이나 입양가족에 대한 사회 문화적 차별이나 낙인에 대한 문제의식과 담론화가 필요하다.

참고문헌
주

■ 참고문헌

강신익. 2006.「황우석 사태를 통한 한국의 과학문화 진단」.『역사비평』, 통권74호, 봄호. 역사비평사.

고정갑희. 2007.「여성주의 이론생산과 여성운동, 사회운동: 가부장체제의 사막에서 이론의 오아시스를 찾아나가다」.『여/성이론』, 통권 17호. 여이연.

구영모 외. 2004.『생명의료윤리』. 동녘.

김경례. 2009.「줄기세포연구에 대한 대항담론의 구조와 몸들의 정치」.『아시아여성연구』, 통권 48권, 1호, 숙명여자대학교 아시아여성연구소.

김경례·박해광. 2008.『과학기술과 사회』. 전남대학교출판부.

김근배. 2006.「동물복제에서 인간배아복제로 - 황우석 연구팀의 복제기술 진화」.『역사비평』, 통권74호, 봄호. 역사비평사.

김선혜. 2008.「'불임치료산업'과 한국의 재생산 정치」. 연세대 석사학위논문.

김세균 외. 2006.『황우석 사태와 한국사회』. 나남.

김영웅 외. 1979.「한국여성불임증에서 자궁난관 묘사식통기법과 복강경검사와의 비교검토」.『대한산부인과학회지』. 대한산부인과학회.

김정현. 2003.「자기 주도적 출산(Self-Directed Birth) 경험 :새로운 자아탄생」.『간호학탐구』, 제12권, 제1호, pp.161-185. 연세대학교 간호대학.

김종영. 2006.「복합사회현상으로서의 과학과 과학기술복합동맹으로서의 황우석」.『역사비평』, 통권74호, 봄호. 역사비평사.

김학수 외. 1980.「불임증 환자에서 자궁난관조영술과 복강경 소견과의 비교

관찰」. 『대한산부인과학회지』. 대한산부인과학회.

김해룡·윤헌식. 1960. 「여성불임증에 대한 외래통계적 관찰」. 『대한산부인과학회지』. 대한산부인과학회.

김환석. 2006. 『과학사회학의 쟁점들』. 문학과지성사.

김훈기. 2005. 『생명공학과 정치: 한국생명윤리법의 사회적 형성과정』. 휘슬러.

두재균 외. 1989. 「난관 및 복막인자에 의한 불임환자에 있어서 난관성형술의 임상적 고찰」. 『대한산부인과학회지』. 대한산부인과학회.

라영호 외. 1985. 「자궁외임신의 중요한 원인의 하나로서의 난관불임술」. 『대한산부인과학회지』

박병상. 2000. 『파우스트의 선택: 생명공학의 위험과 비윤리성』. 녹색평론사.

박용운. 2002. 「불임 여성의 몸을 통해 본 재생산기술의 정치학 : 시험관 아기 기술을 중심으로」. 계명대 여성학대학원 석사학위논문.

박은정. 2000. 『생명공학시대의 법과 윤리』. 이화여대출판부.

박종헌. 2008. 「한국생식의료의 전개과정에 관한 연구: 소극적 정책보조자에서 산업개척자로」. 서울대 사회학박사학위논문.

박진실. 2008. 「보조생식술의 임상가이드라인에 대한 연구」. 한양대학교 대학원 석사학위논문

박진희. 2006. 「황우석 사태와 여성」. 김세균 외. 『황우석 사태와 한국사회』. 나남.

박찬무 외. 1984. 「여성불임시술과 자궁외임신」. 『대한산부인과학회지』.

박해광. 2006. 『정보사회와 문화: 신화와 현실』. 전남대학교출판부.

배은경. 2005. 「가족계획 사업과 여성의 몸: 1960～70년대 출산조절 보급 과정을 통해 본 여성과 '근대'」. 『사회와 역사』, 통권67호, pp.260-299. 문학과지성사.

백영경. 2008. 『프랑켄슈타인의 일상: 생명공학시대의 건강과 의료』. 밈.

서정애. 1997. 「초음파기술이 여성들의 임신경험에 미치는 영향」. 이화여자대학교 대학원 여성학과 석사학위논문.

안소영. 2000. 「출산조력자로서의 조산사에 대한 사회적 의미변화 연구」. 이화여자대학교 대학원 여성학과 석사학위논문.

______. 2002. 「조산사의 출산기술/지식에 대한 여성주의적 가능성 연구」. 『여성건강』, 통권 3권, 2호. 대한여성건강학회.

안웅식 외. 1984. 「난관 복막인자로 인한 여성불임증의 복강경검사의 임상적 고찰」. 『대한산부인과학회지』. 대한산부인과학회.

유네스코한국위원회. 2001a. 『과학연구윤리』. 당대.

__________________. 2001b. 『과학기술과 인권』. 당대.

윤수종. 2002. 『자유의 공간을 찾아서』. 문화과학사.

이교웅. 1964. 「불임증의 통계적 관찰」. 『대한산부인과학회지』. 대한산부인과학회.

이상화. 1988. 「생물학적 재생산 과정의 변증법 : 재생산 노동에 관한 시론적 일 고찰」. 『한국여성학 4』, ('88.10), pp.7-26. 한국여성학회.

이원돈. 2006. 『희망이 생명을 만든다』. 한울림.

이은숙. 1961. 「한국불임부 1520명에 대한 원인적 고찰」. 『대한산부인과학회지』. 대한산부인과학회.

이은주. 2008. 「생명공학기술과 대리모의 행위성」. 『한국여성철학』, 제10권, pp.83-108. 한국여성철학회.

이진우 외. 2004. 『인간복제에 관한 철학적 성찰』. 문예출판사.

이현재. 2009. 「육체유물론과 차이의 정치경제학」. 『여/성이론』, 통권 20호. 여이연.

장민희. 2006. 「'출산 프로젝트': 적극적 소비와 학습 과정으로 양식화되는 출산」, 연세대 석사학위논문.

장영식 외. 2008. 『2008년 지표로 본 한국의 보건복지 동향』. 한국보건사회연구원.

장윤석. 1986. 「인간난자의 체외수정 및 배아의 자궁내 이식」. 『대한불임학회지』, 13권 1호. 대한불임학회.

장윤석 외. 1986. 「인간 난자의 체외수정 및 태아의 자궁내 이식에 의한 임신 및 분만 — 한국최초 시험관 아기 분만 1 례 —」. 『대한산부인과학회지』, Vol.29, No.3. 대한산부인과학회.

전종영 외. 1979. 「자궁난관조영술과 자궁형태가 불임에 미치는 영향」. 『대한산부인과학회지』. 대한산부인과학회.

정연보. 2003. 「'출산문화'에 대한 여성학적 담론분석: 의료화와 자연 개념에 대한 비판」, 서울대 석사학위논문.

______. 2007. 「배아줄기세포연구와 젠더: 난자제공과 여성의 노동 및 참여를 중심으로」. 『페미니즘연구』, 통권7권 1호, pp.177-209. 한국여성연구소.

정우식 외. 1979. 「난관불임수술 2003예 보고」. 『대한산부인과학회지』. 대한산부인과학회.

정 혁. 1998. 『불임, 무엇이 문제인가: 그 원인과 치료』. 우리출판사.

조영미. 1994. 「출산테크놀로지에 대한 여성학적 접근: 시험관아기 시술을 중심으로」. 이화여대 석사학위논문.

______. 2004a. 「출산의 의료화과정과 여성의 재생산권에 관한 연구」. 이화여대 박사학위논문.

______. 2004b. 「출산의 의료화와 여성의 재생산권」. 『한국여성학』, 제20권 3호, pp.67-97. 한국여성학회.

조주현. 2005. 「생명공학과 여성의 행위성: 시험관아기 시술과 배아복제 연구 사이에서」. 『과학기술학연구』, 제5권 제1호, 통권 제9집 (2005. 여름), pp.93-123. 한국과학기술학회.

______. 2006. 「난자: 생명기술의 시선과 여성 몸 체험의 정치성」. 『한국여성학』, 제22집 제2호, pp.5-40. 한국여성학회.

______. 2009. 「생명공학과 여성의 행위성 -시험관 아기시술과 배아 복제 연구 사이에서」. 『벌거벗은 생명』. 또하나의문화.

차경섭. 1963. 「불임증에 대한 경부 (자궁경부) 요소」. 『대한산부인과학회지』. 대한산부인과학회.

태혜숙. 2007. 「대항지구화와 여성주의 주체생산 모델: 몸-섹슈얼리티-노동-자본-자연」. 『여성이론』, 통권 제17호, (2007년 겨울), pp.32-51. 여이연.

하정옥. 2006. 「한국 생명의료기술의 전환에 관한 연구 : 재생산기술로부터 생명공학기술로」. 서울대 박사학위논문.

______. 2007. 「한국 생명윤리 담론의 탈젠더성에 대한 비판」. 『페미니즘 연구』, 통권7권 1호. 한국여성연구소.

현남숙. 2008. 「해러웨이: 기술과학 안에서 전략적 장으로서의 물질-기호적 몸」. 『시대와 철학』, 제19권 3호. 한국철학사상연구회.

홍성욱. 1999. 『생산력과 문화로서의 과학기술』. 문학과지성사.

______. 2006. 「과학기술학은 '황우석 사태'를 어떻게 읽어야 하는가?」. 『역사비평』, 통권74호, 봄호. 역사비평사.

황나미. 2007. 「한국의 출산율 저하와 불임 대처를 위한 정책적 지원방안」. 『보건산업기술동향』, 통권29호, pp.3-10. 한국보건산업진흥원.

Althusser, L. 2007. 김웅권 역. 「이데올로기와 이데올로기적 국가장치」. 『재생산에 대하여』. 동문선. (원제: "Idéologie et Appareils Idéologiques D'état", in *Sur La Reproduction*).

Andrews, L. B. and D. Nelkin. 2006. 김명진·김병수 역. 『인체시장』. 궁리. (원제: *Body Bazaar : The Market for Human Tissue in the Biotechnology Age*).

Balsamo, A. 1996. *Technologies of the Gendered Body: Reading Cyborg Women*. Duke University Press. (국역: 젠더화된 몸의 기술 - 사이보그 여성읽기).

Barrett, Michèle. 1995. 신현옥 외 역. 『페미니즘과 계급정치학』. 여성사. (원제: *Women's oppression today: Problems in Marxist feminist analysis*).

Baudrillard, Jean. 1991. 이상률 역. 『소비의 사회』. 문예출판사. (원제: *La societe de consommation*).

Bourdieu, Pierre. 2000. 이상호 역. 『재생산: 교육체계 이론을 위한 요소들』. 동문선. (원제: *La reproduction. Éléments pour une théorie du système d'enseignement*).

Braidotti, Rosi. 2004. 박미선 역. 『유목적 주체』. 여이연. (원제: *Nomadic Subject*).

Butler, Judith. 2008. 조현준 역. 『젠더 트러블』. 문학동네. (원제: *Gender Trouble: Feminism and the Subversion of Identity*).

Collins, P. H. 2009. 박미선 · 주해연 역. 『흑인 페미니즘 사상』. 여이연. (원제: *Black Sexual Politics: African Americans, gender, and the new racism*).

Corea, Gena. 1985a. *Man-Made Women: How new reproductive technologies affect women*. Hutchinson.

__________. 1985b. The Mother Machine: Reproductive Technologies from Artificial Insemination to Artificial Wombs. Harper&Row.

Critical Art Ensemble(eds.). 2002. *The Molecular Invasion*. USA: Autonomedia and Critical Arty Ensemble.

Dalla Costa, M(ed.). 2007. GYNOCIDE: *Hysterectomy, Capitalist Patriarchy and the Medical Abuse of Women.* Autonomedia.

Deleuze, G. and Felix Guattari. 2000. 최명관 역. 『앙띠 오이디푸스』. 민음사. (원제: *L'Anti-Oedipe - Capitalisme et schizophrénie*).

Dickenson, Donna. 2003. *Risk and Luck in Medical Ethics.* Polity Press.

Edholm, Felicity and Olivis Harris, Kate Young. 1997. "Conceptualizing Women" in *Critique of Anthropology*, nos.9/10.

Ehrenreich, N. and D. English. 2008. "The Sexual Politics of Sickness." in *The Reproductive Rights Reader.* New York Univ.

Ehrenreich, N(ed.). 2008. *The Reproductive Rights Reader.* New York Univ.

Engels, F. 1987. 김대웅 역. 『가족, 사유재산, 국가의 기원』. 아침. (원제: *Der Ursprung der Familie, des Privateigentums und des Staats).*

Ferber, M. A. and J. Nelson. 1993. *Beyond Economic Man: Feminist Theory and Economics.* University Of Chicago Press. (국역: 남성들의 경제학을 넘어서).

Firestone, S. 1970. *The Dialectic of Sex: The Case for Feminist Revolution.* Bantam Books. (국역: 성의 변증법).

Fortunati, Leopoldina. 1997. 윤수종 역. 『재생산의 비밀』. 박종철출판사. (원제: *L'arcano della riproduzione: Casalinghe, prostitute, operai e capitale*).

Foucault, Michel. 1998. 박정자 역. 『"사회를 보호해야 한다"』. 동문선. (원제: *"Il faut défendre la société"*).

______________. 2003. 오생근 역. 『감시와 처벌』. 나남. (원제: *Surveiller et punir*).

______________. 2006. 홍성민 역. 『임상의학의 탄생』. 이매진. (원제: *Naissance de la clinique*).

Giddens, Anthony. 2001. 권기돈 역. 『현대성과 자아정체성: 후기 현대의 자아와 사회』. 새물결. (원제: *Modernity and self-identity : self and society in the late modern age*).

Gross, A. G. 2007. 오철우 역. 『과학의 수사학』. 궁리. (원제: *The Rhetoric of Science*).

Grosz, E. 2001. 임옥희 역. 『뫼비우스 띠로서 몸』. 여이연. (원제: *Volatile Bodies:*

Toward a Corporeal Feminism)

Guattari, F. 1998. 윤수종 역. 『분자혁명』. 푸른숲. (원제: *La révolution moléculaire*).

Guattari, Félix. 2004. 「권력구성체의 적분으로서 자본」. 윤수종 편역. 『가타리가 실천하는 욕망과 혁명』. 문화과학사. (원제: "Le Capital comme Intégrale des Formations de Pouvoir", in *La Révolution Moléculaire*).

Hall, S(eds.). 1997. *Representation: Cultural Representations and Signifying Practices*. SAGE.

Handwerker, L. 1995. "The Hen That Can't Lay an Egg: Conceptions of Female Infertility in Modern China," in Terry, J. & J. Urla, *Deviant Bodies*. Indiana University Press.

Haraway, Donna J. 1997. *Modest_Witness@Second_Millennium. FemaleMan©_Meets_OncoMouseTM: feminism and technoscience*. Routledge. (국역: 겸손한_목격자@제2의_천년.여성인간ⓒ_앙코마우스TM를_만나다: 페미니즘과 기술과학).

__________. 2002. 민경숙 역. 『유인원, 사이보그, 그리고 여자 』. 동문선. (원제: *Simians, Cyborgs and Women*).

__________. 2003. *The Haraway Reader*. Routledge.

Harding, S. 2002. 이재경·박혜경 역. 『페미니즘과 과학』. 이화여대 출판부. (원제: *Science Question in Feminism*).

__________. 2009. 조주현 역. 『누구의 과학이며 누구의 지식인가』. 나남출판. (원제: *Whose Science? Whose Knowledge?: Thinking from Women's Lives*).

Ho, Mae-Wan. 2005. 이혜경 역. 『나쁜 과학: 근본적으로 위험한 유전자조작 생명공학』. 당대. (원제: *Genetic Engineering*).

Hochschild, A. R. 2003. 이가람 역. 『감정노동』. 이매진. (원제: *The Managed Heart*).

Hughes, Thomas. 1999. 「거대 기술 시스템의 진화: 전동 및 전력 시스템을 중심으로」. 송성수 역. 『과학기술은 사회적으로 어떻게 구성되는가』. 새물결. (원제: "The Evolution of Large Technological Systems", in Wiebe E. Bijker, Thomas P. Hughes and Trevor Pinch, *The Social Construction of Technological Systems: New Directions in the Sociology and History of Technology*).

Illich, I. 2004. 박홍규 역. 『병원이 병을 만든다』. 미토. (원제: *Limits to Medicine*).

Irigaray, L. 2000. 이은민 역. 『하나이지 않은 성』. 동문선. (원제: *Ce sexe qui n'en est pas un*).

Jagger, A. 1999. 공미혜·이한옥 역. 『여성해방론과 인간본성』. 이론과실천. (원제: *Feminist Politics and Human Nature*).

Taylor, Janelle S. 2008. 백영경·박연규 편역. 「'생명과학기술'과 '여성의 몸' 위험한 개념들?」. 『프랑켄슈타인의 일상』. 밈. (원제: "Biotechnology and Woman's Body: The Hazardous Concepts", in 한국여성민우회, 『생명과학기술시대 여성인권확보를 위한 국제포럼』).

Jouannet, Pierre and Veronique Nahoum-Grappe. et al. 2009. 김성희 역. 『성의 역사와 아이를 가지고 싶은 욕망』. 알마. (원제: *Histoires de Sexe et Desir D'enfant*).

Kaufert, P. A. 2008. 「감시테크놀로지로서 정기검진」. 백영경·박연규 역. 『프랑켄슈타인의 일상』. 밈. (원제: "Screening the Body: The Pap Smear and the Mammogram", in Margaret Lock, Allan Young, Alberto Cambrosio (eds) *Living and Working with the New Medical Technologies: Intersections of Inquiry*).

Keller, E. F. 1996. 민경숙·이현주 역. 『과학과 젠더: 성별과 과학에 대한 제반성』. 동문선. (원제: *Reflections on Gender and Science*).

Kuhn, T. S. 2002(1962). 김명자 역. 『과학혁명의 구조』. 까치. (원제: *The Structure of Scientific Revolutions*).

Latour, B. et al. 2010. 「행위자네트워크 이론에 관하여: 약간의 해명, 그리고 문제를 더 복잡하게 만들기」, 홍성욱 편역. 『인간·사물·동맹』. 이음. (원제: *Bruno Latour, "On Actor-network Theory: A Few Clarifications Plus More than a Few Complications"*)

Lecourt, Dominique. 2005. 권순만 역. 『인간 복제 논쟁: 인간 복제 이후의 인간은 어디로 가는가』. 지식의 풍경. (원제: *Humain Post Humain*).

MacKenze, D. 1996. "Marx and the Machine", in *Knowing Machines: Essays on Technical Change*, Ch. 2. MIT Press.

Marx, K and F. Engels. 1988. 박재희 역. 『독일 이데올로기』. 청년사. (원제: *Die Deutsche Ideologie*).

McKeown, T. 1976. *The Role of Medicine: Dream, Mirage, or Nemesis*?. Nuffield Provincial Hospitals Trust.

Mendelsohn, R. 2003. 김세미 역. 『여자들이 의사에게 어떻게 속고 있나』. 문예출판사. (원제: *Male Practice: How Doctors Manipulate Women*).

Merchant, C. 2005. 이윤숙 외 역. 『자연의 죽음』. 미토. (원제: *The Death of Nature*).

Merton, R. 1973. *The Sociology of Science*. University Of Chicago Press. (역서: 과학사회학 1, 2).

Mise M. and V. Shiva. 2000. 손덕수·이난아 역. 『에코페미니즘』. 창비. (원제: *Ecofeminism*).

Moro, M. R. 2009. 김성희 역. 「욕망에 관한 짧은 이야기」. 『성의 역사와 아이를 가지고 싶은 욕망』. 알마. (원제: "Petite histoire sur le désir", in Pierre Jouannet et al, *Histoires de Sexe et Désir D'enfant*).

Moynihan, Ray and Alan Cassels. 2006. 홍혜걸 역. 『질병판매학』. 알마. (원제: *Selling Sickness*).

Negri, A. and M. Hardt. 2001. 윤수종 역. 『제국』. 이학사. (원제: *Empire*).

____________________. 2008. 조정환 외 역. 『다중』. 세종서적. (원제: *Multitude*).

____________________. 2009. *Common Wealth: : Economics for a Crowded Planet*. Harvard Univ. (역서: 공통체: 자본과 국가너머의 세계).

Nelson, J. A. 2003. *Women of Color and the Reproductive Rights Movement*. New York University Press.

Nettleton, S. 1997. 조효제 역. 『건강과 질병의 사회학』. 한울. (원제: *The Sociology of Health and Illness*).

Oakley, A. 1984. *The Captured Womb: A History of the Medical Care of Pregnant Women*, Oxford: Basil Blackwell.

O'Brien, Mary. 1983. *The politics of reproduction*. Routledge.

Petchesky, R. 1987. "Foetal Images: The Power of Visual Culture in the Politics of Reproduction". in Stanworth, M. (ed.). 1987. *Reproductive Technologies: Gender, Motherhood and Medicine*. Cambridge: Polity Press.

Petchesky, R. and K. Judd. 1998. *Negotiating Reproductive Rights: Women's Perspective Across Countries and Cultures*. Zed Books.

Pinch, T. and W. Bijker. 1999. 송성수 역. 「자전거의 변천과정에 대한 사회구성주의적 해석」. 『과학기술은 사회적으로 어떻게 구성되는가』. 새물결. (원제: "The Social Construction of Facts and Artifacts: Or How the Sociology of Science and the Sociology of Technology Might Benefit Each Other", in Wiebe E. Bijker, Thomas P. Hughes and Trevor Pinch, *The Social Construction of Technological Systems: New Directions in the Sociology and History.*

Rich, A. 1976. *Of Woman Born - Motherhood as Experience and Institution.* W.W, Norton & Company. (역서: 더 이상 어머니는 없다: 모성의 신화에 대한 반성)

Rifkin, J. 1999. 전영택·전병기 역. 『바이오테크 시대』. 민음사. (원제: *The Biotech Century*).

Rose, Nikolas. 2007. *The politics of life itself: biomedicine, power, and subjectivity in the twenty-first century.* Princeton University Press

Rowland, Robyn. 1992. *Living Laboratories: Women and Reproductive Technologies.* Indiana University Press.

Sawicki, J. 1995. 황정미 편역. 「어머니 길들이기-페미니즘과 새로운 재생산테크놀로지」. Foucault, M. 외. 『미셸 푸코, 섹슈얼리티의 정치와 페미니즘』. 새물결. (원제: "Discipling Mothers: Feminism and the New Reproductive Technologies" in *Discipling Foucault: Feminism Power, and the Body*).

Shilling, K. 1999. 임인숙 역. 『몸의 사회학』. 나남. (원제: *The Body and Social Theory*).

Shiva V. 2000. 한재각 외 역. 『자연과 지식의 약탈자들』. 당대. (원제: *Biopiracy: The Plunder of Nature and Knowledge*).

Snow, C. P. 2007(1959). 오영환 역. 『두 문화』. 사이언스북스. (원제: *The Two Cultures and the Scientific Revolution*).

Sonia, Shah. 2006. 정해영 역. 『몸사냥꾼 : 거대 제약회사의 추악한 얼굴』. 마티. (원제: *The Body Hunters: Testings New Drugs on the World's Poorest Patients*).

Spar, L. Debora. 2007. 심재관 역. 『베이비 비즈니스』. 한스미디어. (원제: *The Baby Business*).

Stanworth, M(ed.). 1987. *Reproductive Technologies: Gender, Motherhood and Medicine.* Cambridge: Polity Press.

Staudenmaier, J. 1985. *Technology's Storyteller: Reweaving the Human Fabric.* Cambridge, Mass: MIT Pr.

Thompson, L. 2001. 백영미 역. 『자궁의 역사: 의학·종교·과학이 왜곡한 여자의 문화사』. 아침이슬. (원제: *The Wandering Womb: A Cultural History of Outrageous Beliefs about Women*).

Tong, R. 1995. 이소영 역. 『페미니즘 사상: 종합적 접근』. 한신문화사. (원제: *Feminist Thought – A More Comprehensive Introduction*).

Turner, B. 2002. 임인숙 역. 『몸과 사회』. 몸과마음. (원제: *The Body and Society: Explorations in Social Theory*).

Virilio, P. 2004. 이재원 역. 『속도와 정치』. 그린비. (원제: *Speed and Politics*).

Wajcman, J. 2000. Reflection on Gender and Technology Studies: In What State is the Art?, *Social of Science*, 30/3(June 2000) 447-64.

________. 2001. 조주현 역. 『페미니즘과 기술』. 당대. (원제: *Feminism Confronts Technology*).

________. 2009. 박진희·이현숙 역. 『테크노페미니즘』. 궁리. (원제: *Techno Feminism*).

Walters, Suzanna D. 1999. 『이미지와 현실 사이의 여성들』. 또하나의문화. (원제: *Girls : Making Sense of Feminist Cultural Theory*).

■ 신문 및 뉴스

『국민일보』. "선진국선 난임 지원 보편적 복지". 2009.06.04.

『뉴시스』. "불임치료제 시장 뜨거운 쟁탈전 새 국면 맞나". 2006.10.10.

『머니투데이』. "동아제약, 국내 최초 불임치료제 고나도핀 생산". 2006.09.27.

『세계일보』. "시험관 아기 34%가 다태아…". 2008.09.07.

『세계일보』. "시험관 아기·인공수정 등 작년 6만 건 육박, 일부 돈 되는 시술 치중…". 2008.09.08.

『여성주의 저널 일다』. 조이승미. "의약품정보문의에 제약회사 허가 받아오라".

2006.07.26.
『연합뉴스』. “난자제공자 15-20% 과배란증후군 치료받아”. 2006.01.13.
『오마이뉴스』. “황교수, 연구원 난자제공 계속 허위 진술”. 2006.02.02.
『의협신문』. “‘퇴장방지약의 퇴장’….제약사 책임은 없나?”. 2007.07.04.
『헬스 메디』. “불임약, 아직은 미개척 금맥시장?”. 2007.09.18.
『MBC 뉴스데스크』. “불임정책지원 정책 병원만 배불렀다”. 2007.06.14.
『SBS 8시뉴스』. “황금돼지해 특수 끝, 출산율 다시 3년 만에 하락세”. 2009.08.19.
『조선일보』, 『중앙일보』, 『동아일보』, 『한겨레신문』. 1985~2009.

▪ 법률보고서

『대통령령 제22075호』. 「생명윤리 및 안전에 관한 법률 시행령」. 2010.03.15.
『법률 제9932호』. 「생명윤리 및 안전에 관한 법률」. 2010.01.18.
『보건복지부공고 제2007-155호』. 「생식세포 관리 및 보호에 관한 법률 제정안」. 2007.04.30.
『보건복지부령 제1호』. 「생명윤리 및 안전에 관한 법률 시행규칙」. 2010.03.19.
대한산부인과학회. 1986. 「체외수정 윤리요강」. 대한산부인과학회.
________. 1999. 「대한 산부인과 학회 보조 생식술 윤리지침」. 대한산부인과학회.
대한의사협회. 2001. 「의사윤리지침」. 대한의사협회」.
동국대학교 산학협력단. 2007. 『보조생식술의 의학적, 윤리적 기준 연구와 적정한 시술 지침 개발』. 질병관리본부. 2007.
민주화를위한전국교수협의회·서울대민교협. 2006. 「황우석사태로부터 무엇을 배울 것인가」. 자료집.
보건복지부. 2006. 『불임부부지원사업안내』. 보건복지부.
________. 2007. 『불임부부지원사업안내』. 보건복지부.
보건복지가족부. 2008. 『불임부부지원사업안내』. 보건복지가족부.
________. 2009. 『불임부부지원사업안내』. 보건복지가족부.

______________. 2010. 『불임부부지원사업안내』. 보건복지가족부.

보건복지부. 2007. 『보조생식술 관련시술 체계적분류 및 표준화수가에 관한 연구 : 불임부부 적정지원 체계구축』. 보건복지부.

생명공학감시연대. 2006. 「황우석사태로 본 한국사회의 현재와 미래」. 자료집.

정진주·황정임. 2004. 「출산여성의 건강증진 방안: 제왕절개분만을 중심으로」. 한국여성개발원 연구보고서.

질병관리본부. 2007. 「보조생식술의 의학적, 윤리적 기준 연구와 적정한 시술 지침 개발」. 질병관리본부.

포천중문의과대학교. 2007. 「2007년도 불임시술 지원사업 평가 및 시술기관 질 관리」. 포천중문의과대학교.

한국과학기술학회. 2006. 「STS가 본 황우석사태」. 자료집.

한국보건사회연구원·건강증진기금사업지원단. 2003. 『우리나라 불임 및 불임 관련 의료이용실태와 문제해결을 위한 연구』. 한국보건사회연구원.

한국여성민우회. 2002. 「여성과 건강」. 여성건강토론회 자료집.

______________. 2003. 「제왕절개분만율 39.2% 어떻게 줄일 것인가?」. 토론회 자료집.

______________. 2006. 「생명과학기술시대 여성인권확보를 위한 국제포럼」. 자료집.

한국여성민우회·한국여성학회. 2006. 「여성의 몸과 국가주의: 난자문제를 중심으로」. 토론회 자료집.

한국여성학회. 2004. 「생명공학과 여성」. 제2차 심포지움 자료집.

한국형사정책연구원·건강증진사업지원단. 2006. 「정자·난자 유상거래 금지를 위한 구체적 제도화방안」. 한국형사정책연구원.

한양대 산학협력단. 2007. 『보조생식술 관련시술 체계적분류 및 표준화수가에 관한 연구: 불임부부 적정지원 체계구축』. 보건복지부.

■ 학회지

대한산부인과학회. 『대한산부인과학회지』. 1980~1995.

대한불임학회(현 대한생식의학회). 『대한불임학회지』. 1974~2006.

대한생식의학회. 『대한생식의학회지』. 2007~2009.

Kwak Hyun-Mo et al. 1983. 「Menstrual Pattern Changes in Laparoscopic Sterilization Patients Whose Last Pregnancy was Terminated by Therapeutic Abortion-A Two-Year Follow-Up Study」.

고상현 외. 2002. 「과배란유도에서 GnRH Antagonist (Cetrorelix) Single 및 Multiple Dose Protocol의 임상적 효용성에 관한 연구」.

구병삼. 1984. 「냉동보존정자의 체외수정에 관한 연구」.

김문회 외. 1985. 「미숙 흰쥐의 과도배란에 따른 난소의 조직학적 형태와 난모세포의 배란 및 수정에 estrogen의 전처치가 미치는 영향」.

김민지 외. 2005. 「동결보존 배아 이식에서 저 용량 아스피린 투여가 임신율과 착상율에 미치는 영향에 관한 연구」.

김서경 외. 1990. 「I.V.F.를 위한 난자채취 방법의 비교연구」.

김석현 외. 1989. 「골반결핵 기왕력이 있는 불임환자의 체외수정시술에 관한 연구」.

김석현 외. 1991. 「기초 혈중 Follicle Stimulating Hormone 농도가 높은 체외수정시술 환자의 과배란유도시 Gonadotropin-Releasing Hormone Agonist의 단기투여법과 장기투여법의 비교」.

김석현 외. 1997. 「체외수정시술시 배아의 보조부화술을 이용한 임신율 향상에 관한 연구」.

김선행 외. 1994. 「체외수정시술을 위한 성선자극호르몬 과배란유도에 Limited Ovarian Reserve를 갖는 환자에서 성장호르몬의 사용」.

김선행. 1991. 「GnRh Analogue를 이용한 과배란유도」.

김세중 외. 1991. 「면역화학적 방법에 의한 정자결함 검색」.

김영태 외. 1991. 「정자 준비에서의 Wang's Tube 효과에 관한 연구」.

김윤선 외. 2007. 「난자-난구세포 복합체에서 발현하는 Rpia 유전자의 종 특이적 발현」.

김윤영 외. 2009. 「인간 배아줄기세포로의 eGFP 유전자 도입 및 특성 분석」.

김은경 외. 1992. 「인간의 미성숙난자의 동결보존에 관한 연구」.

김재명 외. 1989. 「투명대 제거 햄스터난자를 이용한 인간정자 침투능에 관한 연구」.

김정구외. 1990.「Human Menopausal Gonadotropin으로 과배란유도된 월경주기에서의 혈청 β-endorphin에 관한 연구」.

김정훈. 2005.「GnRH Antagonist를 이용한 과배란유도」.

김종배 외. 1982.「Monitoring Ovarian Function by Solid-Phase Chemiluminescence Immunoassay」.

김종화 외. 1996.「냉동처리후 정자의 운동성 회복에 관한 연구」.

김지연 외. 2005.「높은 기저 난포자극호르몬 수치를 가지는 환자와 고령 환자의 체외수정시술을 위한 과배란 유도에서 GnRH Antagonist 다회투여법과 GnRH Agonist 장기요법의 효용성에 대한 연구」.

김진홍 외. 1994.「정자의 여러가지 형태학적 특징에 따른 정자 침투능의 평가」.

김태철 외. 1999.「난관수종액이 정자의 운동성에 미치는 영향에 관한 연구」.

김학순 외. 1988.「과배란유도후 배란직전 난포의 초음파검사 소견과 성숙난자 획득간의 상관관계에 관한 연구」.

김현우 외. 1993.「pH와 삼투압 변화가 정자운동성에 미치는 영향」.

김현주 외. 1995.「폐색성 무정자증환자의 치료로써 미세적 부고환 정자흡입술(MESA) 및 정자직접주입법(ICSI)의 효과」.

나건영. 1974.「발간사」.

남윤성 외. 1999.「Y염색체 장완 결실을 동반한 무정자증 1례」.

노성일 외. 1989.「불임환자의 복강내액이 정자 활동성에 미치는 영향」.

명순철 외. 1991.「비폐쇄성 남성불임증환자의 고환용적과 고환기능」.

문신용 외. 1985.「Clomiphene Citrate를 이용한 배란유도에 관한 연구」.

문신용 외. 1989.「난소 난종 환자에서의 Estrogen-Progesterone 치료 및 질식 난소 낭종 천자에 관한 연구」.

문신용 외. 1990.「체외수정시술을 위한 과배란유도시 GnRH Agonist (Lupron)와 성선자극호르몬 복합 투여의 효용성에 관한 연구」.

문신용 외. 2004.「체외수정시술을 위한 과배란유도에 있어 GnRH Antagonist의 임상적 효용성과 혈중 호르몬 농도의 변화」.

문신용. 1988.「성선 자극호르몬의 비율이 인간난자의 체외수정에 미치는 영향에 관한 연구」.

민부기 외. 1996.「Nitroprusside가 인간정자의 생존력, 운동성, Reactive Oxygen Species 발생에 미치는 영향」.

박기상 외. 1999.「난자내 정자 직접주입술에서 난자의 처리방법이 난자의 발생능력에 미치는 영향」.

박기상 외. 2004.「IVF, ICSI 또는 TESE-ICSI에서 수정을 유도한 난자의 배아발생능력 및 임신율」.

박상인 외. 1988.「Clomiphene Citrate로 유도된 배란유도주기에서 발생된 병합임신 1례」.

박성대 외. 2002.「다낭성 난소증후군의 과배란유도시 GnRH Antagonist (Cetrorelix)를 병합한 Minimal Stimulation Protocol의 임상적 유용성에 관한 연구」.

박성우 외. 2004.「정자형성 과정에서 Vascular Endothelial Growth Factor 및 Endothelin-1 발현의 면역조직화학적 연구」.

박성은 외. 1997.「인간 미성숙난자의 동결. 융해후 체외 배양된 난자에 대한 염색체 분석」.

박영수 외. 1996.「Acrobeads Test를 이용한 정자수정능의 평가」.

박원종 외. 1988.「배란유도방법에 의한 과배란주기에서 혈중및 요중 황체화호르몬 Surge에 관한 연구」.

박지은 외. 2006.「한국인 다낭성난소증후군 환자에서 미토콘드리아 DNA Copy 수의 정량적 분석」.

박현주 외. 1993.「정자 세척후 SWIM-UP 처치와 Percoll정자 처리방법의 자궁강내 인공수정술 후 임신 성공예후에 대한 비교 관찰」.

방명걸 외. 1993.「인간정자에 있어서 정자처리법의 비교」.

방명걸 외. 1993.「Sperm Penetration Assay의 임상적 타당성에 관한 연구」.

방명걸. 1992.「TEST-Yolk Buffer에 의한 인간 정자의 수정능 증진효과에 관한 연구」.

배광범 외. 1988.「체외수정시술 환자에서 난소 주위 유착이 과배란유도 중의 난소 난포 발달에 미치는 영향에 관한 연구」.

배상욱 외. 1997.「체외수정시술을 위한 과배란유도시 Highly Purified Follicle

Stimulating Hormone (HP-FSH) 피하주사와 Follicle Stimulating Hormone 근육주사의 비교연구」.

배상욱. 1999.「과배란유도 전 기저 난소 낭종이 체외수정시술 결과에 미치는 영향」.

배인하. 1985.「체외에서 성숙시킨 토끼난자의 발생능력에 관한 연구」.

백진아 외. 2009.「초기 계대 인간 배아줄기세포의 해동 후 효율적인 배양 방법」.

서주태 외. 1997.「비폐쇄성 무정자증의 치료」.

성기청 외. 2003.「난자 세포질 내 정자 주입술시 부고환 및 고환 정자의 체외수정 능력에 관한 비교 연구」.

성지혜 외. 2004.「배아줄기세포의 인슐린 분비세포로의 유도 분화에 대한 연구」.

손원영 외. 1993.「비정상적 정자형성 환자의 정소에서 Heat Shock Protein A2 (hspA2) mRNA발현의 감소」.

손원영 외. 1995.「수정에 실패한 인간 난자에 있어서의 염색체의 수의 이상」.

손원영 외. 1997.「정자 직접 주입법 (ICSI) 이후에 수정에 실패한 인간 난자에 대한 염색체 분석」.

손일표 외. 1994.「폐쇄성 정로장애로 인한 무정자증 환자에서 미세수술적 부고환 정자흡입술과 세포질내 정자주입술을 이용한 수정율 및 임신율 증진에 관한 연구」.

송은섭 외. 1999.「Tumor necrosis factor-alpha가 정자운동성에 미치는 직접 영향의 부족」.

송정수 외. 1991.「다낭성 난소질환의 치료에 관한 임상연구」.

신용덕 외. 1987.「인간난자 체외수정 및 생식자 난관내이식술의 반복주기에서 과배란유도반응에 관한 연구」.

안소정 외. 2008.「미성숙난자의 형태학적 지표와 체외성숙능과의 관계」.

우동훈 외. 2009.「인간배아줄기세포로부터 간세포로의 유도 분화를 이용한 간질환 세포 치료의 최근 연구 동향」.

윤용달 외. 1984.「황체기단축현상을 가진 한국여성의 호르몬양(II) ; 혈청 Prolactin의 변동」.

윤용달외. 1989.「과배란유도에 의해 성숙된 여포의 GTH 활성 도 와 스테로이드 합성」.

윤태기 외. 2008.「체외수정 및 배아이식술에서 레이저를 이용한 보조부화술의 효용성에 대한 연구」.

이강현 외. 1981.「남성 불임증 환자에 대한 Clomiphene의 효과」.

이경아 외. 2000.「사람 난소조직의 초자화 냉동보존과 면역결핍 동물에의 이식」.

이금실 외. 2004.「신경성장촉진 인자가 인간 배아줄기세포 유래 도파민 분비신경세포형성에 미치는 영향」.

이동률 외. 2009.「난자 및 배아동결에 슬러시질소를 이용한 유리화동결의 영향」.

이상민 외. 1998.「원형정자세포의 주입에 의한 임신과 분만 1례」.

이상민 외. 2003.「인간포배기 배아의 효과적인 유리화 동결법의 개발을 위한 연구」.

이승헌 외. 1992.「불임환자의 세척정자에 의한 자궁내 인공수정의 임상적 평가」.

이여일. 1991.「정자 세정후 Swim-up 처치가 정자의 운동성에 미치는 영향」.

이영근 외. 1985.「돼지여포의 퇴화과정 중 여포액 내 스테로이드 호르몬 양의 변화」.

이영일 외. 1999.「부고환 및 고환 정자를 이용한 세포질내 정자주입술에 관한 임상 연구」.

이영진 외. 1983.「성선 발육 부전 환자에 대한 임상 및 세포 유전학적 연구」.

이우석 외. 2006.「정상 배란주기의 불임 여성에서 Clomiphene Citrate 단독 사용과 GnRH Antagonist 병합 요법의 임상적 효용성에 관한 연구」.

이우식 외. 1998.「동결 보존된 고환 정자로 ICSI 시술 후 수정된 수정란의 이식에 의한 임신 1례」.

이은실 외. 2001.「체외수정시술 환자의 과배란유도시 저용량 아스피린 투여의 효용성에 관한 연구」.

이정호 외. 2002.「비만 지표 (Body Mass Index)가 만성 무배란 여성의 혈중 기저 호르몬치와 포도당 대사에 미치는 영향」.

이진용 외. 1987.「인간난자의 체외수정 및 배아의 자궁내이식 후 황체기 혈청 난포호르몬 및 황체호르몬의 변동에 관한 연구」.

이진용 외. 1988.「과배란유도방법에 따른 난포액내의 Prostaglandin E2 및 E2a 농도의 변동에 관한 연구」.

이진우 외. 1984.「Premarin검사를 이용한 무월경환자에서의 시상하부-뇌하수체의 기능평가」.

이충현 외. 1993.「Collagen Gel을 이용한 사람의 고환 조직배양에 관한 연구」.

이현서 외. 2009.「난자의 GV 유지 및 감수분열 재개의 분자생물학적 조절기전」.

이형송 외. 2002.「Y 염색체 미세결실과 정자형성장애의 연관성에 대한 연구」.

이호준 외. 1995.「인간의 체외수정배아이식술에서 보조부화술이 임신률에 미치는 영향에 관한 연구」.

임용택 외. 1984.「마우스 난자의 체외수정에 관한 연구」.

임천규 외. 2003.「비정상 포배기 배아에서 인간 배아줄기 유사 세포의 분리 및 배양에 관한 연구」.

장윤석 외. 1989.「시험관아기 프로그램에서 과배란유도 약제의 종류에 따른 황체기 혈청 난포호르몬 및 황체호르몬의 변동에 관한 비교연구」.

장호준 외. 1988.「Clomid®(Clomiphene citrate의 투여시기와 용량을 변수로 한 혈중 Estradiol-17β의 동태에 관한 연구」.

전진현 외. 1995.「고환조직 정자채취술 (TESE)의 정자 상태에 따른 세포질내 정자주입술의 (ICSI)수정률과 임신율」.

정경아 외. 2009.「다낭성 난소증후군의 유전적 요소」.

정미경 외. 1992.「접합자 난관내 이식 환자에 있어서 수정 실패와 항정자 항체와의 관계 및 난자와 정자의 재처리에 관한 연구」.

조정현 외. 1996.「비폐쇄성 무정자증 환자에서 난자내 원형정세포 주입에 의한 임신 및 분만 1례」.

최규완 외. 1994.「투명대하 미세수정(SUZI)시 정자의 상태 및 처리방법에 따른 수정률과 임신률」.

최영석. 2008.「조기난소부전의 유전학적 이해」.

최영식 외. 2008.「신선 고환조직 정자와 냉동보존-융해 고환조직 정자를 이용한 난자세포질내 정자주입술 결과의 비교 연구」.

최욱 외. 1985.「배란유도주기에 따른 초음파검사와 기초체온표의 비교분석」.

하정희 외. 1999.「Swim-up, Percoll, Sil-Select를 이용한 정자처리법에 의한 정자 회수율, 운동성 및 체외수정율의 비교분석」.

홍승범 외. 2007.「정상 정자 소견을 나타내는 불임 부부에서 일반적인 체외수정과 세포질내 정자주입술을 병행하는 분할 수정법의 효용성」.

황태영 외. 1989.「난소 낭종이 체외수정시술을 위한 과배란유도 주기에 미치는 영향에 관한 연구」.

■ 인터넷 사이트(URL)

* 난임여성모임 사이트
아가야 http://www.agaya.org
아기모 http://www.agimo.org

* 제대혈 보관은행 사이트
바이오스타(RNL바이오사) http://www.biostar.co.kr
굳젠(굳젠) http://www.goodgene.co.kr
라이프라인(녹십자의료재단) http://www.lifeline.co.kr
이노셀(드림코드), http://www.innocell.com
셀트리(메디포스트) http://www.celltree.co.kr
보령아이맘셀(보령바이오파마) http://cell.i-mom.co.kr
베이비셀(세원셀론텍) http://www.babycell.com
라이프코드(이노GDN) http://www.lifecord.co.kr/
아이코드(차바이오앤디스오스텍) http://www.icord.co.kr
투웰브(FCB파마셀) http://www.twelvemall.co.kr
서울탯줄은행(히스토스템) http://www.seoulcord.co.kr

* 약품의료정보 사이트
드러그인포 http://www.drugifo.co.kr

■ 주

제1장 생명기술과학과 여성의 몸

1) 황우석 사태는 복제배아줄기세포 연구를 통해 난치병, 불치병 환자의 희망으로 여겨졌던 환자맞춤형줄기세포를 확보했다는 황우석 박사팀의 논문이 조작 및 허위사실로 밝혀진 일련의 과정을 말한다. 황우석 사태의 기간을 둘러싼 주장으로는 미국의 섀튼(Gerald Schatten) 교수가 황우석 박사에게 결별을 선언한 2005년 11월부터 서울대 조사위의 논문조작에 대한 공식적인 발표가 있었던 2006년 1월까지로 보아야 한다는 주장과 검찰수사결과가 발표된 2006년 5월까지로 보아야 한다는 주장이 있다.

2) 일반적으로 기술과학이라는 용어보다는 과학기술(scientific technique)이라는 용어가 더 일반적으로 사용되고 있지만 이 글에서는 기술과학(technoscience)이라는 용어를 사용하고자 한다. 이는 1970년대 기술사가들에 의해 제기된 과학과 기술 사이의 위계설정에 대한 비판을 수용하고 현대 사회에서 과학과 기술의 경계가 점점 모호해지고 있으며 기술이 단지 과학이론의 응용 및 적용이 아니라 이론을 생산하기도 한다는 점을 반영하기 위함이다.

3) 의료인류학자 테일러는 「'생명과학기술'과 '여성의 몸' 위험한 개념들?」이라는 논문에서 '과학기술'을 사회와 분리된 것으로, '몸'을 사회적 삶 외부의 자연에 존재하는 것으로 이해하는 시각이 과학기술에 대한 사회적 개입을 어렵게 한다는 점을 지적한 바 있다(Taylor, 2008: 198-220). 이 글에서는 생명기술과학에 대한 페미니즘적 개입이 단일하고 고정된 생물학적 몸을 넘어서 사회적 관계와 위치 속에서 의미화 되고 실천된 복수의 '몸들'과 유기체적인 단일한 개체로서의 몸을 넘어서 분절화 된 복수의 몸 부분들에도 주목해야 한다는 점에서 '몸들'이라는 용어를 사용하였다.

4) 황우석 사태 동안 연구팀은 난자 뿐만 아니라 동의도 거치지 않은 채 여성의 난소까지 적출해 사용한 것으로 밝혀져 윤리적으로 큰 파장을 일으켰다. "황교수, 연구원 난자제공 계속 허위 진술", 〈오마이뉴스, 2006. 2. 2.〉

5) 이 책에서는 난임여성들의 체험적 객관성을 바탕으로 생명기술권력에 대한 그들의 상황적 위치성을 드러내고자 하므로 의학적 용어인 '불임'보다는 여성들이 스스로를 지칭하는 용어인 '난임'을 사용하였다. 그리고 특정 호명은 알튀세르가 지적했듯이 정치적 입장을 반영하는 것이므로 대체로 의과학적 입장을 반영할 때는 '불임'으로, 난임여성들의 입장을 반영할 때는 '난임'으로 표기하였다.

6) IVF(In Vitro Fertilization) 체외수정: 몸 밖에서 난자와 정자를 수정시키는 것으로 즉, 여성은 28일~35일 주기로 배란을 하게 되는 데 배란된 난자를 여성의 몸에서 채취하고 남성의 몸에서도 정자를 재취하여 실험실의 시험관에서 인공적으로 수정을 시

켜주는 방법이다. 처음 이 기법을 불임처치에 적용할 때에는 수정이 이루어지는 곳인 난관에 이상이 있는 경우가 주요한 대상이었으나 점차 그 적용 범위가 확산되었다. 세계적으로는 1978년 7월 25일 영국에서 최초로 여아 루이스 브라운(Louise Brown)이 탄생하였고 한국에서는 1985년 10월에 서울대학병원에서 쌍둥이 남매가 탄생하였다. 보통 '시험관아기'(test-tube baby) 시술로 불리지만 이 시술에 대한 의학적 명칭은 체외 수정된 배아의 자궁으로의 이식(embryo transfer) 단계를 포괄하여 체외수정 및 배이식(IVF-ET)이라 한다.

7) 기술과학에 접근하는 다양한 시각에 대해서는 박해광·김경례(2008). 『과학기술과 사회』 3장 참조.

8) 푸코는 근대권력의 작동방식을 규율권력과 통제권력을 통해 설명한다. 규율권력과 통제권력이 작동하는 데에는 몸에 대한 감시와 관리가 중요하며 따라서 이와 관련한 지식이 권력의 중요한 요소가 된다. 몸에 대한 감시와 감독이 어떻게 몸을 규율화하고 훈육하는지에 대해서는 『감시와 처벌』(2003)을, 또한 몸을 관리하고 치료법을 생산하는 의과학이 어떻게 하나의 지식권력으로서 사회의 지배질서 유지를 위해 기능하는가는 『임상의학의 탄생』(2006)을 참조. 푸코의 논의에 따르면 권력은 몸들을 드러내고 구별짓고 위계화하여 정상성과 비정상성의 경계를 가름으로써 훈육하고 통제한다.

9) 아감벤은 『호모사케르』에서 그리스 시대의 두 가지 생명 개념, 즉 모든 생명체에 공통된 살아있음을 가리키는 조에(zoe)와 어떤 개인이나 집단에 특유한 삶의 형태나 방식을 가리키는 비오스(bios) 개념을 대비시켜 생명체 자체에 작동하는 생체권력을 탐색하고 생명체를 주체로 상정하는 생명정치의 상을 제시하고 있다. 이는 생명체 자체보다는 생명체를 둘러싼 담론에 주목하고 저항의 문제보다는 권력의 문제에 치중한 푸코의 논의를 확장시키려는 시도라고 볼 수 있다.

10) 유전자공학을 비롯한 생명공학의 핵심적 특징을 자본과 권력이 분자적 몸들의 수준에 침투하는 것이라고 설명하고 이를 심층적으로 다룬 글로는 Critical Art Ensemble eds.(2002); Rose(2007)를 참조.

11) 기술을 사회와 별개의 독립적인 영역으로 보는 기술결정론을 비판하면서 기술과 인간, 사회와의 관계 속에서 기술을 바라보는 시각을 크게 구성주의적 과학기술학이라고 볼 수 있다. 구성주의적 과학기술학은 기술과학의 구성과정에서 각각 계급관계와 젠더관계를 주요 변수로 상정하는 맑스주의 기술관과 페미니즘 기술관, 그리고 이해관계를 달리하는 사회집단의 논쟁과 협상을 통해 기술이 구성된다고 보는 기술의 사회적 구성론이 있으며, 위의 세 가지 기술관이 사회적 요소에만 주목함으로써 기술적 요소를 간과하고 있다고 비판하면서 등장한 사회기술시스템론 또한 이에 해당된다(박해광·김경례, 2008: 62-99). 특히 인간적 요소와 비인간적 요소(기술, 사회)의 연결망을 통해 기술과학이 구성되며 기술과학은 구성 중인 과정에 있다는 것을 논의한 '행위자-연결망 이론'에 대해서는 김환석(2006: 62-97) 참조.

12) '신생식기술'은 '재생산 신기술', '새로운 재생산 기술' 등 다양하게 불리운다. 의료 영

역에서는 '생식'을, 페미니스트들은 '재생산'이라는 용어를 주로 사용한다. 이는 출산을 생물학적, 의과학적 개입영역으로 바라보느냐, 역사적으로 구성된 사회적 행위로 바라보느냐의 차이를 반영한 호명이다. 이 책에서는 '신생식기술'로, 통일해 사용할 것이다.

13) AI (Artificial Insemination) 인공수정: 남성의 정자를 가느다란 관을 통해서 넣어 배란기 여성의 자궁 속으로 직접 주입해 인위적으로 임신을 유도하는 시술이다. 자궁내 인공수정(IUI, Intra Uterine Insemination)이라고도 한다. 보통 다른 이상 없이 자궁경부점액이나 정자의 문제로 정자가 자궁경부를 통과하지 못하는 경우에 이용한다. 의료적 개입은 정자를 자궁경부를 지나 자궁에 직접 넣어줄 뿐이고 수정부터 임신에 이르기까지 나머지 과정은 모두 여성의 몸 안에서 이루어진다. 간혹 과배란(superovulation)과 병행하기도 한다. 배우자의 정자에 문제가 있는 경우에는 기증정자를 사용하기도 하는데, 이를 따로 기증정자에 의한 인공수정, 비배우자간 인공수정 (AID, Artificial Insemination by Donor sperm) 혹은 간단히 줄여 기증 수정(DI, Donor Insemination)이라고도 한다.

14) 스탠워드는 생식과정에 개입하는 기술을 네 가지로 분류하는데 첫째, 피임약이나 피임장치, 콘돔 등과 같은 수정조절기술 둘째, 제왕절개술이나 겸자 등과 같은 출산을 관리하는 기술 셋째, 초음파나 양막천자와 같은 태아를 모니터링하고 결함을 감시하는 기술 넷째, 불임을 처치하기 위한 수태기술(신생식기술)로 나눈다(Stanworth ed., 1987).

15) 생명공학은 미생물, 동·식물 및 인간을 포함한 모든 생명체의 기능이나 특성을 밝히는 과학적 지식과 이를 이용, 화학적 공정을 거쳐 산업적 제품을 만들거나 서비스를 제공하는 일련의 모든 기술들을 포괄하는 광범위한 개념이다. 따라서 생명공학이라는 용어에는 이미 생명체 및 생명 발생기작의 산업화를 통한 이윤창출이라는 의미가 담겨 있다. 이 책에서는 인간의 몸을 대상으로 한 생명공학기술 중 신생식기술과 관련된 부분만을 다룬다.

16) 디킨슨은 난자채취 과정에서의 여성의 노고에 대한 비가시화와 임신과 출산에서의 여성의 노동에 대한 경시는 연결선상에 있다고 지적한다(Dickenson, 2003).

17) 여성이 주로 수행하는 일인 재생산 노동에 대한 재평가는 1970년대 가사노동임금투쟁으로 대변되는데, 레오뽈디나 포르투나티, 마리아로사 달라 코스타, 실비아 페데리치, 셀마 제임스 등이 이론 생산에 적극 관여하였다. 이들은 재생산 노동의 가치절하가 자본축적과 여성노동의 자본주의적 착취를 정당화하는 주요기제임을 주장하였다.

18) Super ovulation 과배란: 호르몬제로 난소를 자극하여 하나의 생리 주기에 여러 난자를 한꺼번에 성숙시키는 방법, 호르몬제를 투여하는 기간에 따라 단기요법과 장기요법으로 나뉜다.

19) ART(Assisted Reproductive Technology) 보조생식술: 용어상 정의는 수정 및 임신에 관여하는 의료적 개입을 총칭하지만, 오늘날 일반적 용례는 비배우자간 인공수정

(AID)은 포함하지 않고 난자의 채취가 이루어지는 시술을 지칭한다. 그래서 보조생식술 사례 수를 측정하는 단위는 난자 채취 주기이다. 현재 사용되고 있는 보조생식술은 체외수정(IVF), 생식체 난관 이식(GIFT), 접합자 난관 이식(ZIFT), 세포질내 정자주입술(ICSI) 등이 있으며, 보조생식술은 이를 포괄하여 일컫는다.

20) 한국에서 최초의 시험관 아기의 성공은 1985년 서울대 장윤석 교수팀에 의해 이루어졌다. 그러나 그 이전부터 『대한불임학회지』를 통해 시험관아기의 시술 및 성공가능성에 관한 논의가 의과학자들 사이에서 이루어졌고 이미 1978년(세계 최초 시험관 아기 출생)에 성공한 외국의 기술을 들여오기 위한 노력을 하고 있었기 때문에 1980년대부터로 연구범위를 설정하였다.

21) 기술과 사회, 기술과 문화 사이에 하이픈(-)을 표기한 것은 기술과 지배적인 사회구조 및 문화가 서로 영향을 미치기는 하지만 어느 한쪽이 완전히 지배하거나 종속된다기 보다는 일정정도 상대적 자율성을 갖고 있고 때로는 의도하지 않은 방향으로 영향을 미치기도 하기 때문이다.

22) 대한불임학회는 1972년 창립되어 1974년부터 『대한불임학회지』를 발간해 왔고 2007년 4월 이후 대한생식의학회, 『대한생식의학회지』로 명칭을 변경하였다.

23) 스토덴마이어(Staudenmaier)는 기술사의 연구방법을 내적 방법론(internalist approach), 외적 방법론(externalist approach), 그리고 맥락적 방법론(contextualist approach)으로 구분한다. 내적 방법론은 기술의 설계 또는 그 변화에만 초점을 맞추는 방법이고, 외적 방법론은 기술의 설계를 둘러싼 외적 요소들에만 초점을 맞추는 것을 의미한다. 맥락적 방법론은 기술의 설계 뿐만 아니라 외적 요소를 동시에 논의하는 방법론이다. 이 외에 기술사의 연구방법론으로 사회구성주의적 방법, 마르크시스트적 방법, 여성주의적· 문화적 방법론을 덧붙이기도 한다(홍성욱, 1999: 245). 그러나 별도로 제시된 이러한 방법론은 어떤 사회적 요소나 사회적 관계를 중심으로 기술사의 변화과정을 분석할 것인가에 관한 인식론적 측면에 더 가까우며, 방법론적 측면에서 각각의 접근은 크게 보면 스토덴마이어의 맥락적 접근에 속하는 것으로 볼 수 있다.

24) 이 병원은 현재 폐업하였다.

25) 이 병원의 본원에서도 불임시술이 이루어지지 않는 것은 아니지만 본원에서는 주로 분만과 부인과질환을 중심으로 다루고 전문적인 불임시술을 위해 분원을 개원하였으므로 분원을 방문하였다.

26) 전문가집단에 대한 심층면접은 아주 힘든 과정이었다. 황우석 사태 이후로 인지된 동의(informed consent)를 거치지 않은 난자채취, 생식세포 거래, 대리모 문제 등이 사회적 이슈가 되면서 관리·감독의 압박으로 인해 배아 생성이나 관리, 시술과정에 대한 질문에 대해 상당히 민감한 반응을 보였다. 또 하나의 특이사항은 의사들에 비해 간호사나 실험실의 연구원을 인터뷰하기가 훨씬 힘들었다는 점이다. 이는 개인불임클리닉의 경우, 의사들이 직접 병원을 경영하는 경우가 많은데, 연구원과 간호사는 근로자로서 고용되어 있기 때문에 시술과정에서의 오더(order)체계에서 뿐

만 아니라 근무체계에서도 위계서열화되어 있기 때문이다. 실제로 개인불임클리닉의 연구원과 간호사에 대한 인터뷰는 의사의 오더 하에 가능했다. 의사의 오더 없는 접근은 1차적으로 의사에 의해 제지되었고 연구원과 간호사도 인터뷰에 응하려 하지 않았다. 종합병원의 경우에도 의사를 중심으로 위계서열화되어 있기는 하지만 상대적으로 독립적이어서 의사는 업무와 상관없는 일에 간호사나 연구원을 소개해 주기를 꺼렸다. 또한 로테이션(rotation) 근무라는 간호사의 근로특성, 실험실의 폐쇄적 공간성도 연구원이나 간호사의 인터뷰를 어렵게 하는 요인이었다.

27) 본 연구의 심층면접에 참여한 참여자의 현황 및 특성은 5장에 소개되어 있다.

28) 심층면접시에는 주로 불임시술과정과 그에 대한 체험을 중심으로 질문하였는데, 난임여성들의 모임에 지속적으로 참여함으로써 그들의 생애사 전반을 들을 수 있었다. 그들은 난임 진단과 시술과정, 그리고 몸의 변화에 대해 자신들의 현재와 이전 삶의 생애사적 체험 속에서 해석하는 경향이 있으며 이는 의과학적 진단 및 판단과는 다른 것이었다.

29) '아기모'는 이 사이트를 만든 난임여성들이 인구보건복지협회의 후원을 받아 운영하다가 2010년부터는 인구보건복지협회에서 직접 운영하고 있다.

30) 인구보건복지협회와의 만남에서 난임여성들이 제기한 문제점으로는, 첫째, 불임시술 과정과 난임여성들의 현실을 너무 모른다는 점 둘째, 난임여성들은 병원이라는 공간에서 제기할 수 없었던 시술절차상의 이해가 되지 않는 부분들, 예컨대 병원마다 다른 처치방법 및 비용 산정, 상담내용 등에 관한 것이나 정부 지원정책에 관한 것을 공론화하기 위해 전문가집단과의 토론의 장 마련을 요구하였으나 수용되지 않은 점 셋째, 이러한 요구는 수용되지 않고 부부관계 개선이나 각종 치료프로그램에 참여할 것을 종용함으로써 마치 난임여성들이 가정불화를 겪거나 치료의 대상으로 다루어지는 점 등이 거론되었으며 무엇보다도 내부성원들 사이의 견해차가 문제시되었다. 내부성원들 중에는 난임이 아닌 외부 사람들과의 접촉을 꺼리는 사람들도 있었기 때문이다.

31) 모임 초기에는 불임시술을 통해 출산에 성공하거나 이미 자녀가 있고 둘째 아이를 낳기 위해 불임시술을 이용하는 여성들의 모임 참여 유무를 놓고 내부 성원들 사이의 의견이 분분하였다. 반대 의견은 대부분 자녀가 어리기 때문에 모임 참석 시 자녀를 데리고 참석해야 하므로 자신들의 자녀 없음으로 인한 소외감을 더욱 부추긴다는 것이었다. 실제로 이런 생각을 가진 성원들의 시선과 아이 양육에 대한 부담감 때문에 출산에 성공한 여성들은 모임의 참여를 중단하는 경향이 있었다. 그러나 모임이 지속되면서 출산의 성공유무, 불임시술과 병원정보 공유를 넘어서 일상사 전반으로 소통의 장이 확장되었다.

32) 스노우는 『두 문화』(Snow, 1959)를 통해 근대서구사회의 자연과학과 인문학의 단절과 대립에 대해 논의한 바 있다. 그는 이러한 단절이 과학의 발전을 저해한다고 보고 자연과학과 인문학의 소통을 위해 양자 모두의 소양을 갖추게 하는 교육체계의 개혁이라는 제한적인 대안을 제시하는데, 궁극적으로 과학의 발전을 도모한다는 점

에서 과학 중심적이라는 비판을 받기도 한다.

33) 터너는 사회학에서의 몸의 배제경향에 대해 "미시사회학에서는 사회적 행위자로서의 자아가 행위 속에서 사회적으로 구성되기 때문에 몸을 배제시킨다면, 거시사회학은 이론적 초점을 '사회 체계'에 두기 때문에 몸을 배제시킨다"고 설명한다(Turner, 2002: 130). 또한 쉴링은 몸이 "자연과 개인에 속한 것으로 간주"되었기 때문에 사회학의 주요 연구대상에서 배제되는 경향이 있다고 설명한다(Shilling, 1999: 41).

34) 여기서 소개한 것 외에도 1990년대 말부터 인간의 존엄성과 생명윤리를 쟁점으로 생명공학을 비판적으로 성찰한 많은 논문들과 서적들이 있다. 1998년 한국생명윤리학회의 창립은 생명공학에 대한 윤리적 문제제기의 중요성과 대항담론으로서의 생명윤리담론의 위상을 상징적으로 보여준다. 또한 생명복제기술이 인간의 정체성 및 전통적인 가족관계 등에 미치는 영향을 다룬 철학적 연구들(이진우 외, 2004; Lecourt, 2005 등)도 있다.

35) 이러한 논의 진행 양상은 황우석 사태 동안 배아복제줄기세포 연구에 대해서도 유사하게 나타난다. 이에 대해서는 민주화를위한전국교수협의회·서울대민교협. (2006). 「황우석 사태로부터 무엇을 배울 것인가」자료집, 생명공학감시연대. (2006). 「황우석 사태로 본 한국사회의 현재와 미래」자료집, 한국과학기술학회. (2006). 「STS가 본 황우석사태」자료집, 『역사비평』(2006년 봄호)의 특집논문들 참조. 민주화를위한전국교수협의회·서울대민교협(2006)의 자료집은 『황우석사태와 한국사회』로 출판되었다.

36) 김훈기(2005)는 『생명공학과 정치』에서 생명공학을 정치적 장으로 보았지만 생명공학에 이해관계를 갖고 있는 주체들의 법안 제정을 둘러싼 사회적 논쟁만 다루었을 뿐 생명공학 자체를 다루지는 않았다. 생명공학의 정치성을 폭넓게 보여주기 위해서는 사회적 논쟁 뿐만 아니라 이러한 논쟁을 불러 일으키는 물질적 조건인 생명공학의 내용 자체를 다룰 필요가 있다.

37) 이는 2003년 생명공학과 여성을 주제로 열렸던 한국여성학회 제2차 심포지움과 2006년 한국여성민우회와 한국여성학회가 주최한 「여성의 몸과 국가주의: 난자 문제를 중심으로」 토론회, 같은 해 한국여성민우회가 주최한 「생명과학기술시대 여성인권확보를 위한 국제포럼」자료집에서 발표된 논문들을 통해서도 알 수 있다.

38) 기술과학이 여성에게 억압적이라는 이러한 문제설정은 생식기술과학과 관련해서 출산의 의료화에 대한 비판과 이로 인한 여성의 모성적 권리의 박탈 및 재생산건강권의 침해라는 측면에서 분석되기도 한다(조영미, 2004a). 이러한 문제제기는 모성적 권리의 확보를 위한 자조적 또는 자기주도적 출산(김정현, 2003)이나 생식기술의 개입이나 의료전문가 집단의 통제, 병원이라는 공간에서 벗어나 라마즈, 그네분만, 수중분만 등의 새로운 출산방법과 조산원(안소영, 2000)이나 가정에서의 자연출산 운동으로 이어졌지만, '자연스러운' 출산이라는 것은 실제로는 더 많은 의학적 지식에 의존하게 하며 사적인 부담을 더욱 증가시키는 측면이 있다(정연보, 2003: 89). 또한 병원을 벗어나 조산사의 도움으로 이루어지는 조산원이나 가정에서의 출산이

여성의 출산주도권을 반드시 보장해주는 것은 아니다. 따라서 의료/자연의 이분법을 벗어나(정연보, 2003: 91), 출산의 의료화에 대한 비판을 넘어서 의료화되고 기술화된 변화하는 출산환경에서의 다차원적인 모성의 체험과 서로 다른 여성들의 위치에서 생식기술과학을 어떻게 이용하고 해석하는지에 주목할 필요가 있다.

39) 최근 페미니즘적 연구의 흐름은 권력의 억압에 초점을 맞추기 보다는 여성의 입장에서 권력의 구성과정 및 효과를 분석하기 위해 여성의 행위성을 드러내는 연구가 많이 이루어지고 있다. 이는 여성을 피해자화하지 않고 주체로 자리매김하기 위한 하나의 노력이다. 기술과학과 여성의 관계에 대해서도 기술과학을 억압적이거나 해방적인 것으로 환원하지 않고 기술과학과 젠더가 상호 구성되는 과정을 분석하기 위한 시도로서 여성들의 행위성 연구가 이루어지고 있는데, 이러한 연구들에서 많은 경우, 여성들의 행위성은 구조와 문화 안에서 제한적인 것으로 설명된다. 황우석 사태 이후에 줄기세포 연구를 비롯한 생명공학에 관한 연구에서도 여성을 기술과학 구성 과정의 '노동참여'자와 '행위주체'로 드러내고자 했지만, 과학주의 문화와 기술과학에 대한 지배담론 하에서 어떻게 여성이 주체가 되지 못하고 여성의 노동참여가 어떻게 지배문화를 공고화하는지에 주로 초점이 맞춰지는 경향이 있다(정연보, 2007; 하정옥, 2007).

40) 김선혜(2008)의 논문은 사회학 논문이지만 여성의 몸과 재생산의 정치에 초점이 맞춰져 있기에 페미니즘적 연구로 분류하였다. 하정옥(2006)의 논문도 여성의 몸과 재생산기술로서의 생명의료기술을 언급하고 있지만 기술과학의 구성과 전환과정에 초점이 맞춰져 있기에 사회과학적 연구로 분류하였다.

41) 김선혜의 연구에서 불임여성이 신생식기술 및 불임산업의 성장과정에서 노동참여자이기는 하지만 기술과학주의에 종속된 주체로 분석되는 것처럼 비슷한 맥락에서 출산과 소비자본주의의 결합이 출산과 모성을 적극적인 소비와 학습과정으로 만들고 있음을 밝힌 장민희(2006)의 연구에서도 여성은 모성적 주체이긴 하지만 소비자본주의에 종속된 소비자로서의 정체성을 갖는 것으로 분석된다. 이는 다차원적인 모성적 주체 및 출산의 생산성이 분석되지 않기 때문인 것으로 보인다.

제2장 출산과 신생식기술에 대한 이론적 논의

1) 오브라이언(O'Brien)과 리치(Rich)가 생물학적 모성성을 긍정적으로 바라보았다고 해서 모성성을 생득적인 여성의 본능으로 생각했거나 전형적인 모성성이 사회적으로 강요되는 측면이 있음을 부정하는 것은 아니다. 오브라이언은 강요된 모성성이 여성을 억압하고 있음을 직시하면서도 억압의 원인을 저항의 원천으로 정치화하려고 하였고, 리치는 여성이 자녀와 맺는 '관계로서의 모성'과 남성의 통제 하에 있는 '체제로서의 모성'을 구분하면서 후자의 모성성을 비판하기 위해 전자의 모성성까지

부정해서는 안 된다고 주장한다.

2) 이는 신생식기술에 대한 낙관론과 비관론으로 전개되는데, 이에 대한 자세한 논의와 비판은 2절에 소개하였다.

3) "여성은 태어나는 것이 아니라 만들어지는 것이다"라는 유명한 문구로 급진적 페미니즘 사상에 많은 영향을 미친 보봐르도 여성의 생물학적 몸과 그것을 통해 이루어지는 출산은 실존주의적 맥락에서 즉자적 존재를 넘어선 대자적 존재가 되기 위해 극복되어야 할 문제였다.

4) "출산조절이란, 여성이 자신의 임신과 출산을 통제하기 위해 사용하는 방법과 실천을 통칭하는 말로, 미국의 여성운동가 마거릿 생어(M. Sanger)가 여성들에게 안전한 피임을 보급하기 위해 캠페인을 벌이면서 자기 운동을 위한 이름으로 1914년 만들어낸 용어이다"(배은경, 2005: 264). 여성을 출산의 주체로 위치 짓는 이러한 발상은 1970년대 섹슈얼리티를 포함한 재생산권리운동으로 이어진다.

5) 최근 페미니스트들은 몸, 젠더, 성차를 둘러싼 근대적인 이분법적 인식체계를 비판하고 그것들을 관계 및 과정으로서 설명하기 위해 몸의 복권과 주체성 생산에 관한 스피노자, 니체, 푸코, 들뢰즈, 가타리 등의 탈근대적 남성 학자들의 이론적 논의를 검토하고 전유한다. 그러나 페미니스트들은 비판과 전유의 정도와 강도가 다르기는 하지만 대체로 이러한 남성학자들이 이성 중심의 근대적 주체 설정을 비판하기 위해 몸과 욕망의 문제, 자본주의 체제에 주목하는 것만큼 젠더나 가부장체제의 문제에는 주목하지 않는다고 비판한다. 태혜숙은 젠더나 가부장체제의 문제를 논의하지 않거나 논의하더라도 부차화하는 남성학자들의 이론적 경향을 "각주의 정치학"이라고 비판한다(태혜숙, 2007: 35). 태혜숙이 지적한 것은 일면 사실이나 현실적인 정치적 실천을 위해 의미가 있는 이론들을 전유한다는 측면에서 이러한 남성학자들의 논의들을 비판적으로 전유할 필요가 있다.

6) 이리가라이가 여성 주체의 복수성을 몸에서 찾고 있다는 점을 들어 본질주의적 설명이라는 비판이 제기되기도 한다. 그러나 이리가라이는 몸을 이분법적이거나 고정된 것으로 보지 않았다는 점에서 본질론적 혐의를 지우기 보다는 몸을 긍정적인 힘으로 복권시키기 위한 인식론적 전략이라고 보는 것이 타당할 듯하다.

7) 브라이도티는 들뢰즈·가타리의 욕망의 정치학, 유목민적·리좀적 사유를 수용하지만 그들이 성차의 문제를 간과하고 있다고 비판한다.

8) 그로츠는 라깡이 주체를 묘사하기 위해 비유적으로 사용한 안과 밖이 연결되어 있는 뫼비우스의 띠 개념을 수용하지만 라깡처럼 몸과 욕망을 결핍으로 설정하는 것이 아니라 생산과 구성의 장으로 본다.

9) 일반적으로 'agency'는 행위성, 또는 행위주체성으로 번역된다. 'agency'는 주체가 사회구조나 지배 권력에 종속되어 있는 측면보다는 주체들이 "스스로를 정의하고 자결권을 행사하려는 개인적 의지나 사회적 집단의 의지"를 표현하기 위한 개념이다(Collins, 2009: 481).

10) 이런 점에서 현재 자녀를 갖는다는 것은 경제적인 문제이며, 자녀가 많다는 것은 출산 및 양육비를 고려할 때 부의 상징이 되고 있다. 따라서 저소득층 부부가 많은 아이를 갖는다는 것은 1차적으로 경제적 부담이 큰 일이 되었으며 가난한 난임여성들의 경우, 불임시술을 이용할 수 있는 의료적 접근권이 (재)생산권을 구성하는 하나의 요소일 수 있다.

11) "자신들의 삶을 매일매일 재생산하는 인간은 자신들의 종족을 번식시킨다는 것… 최초의 인류 이래… 노동을 통한 자기 삶의 생산과 생식을 통한 새 생명의 생산, 이 둘 모두를 포함한 생명의 생산은… 이중의 관계로, 즉 한편으로는 자연적 관계로, 다른 한편으로는 사회적 관계로 나타난다"(Marx and Engles, 1988: 57-58). "역사에서 결정적 계기는 직접적 생활의 생산 및 재생산이다. 그 하나는 생활수단, 즉 의식주의 대상과 이에 필요한 도구의 생산이며, 다른 하나는 인간 그 자체의 생산, 즉 종족의 번식이다"(Engels, 1987: 6).

12) 에드홀름(Edholm)과 해리스(Harris) 그리고 영(Young)은 재생산 개념으로 분석할 수 있는 범주를 사회적 재생산, 노동력 재생산, 인간 또는 생물학적 재생산의 세 가지 범주로 구분한다(Edholm, Harris, Young, 1977; Barrett, 1995: 35 재인용). 이 가운데 페미니스트들은 주로 가사노동, 양육노동 등의 노동력 재생산노동과 임신·출산이라는 인간 또는 생물학적 재생산 노동을 분석하였고, 재생산 영역에 대한 재이론화를 통해 전통적 맑스주의를 비판적으로 확장하고자 했던 맑스주의자들은 주로 가족, 학교, 종교 등의 이데올로기적 장치를 활용한 자본주의의 사회적 재생산 문제를 다루었다.

13) 대리모나 생식세포 판매자의 모성노동은 위탁부모 및 수요자와의 계약체결을 통해 이루어지며, 이런 경우에는 위탁부모나 수요자로부터 받는 금전적 대가가 일종의 임금이라고 볼 수 있다.

14) 네그리는 이를 사회적 공장, 사회적 노동자로 설명한다. 이제 생산은 사회적 생산으로 물질적 재화의 생산이라는 경제적 관점 뿐만 아니라 소통, 관계, 삶 형태의 생산이라는 사회적 관점으로 이해되어야 한다는 것이다. 네그리의 이러한 문제설정은 주체성 생산과 연결되는데, 전통적 노동계급이 산업노동자와 임금노동자만을 지칭했다면 전업주부, 학생, 실업자, 환자 등도 사회적 노동을 수행하는 생산적 주체임을 설명하기 위한 것이다. 또한 보드리야르는 몸을 적극적으로 소비에 참여함으로써 소비자본주의에 종속된 것으로 설명하지만, 네그리는 몸을 스피노자의 역능 개념을 끌어들여 구성·재구성하는 생성적 힘으로 설명한다. 네그리의 생산적 노동의 성격 변화 및 비물질적 노동에 대한 설명은 Negri and Hardt, 2001: 61-62를 참조. 여기서 네그리는 비물질노동을 소통적 노동, 상호작용적 노동, 정서적 노동으로 제시한다.

15) 협업과 소통을 통해서 생산된 지식에 대해 특정 과학기술자나 기업에 배타적인 독점적 소유권을 행사할 수 있도록 허용하는 특허제도에 대해 네그리는 바로 이 생산의 공통적이고 사회적인 성격에 의해 침식될 것이라고 주장한다(Negri and Hardt,

2008: 223-233). 따라서 네그리에게서 과학적 지식은 생산적 몸들의 사회적 협업을 통해서 구성되며 "공통의 부(common wealth)"로서 특정 집단이 배타적으로 소유하거나 통제할 수 있는 것이 아니다(Negri and Hardt, 2009).

16) 최근에 돌봄노동이나 감정노동에 대한 페미니스트들의 연구가 많이 이루어지고 있는데, 대체로 사회적 돌봄노동을 수행하는 사회복지직에 종사하는 여성노동자들이나 감정노동을 요구받는 서비스 직종에 종사하는 여성노동자들의 감정 관리 및 감정의 상품화 문제를 다룬다(Hochschild, 2003).

17) 출산과정에의 기술과학의 개입은 모성의 분화뿐만 아니라 임신·출산 노동의 내용과 사회적 성격, 그리고 각각의 모성의 사회적 위치까지도 복잡하게 분화시키고 있다. 따라서 모성 노동의 이론적 범주화와 개념설정에 대한 더 많은 논의가 이루어져야 할 것이다.

18) 재생산권이란 여성이 임신출산, 피임, 낙태 등의 재생산과 관련된 사안에서 가져야 할 권리를 말하는 것으로 1960, 70년대 서구 여성운동을 통해 주창되었다. 이 개념은 점차 여성의 성적 권리와 몸에 대한 통제권, 신체적·정신적·사회적 건강권을 포함하는 것으로 확장되었고 1994년 국제인구발전회의(ICPD)와 1995년 북경세계여성대회를 거치면서 재생산 건강권(reproductive health right)이라는 개념으로 국제사회에 널리 통용되었다(조영미, 2004a: 9-10).

19) 들뢰즈와 가타리는 『앙띠-오이디푸스』에서 전통적인 정신분석학이 욕망을 결핍으로 상정하고 오이디푸스적 가족삼각형 구도 안에 가둬버린다고 비판함으로써 욕망을 생성으로, 사회적 욕망으로 확장시킨다(Deleuze and Guattari, 2000). 즉 욕망을 "충동적 에너지로 보는 것이 아니라 스스로 발생하는 것"으로 보는 것이다(Guattari, 2004: 320). 욕망에 대한 이러한 문제설정을 바탕으로 가타리는 표준화된 인간상을 제시하고 내면화하려는 권력으로부터 탈주하는 욕망투쟁을 제안한다(Guattari, 1998). 혁명은 일상생활에서부터의 욕망투쟁을 통해 발생하며 욕망투쟁은 사회적 소수자 되기를 통해 이루어진다는 것이다. 들뢰즈·가타리의 이러한 문제의식은 난임여성 되기를 통해 기술생명권력이 난임여성들에게 전형화된 모성상과 삶의 방식을 제시하고 내면화하려는 과정뿐만 아니라 난임여성들의 집단적 욕망투쟁이 이것들을 어떻게 변형시켜 가는지를 볼 수 있게 해준다.

20) 겸자는 조직 또는 기관을 받치거나 집거나 누르기 위한 용구로 분만시 태아를 끄집어 내는 데에 사용되었다. 겸자는 초기에는 난산시에만 사용되었으나 점차 분만시간을 단축시키기 위해 자연분만에도 이용되었으며 남성 의사들은 겸자분만의 신속함과 효율성을 선전하여 산파의 자연분만 영역을 장악하고 남성의사들의 권위를 확보해 나갔다(Thompson, 2001: 114-117).

21) 코레아는 신생식기술을 개발하고 주도한 집단은 남성들이었으며 이는 여성의 생식과정과 권한을 박탈하는 과정이었음을 밝히고(Corea, 1985a) 이는 유전공학을 비롯한 생식공학의 개발로 이어져 여성의 생식 뿐만 아니라 '자궁'을 통제하게 되었다고 설명한다(Corea, 1985b). 코레아가 '자궁 통제'에 주목한 것은 신생기술의 통제 영역

의 확장을 주장하기 위함이다. 즉, 신생식기술은 생식과정에 문제가 있는 여성들에게만 적용되는 것이 아니라 점차 전체 여성에게 적용되는 경향이 있다는 것이다. 그는 이를 남성권력의 확장으로 보고 남성들이 "자궁과의 전쟁을 선포"한 것이라고 표현한다(Corea, 1985b: 303).

22) 이런 점에서 로우란드는 신생식기술의 발전과 이를 통한 임신출산의 시도는 여성들을 가부장적 욕망이 투여된 실험실의 실험용 생체물질로 만들어 버리며 그로 인해 여성은 임신출산과 관련해 소외된다고 설명한다(Rowland, 1992).

23) 한국의 경우, 2000년대 초반부터 한국여성민우회를 중심으로 출산문화운동이나 기술적 개입을 최소화하는 여성건강운동으로 나타났다. 제왕절개나 자궁적출과 관련한 의료기관의 시술 남용이나 인공수정 및 생명공학의 기술적 위험성, 이와 관련한 법·정책의 문제점, 의료서비스의 개선 등이 쟁점화 되었다. 한국여성민우회. (2002). 「여성과 건강」. 『여성건강토론회 자료집』. 한국여성민우회. (2003). 「제왕절개분만율 39.2% 어떻게 줄일 것인가?」. 『토론회 자료집』. 정진주·황정임. (2004). 「출산여성의 건강증진 방안; 제왕절개분만을 중심으로」. 『한국여성개발원 연구보고서』. 등의 토론회와 연구는 의료적 개입 최소화와 여성건강 증진을 사회적으로 쟁점화하기 위한 노력의 일환이었다.

24) 의학적 효능이 과대평가 되고 있다는 이러한 문제제기는 맥퀸이나 일리히의 연구를 통해서도 확인할 수 있다. 맥퀸은 서구사회의 사망률의 감소가 의료적 개입의 영향이라기 보다는 영양이나 위생상태의 개선에 더 큰 영향을 받았다고 설명한다(McKeown, 1976). 더 나아가 일리히는 병원이 질병을 낫게 하기 보다는 오히려 병원성 감염을 통한 질환을 유발하기도 한다고 주장한다(Illich, 2004).

25) 같은 맥락에서 황우석 사태 이후, 배아줄기세포 연구를 비롯한 생명공학의 위험성을 강조하기 위해 배아나 난자의 도구화나 상품화를 부각시켰던 시민단체의 저항전략이 어떻게 보수진영에 의해 생명경시풍토에 대한 반성이라는 논리로 전환·이용되는지를 보여주는 사건이 발생하였다. 프로라이프 의사회가 불법낙태 시술을 하는 병원에 대한 내부고발 시스템을 만들어 태아의 생명권을 부각시킴으로써 여성의 낙태권 행사를 생명을 경시하는 이기적인 행위로 만들어 버린 것이다. 신생식기술의 위험성을 비판하기 위한 페미니즘 전략이 출산과 여성의 몸을 반드시 자연과 연결시킬 필요는 없다고 본다.

26) 구성주의적 과학기술학의 지형은 다양하다. 특정기술에 관계되어 있는 관련집단의 이해관계가 기술의 구성에 영향을 미친다고 설명하는 기술의 사회적 구성론(Pinch and Bijker, 1999: 39-80), 기술의 사회적 형성은 계급관계와 젠더관계의 영향을 받는다고 설명하는 맑스주의적 기술관(MacKenze, 1996: 23-47)과 페미니즘적 기술관, 기술과 사회가 상호작용하면서 거대한 시스템을 만들어 낸다고 설명하는 기술사회체계론(Hughes, 1999: 123-172) 등이 있다. 괄호안에 표기된 것은 대표적인 학자와 논문을 소개한 것이다. 과학기술에 대한 이러한 접근들은 각각의 내용과 강조점의 차이에도 불구하고 공통적으로 기술과학이 사회와 독립적인 영역이 아니라 상호 구성

되는 것이라는 가정을 전제하고 있다. 이 연구에서는 기술과학과 젠더간의 관계에 대한 페미니즘적 과학기술학을 중심으로 다른 구성주의적 과학기술학을 차용할 것이며, 특히 기술과학의 참여 주체를 인간뿐만 아니라 비인간적 요소들까지로 확장시킨 행위자-연결망 이론(actor-network theory, ANT)을 차용할 것이다.

27) 하딩은 과학에 대한 페미니즘적 전략으로 과학분야의 여성배제를 문제시하고 더 많은 여성들의 과학분야 진출을 주장하는 관점을 페미니스트 '경험론'으로 분류하고 이러한 시각은 과학 안에서 여성문제를 다루는 것이라고 비판한다. 즉, 과학의 합리성이나 객관성을 문제시하지 않고 단지 더 많은 여성들의 과학참여를 주장하는 것은 제한적이며 여성의 정치적 입장에서 과학의 합리성이나 객관성을 문제화 해야 한다는 것으로 이를 "페미니즘의 과학문제", 페미니스트 '입장론'이라 한다.

28) 과학을 합리적인 규범이 지배하는 과학자사회의 산물로 보고 과학이 하나의 사회제도로서 제대로 기능하기 위한 조건만을 연구한 머튼의 기능주의 과학사회학(Merton, 1973)을 비판하면서 1970년대 이후로 보편적이고 객관적이고 합리적인 것으로 상정되는 과학지식 자체를 연구의 대상으로 삼고 과학의 인식론적 권위에 도전한 이론적 흐름을 기능주의 과학사회학과 구분하기 위해 '새로운 과학지식사회학'이라고 한다.

29) 서구의학을 지배해 온 생의학적 모형(biomedical model)의 핵심적인 가정은 심신이원론, 몸에 대한 기계적 비유법, 기술적 개입을 과대평가하는 기술만능주의, 질환의 사회·심리학적 요인을 간과하고 생물학적 변화에만 초점을 맞추는 생물학적 환원주의를 기반으로 한다. 1970년대 이후 이러한 생의학적 모형에 대한 비판으로서 의학적 효능이 과대평가되었다는 점, 몸을 사회·환경적 맥락에서 보지 못함으로써 건강의 사회적 불평등을 설명하지 못한다는 점, 환자를 '전인적 존재'가 아닌 수동적 대상으로 취급한다는 점, 과학적 방법을 통해 질환의 진정한 정체가 밝혀지는 것이 아니라 질환은 사회적으로 구성된다는 점, 의료전문직의 영역은 과학적 지식 때문에 확립된 것이 아니라 사회·정치적 투쟁의 결과로 확정되었다는 점 등을 밝힘으로써 의학적 지식은 객관적 사실이 아니라 사회적으로 구성되는 것이며 의학의 지배는 자본주의와 가부장적 구조를 영속화하는 데 일조해 왔다고 주장하는 연구들이 수행되었다(Nettleton, 1997: 27-33).

30) 이런 점에서 에코페미니스트 시바는 제국주의적 남성지식이 토착민 및 여성의 지식을 배제하고 자연과 여성을 착취함을 밝힌바 있으며, 머천트는 남성중심성과 연결된 가부장적 과학주의 문화가 여성적인 과학과 여성을 배제하고 여성과 자연을 억압하는 과정을 분석함으로써 과학을 젠더 정치의 장으로 바라보았다(Shiva, 2000; Merchant, 2005).

31) 하딩은 "남성들의 지배적 지위는 편파적이고 왜곡된 이해를 낳는데 반해, 여성들의 억압된 지위는 더 완전하고 덜 왜곡된 이해의 가능성을 갖는다"고 주장한다(Harding, 2002: 13-14).

32) 과학지식의 구성과정을 수사학적 설득의 과정으로 바라보는 그로스는 "과학지식은

특별한 것이 아니라 사회적인 것이며, 계시의 결과가 아니라 설득의 결과"라고 설명한다(Gross, 2007: 38).

33) 행위자-연결망 이론은 구성주의적 과학기술학의 한 분야로서 이를 처음 제시한 것은 깔롱(Callon)이지만 라투르(Latour)가 체계화 하였다고 평가되고 있다. 행위자-연결망 이론은 인간/기계(비인간), 주체/객체, 자연/문화 등의 근대적 이분법의 위계적인 경계설정을 비판하면서 자연자원, 기계 등도 기술과학을 구성하는 데에 있어서 능동적이고 생산적인 행위자라고 설명한다. 인간 행위자와 인간 이외의 행위자를 구분하기 위해 기호학적 개념인 행위소(actant) 개념을 사용한다. 행위자-연결망 이론에 대해서는 (김환석, 2006: 62-97; Latour et al, 2010)참조.

제3장 난임여성들의 출산수행의 기술-사회적 조건

1) 복강과 복강 내부를 들여다볼 수 있게 해주는 복강경 기법을 이용한 난관수술은 복강경을 배꼽 부위에 삽입하여 전기로 지지거나 링을 사용하여 묶어줌으로써 임신을 막아주는 것으로 1970년대 중·후반에 영구피임법으로써 많은 여성들이 시술받았다. 여성들은 당시 이 시술을 '배꼽수술'이라고 불렀다.

2) 1979년『대한산부인과학회지』에는 불임(피임)수술 2003건에 대한 임상례가 보고되어 있다(정우식 외, 1979).

3) Laparoscopy 복강경 기법: 기존의 수술법인 개복술(laparotomy)에 비하여 복부를 절개하지 않고 0.5~2cm의 작은 구멍을 내어 렌즈가 부착된 기구 및 수술 기구를 넣어 모니터를 보면서 수술하는 방법이다. 한국에 처음 소개된 것은 1973년 미국 국제개발처(USAID)의 재정 지원으로 기구와 기법이 전수되면서부터였고 그 용도는 여성의 난관 영구피임수술을 위해서였다. 당시에는 이 기법을 이용한 수술을 흔히 "배꼽수술"로 불렀다. 훗날 체외수정 시술을 할 때 난소에서 난자를 채취할 때도 사용되었다.

4) 불임유발 원인 중 난관요인은 난관이 막혀 있거나 유착되어 있는 경우를 말하며, 자궁요인은 자궁기형 등 자궁의 형태 이상으로 인한 불임증을 말한다.

5) 1970년대에도 복강경 난관불임술에 대한 임상례가 보고되기는 하였으나 난관불임술의 방법과 처치과정에 대한 보고가 주를 이루고 있고, 임상을 통한 부작용이 보고된다 할지라도 1980년대처럼 논문 제목으로 부각되지는 않았다.

6) 한쪽 난관을 절제하면 임신의 가능성은 줄어들며 양쪽 난관 모두 절제했을 시 임신을 하기 위해서는 체외수정시술을 받는 방법밖에 없다.

7) 김종배 외. 1982.「Monitoring Ovarian Function by Solid- Phase Chemiluminescence Immunoassay」,『대한불임학회지』. 9권 1호; Kwak Hyun-Mo et al. 1983.「Menstrual Pattern Changes in Laparoscopic Sterilization Patients Whose Last Pregnancy was

Terminated by Therapeutic Abortion-A Two- Year Follow-Up Study」. 『대한불임학회지』. 10권 1호; 이영진 외. 1983. 「성선 발육 부전 환자에 대한 임상 및 세포 유전학적 연구」. 『대한불임학회지』. 10권 2호; 윤용달 외. 1984. 「황체기단축현상을 가진 한국여성의 호르몬양(II) ; 혈청 Prolactin의 변동」. 『대한불임학회지』. 11권 2호; 이진우 외. 1984. 「Premarin검사를 이용한 무월경환자에서의 시상하부-뇌하수체의 기능평가」. 『대한불임학회지』. 11권 2호.

8) 이강현 외. 1981. 「남성 불임증 환자에 대한 Clomiphene의 효과」. 『대한불임학회지』. 8권 2호; 문신용 외. 1985. 「Clomiphene Citrate를 이용한 배란유도에 관한 연구」. 『대한불임학회지』. 12권 2호; 최욱 외. 1985. 「배란유도주기에 따른 초음파검사와 기초체온표의 비교분석(1985)」. 『대한불임학회지』. 12권 2호.

9) 구병삼. 1984. 「냉동보존정자의 체외수정에 관한 연구」. 『대한불임학회지』. 11권 2호.

10) 임용택 외. 1984. 「마우스 난자의 체외수정에 관한 연구」. 『대한불임학회지』. 11권 2호; 이영근 외. 1985. 「돼지여포의 퇴화과정 중 여포액 내 스테로이드 호르몬 양의 변화」. 『대한불임학회지』. 12권 1호; 배인하. 1985. 「체외에서 성숙시킨 토끼난자의 발생능력에 관한 연구」. 『대한불임학회지』. 12권 2호; 김문회 외. 1985. 「미숙 흰쥐의 과도배란에 따른 난소의 조직학적 형태와 난모세포의 배란 및 수정에 estrogen의 전처치가 미치는 영향」. 『대한불임학회지』. 12권 2호.

11) 신용덕 외. 1987. 「인간난자 체외수정 및 생식자 난관내이식술의 반복주기에서 과배란유도반응에 관한 연구」. 『대한불임학회지』. 14권 2호; 이진용 외. 1987. 「인간난자의 체외수정 및 배아의 자궁내이식 후 황체기 혈청 난포호르몬 및 황체호르몬의 변동에 관한 연구」. 『대한불임학회지』. 14권 2호; 이진용 외. 1988. 「과배란유도방법에 따른 난포액내의 Prostaglandin E2 및 E2a 농도의 변동에 관한 연구」. 『대한불임학회지』. 15권 1호; 김학순 외. 1988. 「과배란유도후 배란직전 난포의 초음파검사 소견과 성숙난자 획득간의 상관관계에 관한 연구」. 『대한불임학회지』. 15권 1호; 박상인 외. 1988. 「Clomiphene Citrate로 유도된 배란유도주기에서 발생된 병합임신 1례」. 『대한불임학회지』. 15권 2호; 박원종 외. 1988. 「배란유도방법에 의한 과배란주기에서 혈중및 요중 황체화호르몬 Surge에 관한 연구」. 『대한불임학회지』, 15권 2호; 장윤석 외. 1989. 「시험관아기 프로그램에서 과배란유도 약제의 종류에 따른 황체기 혈청 난포호르몬 및 황체호르몬의 변동에 관한 비교연구」. 『대한불임학회지』. 16권 1호; 윤용달 외. 1989. 「과배란유도에 의해 성숙된 여포의 GTH 활성 도 와 스테로이드합성」. 『대한불임학회지』. 16권 2호.

12) 배광범 외. 1988. 「체외수정시술 환자에서 난소 주위 유착이 과배란유도 중의 난소 난포 발달에 미치는 영향에 관한 연구」. 『대한불임학회지』. 15권 2호; 문신용. 1988. 「성선 자극호르몬의 비율이 인간난자의 체외수정에 미치는 영향에 관한 연구」. 『대한불임학회지』. 15권 2호; 문신용 외. 1989. 「난소 난종 환자에서의 Estrogen-Progesterone 치료 및 질식 난소 낭종 천자에 관한 연구」. 『대한불임학회』. 16권 1호; 김석현 외. 1989. 「골반결핵 기왕력이 있는 불임환자의 체외수정시술에 관한 연구」. 『대한불임학회

지』. 16권 1호; 황태영 외. 1989.「난소 낭종이 체외수정시술을 위한 과배란유도 주기에 미치는 영향에 관한 연구」.『대한불임학회지』. 16권 2호.

13) 장호준 외. 1988.「Clomid®(Clomiphene citrate)의 투여시기와 용량을 변수로 한 혈중 Estradiol-17β의 동태에 관한 연구」. 15권 1호; 김재명 외. 1989.「투명대 제거 햄스터난자를 이용한 인간정자 침투능에 관한 연구」.『대한불임학회지』. 16권 1호; 노성일 외. 1989.「불임환자의 복강내액이 정자 활동성에 미치는 영향」.『대한불임학회지』. 16권 2호.

14) 외국의 불임기술의 개발이 임상의와 과학자의 협력을 통해 이루어진 것에 비해, 한국의 경우 임상의 주도의 기술도입 및 개발이 이루어진 것은 한국의 임상의와 과학자 간의 위계관계에 영향을 미치는 듯 하다. 시술과정에서 임상의와 과학자 간의 갈등을 낳기도 하고(하정옥, 2006), 필자가 2008년에 광주지역의 불임클리닉들을 조사했을 때 실험실의 연구원들은 대체로 의사의 오더(order)에 따르고 있었으며, 줄기세포 연구나 배아연구를 수행하는 서울의 주요 민간불임클리닉 소속 연구소와 달리 광주지역의 민간 불임클리닉 소속 연구소들은 생식세포 처리 및 배아 배양에 관한 처치법들을 도제 형식으로 전수받고 시행하는 것이 주요기능으로 보였다.

15) 1974년도『대한불임학회지』의 발간사에도 가족계획사업과 함께 불임부부, 종족개량 및 우량종 번식 목적의 축목사업 등이 당면한 과제로 제시되고 있다. 대한불임학회(1974),『대한불임학회지』1권 1호, 발간사.

16) 김서경 외. 1990.「I.V.F.를 위한 난자채취 방법의 비교연구」.『대한불임학회지』. 17권 2호; 박기상 외. 1999.「난자내 정자 직접주입술에서 난자의 처리방법이 난자의 발생능력에 미치는 영향」.『대한불임학회지』. 26권 3호.

17) 정미경 외. 1992.「접합자 난관내 이식 환자에 있어서 수정 실패와 항정자 항체와의 관계 및 난자와 정자의 재처리에 관한 연구」.『대한불임학회지』. 19권 2호; 손원영 외. 1995.「수정에 실패한 인간 난자에 있어서의 염색체의 수의 이상」.『대한불임학회지』. 22권 2호. 손원영 외. 1997.「정자 직접 주입법 (ICSI) 이후에 수정에 실패한 인간 난자에 대한 염색체 분석」.『대한불임학회지』. 24권 3호.

18) 김은경 외. 1992.「인간의 미성숙난자의 동결보존에 관한 연구」.『대한불임학회지』. 19권 2호. 박성은 외. 1997.「인간 미성숙난자의 동결. 융해후 체외 배양된 난자에 대한 염색체 분석」.『대한불임학회지』24권 2호.

19) 이동률 외. 2009.「난자 및 배아동결에 슬러시질소를 이용한 유리화동결의 영향」.『대한생식의학회지』. 36권 1호.

20) 안소정 외. 2008.「미성숙난자의 형태학적 지표와 체외성숙능과의 관계」.『대한생식의학회지』. 35권 4호.

21) 김윤선 외. 2007.「난자-난구세포 복합체에서 발현하는 Rpia 유전자의 종 특이적 발현」.『대한생식의학회지』. 34권 2호; 이현서 외. 2009.「난자의 GV 유지 및 감수분열 재개의 분자생물학적 조절기전」.『대한생식의학회지』. 36권 4호.

22) 송정수 외. 1991.「다낭성 난소질환의 치료에 관한 임상연구」.『대한불임학회지』. 18권 2호; 배상욱. 1999.「과배란유도 전 기저 난소 낭종이 체외수정시술 결과에 미치는 영향」.『대한불임학회지』. 26권 2호.

23) 이경아 외. 2000.「사람 난소조직의 초자화 냉동보존과 면역결핍 동물에의 이식」.『대한불임학회지』. 27권 2호.

24) 박지은 외. 2006.「한국인 다낭성난소증후군 환자에서 미토콘드리아 DNA Copy 수의 정량적 분석」.『대한불임학회지』. 33권 4호.

25) 최영석. 2008.「조기난소부전의 유전학적 이해」.『대한생식의학회지』. 35권 4호; 정경아 외. 2009.「다낭성 난소증후군의 유전적 요소」.『대한생식의학회지』. 36권 4호.

26) 남성의 생식세포인 정자는 노년에 이르기까지 계속 생산되지만 여성은 일정한 수의 난자를 가지고 태어난다. 태아 5개월 때 가장 많은 수백만 개의 난자를 가지고 있으며, 태어날 때는 약 30만개 정도이고 사춘기가 되면 약 3만개만 남는다. 이 3만 개의 난자들이 폐경기 전까지 배란되면서 임신이 가능해진다(이원돈, 2006: 16-19).

27) 이여일. 1991.「정자 세정후 Swim-up 처치가 정자의 운동성에 미치는 영향」.『대한불임학회지』. 18권 1호; 김영태 외. 1991.「정자 준비에서의 Wang's Tube 효과에 관한 연구」.『대한불임학회지』. 18권 1호; 김세중 외. 1991.「면역화학적 방법에 의한 정자결함 검색」.『대한불임학회지』. 18권 1호; 방명걸. 1992.「TEST-Yolk Buffer에 의한 인간 정자의 수정능 증진효과에 관한 연구」.『대한불임학회지』. 19권 1호; 이승헌 외. 1992.「불임환자의 세척정자에 의한 자궁내 인공수정의 임상적 평가」.『대한불임학회지』. 19권 1호; 방명걸 외. 1993.「Sperm Penetration Assay의 임상적 타당성에 관한 연구」.『대한불임학회지』. 20권 1호; 박현주 외. 1993.「정자 세척후 SWIM-UP 처치와 Percoll정자 처리방법의 자궁강내 인공수정술 후 임신 성공예후에 대한 비교관찰」.『대한불임학회지』. 20권 1호; 김현우 외. 1993.「pH와 삼투압 변화가 정자운동성에 미치는 영향」.『대한불임학회지』. 20권 1호; 방명걸 외. 1993.「인간정자에 있어서 정자처리법의 비교」.『대한불임학회지』. 20권 1호; 손원영 외. 1999.「비정상적 정자형성 환자의 정소에서 Heat Shock Protein A2 (hspA2) mRNA발현의 감소」.『대한불임학회지』. 26권 1호; 하정희 외. 1999.「Swim-up. Percoll. Sil-Select를 이용한 정자처리법에 의한 정자회수율. 운동성 및 체외수정율의 비교분석」.『대한불임학회지』. 26권 2호; 남윤성 외. 1999.「Y염색체 장완 결실을 동반한 무정자증 1례」.『대한불임학회지』. 26권 2호; 김태철 외. 1999.「난관수종액이 정자의 운동성에 미치는 영향에 관한 연구」.『대한불임학회지』. 26권 1호; 송은섭 외. 1999.「Tumor necrosis factor-alpha가 정자운동성에 미치는 직접 영향의 부족」.『대한불임학회지』. 26권 1호; 이영일 외. 1999.「부고환 및 고환 정자를 이용한 세포질내 정자주입술에 관한 임상 연구」.『대한불임학회지』. 26권 3호; 박기상 외. 1999.「난자내 정자 직접주입술에서 난자의 처리방법이 난자의 발생능력에 미치는 영향」.『대한불임학회지』. 26권 3호.

28) 김현우 외. 1993.「pH와 삼투압 변화가 정자운동성에 미치는 영향」.『대한불임학회지』. 20권 1호; 김종화 외. 1996.「냉동처리후 정자의 운동성 회복에 관한 연구」.『대

한불임학회지』. 23권 2호; 박영수 외. 1996.「Acrobeads Test를 이용한 정자수정능의 평가」.『대한불임학회지』. 23권 1호; 민부기 외. 1996.「Nitroprusside가 인간정자의 생존력, 운동성. Reactive Oxygen Species 발생에 미치는 영향」.『대한불임학회지』. 23권 3호; 최규완 외. 1994.「투명대하 미세수정(SUZI)시 정자의 상태 및 처리방법에 따른 수정률과 임신률」.『대한불임학회지』. 21권 1호; 김진홍 외. 1994.「정자의 여러 가지 형태학적 특징에 따른 정자 침투능의 평가」.『대한불임학회지』. 21권 1호.

29) 명순철 외. 1991.「비폐쇄성 남성불임증환자의 고환용적과 고환기능」.『대한불임학회지』. 18권 1호; 이충현 외. 1993.「Collagen Gel을 이용한 사람의 고환 조직배양에 관한연구」.『대한불임학회지』. 20권 1호.

30) 손일표 외. 1994.「폐쇄성 정로장애로 인한 무정자증 환자에서 미세수술적 부고환 정자흡입술과 세포질내 정자주입술을 이용한 수정율 및 임신율 증진에 관한 연구」.『대한불임학회지』. 21권 3호; 김현주 외. 1995.「폐색성 무정자증환자의 치료로써 미세적 부고환 정자흡입술(MESA) 및 정자직접주입법(ICSI)의 효과」.『대한불임학회지』. 22권 2호; 전진현 외. 1995.「고환조직 정자채취술 (TESE)의 정자 상태에 따른 세포질내 정자주입술의 (ICSI)수정률과 임신율」.『대한불임학회지』. 22권 2호; 조정현 외. 1996.「비폐쇄성 무정자증 환자에서 난자내 원형정세포 주입에 의한 임신 및 분만 1례」.『대한불임학회지』. 23권 3호; 서주태 외. 1997.「비폐쇄성 무정자증의 치료」.『대한불임학회지』. 24권 1호; 이상민 외. 1998.「원형정자세포의 주입에 의한 임신과 분만 1례」.『대한불임학회지』. 25권 2호; 이우식 외. 1998.「동결 보존된 고환 정자로 ICSI 시술 후 수정된 수정란의 이식에 의한 임신 1례」.『대한불임학회지』. 25권 1호.

31) Micromanipulation 미세조작술: 정자와 난자의 체외수정(IVF)을 할 때 수정을 용이하게 하기 위해서 난자와 정자 등에 직접 가하는 여러 시술을 총칭하는 말. 대표적으로 세포질내 정자주입술(ICSI)을 들 수 있으며 난자 투명대 부분 절개술(Partial Zonal Dissection, PZD)이나 투명대하 정자주입술(SUZI) 및 미세 정자 수정술(MIST) 등도 이에 해당한다.

32) ICSI(Intracytoplasmic Sperm Injection) 세포질내 정자주입술: 채취된 난자의 세포질에 미세 유리관을 꽂아 그 관을 통해 하나의 정자를 직접 넣어 수정을 유도하는 기법이다. 이 기법은 주로 남성 요인성 불임, 즉 정자의 수나 농도, 형태, 운동성 부족으로 초래된 불임에 주로 적용된다. 최근 이로부터 태어나는 아이들의 선천성 이상에 대한 보고가 유럽을 중심으로 제기되고 있다. 이 기법은 체세포핵치환 기법에서 핵을 제거한 난자에 다른 체세포의 핵을 이식할 때도 사용된다.

33) '젓가락 기술'은 황우석 사태 때 유명해진 용어이다. 불임처치를 위해 이용된 정자직접주입술은 정자를 가느다란 긴 관에 넣고 난자의 투명대를 뚫어 세포질 안에 침투하도록 하기 위해 이용되는 기술이다. 이를 체세포 핵이식을 통한 배아복제연구에서는 난자의 핵을 제거하고 환자의 체세포를 같은 방법으로 침투시키는 데 이용하였다.

34) 성기청 외. 2003.「난자 세포질 내 정자 주입술시 부고환 및 고환 정자의 체외수정능

력에 관한 비교 연구」. 『대한불임학회지』. 30권 2호; 박기상 외. 2004. 「IVF, ICSI 또는 TESE-ICSI에서 수정을 유도한 난자의 배아 발생능력 및 임신율」. 31권 3호; 홍승범 외. 2007. 「정상 정자 소견을 나타내는 불임 부부에서 일반적인 체외수정과 세포질내 정자주입술을 병행하는 분할 수정법의 효용성」. 『대한생식의학회지』. 34권 4호. 최영식 외. 2008. 「신선 고환조직 정자와 냉동보존-융해 고환조직 정자를 이용한 난자세포질내 정자주입술 결과의 비교 연구」. 『대한생식의학회지』. 35권 2호.

35) 이형송 외. 2002. 「Y 염색체 미세결실과 정자형성장애의 연관성에 대한 연구」. 『대한불임학회지』. 29권 4호; 박성우 외. 2004. 「정자형성 과정에서 Vascular Endothelial Growth Factor 및 Endothelin-1 발현의 면역조직화학적 연구」. 『대한불임학회지』. 31권 4호.

36) GIFT(Gamete Intrafallopian Transfer) 생식체 난관 이식: 여성의 난관에 난자와 정자를 이식시키는 방법이다. 체외수정(IVF)과 비교할 때 정자와 난자를 몸 밖으로 꺼내는 단계는 동일하지만 GIFT는 생식세포를 난관에 넣는 데까지만 개입할 뿐 이후 과정 즉 난관에서 수정이 이루어지고 이것이 분화하면서 자궁에 착상하는 것은 일반적인 임신과 같으므로, 보다 덜 개입적인 방법이고 비용도 더 저렴하다.

37) ZIFT(Zygote Intrafallopian Transfer) 접합자 난관 내 이식: 채취한 난자를 시험관에서 수정까지 시킨 뒤에 다시 난관 내로 이식하는 시술방법이다. 남성불임이나 면역학적 불임환자 또는 기타 원인으로 정자와 난자의 수정 가능성을 확인할 필요가 있을 때 시술한다.

38) 문신용 외. 1990. 「체외수정시술을 위한 과배란유도시 GnRH Agonist(Lupron)와 성선자극호르몬 복합 투여의 효용성에 관한 연구」. 『대한불임학회지』. 17권 1호; 김정구 외. 1990. 「Human Menopausal Gonadotropin으로 과배란유도된 월경주기에서의 혈청 β-endorphin에 관한 연구」. 『대한불임학회지』. 17권 2호; 김선행. 1991. 「GnRh Analogue를 이용한 과배란유도」. 『대한불임학회지』. 18권 1호; 김석현 외. 1991. 「기초 혈중 Follicle Stimulating Hormone 농도가 높은 체외수정시술 환자의 과배란유도시 Gonadotropin-Releasing Hormone Agonist의 단기투여법과 장기투여법의 비교」. 『대한불임학회지』. 18권 2호; 김선행 외. 1994. 「체외수정시술을 위한 성선자극호르몬 과배란유도에 Limited Ovarian Reserve를 갖는 환자에서 성장호르몬의 사용」. 『대한불임학회지』. 21권 3호; 배상욱 외. 1997. 「체외수정시술을 위한 과배란유도시 Highly Purified Follicle Stimulating Hormone (HP-FSH) 피하주사와 Follicle Stimulating Hormone 근육주사의 비교연구」. 『대한불임학회지』. 24권 1호.

39) 박성대 외. 2002. 「다낭성 난소증후군의 과배란유도시 GnRH Antagonist(Cetrorelix)를 병합한 Minimal Stimulation Protocol의 임상적 유용성에 관한 연구」. 『대한불임학회지』. 29권 4호; 고상현 외. 2002. 「과배란유도에서 GnRH Antagonist (Cetrorelix) Single 및 Multiple Dose Protocol의 임상적 효용성에 관한 연구」. 『대한불임학회지』. 29권 4호; 문신용 외. 2004. 「체외수정시술을 위한 과배란유도에 있어 GnRH Antagonist의 임상적 효용성과 혈중 호르몬 농도의 변화」. 『대한불임학회지』. 31권 4호; 김정훈. 2005.

「GnRH Antagonist를 이용한 과배란유도」. 『대한불임학회지』. 32권 2호; 김지연 외. 2005. 「높은 기저 난포자극호르몬 수치를 가지는 환자와 고령 환자의 체외수정시술을 위한 과배란 유도에서 GnRH Antagonist 다회투여법과 GnRH Agonist 장기요법의 효용성에 대한 연구」. 『대한불임학회지』. 32권 4호; 이우석 외. 2006. 「정상 배란주기의 불임 여성에서 Clomiphene Citrate 단독 사용과 GnRH Antagonist 병합 요법의 임상적 효용성에 관한 연구」. 『대한불임학회지』. 33권 3호.

40) 아스피린은 동결보존 배아 이식을 통한 임신율과 착상율을 향상시키기 위해서도 사용된다. 김민지 외. 2005. 「동결보존 배아 이식에서 저 용량 아스피린 투여가 임신율과 착상율에 미치는 영향에 관한 연구」. 『대한불임학회지』. 32권 3호.

41) 이은실 외. 2001. 「체외수정시술 환자의 과배란유도시 저용량 아스피린 투여의 효용성에 관한 연구」. 『대한불임학회지』. 28권 3호; 이정호 외. 2002. 「비만 지표 (Body Mass Index)가 만성 무배란 여성의 혈중 기저 호르몬치와 포도당 대사에 미치는 영향」. 『대한불임학회지』. 29권 1호.

42) Assisted hatching 보조부화술: 배아를 보호하고 있는 투명대에 구멍을 만들어주거나 투명대를 얇게 함으로써 부화를 돕도록 하는 기술이다. 일반적으로 강한 산성 용액을 사용하는데, 이 경우 배아가 산성에 노출됨으로 인해 유해한 영향을 미칠 위험이 있으나 최근에는 레이저를 이용하여 비교적 안정적으로 수술을 진행하고 있다.

43) 이호준 외. 1995. 「인간의 체외수정배아이식술에서 보조부화술이 임신률에 미치는 영향에 관한 연구」. 『대한불임학회지』. 22권 2호; 김석현 외. 1997. 「체외수정시술시 배아의 보조부화술을 이용한 임신율 향상에 관한 연구」. 『대한불임학회지』. 24권 1호.

44) 윤태기 외. 2008. 「체외수정 및 배아이식술에서 레이저를 이용한 보조부화술의 효용성에 대한 연구」. 『대한불임학회지』. 35권 3호.

45) 이상민 외. 2003. 「인간포배기 배아의 효과적인 유리화 동결법의 개발을 위한 연구」. 『대한불임학회지』. 30권 3호; 이동률 외. 2009. 「난자 및 배아동결에 슬러시질소를 이용한 유리화동결의 영향」. 『대한생식의학회지』. 26권 1호.

46) 임천규 외. 2003. 「비정상 포배기 배아에서 인간 배아줄기 유사 세포의 분리 및 배양에 관한 연구」. 『대한불임학회지』. 30권 4호; 이금실 외. 2004. 「신경성장촉진 인자가 인간 배아줄기세포 유래 도파민 분비신경세포형성에 미치는 영향」. 『대한불임학회지』. 31권 1호; 성지혜 외. 2004. 「배아줄기세포의 인슐린 분비세포로의 유도 분화에 대한 연구」. 『대한불임학회지』. 31권 4호; 우동훈 외. 2009. 「인간배아줄기세포로부터 간세포로의 유도 분화를 이용한 간질환 세포 치료의 최근 연구 동향」. 『대한생식의학회지』. 36권 3호; 김윤영 외. 2009. 「인간 배아줄기세포로의 eGFP 유전자 도입 및 특성 분석」. 『대한생식의학회지』. 36권 4호; 백진아 외. 2009. 「초기 계대 인간 배아줄기세포의 해동 후 효율적인 배양 방법」. 『대한생식의학회지』. 36권 4호.

47) 실제로 정부의 불임부부지원사업이 시행된 첫 해(2006년)에 체외수정시술 건수는 전년 대비 50%가량 증가한 것으로 추정되고 있다(황나미, 2007). 이는 추정치인데

사업시행이후 정부의 배아생성의료기관(체외수정시술기관)으로 지정 받은 병원은 일정 정도 보고를 의무화하고 있으나 보고가 의무사항이 아닌 지정되지 않은 병원에서의 시술도 이루어지고 있으며, 보고된 시술건수도 자체 의료기관의 보고에 의지하고 있어 그 신뢰도를 확신하기 어렵다. 그러나 추정치라 하더라도 정부의 불임부부지원사업이 난임여성들의 체외수정시술기회를 확장시킨 것은 사실이다. 하지만 정부의 지원사업이 체외수정시술의 증가의 유일한 원인이라고 단정 짓기는 힘들다. 저소득층 난임여성들에게 체외수정시술 비용(통상 300만원 정도)은 정부 지원을 받더라도 상당한 부담이 된다. 정부 지원으로 그 부담을 덜어낼 수 있을 것이라는 기대는 시술비용을 마련하기 위해 잠시 시술을 중단하고 있었던 여성들을 일부 끌어들일 수 있었을지 모르지만 그 만큼의 시술 비용마저도 마련하기 어려운 난임여성들은 지원 조차도 신청하기 어렵다. 그래서 도시근로자 가구 80%이하로 지원 대상을 한정한 첫 해의 첫 번째 모집에서는 목표로 했던 지원대상자 수를 다 채우지 못했다. 또한 정부 지원이 시작된 2006년도의 체외수정 시술 건수의 증가는 정부의 경제적 지원 만이 아니라 저출산 극복을 위한 대국민 홍보와 쌍춘년(2006년)과 황금돼지해(2007)라는 문화적 특수도 한 몫을 한 것으로 보인다. 실제로 언론에서는 2007년에 다소 상승했던 전체 출산율이 2008년부터 다시 하락하고 있다고 보도했다("황금돼지해 특수 끝, 출산율 다시 3년 만에 하락세", 『SBS 8시뉴스』. 2009.08.19.).

48) 2006년, 당초 지원대상을 도시근로자가구 월평균소득 80%이하인 자로 정했다가 1차 접수 시, 신청률이 너무 낮아 130%로 상향조정하였기에 80%(130%)로 표기하였다.

49) 2010년부터는 지원대상자를 전국가구 월평균소득 150%이하로 정하였고, 총사업비 553억원(국비 254억원, 지방비 299억원)을 책정하여 체외수정 시술 지원액은 2009년도와 동일하며 인공수정시술도 1회 한도 50만원을 3회에 걸쳐 지원받을 수 있도록 추가 하였다(2010년도 불임부부지원사업안내, 보건복지가족부).

50) 대부분의 난임부부들은 2인 가족이므로 2인 가족 소득 기준을 표기하였다.「불임부부지원사업안내」서에는 1인 증가시마다 20만원씩을 증액하는 것으로 표기되어 있다.

51) 질병관리본부. 2007.「보조생식술의 의학적, 윤리적 기준 연구와 적정한 시술 지침 개발」.

52) 현행 지원대상인 2인 가구 월 소득 419만원 정도인 난임부부들도 중산층으로 분류할 수 있을지는 의문이다. 필자가 인터뷰한 20명의 여성 중 4명을 제외하고는 모두 불임부부지원사업을 통해서도 시술을 경험한 여성들이다. 하지만 이들 또한 통상 300만원 정도 하는 시술비 마련의 어려움을 토로하고 있었다. 만일 중산층이 체외수정시술을 주기적으로 받더라도 생활경제에 큰 지장이 없는 수준을 의미한다면 현행 월 소득 기준에 해당되는 여성들도 중산층이라고 말할 수는 없다. 다만 현재 불임부부지원사업을 통해 지원을 받고 있는 여성들보다 경제적으로 더 어려운 처지에 있으면서 시술을 이용해 아이를 낳고자 하는 난임부부들에게 이 사업은 실질적인 도움이 되기 어렵다는 것이다.

53) 불임이 여성요인일 경우에는 산부인과에서, 남성요인일 경우에는 비뇨기과에서 진단서를 발부받는다.

54) PGD(Preimplantation Genetic Diagnosis) 착상전 유전진단: 수정란 단계에서 유전질환이나 염색체 이상 유무를 진단하여 정상으로 판정된 배아만을 선별하여 환자의 자궁에 이식시키기는 방법이다. 주로 혈우병이나 근육퇴행증, 프래자일 X증후군, 다운증후군 등과 같이 염색체에 이상이 있는 유전질환 환자나 보인자가 유전적으로 정상적인 아이를 가질 수 있게 개발된 기술로 자궁내 이식 전의 배아를 대상으로 유전질환 진단을 한다.

55) 2010년부터는 요인 기준이 더욱 완화되었는데, 여성요인은 중증이 아니더라도 자궁내막증 소견이 있으면 가능하고 35세 이상인 여성의 경우 불임기간이 6개월 이상(통상 1년 이상)이면 해당되는 것으로 별도 표기되어 있다. 남성요인도 위와 같은 비교적 엄격한 요인 이외에 정자 수 부족이나 정자활동성 저하, 사정 장애 등 '기타' 남성불임의 경우라고 표기되어 있다(2010년도 「불임부부지원사업안내」. 보건복지가족부. 33). '기타' 항목은 여성요인에서의 '기타' 항목이나 원인불명의 경우처럼 의사나 의학적 판단에 따라 시술의 필요성을 결정할 수 있게 한다.

56) 이는 인공수정을 희망하는 불임부부 500쌍에게 1가구당 3회까지 70만원 지원해 주는 사업이다. 2010년도부터는 정부에서도 1회 50만원 이내, 최대 3회까지 인공수정 시술을 지원하고 있다.

57) '불임예방조기검사'는 불임가능성 여부를 판단하는 검진을 받는 데 소요되는 비용(30만원)을 지원해 주는 제도이다.

58) 이런 의미에서 검진은 푸코가 말했듯이 감시적 훈육체계로서 권력이 표현되는 방식이며 "위험과 낙인, 오염에 관한 관념들에 뿌리를 두고 있다". 검진이 건강을 지키기 위한 좋은 목적을 가지고 있을지라도 "소수의 몸에 있는 이상을 발견하고 통제하기 위해 다수의 몸들과 정신들에 간섭하는 것이 과연 받아들여도 되는 일인지는 생각해 볼 일이다"(Kaufert, 2008: 194).

59) 해당 호르몬제는 '퇴장방지의약품'이다. 퇴장방지의약품이란 저가라서 제약회사가 생산을 기피하지만 환자들에게 꼭 필요한 약품이므로 정부가 보조금 지원을 통해서 의료시장에서 퇴장하지 못하도록 지정해 놓은 의약품을 말한다. 그러나 제약업체는 그것도 독점적으로 생산하고 있었던 해당 호르몬제의 생산을 중단하였다. 이는 퇴장방지의약품을 선정하고 보험급여를 결정하는 보건복지부와 품목 허가 및 취소를 관할하는 식약청(식품의약품안전청), 보험급여 삭제를 관할하는 심평원(건강보험심사평가원)의 관리 소홀과 기존 약이 있는 상태에서 신약을 들여오면 기존 약가의 80%만 인정받을 수 있는 보험약가 때문에, 저가의 기존 약품을 계속 생산하는 것보다 그것의 생산을 중단하고 수입 약을 들여와 비급여로 판매하는 것이 이익이라는 판단을 한 해당 제약사의 이해관계가 맞물려 발생하였다. 더 자세한 내용은 "'퇴장방지약의 퇴장'…제약사 책임은 없나?". 『의협신문』. 2007.07.04.

60) "불임지원 정책 병원만 배불렸다". 『MBC 뉴스데스크 보도』. 2007.06.14.

61) 불임의 진단 및 치료에 대한 보험급여는 「건강보험심사평가원」고시 제2001-28호에 심사기준이 제시되어 있는데, 불임진단이 내려진 환자의 원인을 찾기 위한 검사는 보험 인정이 된다고 고시되어 있다. 불임 환자의 치료 중 무배란성 여성 불임증치료에 퍼고날®을 1cycle 당 최고 18앰플까지 인정하고 총 3cycle을 인정한다. 난소의 반응이 적절한 경우 6cycle까지 보험급여를 인정하고 있다. 이 고시는 2001년 6월에 시행된 것이며, 이전까지는 어떠한 이유로도 보험급여가 인정되지 않았다. 그러나 이 고시에서도 '체외인공수정' 시술에 들어가는 모든 비용은 본인 부담으로 규정했다(한국보건사회연구원. 2003. 「우리나라 불임 및 불임관련 의료이용실태와 문제해결을 위한 연구」. 125-126). 따라서 난임여성들은 실질적인 지원정책이 되기 위해서는 진단비용 지원이나 시술비에 대한 단발적인 지원이 아니라 체외수정시술에 이용되는 모든 약제와 의료비에 건강보험이 적용되어야 한다고 주장한다.

62) 『대한생식의학회지』(구 『대한불임학회지』)와 『대한산부인과학회지』에 보고된 것은 1986년이다.

63) 배아이식이나 관리, 생식세포 관리에 대해 의료계 안에서는 이미 자체 내 윤리규정이 마련되어 있었다(1999년 대한산부인과학회의 「보조생식술 윤리지침」. 2001년 대한의사협회의 「의사윤리지침」).

64) 2010년 개정된 생명윤리법에서는 난자제공자의 건강검진을 의무화하였다.

65) 황우석 사태를 통해서 알 수 있듯이 가장 많은 난자의 공급원이 불임클리닉이었던 것을 감안하면 불임시술 목적으로 채취된 난자가 연구용으로 이용될 가능성은 충분히 있다.

66) 식약청은 과배란제 '휴메곤'과 '퓨레곤'에 대한 〈일다〉 기자의 정보문의에 제조업체인 한국오가논의 허가를 받아오라고 주문했다(조이승미, "의약품정보문의에 제약회사 허가 받아오라", 2006.07.26, 〈여성주의저널 일다〉).

67) 이보다 더 적극적인 방안으로서 여전히 처치법이나 과배란제 이외의 다른 약제를 통한 위험성은 남아 있으며, 난자가 생성되지 않는 여성들에게는 적용할 수 없겠지만 한 달에 한 개 배출되는 여성의 난자를 이용하여 시술하는 것도 하나의 방안이 될 수 있지 않을까 생각된다. 난임여성들에게 있어서 더 많은 난자를 생산해 임신의 성공률을 높이고자 하는 것은 지속되는 시술의 고통과 경제적 부담 때문이다. 따라서 만일 한 개만의 난자를 이용하여 시술을 한다고 했을 때 해당 여성이 원한다면 임신이 될 때까지의 지원이 필요할 것이다.

68) 황우석 사태 동안 페미니스트들은 연구 목적으로 사용되는 난자의 이러한 특성과 난자채취의 건강상의 위험성 때문에 더 가난한 나라의 여성들이 연구의 자원으로 활용될 소지가 높다고 비판하였다.

69) 이러한 유전자결정론적이고 우생학적인 사유가 생식세포나 배아에 비해 자궁을 거래한다고 여겨지는 대리모의 경우에는 덜 작용하므로 '일정정도'라는 표현을 사용하였다. 실제로 체외수정시술을 이용하는 대리모 계약에서 거래가의 책정은 시술과정

과 임신·출산 기간 동안의 노고에 대한 것이며, 만일 대리모의 자궁 뿐만 아니라 난자까지도 이용한다면 거래가는 더 올라간다(이은주, 2008).

70) 이것은 이 연구에 참여한 난임여성들의 견해이다. 이 연구에 참여한 난임여성들은 난자 및 정자의 공여나 거래에 대해 부정적인 견해를 보였다. 이는 이들이 모두 자신의 난자와 남편의 정자(두 명의 여성은 불임의 요인이 남편에게 있었는데 이들도 남편의 고환에서 추출한 정자로 체외수정)를 이용해 체외수정시술을 받고 있기 때문으로 보인다. 하지만 이들은 '내가 그 상황이 아니어서'라는 단서조항을 달기는 했지만 '그렇게까지 해서 아이를 낳고 싶지는 않다', '내 아이를 낳고 싶은 거지'와 같은 견해들을 피력하였다.

71) 현재까지는 난자나 자궁에 이상이 있는 여성들의 경우, 주로 여자 형제나 친척의 도움을 받았다. 하지만 여자형제나 친척이 없거나 있다 하더라도 도움을 받을 수 없을 경우 몸들의 거래 시장을 이용할 수도 있다. 하지만 이러한 여성들을 가부장적 자본주의 사회에서 강요하는 강제적 모성애의 피해자로만 설명하게 되면 이 여성들의 목소리와 행위성을 비가시화할 수 있다. 또한 생식세포를 판매하거나 대리모를 하는 여성들에 대해 몸의 상품화 및 도구화의 피해자로만 설명하는 것도 마찬가지 결과를 낳을 수 있다. 이런 의미에서 생식세포 공여 및 거래를 통해 임신을 하고자 하는 여성들이나 생식세포를 판매하고자 하는 여성들의 체험성도 드러내야 할 것이다. 대리모의 행위성 구성에 대한 연구로는 (이은주, 2008) 참조.

72) 한국형사정책연구원과 건강증진사업지원단은 생식세포의 유상거래 금지를 위한 구체적 제도화 방안으로서 불임시술을 받은 임신에 성공한 난임여성들이 자신의 잔여 난자를 다른 난임여성들에게 제공하는 소위 '난자 공유화' 제도를 제안하였다(한국형사정책연구원. 건강증진사업지원단. 2006. 「정자·난자 유상거래 금지를 위한 구체적 제도화 방안」 보고서). 하지만 난자의 거래시장이 형성되어 있는 상황에서 '난자 공유화' 제도가 실효성을 거둘 수 있을지는 의문이다.

73) 이는 대체로 미국생식의학회(ASRM)의 권고 지침을 따르고 있는 것으로, 외국의 경우 "영국은 인공수정배아관리국(HFEA)에서 진료 지침을 내려 체외수정시 2개의 배아만 이식을 허용하고 있고, 미국생식의학회(ASRM)는 37세 이하 여성에게는 2개, 40세 이하는 4개까지 배아를 이식하도록 권고하고 있다. 또한 일본은 연령과 상관없이 이식 배아수를 3개 이하로 제한하고 있고, 호주는 35세 이하 여성에게는 1개, 35~40세는 2개까지로 가이드라인을 제시하고 있다." "선진국선 난임 지원 보편적 복지", 『국민일보』, 2009.06.04.

74) 2005년과 2006년의 보건복지부 생명윤리팀의 자료에 따르면 각각 122, 133곳의 조사대상 의료기관 중에서 1,000건 이상의 시술을 시행하고 있는 기관이 5곳과 7곳, 500건 이상은 5곳과 8곳으로 나타났다. 2006년 보건복지부 출산지원팀의 자료에서는 조사대상기관 130곳 중 1,000건 이상은 4곳, 500건 이상도 4곳으로 나타났다.

75) 이러한 문제의식으로 보건복지부는 시술체계와 시술비의 적정수준과 수가조정의 방안을 마련하기 위해 용역을 통한 조사연구를 수행하였지만, 시술체계의 복잡성과

시술비의 편차, 자율적 시술비용 책정만을 확인했을 뿐 현실적인 원가 계산이 어렵다는 이유로 해당병원 및 관련 전문가 집단, 사회적 공론화 등이 더 필요하다고 결론지었다. 보건복지부. 2007.「보조생식술 관련시술 체계적 분류 및 표준화수가에 관한 연구: 불임부부 적정지원체계구축」.『보건의료기술진흥 사업보고서』.

76) 주요 불임클리닉의 기술적 확장과 새로운 산업 영역 및 세계시장으로의 진출은 국내 유명불임클리닉의 홈페이지 연혁을 통해 확인할 수 있다. 차병원, 차병원 여성의학연구소, 강남차병원, 분당차병원, 마리아병원, 삼성제일병원(을지로), 함춘여성크리닉, 미즈메디병원의 기술적 및 산업적 확장과 세계시장 진출 현황은 하정옥(2006, 93-95)에 잘 정리되어 있다.

77) 가족 제대혈 은행 가입자들은 이런 이유 때문에 이식이 필요할 때 보관된 제대혈을 이용할 수 없을까봐 해당 회사의 제대혈 사업 이외의 다른 사업의 경쟁력이나 기술력, 재무구조 등을 제대혈 은행 선택기준으로 삼기도 한다.

78) 업체들의 제대혈 보관/폐기 기준은 상이하다. 공여 제대혈 은행은 유핵세포수 5억개 이상, 생존율 80% 이상을 보관기준으로 삼는데, 가족 제대혈 은행은 일부 제대혈 은행을 제외하고는 이 기준보다 낮은 기준을 사용하고 있고, 어떤 업체는 보관이나 폐기의 기준을 계약서에 아예 명기하지 않는 경우도 있다. 이것은 더 많은 가입자를 확보하기 위한 것이며 생존율을 보장하기 어렵게 하는 요인이기도 하다.

79) 〈한국오가논〉은 네덜란드의 〈악조 노벨〉의 자회사로 세계 3위 피임약 제조회사이다. 〈오가논〉은 2003년 배란촉진제 '퓨레곤 펜'을 출시하여 2006년 까지 국내 과배란 시장 점유율 1위를 고수하다가 2007년도 이후 '고날 F'에 자리를 내어 주었다. 2007년 미국 〈쉐링-푸라우〉사가 네덜란드 〈오가논〉사를 인수하였고 이에 따라 2008년도에 국내 법인인 〈쉐링-푸라우 코리아〉가 〈한국오가논〉을 인수하였다. 그러나 2009년 〈머크〉시기 〈쉐링-푸라우〉사와 합병하여 사명을 〈MSD〉로 변경하면서 〈오가논〉사도 〈머크〉회사 계열이 되었다.

80) 건강시사전문지 "헬스코리아" 2010년 5월 보도 자료에 따르면, 2009년 고날F의 판매실적은 100억원을 훨씬 상회하는 금액으로 시장점유율 1위를 차지하고 있다고 한다. "불임치료의 희망 고날 F", (헬스코리아, 2010.05.31.).

81) 체외수정 시술시 난임여성들은 과배란제 주사를 병원에 가서 맞지 않고 본인이나 남편이 직접 주사하는 경우가 많은 데, '퓨레곤 펜'은 기존의 주사제 보다 직접 주사하기 쉽게 설계되었다는 이유로 약가가 인상되었다.

82) 제약업체의 광고 전략은 다양한데, 국내 제약업체에서 생산되는 과배란제 광고의 경우 초국적 제약자본이 주도하는 과배란제 시장에 국내 제약업체가 뛰어난 기술력을 가지고 도전하고 있다는 민족주의적 전략이 채택되기도 한다.

83) 멘델존은 의사들이 부적합한 테스트밖에 거치지 않은데다 유독성이 있고, 잠재적으로 이득보다는 해가 많을 수도 있는 위험한 약물을 처방하는 이유로, 네 가지를 지적한다. 하나는 의료 처치에 대한 신뢰와 새로 출시된 모든 신약을 테스트해보고자

하는 열의, 둘째, 약에 대한 지독한 무지, 셋째, 투약을 처방하면 얻을 수 있는 경제적 동기, 넷째, 대부분의 의사들은 환자가 가진 증상의 심리적인 원인을 찾거나 환자가 필요로 하는 동정적이고 인정 많은 상담을 할 만한 시간과 성향을 가지고 있지 않다는 것이다(Mendelsohn, 2003: 129).

84) 소니아 샤는 거대 제약회사의 신약개발과 임상실험은 기존 약의 효능을 월등히 뛰어 넘거나 질병을 치료하기 보다는 과대광고를 통해 효능과 임상실험의 정당성을 주입하는 것이라고 비판한다. 또한 제약사의 임상실험이 가난한 나라의 여성들을 피험자로, 죽음으로 내몰고 있다고 비판한다(Shah, 2006).

제4장 난임과 신생식기술에 대한 기술-문화적 재현

1) 분석대상으로 삼은 신문은 조선일보, 동아일보, 중앙일보, 한겨레이며 출처는 동아일보와 한겨레는 신문 검색 사이트 카인즈(http://www.kinds.or.kr), 조선일보는 조선닷컴(http://www.chosun.com) 지면기사, 중앙일보는 조인스닷컴(http://www.joins.com)에서 각각 '불임'을 키워드로 검색하였다. 1985년부터 2009년까지 중복기사와 비관련기사를 제외하고 조선일보 417건, 동아일보 179건, 중앙일보 494건, 한겨레신문 221건, 총 1,125건이 검색되었다. 이하 각각의 대상 신문을 조선, 동아, 중앙, 한겨레로 약칭함.

2) 홀(Hall)은 재현에 대한 세 가지 관점을 다음과 같이 설명한다. 하나는 언어가 객관적 대상을 그대로 반영한다고 보는 반영적 재현이론이고, 다른 하나는 언어가 화자의 의도를 표현하는 것이라고 보는 의지적 재현이론, 마지막으로 재현에 대한 사회구성주의적 관점으로서 언어 속에서 언어를 통해 어떻게 의미가 구성되는지를 설명하는 것이다(Hall, 1997: 15). 이 책에서는 재현에 대한 사회구성주의적 접근법을 취한다.

3) "한국가정 70% 피임하고 있다 / 인구보건연구원, 15~44세 대상조사" 〈중앙, 1985.06.04.〉, "무자녀 가정이 늘어간다 / 한국인구보건연, 조사보고에 나타난 실태" 〈중앙, 1985.07.09.〉.

4) "'경구피임약 쓰면 불임증 유발' 미 의학연 "박테리아 감염 촉진 … 골반염 일으킨다" 〈조선, 1985.04.21.〉, "늘어나는 인공유산. 감염-불임 등 임산부 후유증 우려" 〈조선, 1988.10.16.〉, "콘돔, 난소암 유발 우려 `외부에 칠해진 탈크 난관경화 일으켜 불임원인 될 수도" 〈조선, 1995.04.02.〉.

5) 불임에 대한 공포가 남성들에게까지 확장되었다고 해서 불임의 책임이 남성들에게 전가되는 것은 아니었다. 여전히 불임의 원인이 되는 요소들은 여성들에게 더 많은 것으로 보도·의미화 되었고 가족 안에서나 사회적으로 불임의 1차적 책임은 여성이 져야 하는 것으로 인식되고 있다. 즉 의과학적 지식이 남성 불임 요소들을 발견해

내고 임상현장에서 실제로 남성요인으로 진단된다 할지라도 현실에서는 모성에 대한 성별이데올로기와 가부장적 문화가 작동하면서 남성원인에 의한 불임으로 진단된다 하더라도 여성이 해결해야 할 문제로 인식되고 있다는 것이다.

6) "결혼 전 건강 검진. 태어날 아기 위해 빠뜨리지 마세요." 〈중앙, 2008.04.10.〉, "임신중절 경험 있는 미혼 여성. 결혼 전 자궁 검사 꼭 받으세요." 〈중앙, 2008.07.15.〉.

7) "불임환자 5년 새 2.6배로… 여 11만명, 남 2만명". 〈동아, 2006.10.30.〉.

8) 이 기사에서 불임치료전문가는 임신 중인 여성이 흡연을 해서는 안 되는 이유를 설명하기 위해 흡연여성에게서 태어난 남자아기의 85%가 성인이 됐을 때 범죄자가 될 가능성이 있다는 미국 시카고대의 연구결과를 소개하였다.

9) 정부가 본격적으로 불임부부지원사업을 시행한 것은 2006년부터이지만 정부는 이미 1990년대 중반부터 산아제한을 근간으로 하는 인구 억제 정책을 폐지하였다〈중앙, 1996.06.05.〉.

10) 예컨대 식이요법이나 각종 건강식품, 명상이나 요가 등의 몸 관리 산업이 다이어트의 효과뿐만 아니라 불임증 예방에도 효과가 있다고 선전하는 마케팅 전략을 취하는 것을 말한다. 이러한 마케팅 전략은 한방요법에서도 나타난다.

11) "잠복고환 방치땐 불임 우려… 생후 6개월~1세때 수술해야"〈동아, 2008.09.22.〉, "'잠복 고환, 생후 1년 내에 수술해야' 놓치면 불임 위험 높아져… 대한소아비뇨기과학회 밝혀"〈조선, 2008.09.10.〉.

12) 본 연구의 심층면접에 참여한 의사의 구술에서 인용하였다. 본 연구의 심층면접에 참여한 연구참여자의 현황 및 특성, 그리고 면접 과정에 관해서는 5장에 소개하였다.

13) 난임여성들의 대표적인 자조모임인 아가야 사이트에서 난임시술에 대한 건강보험 적용을 촉구하는 서명캠페인을 보면, 난임이 생물학적 측면만이 아닌 사회환경적인 요인에 의해서도 영향을 받으며 사회적인 질병으로서 건강보험 적용이라는 사회적 책임이 요구됨을 명확히 하고 있다.

14) 각 신문사에서는 이 사건을 일제히 보도하였고 이를 계기로 정부는 해당 불임클리닉뿐만 아니라 다른 불임클리닉들에 대해서도 조사에 착수하여 같은 사례를 적발, 처벌하였다. 또한 의협(대한의사협회)은 곧바로 대국민 사과성명을 발표하고 「인공수태 윤리강령」을 마련하여 인공수정시술에 관한 기준과 지침을 제시하고 무분별한 시술을 제한하고자 하는 자정 노력을 보여주기도 했다. 하지만 정부의 이러한 조치는 이후 불임클리닉에 대한 관리, 감독 노력으로 이어지지는 않았고 의협의 이러한 반응은 실추된 의학적 권위를 회복하기 위한 일종의 정치적 제스처였다. 왜냐하면 대한산부인과학회에서는 이미 1986년에 「체외수정 윤리요강」을 만들어 놓고 있었기 때문이다. 따라서 의사들의 개별적 윤리의식과 사회적 책임을 강조하는 것은 신생식기술 및 생명의료기술의 정치적 개입지점을 모색하는데 있어서 제한적일 수밖에 없다. 각 언론들도 이 사건이 발생한 1993년에만 사건의 경위와 결과를 보도하는

차원에서 다루었을 뿐, 대부분의 기사들은 생식과 관련한 기술과학적 성과들을 앞다투어 보도하는데 할애되었다.

15) 당시 이 시술을 받아 태어난 아기나 난임여성에 대한 예후나 역학조사 결과를 보고한 언론사는 단 한 곳도 없다. 또한 인공수정 시술 자체나 이것이 난임여성에게 미칠 수 있는 위험성에 관한 것도 다루어지지 않았다. 이런 점에서 난임여성들은 사회적으로 비가시화되었다고 볼 수 있다.

16) 단지 조선일보의 한 기사만이 불임치료제(클로미펜)가 난소암을 유발할 우려가 있다는 짤막한 기사를 실었을 뿐이다〈조선, 1993.07.23.〉.

17) "윤용일(부부 신앙교실), 불임부부 하늘의 뜻, 불화 없도록 서로 도와야"〈조선, 1993.07.03.〉.

18) "어떤 희생이 따르더라도 아이를 갖고 싶었어요. 반드시 된다는 믿음이 있었습니다."… "그 억척 때문에 7전 8기 해낸 거예요. 자신감 없인 절대 못하거든요"〈조선, 1997.06.17. 대전 ○○씨 성공담〉

"포기 마세요… 엄마 아빠 믿음으로 희망 낳아요"〈동아, 2007.08.25.〉

19) 병원에서는 "자신들의 방법에 순응해 줄 것을 요구했고 우리 부부는 그 지시대로 했습니다.", 정혁. 1998. 『불임, 무엇이 문제인가』, p.207, "나는 이렇게 임신에 성공했다" 중에서.

20) 1990년대 말 무렵부터 난임부부의 고통을 소재로 하는 매체의 보도나 드라마의 제작도 이루어졌다. 하지만 이러한 매체의 보도나 드라마는 불임으로 인한 심리적 고통이나 가족 간 불화 발생 및 가족해체의 위험 등을 다룸으로써 불임에 대한 공포를 확장시키고 난임여성들을 온정주의적 대상으로만 의미화 할 뿐이었다.

21) 이런 점에서 의료진에게 불임은 생식과정, 몸, 의과학적 지식의 무지로 인한 것이며 의료진에게 난임여성들은 이러한 것들을 알려줘야 할 계몽의 대상이자 의과학적 지식 및 기술을 매개로 한 이윤창출의 대상이라고 볼 수 있다.

22) 본 연구에 참여한 연구참여자들의 현황과 특성에 대해서는 5장에 소개하였다.

23) '미녀 난자 판매 웹 사이트 등장'〈중앙, 1999.10.25.〉, "타인 정자로 인공수정한 아이, 이혼해도 전 남편 친자"〈중앙, 2000.10.18.〉, "한국 여성 난자 일본서 불법 판매"〈동아, 2005.9.24.〉, "성매매 여성까지 난자 팔아"〈한겨레, 2005.11.7.〉, "생명윤리법 첫 형사처벌… 난자 알선 20대 1년 구형"〈중앙, 2006.12.2.〉, "대리모 출산, 동성커플 자녀, 21세기 아이들 분쟁 급증"〈조선, 2009.12.14〉

24) 한국에서는 아직 대리모에 대한 규제법이 만들어지지 않았다.

25) 이때 '적절한 범위'란 거래되지 않은 난자나 대리모를 이용하는 것을 말한다. 즉 공여된 난자를 말하며, 대리모의 경우에는 거래되지 않은 대리모의 허용여부를 놓고 논쟁중이다. 실제로 임상에서는 가족이나 친척의 도움을 받아 공여 난자나 대리모를 이용하기도 한다. 하지만 제 3자의 공여난자의 경우, 실비차원의 보상을 할 수 있도록 되어 있어서 공여와 거래의 경계가 명확하지 않다.

26) 시험관아기 시술 성공률은 매체나 보고서, 시술기관마다 각각 상이하게 보고된다. 주요 불임클리닉과 최근의 매체 보도를 통해 알려진 성공률은 대체로 높게 보고되며 여성단체를 비롯한 시민사회단체에서 추정하는 성공률은 그보다는 낮게 보고된다. 불임클리닉에서 발표하는 성공률이 더 높은 이유는 한국여성민우회를 비롯한 여성단체가 지적했듯이 출산율이 아닌 임신율을 성공률로 발표하기 때문이다. 하지만 실제로는 임신에 성공했다 하더라도 유산되는 경우가 많다. 따라서 성공률은 임신율이 아니라 출산율로 측정되어야 한다. 또한 성공률에 있어서 불임클리닉마다 그 편차가 심하다. 국내 최초로 시험관 아기에 성공한 서울대 장윤석 교수는 중앙일보와의 인터뷰에서 2008년 현재, 세계 평균 성공률은 20~25%정도이고 국내 성공률은 30%를 넘으며 주요 불임클리닉들은 35~40%를 기록하고 있다고 주장한다. 〈중앙, 2008.07.24.〉

27) 2007년, 선천적 골형성 부전증을 앓고 있어 키가 자라지 않아 '엄지공주'로 유명했던 한 장애여성의 시험관시술과정이 전파를 탔다. 대중들은 육체적 한계와 고통을 딛고 모성을 실현하고자 한 이 여성에게 찬사를 보냈다. 이 여성의 모성권 실현은 축복해야 할 일이지만, 한 가지 지적해야 할 것은 비슷한 시기에 한 여성 방송인이 결혼관계를 유지하지 않은 상황에서 시술을 이용하여 싱글맘이 되었을 때 대중의 반응은 각종 의혹을 갖거나 냉담한 반응을 보였다는 점이다. 따라서 싱글맘이나 일반 난임부부들의 시술 성공보다 장애여성이나 질환을 가지고 있는 여성들의 시술성공을 보여주는 것이, 불임시술은 인류의 행복과 발전을 위해 반드시 필요한 것이라는 기술중심주의 문화를 유포하는 데 훨씬 더 효과적이다.

28) "의료계에서는 우리나라의 불임시술이 너무 대중적으로 시행되고 있다고 비판…" 〈조선, 1993.01.31.〉 백재승 대한생식의학회 회장은 일부 의사들의 시험관시술 강권을 비판하면서 "자연주기 치료나 인공수정 등 거쳐야 할 단계를 건너 뛴 시험관아기 시술은 잘못"이라고 말했다. "시험관아기·인공수정 등 작년 6만 건 육박, 일부 돈 되는 시술 치중… 불임부부 이중고"〈세계일보, 2008.09.08.〉.

29) 병원에 따라 차이가 있기는 하지만 일반적으로 인공수정 시술에 3, 4회 정도 실패하게 되면 체외수정시술을 권유한다.

30) "시험관아기 34%가 다태아 … 유산·조산 후유증 커" 〈세계일보, 2008.09.07.〉.

31) 이런 맥락에서 3장에서 논의한 정부의 배아 이식 수 제한은 기술과학중심적인 효율성 문화를 문제 삼지 않고서는 그 실효성을 확보하기가 어려울 것이다. 또한 황우석 사태 동안 과배란제의 위험성이 충분히 사회 문제화 되었음에도 불구하고, 정부가 과배란제를 이용해야 하는 각종 체외수정 시술법들만을 지원하고 자연배란주기를 이용한 시술법은 지원하지 않고 있는 것은 이해할 수 없다. 마찬가지로 시술시 사용되는 의약품에 대해서도 보험급여가 되지 않거나 성분이 비슷함에도 불구하고 보험급여의 편차가 발생하는 것도 이해하기 힘들다.

32) 시험관아기 시술 간편해졌다·각종 검사횟수 줄여 4일 진료로 끝내〈조선, 1995.04.16.〉

33) 국내병원 첫 해외진출 차병원, 동경-LA에 불임병원〈조선, 1994.10.30.〉 정자세포 체외배양·수정 새 불임 치료법 일본서 성공〈중앙, 1997.08.16.〉 차병원, 정자직접 주입 임신 1천 건 성공 〈동아, 1997.09.09.〉 미성숙 난자 배양' 국내 불임치료술 일본서 호평〈동아, 1999.12.15.〉 동아제약 '중국 찍고 세계로'- 2012년 중 수출 2000만 달러 목표 (불임치료제 등)〈동아, 2007.06.15.〉

34) 정상적인 배란기능을 가지고 있는 여성은 한 주기에 한 개의 난자가 배란이 되며, 이 난자를 체외로 채취해 체외수정시술을 할 수도 있다(자연주기 체외수정시술). 그러나 한 개의 난자로 시술을 하는 경우에는 난자의 채취나 수정 혹은 착상의 실패 등으로 임심율이 그리 높지 못한 편이어서, 대부분의 체외수정시술은 난자를 여러 개 만들어 내기 위해서 과배란 유도 과정을 거치게 된다.

35) 이 연구에 참여한 난임여성들은 체외수정 시술 비용으로 1회 250~300만원 정도가 소요되며, 냉동수정란(배아)을 이용하는 경우에는 70~80만원, 자연인공수정은 20~30만원, 과배란 인공수정은 70~80만원 정도가 소요된다고 진술했다.

36) 다태아 임신은 빈혈이나 임신성 고혈압, 양수과다증, 태아의 기형, 자궁 내 성장 지연, 소실 쌍태, 조기양막파수, 조기분만, 유산, 자궁 내 태아 퇴화, 이상 태위, 이상 태향, 제대 탈출, 주산기 사망률 및 이환율 증가를 일으킬 수 있다고 보고된다(「보조생식술의 의학적, 윤리적 기준 연구와 적정한 시술 지침 개발」, 질병관리본부, 6-7).

37) 다태임신의 일부 태아를 낙태시키는 것을 의과학적 용어로는 다태임신 감축술(MFPR: multifetal pregnancy reduction)이라고 하며 다태임신의 위험성을 줄이기 위한 목적으로 시험관 시술시 임상에서 권장되고 있다.

38) "황우석에 난자 제공 여성들, 손배소송 기각". 〈한겨레, 2009.02.18.〉.

39) "난자 제공자 15~20% 과배란증후군 치료 받아". 〈연합뉴스, 2006.01.13.〉.

40) 위험성 과소평가는 안전성 논란이 제기될 때마다 과학적 담론에서 자주 나타나는 현상인데, 과배란제 사용으로 인한 건강상의 위험성이 과소평가 되었듯이 광우병 사태 때 미국산 소고기가 유발할 수 있는 광우병의 위험성도 과소평가 되었었다. 이때의 논리도 가능성이 희박한 광우병에 대한 우려 때문에 미국과의 대외무역관계에서 얻어지는 많은 실리를 포기할 수 없다는 효율성의 논리였다. 그렇다면 과배란제의 위험성 과소평가와 효율성 논리도 무엇을 위한 것인지 분명해진다. 이는 난임여성들의 건강보다는 불임클리닉과 제약업체의 산업적 이해관계를 대변하는 것이다.

41) 의료진은 과배란제의 부작용으로 잘 알려진 복부팽창감이나 복수가 차오르는 것에 대해서는 과배란제의 부작용이라기보다는 과배란제가 일으킬 수 있는 일시적인 증상으로 설명하며 부정출혈이나 자궁물혹 발생에 대해서는 과배란제의 원인으로 여기지 않는 경향이 있다. 특히 시술과정에서 한약복용을 병행하고 있는 여성들의 경우, 자궁물혹의 발생은 한약의 부작용으로 설명된다.

42) 과배란 증후군은 많은 난자를 채취하기 위해 배란유도제의 용량을 많이 사용할수록 빈번하게 발생하는데, 혈액의 물 성분이 혈관 외로 빠져 나와 복수나 흉수에 물이

차는 것을 말한다. 과배란 증후군이 발생하면 몸의 단백질 성분이 빠져 나가고, 전해질의 균형이 흐트러지며, 극단적으로는 혈액이 진해져서 혈관이 막힐 수도 있다고 알려져 있다.

43) 이러한 사례는 피임이나 낙태시술로 인한 감염이나 후유증으로 불임이 유발된 경우에도 적용된다. 이는 기술과학이 유포하는 신화와는 다르게 기술과학의 한계를 보여주는 것이기도 하지만 피임시술법으로 이용된 처치법이 불임시술의 처치법으로도 이용되고 있고, 더구나 시술에 의해 발생한 문제를 새로운 시술로 해결하고자 하는 이러한 발상은 전형적인 기술과학중심주의의 표현이다.

44) 기든스(Giddens)는 현대 사회를 위험사회로 규정하고 위험사회의 불확실성과 예측불가능성이 자아 정체성 형성에 영향을 미친다고 설명한다.

45) "정자세포의 세포막 벗겨 염색체 난자에 주입, 미성숙 정자로도 임신 가능", 〈조선, 1996.05.01.〉.

제5장 난임여성들의 출산 수행과 주체화 과정

1) 난임여성들은 한편으로는 자신의 모성적 욕망을 실현시키기 위한 수단으로 보조생식술을 이용한다는 측면에서는 '의도적'이지만 다른 한편으로는 자신들이 보조생식술을 적극적으로 이용하고 기술화된 출산을 수행하는 것이 의과학적 지식생산이나 의료산업의 확장에 기여하는 것이라고는 생각하지 않는다는 측면에서 '의도하지 않게' 라는 표현을 사용하였다.

2) '몸들의 물질성'은 그로츠나 해러웨이 등의 육체유물론적 관점에 입각한 개념이다. 몸들의 물질성은 "사회적 관계나 의미화 작용의 저편에 존재하고 있는 것이 아니라 그 자신이 의미화 작용의 결과이면서 또한 의미화 작용에 막대한 영향을 미치는 차이와 능동성을 드러내는 차원"을 말하는 것이다(이현재, 2009: 17).

3) '주체화'는 근대적 주체 설정을 비판하고 육체를 복권하고자 했던 사유의 흐름을 따라서 초월성이나 이성의 우위에 근간하지 않고 내재적인 것들로부터 발생하는 것으로서 새로운 구성에 따라 다양한 관계를 맺고 지속적으로 구성되고 끊임없이 변화하는 과정을 드러내는 것을 말한다.

4) 실제로 체외수정시술을 받는 난임여성들의 연령대는 30대 초, 중반이 대부분을 차지하고 있고 30대 후반이 그 다음으로 많다. 2006년과 2007년도 불임지원사업 대상자의 연령분포를 보면, 20-24세(0.8%), 25-29세(13.9%), 30-34세(47.8%), 35세-39세(28.7%), 40-44세(8.4%)이다(포천중문의과대학교. 2007: 41). 이 논문에 참여한 난임여성들의 연령도 30대 초, 중반이 대부분을 차지하고 있다.

5) 〈사례 2〉는 지역 난임여성 모임성원 중 한명이었는데, 모임 초기에 난임여성 모임을 적극적으로 주도하였고 본인의 직접적 체험과 인터넷이나 병원을 다니면서 알게

된 다른 난임여성들과의 관계 속에서 습득한 간접경험을 통해 시술이나 병원 관련 정보를 다른 여성들에게 알려주는 역할을 하였다.

6) 심층면접에 참여한 모든 여성들이 자녀에게 시술 이용 사실을 알리고 싶어 하지 않는 것은 아니다. 다른 아이들보다 더 많은 고통과 노력을 들여 자신이 태어났음을 자식에게 알리고 싶어 하는 여성들도 있었다.

7) 여성들의 모성성을 부계혈통 중심의 가부장적 이데올로기이거나 기혼여성의 의무로서만 설명하게 되면 결혼은 하지 않고 아이만 낳아 기르고자 하는 비혼모의 모성적 욕망을 설명하기 어렵다.

8) 출산의 의료화와 의료권력을 비판하면서 의료기관을 이용하지 않는 임신·출산을 '자연'적인 출산으로 설명하기도 하지만 여기에서 '자연적인 임신'이란 수정과 수정란의 성장 및 착상과정이 여성의 몸 안에서 이루어지는 것을 말한다.

9) 치기공사인 〈사례 11〉은 아이를 낳기 위해 직장을 그만두었지만 다시 직장을 얻는데 어려움이 없다고 진술하였으며 〈사례 16〉과 〈사례 14〉는 각각 임신과 양육을 위해 당분간은 직장을 잡을 생각이 없다고 진술하였다.

10) 저소득층 전업주부인 난임여성 일수록 출산에 대한 압박과 임신·출산을 위한 노력의 강도가 상대적으로 더 높게 나타난다. 이는 가족 안에서의 자신의 역할과 위치가 '어머니됨'을 통해서 보증받을 수 있기 때문이다. 실제로 지역모임 안에서 난임에 대한 스트레스를 더 많이 받고 더 많은 정보(특히 병원비와 관련하여)를 습득하며 더 열심히 몸 관리를 수행하는 여성들은 직장이 있거나 전업주부라 하더라도 남편의 경제력이 뒷받침되는 여성들보다는 그렇지 않은 여성들이었다.

11) 4장에서 논의한 것처럼 매체에 소개되는 불임 유발 원인들은 다양한데, 비만도 불임을 유발할 수 있는 원인이지만 지나친 체중관리로 인한 체력 약화도 불임을 유발하는 원인으로 지적된다.

12) 비만이 의과학적 질환의 범주로 들어가게 된 것은 최근의 일이다. 비만이 성인병 등의 각종 질환을 유발하는 원인이 될 수 있다는 점도 사실이지만 의과학적인 비만의 범주가 일반인들이 생각하는 비만의 범주와 다르다는 점, 그리고 비만이 의과학적 관리를 필요로 하는 질환이 되면서 비만관리프로그램을 운영하는 병원들이 늘어나고 있으며 운동이나 식품 등의 다른 몸 관리 산업의 확장에도 기여하고 있다는 점도 사실이다.

13) 면접 참여자들 가운데 〈사례 2〉는 가장 철저하게 몸 관리를 수행하였는데, 운동계획에 맞춘 시간 조절뿐만 아니라 생식력에 도움이 된다고 알려진 음식을 위주로 한 식단 작성, 체중관리를 위해 음식의 열량을 체크하고 계산한 섭식 등을 철저히 준수하여 실제로 체중조절에 성공하였고, 바라던 대로 더 많은 난자를 생산하였으나 임신 성공은 이루어지지 않았다.

14) 난임여성들은 불임에 대한 정보를 인터넷을 통해 가장 많이 습득하며 다음으로 산부인과나 불임전문의들에 의해 얻는다. 대한보조생식학회가 2007년 불임에 대한 인

지도 조사를 수행한 결과에 따르면, 불임에 대한 정보취득 경로로 인터넷(35.5%), 산부인과나 불임 전문의(34.9%), 친척이나 친구(16.1%), 책 또는 잡지(11.2%) 순으로 나타났다.〈보건타임즈. 2007.11.27〉.

15) 이는 한국의료체계의 역사적 변화과정을 통해 분석되어야 할 문제이다. 한국에서 서양의료체계의 유입과 확산은 일제시기부터 이루어졌으며 이러한 유입과 확산 과정은 서양의료체계가 전통적인 한방의료체계를 잠식해 가는 과정이었다. 최근에 서구에서 서양의료체계의 한계를 인정하고 침술이나 뜸과 같은 한방요법이나 예전에는 과학적이지 않은 민간요법으로 여겨졌던 각종 처치법을 대체요법이라 하여 치료법으로 이용하고자 하는 일부 흐름이 있기는 하지만 여전히 주 치료법은 서양의료체계를 이용하는 것이며 대체요법은 보조 치료법으로 여겨지고 있다. 같은 맥락에서 일반 대중 역시 질환이 발생했을 때 양방을 주 치료법으로, 한방을 몸관리를 위한 보조치료법으로 여기는 경향이 있으며, 이에 따라 양방과 한방 의료체계가 위계서열화 되어 있는 것은 확실하다.

16) 개인불임전문클리닉 중에서도 불임클리닉과 일반 산부인과 진료를 동시에 하는 곳도 있지만 아이가 없는 불임 환자들의 소외감을 고려하여 대부분 진료실과 대기실의 공간을 분리하여 운영하고 있다.

17) 난임여성들이 종합병원 불임클리닉보다는 개인불임전문클리닉을 선호하는 이유는 다양하다. 그 중에 가장 대표적인 이유는 종합병원의 불친절한 대우와 선택 진료비 등으로 인해 발생하는 상대적으로 높은 의료비 부담, 그리고 개인불임전문클리닉의 더 높은 성공률이다. 개인불임전문클리닉의 상대적으로 친절한 대우와 낮은 의료비, 더 높은 성공률은 1990년대 이후로 민간불임클리닉이 엄청나게 증가하면서 과도한 경쟁을 하게 되었고 그로 인해 발생한 결과이다. 하지만 3장에서 논의하였던 것처럼 이러한 경쟁과정에서 일부 대형 불임클리닉의 성공률을 앞세운 독과점적 시장이 형성되었고 광주지역의 경우에도 소위 '잘 나가는' 개인불임전문클리닉은 분원의 형태가 아니더라도 서울의 대형불임클리닉과 연계되어 있다.

18) 불임 진단을 위한 검진은 불임전문클리닉이 아니더라도 일반 산부인과 병원과 한의원에서도 이루어진다. 불임클리닉을 방문하기 이전에 일반 산부인과를 먼저 방문한 난임여성들은 그 곳에서 기본적인 불임진단법이 적용되며 한의원에서는 주로 전체 몸의 상태에 준거해 생식력의 약화 유무가 진단된다.

19) 자궁난관조영술은 진단방사선과에서 실시하는데 방사선과를 갖추고 있는 병원은 해당 병원 내에서, 방사선과를 갖추고 있지 않은 병원은 방사선과에 의뢰하여 실시한다. 자궁난관조영술은 생리가 끝난 뒤 일주일 안에 실시하는데 이 때가 가장 자궁과 난관의 상태를 잘 확인할 수 있기 때문이라고 한다.

20) 일반적으로 남성들은 난임 검진을 받기를 꺼리는데, 이럴 경우 여성들이 남편의 정액을 받아 병원에 전달하는 경우도 있다.

21) 자궁근종은 위치나 크기에 따라 임신에 영향을 미치기도 하고 그렇지 않기도 한다고 알려져 있다. 자궁근종은 많은 여성들이 가지고 있으며 의사의 판단에 따라 임신

에 영향을 미칠 정도의 크기나 위치에 있다면 그것을 제거하는 수술이 권유되기도 한다.

22) 〈사례 15〉는 결혼 전에 낙태를 경험한 적이 있는데, 본인이 납득할 수 없는 의사의 불분명한 설명보다는 낙태시술이 원인일 것이라고 생각한다. 〈사례 15〉는 임신이 안 되는 현재의 어려움을 낙태에 대한 사회적 낙인과 더불어 자신의 책임으로 해석하지만 의과학적으로도 낙태시술 후 세균감염이 난관폐쇄를 일으킬 수 있는 여러 가지 원인들 중 하나로 설명된다.

23) 한국보조생식학회가 2007년 실시한 불임에 대한 인지도 조사에 따르면, 불임으로 간주하는 의학적 정의가 임신시도 노력 후 1년이 지나도 임신이 되지 않는 상태(35세 이상에서는 6개월)인데 반해, 여성들은 임신 시도 후 27개월이 지나야 불임으로 간주하는 것으로 나타났다.〈보건타임즈. 2007.11.27.〉.

24) 〈사례 10〉은 결혼 후 피임도 하지 않았지만 직장도 다니고 있었고 아이를 가질 생각도 없었기 때문에 아이가 안 생기는 것에 대해서 문제의식을 느끼지 않았다. 또한 남편의 장기 해외 출장으로 외국에 오랫동안 함께 나가 있었고 귀국해서 아이를 가질 계획을 세웠으며 출산 계획 2년 만에 병원을 찾았다. 즉 의료진의 불임기간 판단 기준은 결혼 후 1년이지만 〈사례 10〉은 아이를 가질 자신의 계획에 따라 기준을 잡았으므로 늦은 병원 방문이라고 여기지 않았던 것이다.

25) 〈사례 2〉가 결혼 전 복강경 시술을 받았고 시술 결과 악성 종양이 아니라 일반 종양이었다는 것은 사실이며 이 시술이 난관폐쇄의 원인일 것이라는 것은 〈사례 2〉의 해석이다.

26) 2006년, 2007년 불임지원사업 평가, 시술의 질 관리를 위해 보건복지가족부의 위탁을 받아 수행한 보고서에서 불임의 원인 중 원인불명으로 시술을 받은 여성들은 각각 33.1%, 32.1%로 나타났다(포천중문의과대학교. 2007: 42).

27) OHSS(Ovarian Hyperstimulation Syndrome) 난소과자극증후군: 여러 난자를 한꺼번에 성숙시키는 과배란제가 일으킬 수 있는 위험한 부작용으로, 대개는 난소가 팽창하면서 복통을 수반한다. 심한 경우에는 난소 파열, 복부 출혈, 그리고 간이나 신장, 폐 손상을 가져오기도 한다.

28) 신생식기술에 대한 정치적 개입전략으로서 건강의 침해를 최소화할 수 있는 처치법의 개발과 적용은 오이디푸스적 가족구조의 정상화와 그 외의 가족구조에 대한 비정상화에 대한 사회정치적 문제제기, 그리고 처치법이나 의약품이 발생시킬 수 있는 위험성에 대한 문제제기 및 공론화가 병행될 때 기술과학에 대한 실천적 개입지점으로서 유의미할 것이다.

29) 의과학적으로는 생식세포의 상태, 특히 정자의 상태에 따라 자연수정과 미세수정을 결정할 뿐 자연수정과 미세수정이 태아에게 미치는 영향에 있어서 유의미한 차이는 없는 것으로 본다.

30) 난임여성들은 체외수정 시술을 통해 임신에 성공하더라도 유산을 하게 되는 경우가

많다. 계류유산은 임신 초 사망한 태아가 자궁 속에서 계속 그대로 남아있는 경우를 말한다. 이럴 경우 인공낙태수술을 시행하여 태아를 끄집어낸다.

31) 과배란 유도시 사용되는 호르몬의 종류에 따라 처치법이 달라지며 의사의 판단에 따라 호르몬 주사제의 용량과 투여방법이 달라진다. 과배란 유도를 통해 난자를 채취하기 위해서는 기본적으로 생식샘자극 호르몬(Gonadotropin) 주사제를 투여한다. 성숙한 난자의 수나 질의 향상 또는 조기난포파열의 방지 등을 위해서 대부분의 경우에 생식샘자극호르몬분비호르몬 유도제(GnRH agonist)나 길항제(GnRH antagonist)를 병용해서 투여한다. 난포가 충분히 자란 것으로 판단되면 난자의 성숙 및 난포의 파열을 유도하기 위해 융모생식샘자극호르몬(HCG: human chorionic gonadotropin) 또는 황체형성호르몬(LH: lutenizing hormone) 주사제를 투여하여 난자를 채취한다. 호르몬 주사제의 투여 과정은 시술절차와 의료진의 판단에 따라 난자나 난포를 성장시키기도 하고 성장을 막기도 하는 과정이다.

32) 〈사례 10〉은 과배란 인공수정이나 시험관 시술, 그 밖의 각종 의과학적 처치들을 받았음에도 불구하고 임신이 되지 않다가 인터뷰 참여자 중 유일하게 자연임신이 되었다.

33) 착상력을 높이기 위해 대표적으로 맞는 주사제가 프로게스트인데, 난임여성들은 과배란제보다도 이 주사제를 가장 고통스러워 한다.

34) 자연수정은 배양접시에서 난자와 정자가 우리 몸 속에서 수정되는 것처럼 자연스럽게 만나게 해 주는 것이고 미세수정은 난자에 정자를 직접 주입해 주는 방법이다. 이를 난자직접주입술, 또는 난자세포질 내 정자직접주입술이라고 한다.

35) 행위자연결망이론에 따르면, 기술과학의 구성은 인간 행위자뿐만 아니라 자연자원이나 기계, 기술과 같은 비인간 행위자와의 연결망을 통해 이루어진다.

36) 배아생성동의서와 잔여배아이용동의서는 배아를 중심으로 생식세포나 배아의 관리 및 처리방식(5년 보존 후 폐기)을 알리고 잔여배아를 연구 목적으로 사용하는 것에 대한 동의 여부를 묻는 항목만 있을 뿐, 배아를 생성하는 과정에서 발생할 수 있는 위험성에 대한 항목은 어디에도 없다.

37) 연구원의 설명에 의하면 〈사례 12〉의 난자는 절반은 자연수정, 절반은 미세수정을 해야 한다. 왜냐하면 〈사례 12〉 부부는 둘 다 건강하다는 진단을 받았기 때문이다. 이는 자연수정의 처치비보다 미세수정의 처치비가 신기술로서 더 비싸기 때문인 것으로 보이지만, 의료진이 자연수정을 통해 수정될 확률이 희박하다고 판단을 하면 난임부부들은 따를 수 밖에 없다. 이런 점에서 의료시장은 의과학적 권위와 맞물리면서 "가격 한계가 없는 시장"의 특성을 지닌다고 볼 수 있다(김선혜, 2008: 79).

38) 일반적으로 임상에서 3일 배양과 5일 배양을 하는데, 배양기간이 길수록 난임여성들에게 청구되는 의료비용은 많아진다. 하지만 3일 배양과 5일 배양이 임신율과 출산율에 있어서 유의미한 차이가 없는 것으로 보고된다(박진실, 2008: 49).

39) 체외수정 시술과정에서 착상에 성공하였다 하더라도 출산으로 이어지지 않는 경우

가 많다. 체외수정 시술을 통한 임신에서 유산율이 높다는 것은 의과학적으로도 인정된 바이며 일반적으로는 임신초기에 유산이 많이 되지만 임신 중반을 넘어서 유산되는 경우도 있다. 이 연구에 참여하지는 않았지만 필자가 참여한 지역 내 난임여성들 모임의 성원이었던 한 난임여성은 체외수정시술에서 많이 발생하는 다태아를 임신하여 임신 7개월까지 지속되었지만 결국 유산되었다. 이 여성은 5개의 수정란 이식을 통해 세쌍둥이를 임신하였고 이 중 한 명을 선별 낙태 하여 쌍둥이를 낳으려 하였으나 합병증 발생으로 낙태할 수밖에 없었다. 그 이후로 다시 시술을 통해 쌍둥이를 임신하게 되었고 이때의 경험을 통해 한 아이를 선별 낙태하고 한 아이만을 임신을 지속시켜 출산에 성공하였다. 이 여성은 출산에 성공하기까지 10번의 체외수정시술을 받아야 했다. 10번의 체외수정시술 과정에서 계속해서 시술을 재시도할 수 있게 했던 요인은 시술을 통한 임신경험이었다.

40) 실제로 생식세포 공여나 대리모는 일차적으로는 자신의 가족 안에서 이루어진다. 자매나 친척 중에서 생식세포 공여자나 대리모를 구할 수 없을 때 거래시장을 이용하게 된다.

41) 〈사례 20〉은 남편이 입양에 동의하고 적극적으로 협조하였기 때문에 입양이 가능했다. 입양을 기다리고 있는 〈사례 6〉의 경우에도 마찬가지이다. 하지만 난임여성들이 입양을 고려할 때 남편이나 특히 시댁의 반대에 부닺히는 경우가 많다.

42) '아기모' 사이트는 처음에는 난임여성들의 자발적 정보공유 모임으로서 난임여성들이 직접 운영하였으나 현재는 인구보건복지협회에서 운영하고 있다.

43) 인터뷰가 진행된 2008년에 정부지원 횟수는 2회였다. 2009년도부터는 지원 횟수가 3회로 늘어났다.

44) 정부 지원 내용과 규모에 대한 자세한 내용은 3장의 〈표 3-7〉참조.